普通高等学校"十四五"规划行政管理专业新形态精品教材
南昌大学行政管理国家级一流专业建设点示范教材

编 委 会

主 任

尹利民

副主任

袁小平　黎欠水

委 员（以姓氏拼音为序）

韩　艺　　江国平　　罗文剑　　聂平平

唐　兵　　文卫勇　　许祥云　　周庆智

南昌大学"十四五"双一流建设专项基金资助成果

家庭教育心理学

李力 彭静雯 贺晓玲 主编

E<small>DUCATIONAL PSYCHOLOGY OF FAMILY</small>

华中科技大学出版社
http://www.hustp.com
中国·武汉

内 容 简 介

本书全面、系统地介绍了家庭教育心理学领域相关概念和理论知识。首先,在家庭教育历史发展的基础上,介绍了家庭教育心理学的新时代要求、发展趋势和理论基础;其次,分婴儿、幼儿、儿童和青少年四个阶段,阐述了家庭教育过程中的若干心理问题和常见误区,通过心理学的理论、技术和方法对问题进行科学分析,并提出一些家庭教育的有效方法;最后,从特殊儿童和特殊家庭的视角介绍了特殊家庭的父母可能面临的教育心理问题及其应对策略。为了实现启发式和互动式教学效果,开头设有引例,章节中也穿插了知识贴士、同步案例,并通过链接的一些心理学故事、案例和视频等材料帮助读者在理论学习的基础上,对家庭教育心理学有更清晰的认识,使读者能够结合案例去分析、解决现实中的具体问题。

本书既可以作为心理学及其相关专业,如教育学、社会学和管理学等本科生的学习教材,也可以作为从事家庭教育相关工作者的参考工具书。

图书在版编目(CIP)数据

家庭教育心理学/李力,彭静雯,贺晓玲主编.—武汉:华中科技大学出版社,2022.10(2024.9重印)
ISBN 978-7-5680-8782-7

Ⅰ.①家… Ⅱ.①李… ②彭… ③贺… Ⅲ.①家庭教育-教育心理学 Ⅳ.①G780

中国版本图书馆 CIP 数据核字(2022)第 190140 号

家庭教育心理学 　　　　　　　　　　　　李　力　彭静雯　贺晓玲　主编
Jiating Jiaoyu Xinlixue

策划编辑:周晓方　宋　焱
责任编辑:林珍珍
装帧设计:廖亚萍
责任校对:张汇娟
责任监印:周治超

出版发行:华中科技大学出版社(中国·武汉)　　　电话:(027)81321913
　　　　　武汉市东湖新技术开发区华工科技园　　　邮编:430223
录　　排:华中科技大学出版社美编室
印　　刷:武汉市籍缘印刷厂
开　　本:787mm×1092mm　1/16
印　　张:18.75　插页:2
字　　数:422千字
版　　次:2024年9月第1版第2次印刷
定　　价:59.90元

本书若有印装质量问题,请向出版社营销中心调换
全国免费服务热线:400-6679-118　竭诚为您服务
版权所有　侵权必究

总 序

当前,全球化、信息化、市场化构成了现代社会的主基调,它们不仅促进了生产力的快速发展,而且带动了一系列社会变革。可以说,变化才是这个时代永恒的主题。无论在经济、社会还是政治等领域,协同、合作、共享、共同体等成为关键词,而这些又与"治理"紧密联系在一起。传统的"管理"过渡到现代的"治理",这表明治理主体与客体的权力观念、利益关系及身份地位等都发生了不同程度的改变,而这种改变正是推动社会现代性发展的基本力量。

在迈向现代社会的进程中,政府的力量是不可或缺的,或者说,现代国家的政府正在以某种方式介入或承担着广泛的公共服务职能,为现代社会的转型提供动力。因此,从这个意义上说,一个高效服务型的政府是现代社会的重要标志。正基于此,我们提出要构建国家治理体系和治理能力的现代化,建设高效的服务型政府,以加快我国向现代社会转型。构建国家治理体系和治理能力现代化的时代需求,不仅推动了公共管理学科重心转移,而且也带来了公共管理专业结构的变化。现代经济学、社会学、政治学、心理学和法学等学科理论的相互交叉和借鉴成为现代学科发展的主流,新文科概念的出现加速了学科间相互跨界,以更好地服务于社会经济发展的需要。显然,公共管理作为一门应用性很强的学科,也应该广开门路,以开放包容的姿态,从其他学科吸收更多的营养,带动本学科的快速发展。可喜的是,近些年,我国公共管理学科不断从心理学、法学、经济学等学科中汲取资源,形成学科交叉,从而使公共管理学科呈现出蓬勃发展的态势,这不仅缩小了我国公共管理学科与国际公共管理学科的差距,而且提升了其社会服务能力,为我国国家治理体系和治理能力现代化建设提供了智力支持。

党的十八大报告指出,要推动高等教育的内涵式发展。那么,如何来推动高等教育的内涵式发展?在笔者看来,除了遵循教育发展、知识发展和人的发展的基本规律外,就是要重视学科的建设和发展,而学科建设的根本目的是培养高水平人才。显然,在学科建设的环节中,课程建设不可或缺,换言之,学科建设的层次需要通过高水平的教材建设来实现。因此,国内外著名高校都非常重视通过高质量、高水平的教材建设来推动课程建设,进而提高学科建设水平,最终实现高水平人才培养的目标。

1887年,伍德罗·威尔逊发表的《行政学之研究》标志着公共行政学的诞生。公共管理学经历了传统的公共行政、行为公共行政、新公共行政和现代公共行政几个重要的发展阶段,后又发展到公共管理、新公共管理和公共服务的阶段,至今已有百余年的历史。在中国,公共管理仍然是一门新兴学科,仍然处在从国外引进、借鉴和消化理论的阶段,公共管理学科的本土化还没有完成。为此,中国人民大学出版社引进了多种公共管理的经典教材,将"经典教材"系列、"公共管理实务"系列、"政府治理与改革"系列、"学术前沿"系列、"案例"系列和"学术经典"系列全方位引入中国。同时,该社还积极推进公共管理学科教材的本土化,组织国内著名的公共管理学者编写教材,积极向各大高校推送,这些举措对推进公共管理学科的发展起到了很重要的作用。

尽管如此,公共管理学科还处在不断发展的过程中,我国也正在进行大规模的政府机构改革,如"放管服"的改革、"省直管县"的改革、行政管理体制的改革等,这些改革的最新成果应该反映在公共管理学科的教材中,而现有的教材并没有体现这一趋势,没有把最新的改革成果嵌入教材之中。为了弥补这一缺憾,我们与华中科技大学出版社合作,组织编写了这套教材。与已有的公共管理类教材相比,本系列教材具有以下几个特点。

第一,前沿性。系列教材注重将最新的公共管理研究成果引入教材之中,反映公共管理最新的研究理论和学术主张,在内容上凸显其前沿性。比如,公共管理的前沿研究包括公共服务动机、公共服务的共同生产、绩效管理、数字政府、技术治理等领域,这些最新的研究内容在《公共组织理论》《绩效管理》等教材中得到系统的体现。

第二,时代性。立足于新时代的背景,瞄准乡村振兴等国家战略需求,将人才振兴、乡村规划、乡村建设行动等内容纳入系列教材,比如,《人力资源开发与管理》《乡村振兴与乡村规划十讲》《乡村振兴综合服务与社会实践十讲》等教材具有明显的时代性和战略需求导向。

第三,交叉性。公共管理学科越来越注重借鉴其他学科的资源来丰富本学科的内涵,因此,本系列教材除了涉及传统的公共管理外,还注意吸收其他学科资源,充实和丰富教材的内容。比如,与其他同类教材相比,《管理心理学》《乡村振兴与乡村规划十讲》《社会工作理论》等教材吸收了心理学、社会学、政治学等学科资源,具有明显的学科交叉性。

第四,数字化。本系列教材充分利用现代数字技术,把相关的知识点串联起来,每个章节都附带二维码链接,既方便学生学习和教师教学,又能使学生加深对知识点的理解,达到融会贯通的效果。

本系列教材是南昌大学行政管理国家级一流专业建设点示范教材的一部分,《乡村振兴综合服务与社会实践创新》等是省级一流课程的配套教材,由南昌大学公共管理学院与华中科技大学出版社共同组织策划,得到了华中科技大学出版社人文社科图书分社周晓方社长的大力支持。为保证教材的质量,编写本系列教材之初,成立了由该领域诸多学者组成的编辑委员会来具体组织实施。另外，本系列教材的出版得到了南昌大学"十四五"双一流建设专项经费的支持，借此，谨向所有为本系列教材出版付出艰辛努力和大力支持的单位和个人表达崇高的敬意和衷心的感谢！

丛书编委会

2021 年 11 月 8 日

前　言

2022年1月1日《家庭教育促进法》正式实施,这是我国首次就家庭教育进行的专门立法,家庭教育从"家事"正式上升为"国事"。家庭是社会细胞,家庭教育关乎着国家的安全和社会的稳定。家庭也是个体生活和最早接受教育的场所。个体的自我首先在家庭中形成,个体的社会性也首先在家庭中获得,家庭教育对个体能力、品德、行为习惯、个性特征等有极其深刻的影响。父母是孩子的第一任教师。父母的心理特征、教养方式、家庭关系对孩子心理品质的养成起着至关重要的作用。我们总说,一个优秀的父母在孩子的教育过程中应该有正确的动机、深厚的情感以及耐心教育的意志。然而没有谁生下来就知道如何成为合格的父母,教育孩子是父母的一场修行,中途会面临各种各样的问题,产生各种各样的困惑。为了成为合格的父母,家长们应当主动学习家庭教育心理学的知识。我们如何根据孩子的行为表现判断其内部需要?我们如何根据孩子的要求及提问了解孩子的心理水平和性格特征?当孩子的行为出现偏差时,我们如何控制情绪,为改变孩子的不良行为做出不懈努力?本书的使命就是通过回答这些问题,加深读者对家庭教育过程中心理现象与行为的理解,并使读者在处理家庭教育问题时更加敏感,更加智慧,更加有力量。

在准备写这本书的时候,我们就想此书应该具有坚实的科学性、温暖的人性、事实的针对性和智力的启发性。它应该可以激发读者在家庭心理咨询和心理辅导工作过程中去探索、去分析,合理运用相关的心理学知识去解决实际问题;也可以帮助读者通过自己原生家庭的教育经历,审视个人成长和家庭教育之间的关系,更深入地了解自身、理解父母,妥善调节自己和父母之间的关系,从而形成良性的亲子互动。家庭关系中行为的影响因素有很多,但家庭教育心理学能就读者比较感兴趣、关注的问题做出部分解答。我们所期望的是:读者带着困惑学习这本书,然后带着答案走近孩子、走近家庭。

本书是团队协作和集体智慧的成果。李力对本书的编写目标、写作思路、主要特色、案例的选择规范和内容进行了总体把关。各章具体的分工如下:彭静雯负责第一章、第二章和第六章;贺晓玲负责第三章、第四章和第五章;李力负责第七章、第八章和第九章。

本教材的出版得到了华中科技大学出版社人文分社社长周晓方和编辑宋焱女士及出版社其他同事的热心支持和细致服务。刘伟、张露露、舒文丽和刘芷琴四位心理学硕士在资料收集和文稿校正方面也做出了大量的努力！在此，一并向他们表示诚挚的谢意！

由于掌握的资料还不够全面，也存在一定的疏漏，遗憾和错误在所难免。期待广大读者不吝赐教，对本书提出批评和建议，我们将在大家的帮助和建议下不断完善本教材。

编　者

2022 年 8 月

目录 contents

第一章　绪论　…1

第一节　家庭教育与心理　…2
第二节　家庭教育和儿童发展　…6
第三节　家庭教育与家长发展　…10
第四节　家庭教育心理学　…14

第二章　家庭教育的历史和现状　…22

第一节　家庭教育发展的历史　…23
第二节　家庭教育的现状　…33
第三节　家庭教育的发展趋势　…36

第三章　家庭教育心理学的理论基础　…43

第一节　精神分析理论的家庭教育观　…44
第二节　行为主义理论的家庭教育观　…55
第三节　皮亚杰的家庭教育观　…66
第四节　蒙台梭利的家庭教育观　…70

第四章　婴儿的家庭教育心理问题　…77

第一节　婴儿认知的发展　…78
第二节　婴儿社会性的发展　…83
第三节　婴儿心理行为常见问题　…92
第四节　婴儿家庭教育指导要点　…101

第五章　幼儿的家庭教育心理问题 ... 109

第一节　幼儿认知的发展 ... 110
第二节　幼儿社会性的发展 ... 116
第三节　幼儿心理行为常见问题及家庭教育方法 ... 134

第六章　6～12岁儿童家庭教育心理问题 ... 149

第一节　6～12岁儿童心理发展的特征 ... 150
第二节　6～12岁儿童身心发展常见问题 ... 155
第三节　6～12岁儿童家庭教育指导的要点 ... 164

第七章　中学阶段青少年的家庭教育心理问题 ... 173

第一节　青少年身心发展特征 ... 174
第二节　青少年的学习动机 ... 180
第三节　青少年的自我意识 ... 186
第四节　青少年的道德发展 ... 191
第五节　青少年的心理素质 ... 197
第六节　青少年常见的心理与行为问题 ... 201

第八章　特殊儿童的家庭教育心理问题 ... 227

第一节　精神发育迟滞儿童的家庭教育心理问题 ... 228
第二节　学习障碍儿童的家庭教育心理问题 ... 233
第三节　注意缺陷多动障碍儿童的家庭教育心理问题 ... 242
第四节　自闭症儿童的家庭教育心理问题 ... 248

第九章　特殊家庭的教育心理问题 ... 254

第一节　单亲家庭的教育心理问题 ... 255
第二节　重组家庭的教育心理问题 ... 261
第三节　领养家庭的教育心理问题 ... 266

第四节	留守儿童的家庭教育心理问题	... 270
第五节	隔代家庭教育心理问题	... 274
第六节	流动儿童家庭教育心理问题	... 279

参考文献 ... 283

第一章

绪论

第一节 家庭教育与心理

家庭是社会的细胞,尤其在新的时代背景下,家庭中的夫妻关系、亲子关系、原生家庭与再生家庭的关系呈现出一系列新特色。首先,夫妻关系在家庭中的地位逐渐上升,甚至超越了亲子关系;其次,社会变革带来人性解放,夫妻经济平等、人格平等、性生活平等等成为现代家庭稳定的基础;最后,"开放三胎"政策的施行改变了传统的亲子关系,家长要兼顾多子的教育问题,无论是经济还是精神上的负担都大大增加。家庭教育事关每一个人、每一个家庭、每一个国家和民族。习近平总书记明确指出,"要注重家庭、注重家教、注重家风"。这对于国家发展、民族进步、社会和谐具有十分重要的意义。家庭教育、学校教育和社会教育共同构成现代化的教育体系,家庭教育作为一种具有终身教育特点的教育形态,在人类的发展中具有不可替代的作用。

二维码 1-1 中共中央国务院关于优化生育政策促进人口长期均衡发展的决定

家庭教育的概念有狭义的家庭教育和广义的家庭教育之分。狭义的家庭教育是指家长或者其他监护人对未成年人健康成长进行的教育引导和影响,通常是指在家庭生活内部,由家长对儿童实施的教育以及家长有意识地通过自己的言传身教和家庭生活实践,对儿童施以一定教育影响的社会活动。广义的家庭教育是指在家庭中发生的,以亲子互动为中心的教育活动;它是成年人按照期望的目标,在家庭生活的各个方面,持续不断地影响儿童的过程,也是家庭成员相互学习和影响的过程。

一 新时代家庭教育的新特点与新趋势

传统家庭教育在人们心中的含义,就是家长对子女的照顾和疏导。而伴随着社会的发展,家庭教育的性质和功能、内容和方法也在不断发生着变化:从认为家庭教育是家庭内部的私事,发展到家庭教育是关乎全社会的事情;从认为家庭教育是一个封闭的系统,发展到家庭教育必须与学校教育、社会教育相联系、相配合。而家庭教育内涵演进上的改变,在一定程度上也标志着社会的进步以及个人对家庭教育认识的进步。

1. 新时代家庭教育的特点

新时代家庭教育概括起来具备如下特征：文化习俗传承的原生性、现代教育理念与技术影响下的时代性、教育与被教育对象角色转化的发展性和家庭成员持续集体学习的终身性。

(1) 文化习俗传承的原生性。

家庭是儿童出生后第一个受教育的场所，家长是儿童的第一任老师，他们相互之间的身份是自然而然形成的，具有天然性。不可分割的血缘关系和共同的生活环境使得家长和儿童相互归属、相互依恋。家长对儿童有强烈的责任感，给予儿童关爱；而儿童依赖家长，接受来自家长的教育。

(2) 现代教育理念与技术影响下的时代性。

现代家庭教育理念提倡的是所有家庭成员共同参与、相互影响的深刻的学习方式，其目的、内容、原则、途径、手段与方法都要充分体现时代性的特点。这意味着我们既要继承中华传统文化中的优秀家庭教育理念与模式，也要学习借鉴世界发达国家先进的家庭教育理论与模式。同时，伴随着现代信息技术、生物技术和脑科学的发展，教育技术也进一步走向家庭，"互联网＋家庭"教育形态正在形成。

(3) 教育与被教育对象角色转化的发展性。

家庭教育成员之间会形成双向甚至多向互动的教育生态环境，从传统的家长制教育转为家庭民主制教育，这将为研究和制定家庭教育法带来新的挑战。通过全体家庭成员共同学习，在家庭教育中冲淡我国家庭教育"父权领导"的传统风气，增加平等、尊重、发展与互教互学的新鲜元素，促进家庭和谐、社会稳定和民族进步。

(4) 家庭成员持续集体学习的终身性。

党的十九大报告提出"推动建设学习大国"，学习大国的建设离不开家庭教育和学习型家庭的建设。家庭教育特别是家庭学习是一个持续、不间断的过程。经过几代人努力，培养一种家庭文化甚至是家族文化，对于家庭和谐及可持续发展至关重要。

总之，原生性、时代性、发展性和终身性应该成为新时代家庭教育的四大特点。其中，原生性是新时代家庭教育的内在本质，时代性是新时代家庭教育的外在表征，发展性是新时代家庭教育的根本功能，终身性是新时代家庭教育的时空特点。

2. 家庭教育新趋势

人类成为家长不仅是一个生物过程，更是一个社会过程。从这个意义上来讲，家庭教育首先是对家长的教育。目前新时代的家庭教育已呈现出以下三大发展趋势。

(1) 由单一逻辑转变为多维趋势。

家长对子女教育的单一性是传统家庭教育的典型特征。一般而言，家庭教育被认为是在家庭生活中，由家长对其子女实施的教育，即家长有意识地通过自己的言传身教和家庭生活实践，对子女施以一定教育影响的社会活动。伴随着现代生活理念、方式和知识的快速变革，现代家庭教育中的成员角色发生了重要变化，家庭教育正在从家长单向教育模式向家长与子女双向教育模式转变，即在主干家庭和扩大家庭中，晚辈对长辈特别是祖辈的知识与技能传播，多子女之间的知识、情感与文化交流等多维的家庭教育成为常态。

（2）由子女逻辑转变为共同发展。

传统的家庭教育以子女为对象，以子女的发展为目的。《中国大百科全书·社会学》认为："家庭教育包括家长教育子女和家庭成员之间相互教育两个方面，其中主要方面是家长教育子女。"由于血缘、亲情的纽带关系，家庭成为最为重要的紧密型学习共同体。家庭教育的目标不仅是实现下一代的发展，更是实现上一代甚至上上代与下一代的共同发展。

（3）由阶段逻辑转变为终身学习。

传统家庭教育缺乏终身学习的思想，多将家庭教育的时间向度限制在儿童少年时期，而忽略了家庭教育长期性、持续性的特点。进入知识经济时代，随着学习型家庭的出现，社会要求家庭成员成为终身学习者。

二 儿童发展心理学与家庭教育的关系

儿童发展心理学（psychology of child development）是心理学的一门分支学科。它主要研究人类个体在儿童期（从出生到成熟）的心理发展过程，揭示儿童心理发展的一般规律和儿童各年龄阶段的心理特征。儿童年龄阶段通常划分为：乳儿期（0至1岁），婴儿期（1岁至3岁），儿童期（4岁至6或7岁），童年期（6或7岁至11或12岁），少年期（11或12岁至14或15岁），青年初期（14或15岁至17或18岁）。德国生理学家和实验心理学家普莱尔（Preyer）于1882年出版的《儿童心理》一书是率先用较为系统的观察和实验方法研究儿童心理的著作，被誉为该学科的奠基之作。

儿童发展心理学主要的研究对象是个体在儿童期各个年龄阶段所表现出来的典型的心理特征及行为变化，揭示儿童从出生到青春期的心理发展过程及规律，并分析其原因。成熟势力发展理论的代表人物、美国儿童心理学家格塞尔（Gesell）认为，个体的身心发展都是按基因规定的顺序有规则、有次序地进行的，教育儿童必须遵循教育规律和人的身心发展规律，尊重儿童的人格。

儿童发展心理学能够帮助家长了解儿童身心发展的规律。通常而言，过度强调家长权威的教育只会让儿童更加不听话；相反，尊重儿童，和儿童平等相处，做儿童的朋友会让他们收获成长的快乐，也会促进亲子关系和谐发展。

在了解儿童身心发展规律的基础上，儿童发展心理学还能够帮助家长了解儿童的心理需要。1940年，当时在孤儿院工作的鲍尔比（Bowlby）发现：那些因为战争离开家长的儿童，虽然在身体上被照顾得很好，但是却有严重的心理问题。研究进一步发现：儿童早期对家长的依恋对于之后的社会性行为、情绪情感、学业成绩都有影响。依恋，一般被定义为婴儿和其照顾者（一般为母亲）之间存在的一种特殊的感情关系。它产生于婴儿与其家长的相互作用过程中，是一种感情上的联结和纽带。鲍尔比的依恋理论认为,依恋是人类适应生存的一个重要方面,因为它不仅提高了婴儿生存的可能性,而且建构了婴儿终生适应的特点;依恋也是人的一种基本需要,即至少和一个人产生亲近、亲密的关系。依恋具体可以分为安全依恋、焦虑-矛盾型不安全依恋和焦虑-回避型不安全依恋三种类型。其中,安全依恋有助于儿童成长,而不安全依恋则会产生相反的效果。因此,家长只有了解儿童的需要,才能找到解决儿童焦虑的方法,同时为儿童建立起新的安全依恋。

三 心理学对家庭教育的指导和启示

1. 重视心理因素,培养积极情绪

美国心理学家弗瑞德克森(Fredrickson)认为,"积极的情绪体验能够为个体的思想和行为提供充足的能量,让个体思维更活跃、认知更全面、反应更灵敏"。因此,我们应该重视积极情绪等心理因素的发展。首先,家长要转变观念,树立正确的教育观和儿童观,既要重视儿童智力发展,又要根据儿童的能力和兴趣给予其合理的期望,重视儿童心理健康发展。其次,家长应调节好自己的不良情绪,避免影响儿童,并以积极的态度理解和对待儿童的消极情绪,帮助儿童正确表达和发泄消极情绪,增加他们积极的情绪体验。最后,家长要创造情境和机会满足儿童的需求,给予他们更多的肯定与认可,培养他们积极的情绪体验。

2. 重视积极品质,客观评价儿童

积极心理学主张以欣赏性的眼光挖掘人的潜能,重视人的积极品质,这也有利于预防消极品质的出现。因此,家长要重视儿童的积极品质,客观评价儿童。首先,家长要注意观察儿童的行为表现,除了发现问题,更要相信儿童的能力,挖掘儿童的优势,用积极的方式鼓励和表扬儿童。其次,家长要树立正确的评价观,考虑到儿童在需要、性格、能力、学习方式等方面的差异性和特殊性,客观评价儿童,帮助儿童形成积极的自我概念和自我评价,使其树立自信。最后,家长要创造条件使儿童充分发挥自身优势,使其在自身原有水平基础上进一步发展,进而塑造积极的人格。

3. 转变教养方式,创设积极环境

对于儿童来说,家庭环境是影响其身心发展的重要的组织系统之一。研究发现,积极的家庭环境可以降低儿童情绪行为问题出现的可能性。由此可见,儿童所处的家庭环境会影响其情绪和人格。因此,家长应该为儿童创设积极和谐的家庭环境和氛围。首先,家长应转变教育观念,采用民主型的教养方式,尊重和理解儿童,给儿童自由发展的空间,不迁就和溺爱儿童,与儿童建立良好的亲子关系。其次,家长之间要建立和谐融洽的关系,相互关爱,学会控制自己的情绪,多向儿童传递积极的情绪,为儿

童树立良好的榜样，让儿童在心理上感到安全和愉快。最后，家长要加强与学校间的密切合作，了解儿童在学校的情况，共同商讨教育对策，家、校协调一致，共同促进儿童的发展。总之，要为儿童创造一个民主、包容、温暖、和谐、愉悦的积极家庭环境，以帮助儿童形成健全的个性和健康的心理。

第二节　家庭教育和儿童发展

一　家庭教育的目的

家庭教育的目的是指通过家庭教育活动和家庭教育的全过程，要把受教育者培养成什么样的人。

我国家庭教育是整个社会主义教育事业的有机组成部分，因此，《教育法》中规定的教育目的也是家庭教育的总目的，即"教育必须为社会主义现代化建设服务，必须与生产劳动相结合，培养德、智、体等方面全面发展的社会主义事业的建设者和接班人"。

家庭教育在家庭环境中应充分发挥育人的功能，努力使家庭成员成为有益于社会、有益于国家的人，为国家的发展出力。具体要求有以下几点。

第一，创造良好的家庭生活环境，特别要为子女创设良好的学习环境，使其智力因素和非智力因素都得到开发，保持身心健康。

第二，促进家庭成员正确认识社会、适应社会，正确处理个人与社会、个人与集体、个人与国家的关系。特别要帮助儿童懂得社会、懂得生活，培养儿童独立的生活能力，使其既能在顺境中不骄不躁地成长，又能在逆境中奋进、勇于与命运抗争。

第三，帮助子女健康成长。子女入学前，要通过家庭教育来保证他们的思想品德和身心健康的发展，为接受学校教育打下基础；子女入学后，家庭教育要密切配合学校教育和社会教育，使子女在德、智、体、美、劳等方面得到全面发展；子女完成学业参加工作后，家庭教育要鼓励他们努力工作、艰苦奋斗，使其积极为社会服务，做一个有益于他人、有益于社会的人。

第四，使家庭成为人们终身受教育的场所。家庭教育要坚持为家庭服务，为家庭中所有成员服务，不仅使子女健康成长，而且使家长完善自己，不断进步。

总之，人们要通过家庭的互动教育学习新的知识，与时俱进，跟上时代的发展，不断改正自己的错误，积极、乐观地生活，这是家庭教育不可忽视的方面，也正是现代家庭教育的特色所在。

二　家庭教育对儿童发展的影响

1. 家庭结构对儿童心理健康发展的影响

家庭结构不同,其功能关系和生活管理方式也不同,主干家庭中的子女能体验到家庭中各种角色的思想感情,所以其在情绪的体察和调节、道德的发展方面水平更高;但倘若主干家庭中的祖辈对隔代儿童过于溺爱,也会造成儿童道德发展水平低、不在乎他人情感、自私蛮横的不良后果。核心家庭,尤其是双职工核心家庭中的家长,既要工作又要照顾家庭,往往承受较大的社会压力,自身在情绪调节方面也有很大的困难,所以,在子女教育中往往容易忽视儿童的情感需求。而单亲家庭的儿童,由于缺乏家长中一方的参与,对自我同一性的探索可能过早结束或者从未开始。

2. 家长教养方式对儿童心理健康发展的影响

家长不同的教养方式会对儿童心理健康发展产生不同的影响。

在情绪管理和社会交往方面,民主型家长允许儿童表达情绪,在儿童出现消极情绪时,能够及时疏导;家长会有意识地培养儿童的社会交往能力,使儿童在和同伴或长辈的交往中做到自尊、自信、团结。专制型家长要求儿童绝对服从,这往往会导致儿童形成自卑、焦虑、被动的个性;这样的儿童在人际交往中缺乏沟通技巧,也容易受制于他人。忽视型环境中成长的儿童很难从家长身上学会如何表达情绪,也很难控制消极情绪,在人际交往中容易忽视他人的想法。而在溺爱型的教育方式下,儿童会过分表达自己的情绪,在人际交往中也认为自己是最重要的,认为自己的任何行为、感受都应受到关注。

在道德发展方面,家长的教养方式对儿童的认知能力和道德素质具有重大影响。通常而言,民主型家庭教育下儿童的道德发展是最好的。民主型家长会使儿童意识到,成人和儿童不是权威和服从的关系,道德规范是在相互尊重和合作的基础上制定的。同时,他们也会特别注意培养儿童与同伴合作的能力。

在自我同一性培养方面,家长的教养方式也发挥着重要作用。民主型的家长鼓励儿童参与家庭决策的制定,这种做法会很大程度上促进儿童自我同一性的实现;而专制型家长严格控制儿童的行为,剥夺他们表达观点的机会,会导致儿童自我同一性的扩散。此外,有研究表明,青少年与母亲沟通不畅以及朋友之间持续的矛盾也会削弱其自我同一性的发展。

3. 亲子关系对儿童心理健康发展的影响

亲子关系良好的家庭,儿童的情绪控制力、道德发展和人际关系都会更有优势。亲子关系融洽,儿童能从家长的关怀中学会如何表达自己的感情,也能向家长及时反馈自己的感受，更能把与家长的良好互动模式推广到与他人相处的过程中。反之，如果儿童身处打骂苛责中，感受到的只是悲伤痛苦，学会的也是用粗暴恶劣的态度对待他人。因此，亲子关系中相互的情感温暖和责任感是儿童正面、积极、健康成长的重要基础。

4. 家长素质对儿童心理健康发展的影响

家长素质包括家长的身体、心理、文化和道德素质。家长素质的高低虽然不能直接决定儿童的素质水平，但很大程度上会对儿童的心理健康产生深远影响。比如，自身素质较高的家长会在日常生活中帮助儿童学会调控情绪，把儿童的消极情绪看作指导机会，帮助儿童对情绪进行分类，指导他们有效地处理情绪。在自我同一性达成方面，心理素质良好且受教育程度较高的家长，可以利用自己青春期的经验，帮助儿童进行积极的探索，了解自身的优缺点，从而促进自我同一性的达成。同时，有良好文化和道德素质的家长，在儿童与同伴交往出现摩擦时，会及时了解事情发展的过程，帮助儿童分析问题、明辨是非，让儿童自己去妥善解决问题；而自身素质较低的家长，要么埋怨儿童没有出息，要么不分青红皂白带领儿童去兴师问罪，这不仅会破坏儿童间的友谊，还会让儿童在今后的交往中懦弱不堪或者蛮横霸道，这些都不利于其人际关系的培养。

三 儿童发展需要的家庭教育

家庭教育是儿童自诞生以来接受的最基础教育，一个儿童是否能够健康地成长，家庭教育起着很关键的作用。《大学》有言："家齐而后国治，国治而后天下平。"家庭作为社会最基本的组成部分，对儿童的教育负有最主要的责任。儿童的一举一动、一言一行都需要从家长的耐心教导中习得。

1. 亲子陪伴

亲子陪伴是儿童自我健康发展的重要条件。早期自我能否健康发展取决于亲子交往的质量。家长对儿童充满爱心，给儿童以安全感；一贯地对儿童的需要做出敏感的反应，使他享受满足感；热情地鼓励儿童的进步和努力，使他体验成就感；合理地安排和组织好儿童的生活环境，让儿童感觉到周围环境的规律性以及环境变化的可预测性……这些都有利于儿童自我的健康发展。反之，如果家长对儿童缺乏爱心，对儿童的主动、自主的愿望不提供尝试和学习的机会，而采取否定的态度，贬低他的能力，甚至羞辱、责骂他，则会导致儿童产生否定的自我表征，对其自我的健康发展非常不利。

2. 自尊感的培养

成人的抚养方式和教育在儿童个性的最初形成中起决定性作用。培养儿童的自尊感可以从以下四方面做起：一是温暖、关爱，积极接纳儿童的特点和需求，热心参与儿童的游戏等活动；二是严格要求，要求明确，但不进行强制性管束；三是民主，对于有关儿童事情的决策，给儿童表达观点的自由，耐心听取他的意见；四是以身作则，为儿童树立典范。总之，家长应注意自己的人格修养，做到以身作则，为儿童创造良好的教育条件。耳濡目染的环境会使儿童在潜移默化中形成逐渐稳固的态度和行为习惯，从而形成良好的个性品质。

3. 规则意识

规则会使人形成一种程序规范的自我意识，以及主动遵守规则、自我约束的意识。规则意识是从儿童时期就开始培养，逐渐形成的一种规范化的行为模式。家庭教育中需要建立的规则包括规律的作息习惯、饮食习惯、卫生习惯以及和家人良好的互动模式等。规则意识的培养很重要，但不能急于求成，因为儿童规则意识的发育发展是遵循一定规律的，过早地把大人的一些规则强加给儿童，他不仅理解不了，还可能故意对规则进行破坏。家长可以从以下几方面入手帮助儿童养成规则意识。

第一，家长要多与儿童聊天沟通，促进儿童语言的进一步发展。因为通常语言能力不足，儿童就会更多地用行动的方式去破坏，从而引起他人关注，所以家长要多与儿童沟通交流，尽可能多陪伴儿童。

第二，在陪伴儿童的过程当中，家长需要多和儿童进行互动游戏，在游戏的过程中训练儿童遵守游戏的规则。

第三，注重对儿童规律的生活作息习惯的培养。建议尽量在儿童保持积极情绪（即相对平静或者轻松快乐）的情况下，逐渐建立起儿童规律的生活作息习惯；另外，家长在要求儿童的同时，也要以身作则，做好表率。

4. 教育惩戒

正如没有爱就没有教育一样，没有惩戒也没有教育。作为一种必要的让儿童产生敬畏之心的教育方法，惩戒不同于体罚，也不等于对儿童进行挖苦讽刺、谩骂侮辱、人身攻击，而是一种有效的教育手段，能够使儿童明白行为和后果的关系，同时也可以教会他什么是责任——承担这个后果就是他的责任。

对儿童进行惩戒时，家长最容易犯的错误是把制止儿童错误的行为变成一种情感的宣泄、权力的展示，特别是在实施惩罚过程中遇到儿童反抗时，家长往往会觉得自己的权力、权威受到威胁，最后，帮助儿童改正错误的愿望变成了显示家长权威、让儿童屈服的欲望。当情感战胜理智时，家长往往会采取过分的行为，如言辞激烈地辱骂甚至打儿童。所以，如果家长决定进行惩戒，那么最好事先向儿童解释清楚后果将是什么，给儿童一个明确的警告，这也有助于设置宣泄与教育的边界。此外，针对儿童不好的行为，家长必须想出一个适度的惩戒办法，然后马上执行，决不能缓行，惩戒过程也不能持续时间过长，因为这会让儿童感到害怕、愤怒，甚至产生退缩或逆反心理。此外，惩戒方法一旦确定，就要严格执行，否则会损害惩戒方法的有效性，让儿童觉得有"讨价还价"的余地。

5. 挫折教育

挫折教育就是让儿童在受教育的过程中遭受挫折，从而激发儿童潜能，以达到使儿童增强抗挫折能力的目的，其实质就是对儿童良好意志品质的培养。家长在实施挫折教育时要因人而异。首先，根据儿童的性格进行挫折教育。人与人在气质、性格、能力等方面存在种种差异，不同的儿童对同一挫折产生的心理反应不同，因此，家长对儿童的挫折教育要因材施教。如果儿童自尊心较强，好强、好面子，遇到挫折时容易产生沮丧心理，家长就不要过多地埋怨、批评，而是点到为止，多加鼓励；如果儿童较自卑，对自己的能力缺乏信心，家长切忌对其过多指责，而要多加安慰，要善于发现儿童的长处，为其创造成功的机会，增强其自信心。其次，要根据儿童的能力进行教育。能力较强的儿童遇到挫折时，家长应重在启发，让他们发现受挫的原因，放手让他们去解决问题；对于能力较弱的儿童，家长应该帮助他订定切合实际的目标，并制订由低到高、由易到难的计划，使儿童既避免产生恐惧心理，又不断地看到自己的进步，从而逐步形成克服困难和挫折的能力。

第三节 家庭教育与家长发展

在家庭中，家长承担着对其子女进行抚养和教育的重要责任，家长的教育活动可以对儿童产生正向的指导，也可能在不经意间对孩子产生负面的影响。这在很大程度上取决于家长的教育方法与艺术，因此，提升家长的家庭教育效能应是现代家长的必修课程。

一、家长发展的目标

1. 学习家庭教育知识

家长是家庭教育的主要实施者，但很多家长并不了解如何去进行家庭教育。在学习家庭教育方面，提高家长的自身知识储备能够对家长的自我成长有很大帮助。在过去，受传统观念影响，有的家长相信"棍棒底下出孝子"，也有的家长相信"龙生龙，凤生凤"……这些不良的观念可能造成家长和儿童离心，抑或是家长的角色缺失等。家长应该多学习家庭教育的知识，可以通过阅读相关教育书籍、参加线下讲座或学习网络视频课程来提升自己，以便更了解儿童在各个阶段的身心发展特征，提高亲子关系中的沟通效率。

2. 提高自身的道德文化素养

习近平总书记在全国教育大会上强调"家庭是人生的第一所学校,家长是孩子的第一任老师,要给孩子讲好'人生第一课',帮助扣好人生第一粒扣子"。家庭教育与学校教育有很大的不同,家庭教育的目标往往受家长个人的爱好、经历、道德素质、文化水平等影响,体现出家长的意志。因此,要提高家庭教育的水平,首先要发展的是家长自身的道德文化修养。家长要做到以身作则,因为儿童是非常爱模仿的,模仿也是儿童最主要的学习方法,所以家长除了要为儿童创造一个温馨舒适的家庭环境,还要为儿童树立正确的榜样,培养儿童良好的生活习惯和优秀的人格特质。从这一点来看,家长就是儿童最好的老师。

二维码 1-2
习近平关于
注重家庭家教
家风建设
论述摘编

3. 树立平等的家庭教育观念

家长要树立平等的家庭教育观念,实现亲子共同成长。由于受到传统文化、社会观念的影响,不少家长在家庭教育中习惯了知识权威、道德权威的角色,只注重对子女进行教育,而忽视了从子女身上获得新知识和新观念。在家庭教育中,家长应以平等、开放的心态与儿童进行互动,家庭教育的受益者不仅仅是儿童,家长也能在家庭教育中得到成长,最终实现亲子共同成长。家长要尊重儿童的各种需要,尊重他们的兴趣和爱好,鼓励他们表达自己的想法和感情,遇事多跟他们商量,多听他们的意见,允许他们自己选择和决定,容忍儿童有与家长不同的见解。同时放手让儿童接触社会生活,让他们在社会生活中经受磨炼,增长才干,提高社会适应能力。

二　家长发展对促进家庭教育的作用

家长和子女之间是既简单又复杂的关系,一方面,家长是子女的避风港,另一方面,子女给家长带来了很多的欢乐和惊喜。但如同那篇经典的文章《背影》中所说的那样,家长和子女是渐行渐远的关系,在子女成长过程中,家长最应该做的就是适时放手,让他做自己,而不是家长的复制品,只有这样,子女才能成长为他最好的样子。

与此同时,家长也应该把更多精力放在自我成长上面,强行逼迫子女成为自己理想的样子是不现实的,最好的教育是家长的言传身教。在子女长大之前,家长能做的,就是做最好的自己,表现出自己最优秀的一面给子女看。

1. 优秀是可以模仿的，而儿童的第一学习方式就是模仿

为什么好的家庭更容易培养出优秀的儿童？因为家长本身就是优秀的人，他们把优秀当成一种习惯，做起来毫不费力，又将优秀这种习惯传递给了儿童。儿童成长初期，最喜欢做的就是模仿家长的行为。

2. 家长是最好的榜样

在儿童成长的方方面面，家长都有着非常关键的榜样作用，这些作用主要表现在儿童的认知和个性形成方面。

(1)家长对儿童认知形成的影响。

儿童最喜欢观察家长的一举一动，并且会模仿家长的所作所为。在他还没有形成明确的世界观，没有判断是非善恶能力的时候，家长的行为就是他眼中正确的标准。这个时候，如果家长自身行为不端正，对儿童认知形成和行为规范的养成将产生巨大的负面影响。

(2)家长对儿童个性形成的影响。

3~6岁是儿童个性形成的关键时期，家长的榜样作用在这个阶段能够得到最大程度的发挥。比如，暴躁的父亲很难养出有耐心的儿童；家长之间经常吵架、斗气的家庭，儿童将来可能无法收获幸福的婚姻。这是因为家长的榜样作用已经根深蒂固，很难动摇。

3. 家长自我成长是对儿童最好的教育

成长是不分年龄段的，为人父母之后很多人发现跟子女之间的代沟越来越深，观念偏差越来越大。那是因为社会一直在进步，儿童也在接触新的事物，而一些家长如果没有与时俱进、加强自我学习，还依旧仗着自己以前的生活经验教育儿童，一旦儿童不听话，就不能进行很好的沟通，非打即骂，这在无形之间导致彼此矛盾增多。

(1)家长也应该追求进步。

很多家长觉得自己年纪大了，就把心思全部放在赚钱和培养孩子上面，而忽略了自己的学习和进步。其实生活是自己的，优秀的家长对于儿童来说是一种骄傲的资本，儿童也会更有信心地追求进步。

(2)做最好的自己，才能做最好的家长。

中国很多家长都把为孩子牺牲当成一件很伟大的事情，却没想过这样做会给孩子带来多大的心理负担。儿童不是家长的第二次选择，而是跟家长共同成长的伙伴。作为家长，在照料儿童的同时，也应该注重自身的发展，不要放弃自己的兴趣和生活，应在陪伴儿童的同时与其一起学习、一起成长。

总之，家长是儿童最好的榜样，想要儿童优秀、进步，家长自己也应有积极的心态和奋发向上的精神。家长不要忽视模仿的力量，在教育儿童的过程中，应该言传身教，为儿童树立好的榜样，并陪伴儿童一起成长、一起进步，把自己看作儿童的伙

伴而不是发号施令的领导。这样不仅能拉近彼此的距离,还能让儿童减少压力,快乐成长。

三 家庭教育与家长发展的关系

1. 儿童是家长的老师

对父母而言,陪伴儿童成长是一件非常有意义的事,而做优秀的家长,必须从自我成长开始。选择与儿童一起成长,意味着我们要重新审视最基本的关系,要面对人生的问题,寻求答案,完善自我。试想,如果家长处理不了与自己、与他人的关系,怎能处理好与儿童的关系?如果为人家长自己都对这个世界不再好奇,怎么能保持或激发儿童的好奇心?⋯⋯

而如果不是养育儿童的过程中遇到困难,家长不会去探索或深刻反思自己的成长历程和思维模式。因为家长在自身成长中也积累了很多暗伤,也有许多成长任务并没有完成,与儿童相处时,这些问题就会再次浮出水面:家长不能接纳自己,对自己不满意,就格外需要一个令人满意的儿童;家长不能处理好亲子关系,心中就会有一个"理想小孩"的形象,希望儿童主动符合自己的期待;家长抗拒成长,就会把成长的任务转嫁到儿童身上。于是,家长几乎总是和儿童绑在一起,共进退,同悲喜。

从这个意义来讲,儿童来到这个世界上,实际上是在督促家长把从前忽略的课程补上,不断完善自己的"人生地图"。陪伴儿童成长的过程,也是家长观察和培育自我的最好机会。

2. 儿童的教养拼的是家长的功底

当我们不再逃避,勇敢面对问题时,也意味着要离开心理舒适区,进入不确定的状态。成长意味着冒险,也伴随着痛苦,这也是家长回避成长的最主要的原因之一。这个过程,会感觉煎熬,也会感觉迷茫和焦虑,但只要家长坚持学习和思考,终究会找到解决问题的途径;而每个困境背后都隐藏着人生的礼物。面对困惑的时候,阅读、分享和探索会帮家长打开一扇窗,当这些问题得以解决后,家长的人生也会变得更通透、更顺畅。

教育的方法和技巧,只是儿童成才的冰山一角。儿童的教育,拼的是家长的功底,是家长的处世态度和人生感悟。也就是说,家长的整个人生都会参与到家庭教育中来。如果家长仅仅懂得柴米油盐,

二维码 1-3
关于印发
《全国家庭教育
指导大纲
(修订)》的通知

就会离儿童的精神世界越来越远。教育儿童的王道,是执着地栽培自己,这样更能享受与儿童共同成长的美好时光。最理想的状态为:儿童懂的,我们懂;儿童不懂的,我们也懂,至少,我们要与儿童有交集。

这个漫长的求索过程,既是为自己,也是为儿童。儿童的起点是家长的肩膀。如此说来,每个儿童都不会有相同的起跑线。而只有家长变得足够优秀,才能散发内在的能力促使儿童变得更加优秀。

第四节 家庭教育心理学

一 家庭教育心理学的现状和发展

关于家庭教育心理学的研究,目前学界大多是从积极心理学、发展心理学、个体心理学和其他心理学视角进行的研究,内容多集中在积极心理学领域。

(一)积极心理学

积极心理学主要从积极情绪体验、正向人格特质和积极社会组织体系三个方面,探讨家庭教育的作用、影响及启示,并提出了家庭教育指导的相应理论和方法。

积极情绪体验强调人的主观上所具备的积极情绪,例如人的乐观、满足、快乐、幸福及希望等积极向上的情绪,积极心理学认为拓展与构建积极情绪可以扩建个人的思想及行为,帮助个体创建自身发展的有利资源(社会性资源、智力方面的资源及自身资源等)。正向人格特质主要探究人的美德等积极人格,主张人要带着欣赏性眼光看待周围的事物和人们的能力及潜力。积极社会组织体系主要将积极人格及积极情绪进行有效结合,探讨积极家庭、积极社会环境和积极学校等来营造良好的积极氛围。

1. 情况分析

从 20 世纪末开始,国内就有学者开始从积极心理学角度研究家庭教育,主张家庭教育要从"积极"入手,关注儿童的积极情绪、积极潜能和积极品质,用一种开放性和欣赏性的眼光去看待儿童,重视儿童身上的优点和积极力量。比如张芸芸(2009)提倡家长多用赏识教育;尊重儿童、与儿童平等沟通;培养儿童面对挫折的积极心态。殷颢文和贾林祥(2013)的研究也认为,作为家长,要革新传统观念;他们强调家庭教育并不只是对儿童矫正错误、改造问题,而是要主动发掘与研究儿童的各种积极品质和闪光点,并在实践中扩展和培育这些品质。王萍(2017)也指出:家长要重视心理因素,培养积极情绪;重视积极品质,客观评价儿童;转变教养方式,创设积极环境。

除了关注儿童本身积极情绪、潜能和品质的培养外,研究者们还就家校合作、家庭教育支持系统等方面提出了建议。比如姜企华(2016)呼吁,让家庭和学校成为学生积极向上的共同体,具体可通过开展家校一致的生涯规划教育、采取家校互补的激励性评价,进行家校合作的主体意识教育等方式进行。刘霜(2020)从中职生家庭教育的角度倡导家长以积极的态度来接纳自己,以积极的角度看待儿童的"问题",同时倡导社会注重对家长的引导教育。

总而言之,积极心理学方向家庭教育的研究越来越受到重视,这使我们对家庭积极教育的良好成果充满期待。

2. 家庭教育指导的具体内容

积极心理学视角下,家庭教育指导的内容主要从培养积极情绪、重视积极品质与重视孩子的主观体验三个方面展开。

(1)重视心理因素,培养积极情绪。

美国心理学家弗瑞德克森认为,"积极的情绪体验能够为个体的思想和行为提供充足的能量,让个体思维更活跃、认知更全面、反应更灵敏"。因此,我们应该重视积极情绪等心理因素的发展。首先,家长要转变观念,树立正确的教育观和儿童观,既要重视儿童智力发展,也要根据儿童的能力和兴趣给予适当的期望,重视儿童心理健康发展。其次,家长应调节好自己的不良情绪,避免影响儿童,并以积极的态度理解和对待儿童的消极情绪,帮助儿童正确表达和发泄消极情绪,增加他们积极的情绪体验。最后,家长也要创造情境和机会满足儿童的需求,给予他们更多的肯定与认可,培养他们积极的情绪体验。

(2)重视培养积极品质,客观评价儿童。

积极心理学主张以欣赏的眼光挖掘人的潜能,重视人的积极品质培养,同时他们也认为,激发人性中的那些好的品质,如宽容、责任、利他,人就会感到快乐,这也有利于预防消极品质的出现。因此,家长要重视培养儿童的积极品质,客观评价儿童。首先,家长要注意观察儿童的行为表现,除了发现问题,更要相信儿童的能力,挖掘儿童的优势,用积极的方式鼓励和表扬他们。其次,家长要树立正确的评价观,考虑每个儿童的需要、性格、能力、学习方式的差异性和特殊性,客观评价儿童,帮助儿童形成积极的自我概念和自我评价,树立自信心。最后,家长要创造条件使儿童充分发挥自身优势,在自己原有水平基础上得到进一步发展,进而塑造积极的人格。

(3)重视个人主观体验,尊重和关注孩子。

积极心理学关注个人的主观体验。家长要尊重孩子,关注孩子的内心感受,不能一味地将自己的意愿强加到孩子身上。教育孩子、调适亲子关系的前提是尊重孩子。只有尊重孩子,孩子才能有自尊心,而自尊心是孩子自我发展的强大动力。孩子逐渐长大,有自己的生活方式和人生追求,有自己的内心世界、独立的意志与做人的尊严。

二维码 1-4
十本畅销
已久的
亲子教育书籍

父母要设身处地从孩子的立场观察问题、思考问题,这样才能进入孩子的内心世界,从而和孩子进行平等沟通;孩子也才能获得一个舒适的环境、和谐的氛围,快乐学习、快乐生活。

(二)发展心理学

1. 情况分析

儿童发展心理学是研究儿童心理特点和发展规律的理论学科,是教育者对儿童进行引导教育的重要指南。现有文献主要从家庭环境布局、生活氛围、玩具设计以及环境模拟等方面来研究怎样为儿童创设良好的阶段性心理成长的环境,并讨论在各个阶段对儿童的心理发展进行引导的方法,从而使儿童在潜移默化中受到家庭的积极影响,促进儿童全方位发展和成长。

武丹凤(2018)从空间成长、装饰成长、功能成长和交流互动成长四个方面探索应如何设计出有益于适应儿童心理发展的家具,以促进其健康快乐成长。倪连晶和王利平(2019)认为,家庭环境是最适合儿童学习和发展的场所,并具体从儿童情感认知发展、语言能力、创新思维发展和个性发展四个方面,提出了家庭教育和游戏设计相结合促进儿童发展的方法。曹馨月(2020)的研究也是从家具的应用设计入手,讨论儿童家具与其心理发展需要相匹配的方式。

2. 家庭教育指导的具体内容

(1)家长可以从家庭空间入手,在家庭设施的摆放、家庭用具的使用、家庭用品的设置等方面,对儿童熟悉的家庭环境进行重新设计,使家庭用品能够对儿童产生一定的影响,从而使其对物体或空间产生相关的情感。

(2)对儿童进行语言交流引导时,要注意环境氛围的营造,要利用一些直观、便于理解的事物进行引导,通过一些颜色或图像来帮助儿童进行语言组织和思维构建。比如,家长可以利用互动阅读、表演阅读的方式帮助儿童增加词汇量,通过一些故事情节来建立儿童的思维模式,从而引导儿童进行语言的描述与应用。

(3)在家庭游戏中,器具性玩具作为主要组成部分,是学前儿童认识事物、接触真实事物的起始点,因此,在进行游戏设计时要充分考虑玩具使用的有效性、设施的模拟性、游戏设计的创新性和层次性。

(4)在家庭榜样的建设中,家长要注重儿童间的交流和互通,可以通过日常生活中的事情,比如,直接表述、间接衍射、举例子、讲故事等方法进行示范,使儿童建立起对应的道德意识以及社会意识。

(三)个体心理学

阿德勒(Adler)的个体心理学涉及自卑与补偿、社会兴趣、生活风格等概念。他认为家庭教育与儿童人格的健康发展休戚相关,家长有责任帮助儿童克服自卑感、培养社会兴趣,使之形成良好的生活风格。个体心理学为家庭教育提供了丰富的心理学依据,对现代家庭教育具有指导性意义。比如,霍利婷(2008)提出阿德勒的个体心理学对家庭教育的启示在于:对有自卑倾向(包括有身体器官缺陷、被娇宠、被忽视)的儿童进行补偿,培养儿童的社会兴趣,让儿童在合作中形成良好的生活风格等。杨芸(2015)指出阿德勒家庭教育思想对中国家庭教育的启示有以下几点:重视早期家庭教养方式,避免问题儿童的产生;构建民主和谐的家庭教育氛围;重视家长对儿童的人格教育;家庭排行格局影响儿童的性格与成长;重视对儿童合作能力和社会兴趣的培养;引导儿童超越自卑、追求卓越。

(四)其他心理学

1.霍妮对儿童"焦虑"的解释

美国著名精神病学家、精神分析的代表人物卡伦·霍妮(Karen Danielsen Horney),将焦虑解释为"一个儿童在潜伏着相互敌视的世界里所产生的孤立无助感"。在霍妮看来,焦虑来源于儿童期间家庭成员间的关系,特别是亲子关系。儿童的基本需要是生理上的满足和足够的安全感,但需要依赖家长的帮助。如果家长不能给予儿童足够的爱和安全感,儿童就会产生焦虑。如果家长经常表现出这类行为,就会使儿童对家长产生敌意,霍妮称之为"基本敌意"。如果儿童长期体验这种"基本敌意"的话,就会陷入一种既依赖家长又敌视家长的矛盾中,继而催生出不利于儿童成长的心理焦虑因素。因此,以霍妮对焦虑的解析为基础,创造一个摆脱心理焦虑的良好家庭环境,对于儿童心理健康的发展至关重要。曹中保(2018)在研究中针对霍妮提到的社会文化、神经症、基本敌意、基本焦虑、神经症人格等经典概念,提出了现代家庭教育的启示:为儿童营造宽松民主和谐的家庭氛围、对儿童给予合理的期望、家长加强自身的素质、健全自身人格以及要及时矫正儿童不良人格倾向。

2.创伤心理学

王小玲(2011)从创伤心理学 EMDR(Eye Movement Desensitization and Reprocessing)中的适应性信息加工模型对儿童所产生的持续负面影响进行了研究,

在此基础上提出了家庭在教养儿童时应该注意的问题：其一，不要恐吓儿童，让儿童没有安全感，当儿童无力对付，产生害怕心理时，应通过讲述科学道理和实际示范对儿童进行教育启发；其二，不要忽视儿童的合理需要，应注意观察并满足其合理需要；其三，不要对儿童进行情绪虐待，比如经常对儿童的轻微不端行为进行惩罚，经常批评、嘲笑和羞辱儿童等；其四，不要经常体罚儿童，应对儿童讲道理，或让其进行实际观察，以认识到自己的错误；其五，不要让儿童看恐怖电影、电视，应让他远离血腥、暴力、争斗等场面，以免给儿童留下负面影响。

3. 温尼科特关于应答敏感性质量的思想

在英国精神分析学家、客体关系理论大师温尼科特（Winnicott）的理论中，特别强调真实母亲的功能，"一个真实的母亲对婴儿所做的最好的事情就是足够敏感"。足够好的母亲指在婴儿出生后数周内母亲处于一种"原初母性专注"的心理状态：越来越淡化自己作为一个独立的人的主体性、个人兴趣和生活节奏等，越来越专注婴儿的活动。母亲的这种高度敏感的状态，为婴儿塑造了主观全能感和持续存在感；母亲对儿童应答敏感性的质量是影响其生长发育的最关键因素。

没有母亲能够满足婴儿的全部需要，好的母亲能够在被需要的时候及时出现，在不被需要的时候适时退离。同时，温尼科特还主张母亲要慢慢地从婴儿的世界中退出来，把世界还给婴儿自己，逐渐减少代替婴儿自我的做法，逐渐减少婴儿的依赖感。总之，对婴儿适度的关心是婴儿心理发育所必不可少的。

温尼科特认为，"婴儿从来都不是单独存在的"，婴儿不是一个隔离的个体，没有母亲的照顾就不是婴儿。他认为，儿童的心理发展过程是人与人之间、人与环境之间关系的发展。在母婴关系中，婴儿会经历一个从对母亲的完全依赖发展到相对依赖的过程，母亲的指导趋向于逐渐培养他的独立性。同时，对于婴儿而言，适度的挫败感是有益的，也是婴儿自我发展的必要部分。

二　家庭教育指导工作者的伦理要求

加强家庭教育指导工作者的伦理规范，让广大民众了解家庭教育指导工作者的核心理念和专业责任、伦理要求，既是保证和提升专业服务水准的要求，也是保障寻求服务者权益的必备条件。专业伦理是构成专业标准体系的主要部分，家庭教育指导工作者兼具"家庭专业"和"教育专业"双重社会角色，从事的不仅是社会服务工作，更是良心事业，在整体上要坚持公益性。

1. 伦理总则

善行：家庭教育指导工作者帮助家长或其他监护人对未成年人健康成长进行教育、引导和影响，应当保障未成年人合法权益，努力使其得到适当的服务并避免伤害。

责任:家庭教育指导工作者在工作中应保持服务的专业水准,认清自己的专业、伦理及法律责任,维护专业信誉,并承担相应的社会责任。

公正:家庭教育指导工作者应当公平、公正地对待与自己专业相关的工作及人员,采取谨慎的态度客观看待寻求服务家庭的生活方式,防止自己潜在的偏见、能力局限、技术限制等导致的不适当行为。

尊重:家庭教育指导工作者应当尊重每位寻求专业服务者及其教育对象,遵循未成年人身心发展的规律,维护未成年人人格尊严,尊重其隐私权和自我决定权。

2. 专业关系与伦理规范

每个家庭的文化、信仰、价值观都有其独特性,家庭教育指导作为一种特殊的工作,保持良好的专业关系与伦理规范是对服务对象最基本的尊重。

第一,应公正地对待寻求服务者,不得因其年龄、性别、种族、性取向、宗教信仰和政治立场、文化水平、身体状况、社会经济状况等因素歧视对方。

第二,应当避免伤害寻求服务者或其家庭成员,如果伤害可避免或可预见,应在对方知情同意的前提下尽可能避免,或将伤害最小化;如果伤害不可避免或无法预见,应尽力使伤害程度降至最低,或在事后设法补救。

第三,应当尊重寻求服务者的文化多元性,充分觉察自己的价值观及其对寻求服务者的可能影响,避免将自己的价值观强加给寻求服务者或替其做重要决定。

第四,不得与当前寻求服务者或其家庭成员发生任何形式的亲密关系,包括当面或通过电子媒介进行的亲密沟通与交往。

第五,认为自己没有能力为寻求服务者提供对应专业服务,或认为自己不适合与寻求服务者维持专业关系时,应在和督导或同行讨论后,向寻求服务者明确说明,并本着负责的态度将其转介给合适的专业人士或机构,同时书面记录转介情况。将寻求服务者转介至其他专业人士或机构时,不得收取任何费用,也不得向第三方支付与转介相关的任何费用。

第六,应与相关同行(如心理咨询师、精神科医师/护士、社会工作者等)建立积极的工作关系和沟通渠道,以保障寻求服务者的健康、需求和利益。

第七,依照当地政府要求或本单位规定,恰当地收取服务费用,并在服务前向寻求服务者清楚地介绍和解释其服务收费情况。一般情况,不得以收受实物、获得劳务服务或其他方式作为服务的回报。

3. 知情同意与保密性

寻求服务者可以自由选择是否开始或维持一段专业关系,且有权充分了解关于专业工作的过程、专业资质及理论取向。家庭教育指导者要尊重寻求服务者的知情同意权和保密权,具体说来有以下几点。

第一,应确保寻求服务者了解双方的权利、责任、风险和局限,明确介绍收费设置,应认真记录评估和指导过程中有关知情同意的讨论过程,有责任告知寻求服务者享有的保密权利、保密例外情况以及保密界限，并让其签署知情同意书。

第二，只有在得到寻求服务者书面同意的情况下，才能对家庭入场进行观察或日常生活过程录音、录像或教学演示。

第三，有责任保护寻求服务者的隐私权，同时明确认识到隐私权在内容和范围上受到国家法律和专业伦理规范的保护和约束。

第四，应按照法律法规和专业伦理规范，在严格保密的前提下创建、使用、保存、传递和处理专业工作相关信息（如个案记录、测验资料、信件、录音、录像等）。在教学培训、科普宣传、案例讨论或教学、科研、写作中，应避免使用完整案例，如果有可辨识身份的个人信息（如姓名、家庭背景、特殊成长或创伤经历、体貌特征等），须采取必要措施保护当事人隐私。如果由团队为寻求服务者服务，应在团队内部确立保密原则，只有确保寻求服务者隐私受到保护时才能讨论其相关信息。

第五，应清楚地了解保密原则的应用是有限度的，下列情况为保密原则的例外情况：① 发现寻求服务者或其家庭成员中有伤害自身或他人的严重风险；② 不具备完全民事行为能力的未成年人等受到性侵犯或虐待；③ 法律规定需要披露的其他情况。其中，发现前两种情况时，家庭教育指导者有责任向寻求服务者的合法监护人、可确认的潜在受害者或相关部门预警。家庭教育指导者有义务遵守法律法规，并按照最低限度原则披露有关信息，但须要求法庭及相关人员出示合法的正式文书，并要求他们注意专业服务相关信息的披露范围。

三 家庭教育指导的基本原则

家庭教育指导的基本原则是指根据一定的指导目的和任务，遵循家庭教育的规律，观察、处理指导家庭教育过程中的基本依据和基本要求；它是指导家庭教育工作的一般原理，也是家庭教育的规律在指导活动中的具体体现。

家庭教育指导者要引导和帮助家长或其他监护人以身作则、言传身教，以健康的思想、良好的品行教育和影响未成年人，引导未成年人参加有益于身心健康的活动。家庭教育指导的目的在于协助人们分析、澄清并决定个人的价值及价值体系，以提升家庭教育的服务品质，有效地达成家庭教育目标。因此，家庭教育指导应注重科学性、针对性和适用性，并遵循以下三个原则。

1. 坚持"儿童为本"原则

家庭教育指导应尊重未成年人身心发展规律，尊重未成年人合理需要与个性。辩证唯物主义是家庭教育心理学的理论基础，也是家庭教育心理学研究所应遵循的基本原则。在家庭教育心理学研究中坚持"儿童为本"原则就是遵循客观性原则和发展性原则。所谓客观性原则，就是要认识到儿童心理现象是一种客观存在的事实，研究儿童心理在家庭环境、家长态度等外部条件下发生、变化、发展的规律；所谓发展性原则，就是不仅要看到儿童现时的心理与特征，而且要看到儿童心理发展的前景。同时，切忌根据家长的主观愿望或猜测来分析儿童的心理。创设适合未成年人成长的必要条件和生活情境,保护未成年人的合法权益,促进未成年人自然发展、全面发展和充分发展。

2. 坚持"家长主体"原则

家庭教育指导者要确立为家长服务的观念,了解家长的教养态度、教育素质、需求状况以及未成年人的发展水平,了解不同类型家庭的家长需求,尊重家长愿望,调动家长参与的积极性,重视发挥家长在指导过程中的主体作用和影响,指导家长确立责任意识,不断学习、掌握有关家庭教育的知识,同时提高自身修养,为儿童树立榜样,为儿童健康成长提供必要条件。但在坚持"家长主体"原则的同时也应关注未成年人自身,从儿童的行动和活动中看待问题,不应仅从家长的角度孤立地、静止地看待问题。

3. 坚持"多向互动"原则

家庭教育指导是指导者与家长、指导者与儿童、家长与家长互动的过程,指导者要引导和帮助家长或其他监护人培育积极向上的家庭文化,努力创设指导者与家长和未成年人之间、家长与家庭成员之间、家庭之间、家校之间的互动平台,努力形成相互学习、相互尊重、相互促进的环境与条件。

复习思考题

1. 家庭教育指导的基本原则有哪些?
2. 家庭教育对儿童发展的影响包括哪几个方面?
3. 如何看待心理学对家庭教育的积极作用?请举出具体事例进行说明。

二维码 1-5
复习思考题答案

第二章

家庭教育的历史和现状

第一节　家庭教育发展的历史

一　中国家庭教育发展的历史

（一）原始社会

一夫一妻的婚姻取代原始社会的群婚制和对偶婚制，群居被一夫一妻的单独同居取代是家庭的开始。当时由于战争和人类抵御自然能力比较差，集体生存就成为必要，集体生产和生活决定了家庭的活动和部落公共事务融为一体，部落的集体教育因此成为教育的基本形式，儿童由部落进行公养公育，而此时公育的教育内容主要与其将要从事的社会生产和生活活动密切相关。据中国古籍《尸子》记载，远古时期有巢氏构木为巢，教民巢居；燧人氏钻木取火，教民熟食；伏羲氏教民渔猎；神农氏教民稼穑；嫘祖教民纺织。

除了生活和劳动教育外，儿童的公育还包括思想教育，主要涉及道德教育和宗教教育。道德教育可以使儿童学会遵守氏族公社成员交往的规范，形成照顾、赡养老人的观念；宗教教育则不仅让新生一代养成宗教意识和情感，而且让儿童在参加宗教祭祀活动中学到一些生产知识、历史传说和自然常识。

为了保持部落社会的稳定与和谐，原始社会形成了比较完整的公共伦理，这种伦理一直是原始社会最基本的价值尺度，也是原始社会公共教育的思想核心。原始社会的公共伦理主要以孝悌和尚贤尚德的思想为核心，这正是中国古代家庭教育的道德起点。

此外，原始社会的人类也已形成一定的审美意识，因此，在对儿童实施教育时，美育（包括舞蹈、音乐、绘画等）也成为一项不可缺少的内容；而部落之间的战争也让军事教育（如学习使用武器及作战方法，锻炼强健的体魄）成为一项重要的教育内容。

（二）古代社会

1. 先秦时期

西周是我国奴隶制的鼎盛时期，农业的发展、典章制度的完备、礼乐文明的高度发展，为西周的家教进步提供了物质和文化基础。原始的家业世传逐渐发展为比较系统的家教;不仅形成了上至帝王将相、下至平民百姓的各层次家教,而且家教内容涉及胎教、儿童教育、为政教育、德育、智育以及劳动教育等方面。如西周最著名的胎教实践属西周大任育文王:"大任之性,端一诚庄,惟德之行。及其有娠,目不视恶色,耳不听淫声,口不出敖言,能以胎教。溲于豕牢,而生文王。文王生而明圣,大任教之,以一而识百,卒为周宗。君子谓大任为能胎教。"《周易》中的《家人》《渐》《蛊》《节》等比较系统地论述了当时的家庭教育思想,首次提出严与爱、威与信、教子与律己等家教范畴,这是我国古籍中有关家庭教育的最早记载,也标志着这一时期家教的发达程度。

2. 秦汉时期

秦汉时期是我国封建社会中央集权制确立和巩固的时期,也是我国家庭教育框架的定型时期。这一时期家庭教育的发展主要表现如下:第一,确立了以"三纲五常"为核心的儒家伦理纲常体系,强调父权和服从的家长制在家庭教育中逐渐形成;第二,形成了帝王、士大夫、商贾等各级家庭教育体系;第三,儒经逐渐成为家庭教育的主要内容;第四,始于西周的胎教,至汉代逐渐形成优生和优育结合、家长道德素质和身体素质并重、外界环境与母亲情绪思想兼顾、以情感为主的具有民族特色的胎教理论;第五,出现了系统阐述女子地位、行为规范的女子家教理论,其代表是班昭的《女诫》和蔡邕的《女训》。总而言之,秦汉时期形成了以儒家思想为主导,以官僚士大夫为主体,包括帝王家教、女子家教、胎教等在内的各级各类家教的框架,以后的家教发展都是在此框架内丰富完善的。

二维码 2-1
汉朝家庭教育的特点

3. 魏晋南北朝

东汉末年,宦官和朋党相互倾轧,政治混乱,社会动荡不安。在这种战乱频繁、社会急剧变革的时代,官学时兴时废的不稳定反而促进了家教的蓬勃发展,这一时期的割据局面,使人们普遍存有一种不稳定感与危机感,深感家教的重要性。其主要表现在以下三点。第一,家训著作的数量激增。如曹操的《诫子植》、诸葛亮的《诫子书》、嵇康的《家诫》、王祥的《遗令训子孙》、陶渊明的《与子俨等疏》等。正如有学者对这一时期家训的评述:"家教中已积累极丰富的正面经验与反面教训,对之加以概括、提炼、升华的条件已经具备,于是产生了系统化、理论化的家训著作,使中国传统家训趋于成熟。"第二,家庭教育思想理论化、系统化,其标志是颜之推的《颜氏家训》①。该书从序致、教子、兄弟、后娶、治家、风操、慕贤、勉学、文章等20个方面叙述了立身治家之法,对后世影响深远。颜之推以丰富的阅历和学识,对士大夫家教的弊端做了透彻的批判,提出了教子论、学习论、修身论和治家论,构筑了一个体现中华民族文化特色的较完整的家教理论体系,受到人们的普遍推崇。第三,家庭教育涉及的范围更加广泛,内容涵盖修身、立志、为政、德行、处世、勉学、尊师、卫国、理财、致用等各个方面,不仅大大丰富了家庭教育的功能,而且为后世家庭教育的发展开辟了新的领域。

4. 唐代

在唐代,日益完备、系统、成熟的儒家纲常伦理思想通过各种途径深入宗族、家庭之中,中国传统家庭教育进入了一个更为完善、定型并走向繁荣的时期。此时,家庭教育不仅继续强调对不肖子孙之"悖德覆行"的防范,而且开始重视鞭策贤嗣、创业裕后、光宗耀祖。在这一时期,由于科举取士为广大庶族寒士敞开了入仕之门,全社会父教子、兄教弟、读书考进士蔚然成风,这进一步推动了家庭教育对后嗣子孙的正面引导教育。因此,教育子弟读书做官和建功立业成为唐代家庭教育的主流。与此同时,由于市场的繁荣,家庭教育中也注意了义利并举,主张义利双兼,倡导"义,利也""兼相爱,交相利""见利思义""义然后取"等。因此,治生理财也开始逐渐成为此时家庭教育的主题。

5. 宋代

在宋代,学校、科举比前代更为兴盛,读书人受到特殊的尊重,教子读书当官被许多人视为振兴门户的必经之路,父权制家长作风盛行,重视从严治家,注意家风、家纪的教导和灌输等,家庭教育由此兴盛起来,其主要表现在以下三点。第一,家训著作集聚,层出不穷,数量相当多。据《中国丛书综录》记载,中国古代家训类书籍总共有117种,其中宋代16部,明代28部,清代61部。这足以表明这一时期我国家庭教育的普及与发展。第二,家训著作质量高,对后世影响大。这一时期诸多家训类著作中,影响最大的要数司马光的《家范》。赵忠心先生曾指出,"《颜氏家训》和《家范》的出现,表明我国古代家庭教育科学理论研究开始从描述性转向规律性的探索,是家庭教育理论研究的转折点。这个转折要比西方国家早几百年"。第三,家庭教育的普及与家训的发展,表明家庭教育已经成为一种自觉的文化活动。

6. 明代

明代家庭教育非常重视志向教育。譬如明代姚舜牧的《药言》中就认为做人当先立志,"凡人须先立志,志不先立,一生通是虚浮,如何可以任得事?老当益壮,贫而益

---

① 张海燕.《颜氏家训》中早期教育思想述评[J].赤峰学院学报(汉文哲学社会科学版),2021,42(10):103-107.

坚,是立志之说也"①。王守仁在《教条示龙场诸生·立志》中也提到:"志不立,天下无可成之事。虽百工技艺,未有不本于志者。"古人要求子女立圣贤之志,立志以报其国。此外,个人风操、民族气节的教育也是明清时期家训教化的一个鲜明特点。明朝中叶以后,一些刚正不阿的正义官吏如杨继盛、高攀龙等,在家训中特别注重对子弟和其他家人进行高尚节操的教育和熏陶,如杨继盛在《杨忠愍公遗笔》中教导儿子去私欲,存公道,"不可因我为忠受祸,遂改心易行,懈了为善之志",若是将来做了官,"必须正直忠厚,赤心随分报国"。

7. 清代

由于清代是少数的满族统治大多数的汉族,为了使汉族能够臣服,清代在一开始就实行政治、思想和文化的高压政策,大兴文字狱、制造恐怖气氛,文人动辄得咎。在这种情况下,不少人教育子孙要慎于处世,不入仕途,以此明哲保身。同时清代上到皇室,下至官员、名儒都十分重视子女的自立教育,提出子女应当耕读为本,重在自食其力;而皇室家训很重视子女的技艺教育,认为"一粒之艺,于身有益",子女应该掌握一门安身立命的技能。此外,清代的家训还显示出重视养生教育的内容,比如李鸿章就是一个十分重视养生的人,他在《千家训》中指出:"人虽有文章名誉金钱,而无强健之身体,亦何所用之?故养生之术不可不注意也。养生非求不死,求暂时之康健而处安乐之境耳"。曾国藩也在其家书中很认真地将自己养生的经验传授给子孙,希望他们能过健康的生活。

(三) 近代社会

近代中国家庭教育是在历史的剧变中进行的。在一系列的变革与学习西方的浪潮中,传统思想观念和教育体系受到了猛烈冲击,新文化与新式学堂迅速崛起,逐渐占领文教阵地。家庭教育作为教育的一个组成部分,也受到大环境的影响,开始了转折与变革的历程。第一,打破以家长为中心的教育理念,主张家长尊重儿童独立的人格与意志。一方面,对传统的以家长意志为中心的教育模式进行抨击,如陈鹤琴写道:"我们中国的旧家庭对于子女是很严厉的,古有'君要臣死臣不得不死,父要子亡子不得不亡'之说,所以父权日重,而小儿童的意志日益浅薄,自由幸福也从此没有了"②。另一方面,高扬新的儿童教育观。如蔡元培主张"尚自然、展个性"的教育原则;陈鹤琴主张要尊重儿童的独立性,凡儿童能够自己做的事情,家长千万不要替他代做,同时说明人是自己的主人,家长应给予儿童更多的支持和关爱,积极地发挥儿童自己的潜能,家长还要协助儿童更清楚地认识自我,要给予儿童更多的尊重和接纳,培养儿童的自信

---

① 意思为:凡是做人都必须首先立志;雄心壮志不确立,一生都虚浮无根基,如何担当大事?年老而志气应当更加旺盛,处境穷困而意志应当愈加坚定,这就是说的立志。
② 陈鹤琴.陈鹤琴全集[M].江苏教育出版社,2008.

和自尊,让儿童学会自己做决定。第二,近代知识分子对家庭教育的"救亡"任务抱有极大的自觉性,主张家庭教育要面向未来、国家和社会。1906年严复在《蒙养镜》序中提出,一个国家、一个民族的盛衰强弱,关键在于国民的素质,而国民素质的高低,取决于幼时的家庭教育。

二维码2-2
我们怎样
做父亲（鲁迅）

（四）现代社会

在改革开放前期,随着家庭教育学科地位的逐渐确立,家庭教育在理论和实践两个方面都获得了快速的发展。这一时期家庭教育的发展主要表现在以下三个方面。第一,在家庭教育理论研究上,家庭教育研究由"是什么"的应用研究逐渐向"为什么"的基础理论研究转向,致力于构建有中国特色的家庭教育学学科体系。不少学者开始借助教育学、社会学、心理学、文化学、人类学、伦理学等学科视野、方法论和研究成果,来研究家庭教育问题,并试图形成本学科的研究范式。第二,在家庭教育实践方面,大量家庭教育实践指导书籍相继出版,内容涉及家庭教育的方方面面,为家长进行家庭教育提供了全面的指导,如缪建东的《家庭教育社会学》（1999年）、关颖的《社会学视野中的家庭教育》（2000年）等。除了著作以外,还有家庭教育方面的实践者,如重视"母亲教育""发现母亲"的王东华;重视改变家长教育观念的卢勤;重视"向儿童学习"的孙云晓;重视"赏识教育"的周弘;致力于中美家庭教育比较研究的黄全愈;重视早期教育,提出"0岁方案"的冯德全等。他们在推动家庭教育实践方面,影响了数以亿计的家长。第三,家庭核心化、小型化以及残缺家庭的日益增多,给家庭教育的理论与实践带来了许多新的课题,独生子女家庭教育、单亲家庭子女教育问题日益显著。

纵观1949年以来,尤其是改革开放之后我国家庭教育的发展历程,家庭教育理论与实践方面所取得的进展是显而易见的。但家庭教育发展所面临的形势也容不得我们过于乐观:一方面,人们对家庭教育的认识与重视程度仍有所欠缺;另一方面,学者对家庭教育的研究往往局限于现状的调查与描述,缺乏理论探讨,同时研究之间缺乏借鉴、比较和积累,同一层次的重复性探讨较多,开创性研究较少。这些问题的存在极大地制约了家庭教育研究的深入开展。

二 国外家庭教育发展的历史

(一) 奴隶社会家庭教育

在古埃及,奴隶主子女在 14 岁以前主要接受由母亲在家中实施的教育;年龄较长的男孩,由父亲具体负责教育。古埃及的僧侣及从事建筑、和制作木乃伊等职业,几乎都是世袭的,因此也主要以父子相承的方式传授知识与技能技巧。

在古印度,婆罗门种姓和刹帝利种姓是天然的统治者。婆罗门是僧侣祭司,为了保持种姓的世袭并充分发挥僧侣的作用,家庭教育以神学的学习为主要内容。从幼年开始,父亲就十分重视在家庭中指导子女背诵《吠陀经》;而刹帝利是军事贵族,为使子女掌握统治和镇压奴隶的真本领,家长在指导子女学习《吠陀经》的同时,也非常重视子女军事知识的学习。

在古希腊的雅典,7 岁前儿童由家长在家中进行照顾和教育,内容包括唱歌、讲故事、玩球等游戏,以及礼貌行为习惯的培养。富裕的家庭则将儿童交给奴隶照看。7 岁以后女孩仍留在家中,继续由母亲照顾教育,她们学习纺织、缝纫、刺绣方面的技能;男孩则要同时上文法学校和音乐学校直到十二三岁,之后还要进入体操学校,学习一些简单的文学和文化知识,掌握弹唱的技巧,增强体质,培养坚韧刚毅、勇敢进取的品质。

(二) 封建社会及早期的资本主义社会的家庭教育

西欧封建社会的教育,一般以文艺复兴运动为分水岭。在中世纪,一般世俗封建主本身对科学文化知识并无多大的兴趣,他们的子女因为性别不同接受不同的教育。男孩的家庭教育主要为接受宗教信仰和道德品质的陶冶,以及武艺与社交活动的训练,这在教育史上也被称为"骑士教育",这是一种融宗教教育与尚武精神于一体的特殊形式的教育,目的在于培养身体强壮、虔信上帝、忠君爱国的武夫,主要的教育内容是"骑士七艺",即骑马、游泳、投矛、击剑、打猎、弈棋和吟诗。除了骑士教育外,还有宫廷教育,宫廷教育的主要内容是"七艺"[①]、拉丁语和希腊语。女孩则一般是在家庭中接受贤妻良母式的教育,如纺织、编织、缝纫等家事,以及礼仪、音乐、舞蹈、识字、读书、祈祷、唱宗教赞美歌等方面的训练和熏陶;只有极少数名门闺秀会学习一些较高深的文化知识;也有家庭送女孩入修道院学习,她们在那里主要学习读写知识并接受宗教教育。

---

① 七艺:全称为"七种自由艺术",是西欧中世纪早期学校中的七种主要学科。即文法学、修辞学、逻辑学、算术、几何学、天文学、音乐。

文艺复兴时期,新兴资产阶级对家庭的早期教育给予了应有的重视。许多人文主义者都撰写过关于家庭教育的著作,论述早期家庭教育的问题。像意大利人威吉乌斯在 1450 年撰写的《儿童教育论》;西班牙人比维斯在 1523 年撰写的《基督教女子教育论》;北欧伊拉斯谟斯(Desidwrius Erasmus)在 1529 年撰写的《儿童最初的自由教育》;法国人蒙旦在 1680~1688 年间出版了三卷集的代表作《散文集》,其中第一卷就是《儿童教育论》;还有拉伯雷(Francois Rabelais)撰写的《巨人传》等。其中,最为著名的是捷克资产阶级民主教育家夸美纽斯(Komenskȳ),他可以算作将早期家庭教育正式列入教育体制的第一人,他提出人生最初阶段的 0~6 岁接受的主要是由母亲实施的一种家庭教育(又称母育学校)。在 1633 年出版的《母育学校指南》(1652 年更名为《儿童学校》)中,他还专门论述了学龄前儿童的家庭教育问题,认为母育学校的主要任务是培养儿童体力、智力和道德的初步基础,并通过感觉器官的训练和发展,使儿童获得自然界、社会生活和家庭生活的初步知识。

(三) 近代资本主义社会家庭教育

伴随着十七八世纪以来西方资本主义社会生产力的高速发展,社会变迁速度加快,家庭承受着强有力的冲击,原有的一些职能逐渐向社会转移,并最终为社会所取代。

近代资产阶级家庭一般都特别重视对子女的家庭教育,以期造就出自己产业的继承人和事业的接班人。但由于当时学校教育仍带有浓重的中世纪教育色彩,许多家长据此认为学校环境复杂,容易给孩子带来不良的影响;英国资产阶级教育家洛克(Locke)就曾认为,不完全的家庭教育也比学校教育效果要好得多。所以,很多人拒绝将子女送入学校接受教育,而是聘请家庭教师在家庭中来教育自己的子女,这在当时也成为一种教育风尚。在这个时期,许多著名教育家都曾做过家庭教师,如英国资产阶级教育家洛克(Locke)、法国资产阶级教育家卢梭(Rousseau)。洛克的《教育漫话》、卢梭的《爱弥儿》都是不朽的家庭教育名著。

二维码 2-3
卢梭自然教育之精髓——《爱弥儿》

由这些教育家们所设计的家庭教育内容具有大而全的实用性特点,即全面地关注身体保健和锻炼、道德品质教育、文化科学知识的学习,以及实际操作的技能、技巧训练。洛克就曾主张开设阅读、书写、图画、速记、外语、作文、神学、地理、算术、几何、历史、伦理学、法律、逻辑、修辞学、自然哲学、音乐、舞蹈、击剑、骑马、园艺、细木工、油漆、雕刻、刻板、熏香、铁铜银工、琢磨、安配宝石、商业计算、出国旅行等课程,可谓"百科全书式"教育计划。不仅如此,这一时期教育思想中也已体现出要按照儿童身心发展规律进行体育、德育和智育的思想。

但同时,一个值得注意的问题是,由于这一时期家庭中父亲成年累月地埋头于资本的原始积累,母亲沉溺于享受、交际和娱乐,均无暇对子女进行管理和教育,而把对子女的管理和教育权拱手让于保姆和家庭教师,从而对子女的人格培养产生了不利的影响卢梭对此曾分析道"她们消除这种害处的办法是:教唆儿童轻视他们的保姆,把她当作真正的仆人看待"。在这种恶劣的环境中培养出来的儿童,将"既是奴隶又是暴君","他可能头脑充满学问但缺乏理性、身心脆弱;他的手足可能很健全,体魄可能很健壮,但却沾满了'愚昧、骄傲和种种恶习'"。

(四) 现代社会家庭教育

现代社会科学技术和社会经济的迅猛发展,使人们从家务劳动中解放出来,有充分的时间来丰富人生,充实和提高自我;家庭也由原先封闭的状态向着开放化发展,其中一个显著表现就是家庭职能逐渐为社会所替代。就像奥格本(Ogburn)认为的那样,家族本来的"经济服务已让位于工厂及其他机构;'保护'让位于警察和保险公司;'娱乐'让位于国家和民间企业提供的娱乐设施;'教育'让位于学校和幼稚园这一类家族外的各种机构……亲情表达的场所有让位于俱乐部、车间、街头等家庭外的倾向"[①]。

与家庭职能全面转移相伴的是人们家庭观念的淡薄。传统的囿于家庭内的以血缘为基础的交往,和扩大的家庭内的以地缘为基础的交往,已被以业缘关系、趣缘关系为基础的交往所取代,个体独立意识更加强烈。传统的对家庭维护的神圣感、对破坏家庭完整的羞耻感等也已越来越淡漠,以致离婚率逐年增高,单身、单亲家庭的数量猛增,这些数据还不包括逃婚者和一些由于夫妻双方感情破裂的分居者等名存实亡的"空壳"家庭。

家庭危机所引发的家庭教育问题也引起了社会各界的关注。各国教育部长通过联合发表宣言、签署行动纲领协调各国政府教育儿童的行为,多数国家也通过制定政策和立法来规范人们教育儿童的行为,唤醒人们对儿童教育、家庭教育的关注。1983年12月8日,美国前总统里根在印第安纳州召开的"全国提高教育质量大会"上,向出席大会的2000多名政府官员和专家学者发表讲话,提出六条提高教育质量的措施,其中第五条明确指出,必须恢复家长、州和地方政府在教育过程中的合适地位。近年来,一些发达国家通过家校合作、净化社会环境等措施来改善对未成年人的教育,起到了一定的效果。美国有些州还发起了"家庭教育年"运动,组织了"家长为师计划",试图将公众的注意力集中到家长职责上,并向家长提供切实的帮助和支持。

[①] 威廉·费尔丁·奥格本.社会变迁:关于文化和先天的本质[M].王晓毅,陈育国,译.杭州:浙江人民出版社,1989.

三 中西方家庭教育文化背景的比较

不同民族的文化大不相同,"美国人类学之父"博鄂斯(Boas)认为教育是文化的表现形式,是文化中的一个重要组成部分。由于中西方地域的差异和文化的不同,中西方在家庭教育上彰显出不同的特色。其中,本位主义的差异、价值取向的不同、民族性格的区别、思维方式的反差是这种差异的集中体现。

1. 本位主义的差异

我国社会的根基在于家庭,家国同构是我国社会的典型特征。中国人重视家庭生活,传统文化是以家庭为本位的,注重个人的职责与义务,并在价值取向上呈现出如下特点。第一,强化家庭的教育功能。在我国传统社会,家庭肩负着多种社会职能,而子女教育是家庭生命延续的一部分,因此家庭教育的重要功能还在于达到"家教持久"的目的,它是维持、发展家庭社会政治地位,保存、弘扬家庭文化的重要工具。第二,以家庭利益为主要价值取向。光宗耀祖、光耀门第是很多读书人的追求与目标,这其中个人利益与家庭利益始终是融为一体的。这与我国传统文化的"永生观"紧密相关。

而西方文化则是以个人为本位,注重个人的自由和权利。在教育上表现为将受教育者放在突出地位,强调个性的培养。个人本位与西方的家庭变革密切相关。这种教育传统历经文艺复兴运动、思想启蒙运动以及20世纪初的实用主义等思潮的洗礼才得以最终确定下来。然而,需要注意的是,个体本位并不等于个人主义,更不等同于以儿童为中心,这里所提及的个人是能驾驭自我、控制自我、超越自我的,拥有完美人格和健全个性的真正现代意义上的现代个人,而不是自私自利、依赖性强的功利化的个人。

2. 价值取向的不同

价值观是民族文化的核心。价值观形成的前提是人们对大自然的认识,即自然观或宇宙观。中国人传统的宇宙观或对自然的态度是天人合一,认为人与自然应该和谐共存。受这一儒家哲学思想的影响,中国的群体价值观取向是非常重视家庭、社会和国家的利益,必要时甚至可以牺牲个人利益。相较而言,西方人则认为宇宙间的天地万物都是独立存在的个体。自然是人类的对立面、外在物。人是自然的主人,人可以征服和改造自然。受天人相分宇宙观的影响,他们的价值取向是以个体主义为主,即尊重个人权利、向往自由、崇尚平等和民主。因而"求变""有所成就"和"个人至上"是他们更为信奉的文化价值观念。

3. 民族性格的区别

(1) 集体主义与个人主义。

我国以儒家思想为传统文化,辅以道家、佛家思想,人们形成了极强的内向型民族性格。这意味着中国人总是通过他者来认识自己,人生的意义就是整体性的自觉依附和归顺,自觉地奉献于群体的目标。而个人、个性和自我在我国传统文化中的生长空间比较小。

受基督教等教派传统的影响,西方人则认为物质财富的获取与上帝的恩施之间有某种必然的联系。他们把价值之源追溯为上帝,强调外在的超越。求变使大部分西方人形成了外向型民族性格,它具体表现为喜欢以自我为中心,强调个人成就,放纵个性,追求个人自由发展与自我实现,乐于标新立异,富有创新精神等。

(2) 仁爱主义与实用主义。

中国人的价值观内化于心性,讲求个人修养和品行,万事以和为贵。日常交际时习惯于卑己尊人;生活克己守道、循规蹈矩;做事求稳,追求天时、地利、人和。西方人则较为实际,重视物质利益,追求效率和效益。天人相立的哲学思想形成了他们个人至上的价值观。在决定自己的行为时,他们更多地考虑自己的标准和利益,认为个人利益要比个人名望更重要,因为利益是实在的,而名望则是虚幻的。

(3) 依赖性与独立性。

以群体价值观为取向的中国人具有强大的内聚力。中国人的生活以家长和家庭为中心,子女喜欢和家长住在一起,以便互相之间有个照应。在家庭生活中,中国人形成了尊老爱幼、患难与共的优良传统。受个体价值观的影响,西方人则提倡独立自主;家长常用经济手段来促使儿童学习进步和刺激子女间的学习竞争,一般不过多干涉子女的私事。西方青年早熟的经济独立意识,正是源于这种早期的经济观念的教育。

4. 思维方式的反差

思维方式具有相对的稳定性和连续性,是民族文化最深层次的内核。中国人崇尚直觉思维,擅长综合,处处从整体、从联系、从动态功能去把握事物的本质。中国哲学观察宇宙人生,以一种统观、会通的方式,即着眼于天地人我,主张人身人心都处于不同的系统或"场"之中。西方人则强调理性和思辨,以形成确定的概念为导向。而概念通常以严格的定义引入,思想以严密判断的形式表达,理论则以原理规律等形式来呈现,事实必须是可靠的、客观的,往往以实证方法为依托。

第二节 家庭教育的现状

一 我国家庭教育的特征

伴随着家庭和社会越来越强烈的需求,从 20 世纪 80 年代开始,中国开始较大规模地推进家庭教育指导;尤其近五六年,习近平总书记在许多场合发表了一系列关于家庭的重要讲话,多次强调"注重家庭、注重家教、注重家风",把家庭建设、家庭教育提升到治国理政的新高度,把家庭作为国家发展、民族进步、社会和谐的重要基点。因此,可以说中国家庭教育进入了最迅速、最广泛、最具深度的发展时期。这个阶段,家庭教育的发展主要呈现以下四个方面的特点:一是政府主导力度越来越大;二是家庭教育立法进入加速期;三是家庭教育指导进入新媒体时代;四是家文化开始复兴。

(1)政府主导力度越来越大。

在我国,家庭教育事业发展的关键因素之一是政府主导。可以说,自 2010 年以来,家庭教育工作体制机制进一步建立健全,是家庭教育事业发展的重大突破。这具体表现在:管理体制的健全,基本形成了党政主导、妇联和教育部门牵头协调、多部门合作、社会力量参与的家庭教育工作格局;经费保障机制的夯实,部分地方通过社会力量支持获取家庭教育工作经费,逐步建立起政府、社会组织、企业合力推进的经费保障机制;考核评估机制进一步完善,目前多地已将家庭教育工作监测评估纳入未成年人思想道德建设工作测评体系、文明城市和村镇测评体系以及儿童发展纲要监测评估体系;社会协同参与机制得到强化,形成社会组织、公益机构和志愿者等多方联动推进家庭教育工作的合力。不仅如此,除了国家层面的发展规划,有些省市和地区根据本地的实际,也开始着手或者正式制定能够促进当地家庭教育发展的、以"家校社合作""优生优育优教""家长学校建设"等为主题的地方性指导意见。

(2)家庭教育立法进入加速期。

这主要表现在两个方面。一方面,家庭教育的政策、理论、立法、制度、队伍、市场逐步建立和发展。以 2015 年 12 月出台的《反家庭暴力法》为例,它表明了国家对家庭的重视。一是从法律上明确了家庭在法律保护范围之内,彰显了国家对家庭成员合法权益的保护,是国家尊重和保障人权的重要举措;二是为政府干预家庭成员的错误行为提供了法律依据,使家庭不再是隔离于社会的孤岛;三是为每个家庭及其成员划定了行为红线,任何人都不得越过红线侵害其他家庭成员的合法权益。这些都可以为家庭教育的立法所借鉴。另一方面,家庭教育政策体系不断健全。全国多个省区市和新疆生产建设兵团均制定了家庭教育工作规划,一些市区(县)也层层制定了家庭教育工作规划,形成了一级抓一级、层层抓落实的工作格局。

(3) 家庭教育指导进入新媒体时代。

目前,互联网已经渗透到大众生活的各个角落,家长可以随时随地通过互联网接收外界的信息。在新媒体时代,新的家庭教育传播渠道已经开始颠覆传统模式。以前的家长通过图书、报刊、广播、电视、电脑所了解和学习的家庭教育知识,现在相当一部分可以通过智能手机来了解和学习。传统媒体已经不及微博、微信公众号、微信朋友圈、新闻客户端、手机应用程序信息丰富。学生家长也已经习惯通过微课、微博私信、微信公众号留言、网络微直播等形式与教育工作者、指导者或教育专家进行互动。家庭教育指导已经全面进入新媒体时代。

全国各地教育相关组织机构在夯实拓展传统媒体的基础上开始加快推进家庭教育信息化建设,综合运用广播、电视、报刊、网络等大众传媒及新媒体,做到电视上有影、广播上有声、报纸上有字、手机上有信,形成全媒体、广覆盖的家庭教育宣传服务网络。

(4) 家文化开始复兴。

回顾悠久的历史,家文化是中国传统文化中极具特色的组成部分,值得我们认真借鉴、学习和发扬光大。中国的家训文化萌芽于先秦,发展于秦汉至六朝,成熟于隋唐。在数千年家训的传承中,每个时代家文化的发展和演变都有其鲜明的特点,中国好家风万户城乡家庭大型问卷调查的数据显示,认同感最高的五句传统家风经典名言依次是:"见老者,敬之;见幼者,爱之"(69.8%)、"勿以善小而不为,勿以恶小而为之"(69.7%)、"家运之兴在于和睦、孝道、勤俭"(63.6%)、"欲造优美之家庭,须立良好之规则"(59.8%)、"尊师而重道,爱众而亲仁"(56.1%)。

漫长的中国家文化发展历史给我们留下了许多家庭教育的瑰宝,但很多明智的家长也意识到,中国古代家文化作为封建社会的文化产物,也存在着愚忠愚孝的封建伦理和奴化教育,不利于培养孩子勇于冒险和追求卓越的创新精神。所以,很多教育学者和家长主张家文化的复兴要与时俱进,以尊重孩子的特点和权利为前提,取其精华,去其糟粕,弘扬中华民族的优秀家文化。

二 西方家庭教育的特征

西方家庭教育思想以个体为单位,强调儿童的全面发展。人类社会迎来的第一个文明社会,是以私人占有生产资料为基础的社会。古希腊文明奠基了西方思想发展的多个方面,以个人为单位的思想可追溯到两千多年前的苏格拉底。这种以个人为单位,也就是我们常说的西方个人主义(individualism),即构成社会、国家等集体组织最终凭借的是经验性的个人。在之后十六世纪欧洲文艺复兴阶段,个人主义也发展成为个人权利,即追求人人平等、人人自由、个人选择、个人幸福的权利。同时,西方家庭教育的内容非常广泛。以美国为例,美国的家长重视儿童体能、认知能力、社交能力等的全面发展。与此相应,其家庭教育也把关注点放在生活技能、工作技能、沟通技巧等核心能力的发展上。

整体而言,西方家庭教育具有下列特征。

(1) 独立生存:西方家庭教育的目标。

西方家庭教育的着眼点是培养儿童成为能够适应各种环境、具有独立生存能力的社会人。基于这种观念,西方很多家庭都十分重视儿童从小的自身锻炼,以便锻炼儿童的独立生活能力;而这种锻炼是多方面的,诸如劳动锻炼、意志的锻炼、忍耐力和吃苦精神的锻炼等。

(2) 放手而不放任:西方家庭教育的方法。

所谓放手,是采取让儿童进行自我服务性劳动的方式为他们创造各种自我锻炼的机会和条件。如一个美国家庭中有三个儿童,他们在家中都有各自的角色,10 岁的男孩周末负责帮父亲割草、浇花、打扫庭院,12 岁的女孩能根据不同的食品配方烘烤出各种各样美味的点心,8 岁的小女孩会编织五颜六色的茶杯垫等。鼓励儿童以"打工"的方式自己挣钱,不仅可以节约开支,更为重要的是可以从小培养儿童的自立意识,让儿童知道金钱必须用劳动去换取。

而所谓不放任,一般反映在三个方面:一是宁苦而不娇,比如前述要求儿童在家里劳动挣钱,本身就是一种吃苦精神的磨炼;二是家富而不奢,比如对儿童的零用钱有严格的限制和要求,而且零用钱绝不作为奖励儿童学习进步的手段,目的是教育儿童懂得,努力学习是为了将来成为有用之才;三是严教而不袒护,即对儿童的缺点错误绝不听之任之,更不袒护,而是设法教儿童自己知错改错。

(3) 自立与适应良好:西方家庭教育的效果。

由于育儿观、育儿方法着眼于培养儿童独立生存的能力,西方国家的儿童从小就表现出下列特点:① 较强的自立能力,他们 18 岁开始就不依靠家长,即使出生于富裕的家庭,在校读书的学生中业余打工者也很多;② 适应市场经济的头脑,很多人都能养成精打细算、勤俭度日的习惯;③ 适应社会环境的本事,由于从小的艰苦磨炼,很多青少年不怕苦,有克服困难的毅力,遇事镇定沉着,能与周围人和谐相处,有作为社会成员而独立存在的信心和勇气。

第三节　家庭教育的发展趋势

一　西方家庭教育对我国家庭教育的启示

由于受社会文化、历史背景、思维方式等多方面的影响,我国和西方国家的家庭教育在很多方面都有所不同。比如,从教育的目的上,西方国家家长希望把自己的孩子锻炼成能生活自理的"独立人"。为了达到这个目的,当儿童还年幼的时候,家长们就给他们布置一些任务,并要求他们独立完成。而中国的家长则不同,他们希望自己的孩子通过努力有美好的将来,希望把他们培养成对社会有用的人,因此,他们通常不会把培养儿童的独立能力放在首位,而是把儿童的学业成绩放在家庭教育的首位。

在全球化的大背景下,中西方教育的相互学习借鉴也日益频繁。认识到中国家庭教育的不足,借鉴西方国家家庭教育方式的优势对我国家庭教育将产生积极作用。

(一)对我国家庭教育观念及实践的启示

1. 更新家庭教育观念

思想决定行动。提高家庭教育质量必须以更新家庭教育观念为先导,一项调查显示,目前中国中小学家庭教育中存在一些问题,比如家庭以儿童为中心,"填鸭式"教育,事事包办的生活方式;或家长严宠不一,家长教育步骤不一致等。在一些西方国家的家庭,家长与儿童是相互平等的关系,他们不会强制性地要求儿童做自己不爱做的事。要改变人的行动首先要改变人的观念。

2. 重视儿童的全面发展

西方国家的家长比较重视儿童的全面发展,相比而言,中国的家长虽然鼓励儿童全面发展,而在实际生活中往往把握不准。中国未来家庭教育体制改革应该不仅鼓励或者思想上希望儿童全面发展,还要拿出实际行动制定切实可行的方案来实现儿童的全面发展。要做到这一点,中国的家长首先要改变之前唯成绩论的思维,注重儿童的全面发展。

3. 培养儿童独立思考的能力

一些西方国家的家庭重视培养儿童独立思考的能力，在儿童做错事情时，他们一般会鼓励儿童通过自己的努力去找出正确答案。这一点很值得中国借鉴。家长如果总是为儿童找出正确答案，长此以往，儿童就会产生一种依赖心理。这同做人的道理一样，如果家长总是为儿童铺好路，儿童一遇到麻烦或挫折就去帮忙解决，最终只会导致儿童缺乏面对困难的信心和勇气。

（二）对我国家庭教育立法的启示

1. 逐步建立多层次的家庭教育法律体系

欧美一些发达国家家庭教育立法一般从普及家庭教育的理念出发，重视顶层设计，根据社会的发展变化，并在教育的基本立法中不断提升家庭教育的法律地位，形成了比较完善的家庭教育法律体系。借鉴国外的经验，我国也可以在明确家庭教育的法律地位、性质和发展方向的基础上，进行专门的家庭教育立法，规定家庭教育的概念、基本原则、各方的权利与义务、家庭教育的管理体制和保障机制等问题。同时，由于各地经济社会发展水平参差不齐，家庭教育事业的成熟程度也各不相同，可考虑先制定操作性强的家庭教育地方性法规。

2. 形成多元化的家庭教育指导和服务网络

欧美一些发达国家家庭教育立法体现了对家庭内部教育事务的干预以及对家长作为教育者的服务和指导。基于这一理念，国外家庭教育立法经历了以行政为中心到向行政与社会并重的转变。在此过程中，政府始终发挥着主导作用，是家庭教育管理的主要推进者。这种模式有利于健全家庭教育相关体系，有利于保持家庭教育相关政策的连续性和执行力，值得我国借鉴。

3. 通过立法，健全家庭教育工作的经费保障机制

目前我国在家庭教育的组织管理、人员投入、政策保障等方面都较难令人满意，其中一个重要原因就是家庭教育工作缺乏相应的经费保障。欧美一些国家的家庭教育工作之所以能有效推进，除了实施全面的扶持政策外，通过立法建立稳定而持续的经费保障机制也是其关键所在。在这些国家，一方面，法律会明确规定政府及相关部门要不断加大对家庭教育工作的财政投入力度；另一方面，政府也会积极拓宽民间筹资渠道，定期或不定期地接受社会力量的赞助或捐赠，使家庭教育工作获得较充裕的资金保障。在当前我国教育经费投入整体不足的情况下，也应以立法确保政府对家庭教育事业的财政投入，并出台相应的奖励措施，充分利用社会资助渠道，促进家庭教育事业的发展。

4. 坚持一般家庭与特殊家庭教育支援并重

一些发达国家家庭教育立法注重满足各类家庭教育需要，特别关注对弱势群体家庭教育活动的支援。如日本的《熊本家庭教育支援条例》就针对残疾儿童家庭、单亲家庭等需要特殊照顾的家庭或监护人做了专门规定。该条例第四条第三款规定，县在制定和执行支援家庭教育的政策措施时，须充分考虑监护人及儿童是否存在身体障碍，考虑监护人的经济状况以及其他家庭情况。我国可借鉴这一分类指导的原则，在规定普适性的家庭教育扶持政策的同时，结合我国当前社会转型实际，重点针对特殊儿童、留守儿童、流动儿童等特殊群体制定相应的家庭教育扶持政策，尽管我国已有相关的政策，但还需要加大力度。

5. 高度重视家庭教育的地方立法

除国家层面的立法外，地方上也应高度重视家庭教育立法工作。近年来，我国家庭教育立法也呈现出上下联动、自下而上、逐步推进的特点，一些省（区、市）已经具备了先行制定家庭教育地方性法规的理论基础和社会条件，有些地方还进行了实质性的探索。2014年初，重庆市在全国率先将《家庭教育促进条例》纳入地方立法规划，上海、湖南、深圳等地也在积极推动此举。当然，构建我国家庭教育法律体系须紧密结合中国国情。对于国外家庭教育立法的相关经验，我们应有选择地借鉴，而不能直接移植。正如马克思所言："权利永远不能超出社会的经济结构以及由经济结构所制约的社会的文化发展。"我们应着重吸取国外合理的家庭教育立法宗旨和价值取向，而非其具体的规则。在此基础上，结合我国家庭教育的现状妥为取舍，并充分发挥我国优秀的家庭教育传统文化，进行相关的政策设计。

二 中国特色家庭教育的发展趋势

（一）家庭建设的关键是培育优良家风

注重家庭是中国传统文化的重要特征，家风是家文化的核心。家风是家庭的整体风貌，是家长或长辈长期崇尚、身体力行并用以约束子女后人的行为准则、思维方式、价值观念。习近平总书记说："家风好，就能家道兴盛、和顺美满；家风差，难免殃及子孙、贻害社会。"因此，家风是家庭最重要的软实力，是最宝贵的教育资源库。

习近平总书记在党的十九大报告中提出，要"推动中华优秀传统文化创造性转化、创新性发展"。这句话同样适用于家风传承。一方面，要注重内容上的继承与创新。既要充分挖掘与传承中华民族历史上优良家风文化，又要认真梳理和弘扬红色文化，用老一辈无产阶级革命家的治家风范影响后人，还要将社会主义核心价值观融入到家庭生活的每个细节,创建民主、文明、和睦、稳定的家庭关系。另一方面,要注重形式上的继承与创新。既要利用好宗祠、家谱、家规、民谣、山歌、节庆、婚丧嫁娶仪式等传统家风的各种载体,也要与时代结合,利用互联网、家族群、宗亲会等形式将家风内容充分融入其中。

二维码 2-4
试论家庭教育的"中国特色"

(二)家庭教育的核心是教子做人

家庭是孩子的第一所学校,这所学校面对的首要问题是培养什么人。习近平总书记指出:"家庭教育涉及很多方面,但最重要的是品德教育,是如何做人的教育。"现实中许多家庭教育出现问题的根本原因是在培养什么人方面出现了偏差。北京师范大学课题组2018 年的调查显示,96.2%的四年级学生和95.8%的八年级学生认为家长对自己的成绩期望至少是"班里中等",45.9%的四年级学生感受到家长对自己成绩期望最高值为"班里前三名",42.7%的八年级学生感受到家长对自己的成绩期望最高值为"班里前十名"[①]。另有调查发现,超过九成(93.4%)的城市家庭子女和近八成(78.4%)的农村家庭子女被家长期待至少能上大学。[②] 而对子女的期望过高易导致家长产生失败感和焦虑感。解决当下家庭教育问题的关键是重塑把做人作为教育的第一使命,把培养儿童健全人格、优良品质、健康身体、全面发展当作家庭教育最根本的追求。

做人教育的关键就是让儿童在学习、生活中逐步认识到一个人一生究竟要为谁而活、怎样活才有意义等,逐步形成正确的世界观、价值观和人生观。这就是习近平总书记反复强调的"第一粒纽扣"和"人生第一课"。现实中许多人的问题不是在学习上出现的,而是在做人上出现的。境界低、格局小的人习惯将自己局限在狭小的空间里,斤斤计较个人的功名利禄,看不清个人与社会、物质与精神、个人利益与民族大义的关系。这样的人既难取得大成就,也无法获得真正的幸福。教儿童学做人,就是让儿童自觉将自己的梦想与时代的要求相结合,在民族复兴伟业中实现自身价值。教儿童学做人,立意要高,落点要低,需要家长从习惯养成开始,逐步将理想信念渗透其中,最终使其成为德智体美劳全面发展的社会主义建设者和接班人。

(三)改进家庭教育的着力点在于改善家庭生活

当下我国家庭教育呈现出高期待、高投入和高焦虑的"三高"现

---

① 《全国家庭教育状况调查报告(2018)》发布[J].教育学报,2018(5):1.
② 刘保中.我国城乡家庭教育投入状况的比较研究——基于 CFPS(2014)数据的实证分析[J].中国青年研究,2017(12):45-52.

象,竞争性育儿方式渐成气候,表现为早教低龄化、智育倾向明显、跨阶层参与、高代价化特征,并伴随结构性的养育焦虑。如果从生活的角度看,家庭教育问题的根源在于错误的教育目的导致教育偏离生活。许多家长打着"教育"的旗号,对儿童的时间进行了"精心"安排,使得儿童整日奔波于学校与各种课外班之间,忙于各种竞争性学习活动。家长之所以如此,是因为忽视了学习与生活的密切联系,忽视了生活的重要育人价值。长期处于竞争性学习状态的儿童,不仅会因为缺乏生活的滋养而找不到明确的学习方向,而且会因学习与生活实践的疏离而使自己无法成为一名真正的学习者,甚至由学习上的挫败感导致人格上的缺陷。改进家庭教育,需要将教育与生活紧密地结合起来,让教育成就美好生活,让美好生活滋养教育。

首先,丰富多彩的生活要有儿童的视角,不能让成人生活代替儿童生活,不能让学习代替一切生活。陶行知的生活教育理论主张生活即教育,儿童的生活才是儿童的教育,要从成人的残酷里把儿童解放出来。2021年国家颁布"双减"政策,目的就是让教育回归本真,家庭教育的本真就是要儿童回归生活,在丰富多彩的生活中让儿童得到滋养。

其次,生活具有教育性是指好的生活具有正向的教育价值。好的生活是认识和成就生命意义的过程,家长应该帮助儿童学会处理日常生活与学习的关系,在时间安排上既要保证学习也要学会休闲娱乐;既要会学也要会用;既要掌握书本知识也要参与社会实践,真正做到教学做合一。

最后,要处理好自主生活与他主生活的关系。美好的生活是每个人的追求,家庭教育的最终目的在于培养能够创设理想生活的主人,其要义是通过生活学会更好地生活。生活教育的过程遵循先他主再自主的过程,儿童早期主体性处于起步阶段,需要在家长的照顾、抚养中接受教育,儿童生活是在成人"替代"设计下开展的。但是,"替代"设计不是目的,"替代"设计的真正目的是儿童的自主,这是教育的辩证法。随着儿童主体意识的增长,家长需要不断地放手,最终促使儿童变成具有合理生活目标、生活能力和生活智慧的人。

(四)促进儿童全面发展

保护和实现儿童权益的过程其实就是促进儿童发展的过程,树立以儿童为本的理念从根本上说就是要树立以儿童发展为本的理念,坚持辩证地看待儿童发展观念。一方面,应将儿童发展利益置于优先位置。以儿童发展为本,需要遵循"儿童优先""儿童利益最大化"原则,将儿童发展利益置于家庭生活和社会的优先位置。当然,"儿童利益最大化"并不意味着家庭其他成员利益的最小化,更不能损害其他家庭成员的利益,尤其不能伤害老年人的利益。另一方面,要坚持全面发展的基本方向。习近平总书记在2018年全国教育大会上提出要在"坚定理想信念""厚植爱国主义情怀""加强品德修养""增长知识见识""培养奋斗精神""增强综合素质"等方面下功夫,要加强德育、美育和劳动教育,这不仅是对学校教育的要求,也是对家庭教育的要求,其目的就是坚持立德树人、全面发展的基本方向,防止和反对各种形式的片面发展和异化发展。

(五)提高家长角色胜任力

家长需要加强自身学习,树立与儿童一起成长的意识,不断提高角色胜任力。面对越来越复杂的教育环境,对于一个没有受过系统教育的家长来说,单靠简单经验难以胜任。要想成为一个有教育胜任力的家长,不仅要不断丰富自身人文和科学素养,还要学习必要的家庭教育知识与技能,掌握家庭教育的基本规律和基本方法,更要明确自我角色意识,完善自身的人格特质,不断调试教育动机。履行好教育主体责任,需要家长"读懂"儿童,把握其心理发展规律,学会因材施教;需要家长理解儿童行为与自身之间的关系,学会反思自己教育行为的正当性和科学性,善于从自身找原因,不断改进方法策略,能够用正确的方法和自身的人格魅力影响子女;更需要家长树立与儿童一起成长的理念,端正教育目的,保持合理期望,让儿童在良好的亲子关系和家庭氛围中健康成长;还需要家长处理好各种教育关系,整合教育资源,为子女健康成长营造良好的环境。

(六)家庭教育是国民教育体系的重要构成

家庭教育关系到祖国的未来和民族的希望,因此家庭教育应该纳入国民教育体系之中,形成学校、家庭、社会协同育人的格局。习近平总书记在全国教育大会上指出,办好教育事业,家庭、学校、政府、社会都有责任,并要求相关部门统筹协调社会资源支持服务家庭教育。2019年6月,中共中央、国务院印发《关于深化教育教学改革全面提高义务教育质量的意见》,要求加强社区家长学校、家庭教育指导服务站点建设,为家长提供公益性家庭教育指导服务;2021年通过的《中华人民共和国国民经济和社会发展第十四个五年规划和2035年远景目标纲要》提出,要构建覆盖城乡的家庭教育指导服务体系,健全学校家庭社会协同育人机制。《中华人民共和国家庭教育促进法》明确规定,"国家和社会为家庭教育提供指导、支持和服务","各级人民政府指导家庭教育工作,建立健全家庭、学校、社会协同育人机制"。构建家庭教育指导服务体系,健全协同育人机制,应建立健全政府指导、教育。妇联等部门负责、社会广泛参与的管理体制和工作机制,坚持目标一致、资源共享、优势互补、全面覆盖、科学指导等基本原则,大力提升家长教育能力,形成家庭、学校、社会和谐共生的育人生态。

二维码 2-5 《中华人民共和国家庭教育促进法》

搞好教育需要树立大教育观,需要整合各种教育资源。整个社会就是一个大的教育资源库,潜移默化地影响着每一个人。社会教育机构大致可以分为三大类。一是兼具青少年教育功能的机构,如各种媒介、博物馆、图书馆、科技馆、文化馆等。二是专门的青少年教育机构,如青少年宫、儿童中心等。这两类大体是以培养学生综合素质为目的的公益性(或准公益性)的教育服务机构,家长应与子女共同参与各项活动,充分利用这些社会教育资源。三是校外教育培训系统。家长要学会做合理的教育消费者和资源利用者,尊重儿童身心发展特点和教育基本规律,尊重儿童的意愿,合理适度地利用各种校外教育资源,让社会教育成为学校和家庭教育的有益补充,决不能让各种教育培训代替和干扰家庭教育和学校教育。

复习思考题

1. 请比较中西方家庭教育文化背景的差异。
2. 原始社会的公共伦理包括哪些方面?
3. 从实际出发,你认为中国特色家庭教育未来的发展趋势是什么?

二维码 2-6
复习思考题答案

第三章

家庭教育心理学的理论基础

在家庭教育方面,心理学有丰富的理论可以为其提供支撑。这一章我们将学习在家庭教育领域重要心理学派的学术观点,具体包括精神分析理论、行为主义理论、皮亚杰(Piaget)认知理论和蒙台梭利(Montessori)理论。学习和研究家庭教育就要重视历史上各个重要心理学流派的观点及它们在家庭教育中的运用。

第一节　精神分析理论的家庭教育观

精神分析(psychoanalysis)是西方当代心理学的一个重要流派,由奥地利精神科医生西格蒙德·弗洛伊德(Sigmund Freud)于19世纪末20世纪初创立,被称为西方心理学的第二大势力。精神分析理论又被称为弗洛伊德主义,包括古典精神分析和新精神分析。在家庭教育方面主要代表性观点包括弗洛伊德、埃里克森和霍妮的家庭教育观。

一　弗洛伊德的家庭教育观

(一)弗洛伊德理论概述

二维码 3-1
"恋母仇父"的犹太小男孩

弗洛伊德(见图 3-1)是古典精神分析的创始人,被誉为"精神分析之父"。虽然弗洛伊德认为他的理论中不包含教育思想,曾表示"教育是他尚未解决的三个课题之一",但实际上他的理论中蕴含了许多教育思想。部分深入研究弗洛伊德精神分析理论的教育工作者结合教育问题对他的学说做了灵活的诠释和运用,这就使得这一学说对于现代教育的影响极为深远。

1. 潜意识论

弗洛伊德把无意识(unconsciousness),尤其是潜意识作为精神分析学的主要研究对象。他指出,心理过程主要是潜意识的,至于意识的心理过程则仅仅是整个心灵分离的部分和动作。潜意识的精神活动远比意识层面重要得多(郭本禹,2019)。

图 3-1　西格蒙德·弗洛伊德（1856—1939）

弗洛伊德把人的心理分为意识、前意识和潜意识三部分。前意识和潜意识合称无意识。意识是个体能清楚感识到的，在人的全部心理活动中占比是极小的，就像大海中的冰山，浮出水面的是整个冰山的一小部分，而水面以下的部分，则是冰山的大部分。前意识是无意识中随时可以成为意识的部分，它处于意识和潜意识之间，担任"稽查者"的任务，严密防守，不让潜意识的本能冲动和欲望随便进入意识之中，如图 3-2 所示。弗洛伊德认为，精神分析所研究的对象应当是无意识部分的内容，而不像以往那样，是对意识层面的研究。潜意识概念是精神分析的核心，是整个精神分析学的理论基础。潜意识是由原始的本能冲动与欲望，特别是性的欲望构成。由于这些本能冲动和欲望同社会风俗、道德、法律相冲突，而被排挤到意识以下，但它们并没有消失，而是在潜意识中积极活动，寻求满足。这种潜意识的心理过程，虽不为人所觉察，却对人的言谈举止、所想所梦、失误疏忽等起着重要的支配作用，神经症患者的各种症状甚至宗教、科学、艺术等活动都受到它的影响和支配。虽然精神分析学后来经历学派的发展和演变，但是潜意识的概念始终未变。

图 3-2　精神分析的冰山理论

2. 泛性论

弗洛伊德是泛性论者，泛性论即用性欲来解释心理病因。弗洛伊德对性的定义是广义的，他认为一个人从出生到衰老，一切行为动机均含有性的色彩，一切快乐的体验都直接或间接与性有关，一切行为的动机都可归结为性本能的冲动。他根据神经症患者的性倒错现象及幼儿表现出的性欲色彩，将性的概念扩大为心理性欲，将性感扩展到生殖器官以外的唇、舌、皮肤等身体器官。他认为性感包括一切情感、爱和柔情，不仅成人，儿童也有性欲；人格的发展过程即性心理的发展过程。性欲的这种决定作用并不局限于个人，甚至就整个人类社会而言，也起着极为重要的作用，禁忌、法律都针对性欲问题而产生，社会宗教、道德的起源都是性，艺术均是性欲升华的结果。

3. 人格论

弗洛伊德的人格论是心理学中的第一个系统的人格理论，它揭示了人格的结构和人格发展的深层动力机制，对以后的人格心理学与发展心理学都产生了很大影响。

他认为，整个人格是由伊底（本我）、自我和超我三大系统组成的动态能量系统。伊底，是最原始的、与生俱来的、潜意识的结构部分，由先天本能和基本欲望（如饥、渴、性）所构成。伊底完全是非理性的，纯粹依照快乐原则追求本能能量的释放和紧张的解除，完全不受善恶、道德与价值的约束。伊底中的本能冲动是整个人格系统的能量来源，它是整个人格系统的基础。自我是从伊底中分化出来的。人生来只有伊底，没有自我，在个体成长过程中，伊底与环境不断相互作用，伊底接近外界的那部分逐渐发展成为自我。自我没有自己的能量，必须从伊底中汲取能量，所以它在本质上是依附于伊底的，自我与伊底如影随形。自我遵循现实原则，它既要满足伊底的即刻要求，但它又是理性的，能够考虑外部现实和超我的要求，审时度势，选择适当的方式来满足伊底中的本能。超我包括自我理想和良心。自我理想是通过家长的奖励形成的，当儿童的观念和行为符合家长所持的道德观念时，家长就给予奖励，奖励的标准就会内化到儿童的心目中，成为自我理想。若自我的行为和意图符合了自我理想的要求，就会产生自豪感。良心是通过惩罚形成的，当儿童的观念与行为违背家长所持的道德观念时，家长就予以惩罚，惩罚的标准就会内化到儿童心目中，成为良心。若自我的行为和意念违背了良心，就会产生内疚感与罪恶感。

弗洛伊德认为成人的人格模型在童年时期便形成了，他以泛性论为基础，提出了独特的儿童发展理论。他将儿童的发展分为五个阶段，儿童经过口唇期（0~1岁）、肛门期（1~3岁）、前生殖器期（3~5岁）、潜伏期（5~12岁）、生殖欲期（12~20岁）完成向成人的过渡，并成为社会一员。他认为，儿童在这些阶段获得的各种经验决定了他们成年的人格特征。弗洛伊德认为理想的人格是"生殖的人格"，这种人格的人在性和社会心理等方面都达到了成熟的、完美的状态，但很少有人在人格发展上达到生殖的人格这个理想的水平。在人格发展的各个阶段都有可能发生力比多（即性力）的变异，这种变异主要有固着和倒退。在某个阶段，力比多过度满足或缺乏，都会使力比多停滞在这个发展阶段上，此为固着；如果力比多在发展过程中遇到挫折，就会从高级阶段返回低级阶段，此为倒退。固着和倒退都会对人格的发展产生不良影响，导致神经症和精神病。

（二）弗洛伊德理论对家庭教育的启示

弗洛伊德开创的精神分析学派把心理学的研究带入了一个全新的领域，发动了一场震撼西方乃至波及全世界的精神分析运动，其理论尤其是人格理论等对当代家庭教育有重要启示作用。

1. 重视儿童早期德育，建设良好家庭德育环境

弗洛伊德属于特别强调儿童发展尤其是早期发展的理论家之一，他特别重视儿童期在人生的重要地位。他坚信他的患者表现出来的那种精神障碍在儿童时代的经验中已经产生。成人的人格模型从很小的时候就开始形成，并且几乎在5岁前后就完全形成了。因此，他强调家庭德育对儿童道德形成的重要性。他认为，在儿童期，本我是最主要的人格特征，本我、自我、超我之间的矛盾冲突激烈与否，取决于在儿童期所接受的教育状况和教育者的教育水平、教育方式等。家长是儿童的第一任老师，家长的教育方式不同，子女的人格发展也不同，自我、本我、超我所表现的程度也会不同，良好的家庭环境是儿童人格完善的重要因素。因此，我们要营造和谐的家庭氛围，使儿童产生愉快感和安全感；还要提高家长的道德修养，做好言传身教，以起到潜移默化的教育作用。

2. 少一点儿限制，多一点儿自由

弗洛伊德高度强调本我，认为年龄越小，本我发挥的作用就越大，应给予适度满足。儿童天生渴望自由，自由就像是人格理论中的本我，遵循快乐原则，总是千方百计地满足自己对自由的渴望。自由是一种本能需求，是每个人的权利，要给予合理的满足，家长不要过度干预、限制儿童，否则就会影响儿童形成健全的人格。因此，家长应该给儿童充分的时间和空间，还儿童自由。一方面，家长要努力为儿童营造一个宽松自由的家庭氛围，比如周末儿童有权支配自己的时间，选择干自己喜欢的事情，家长不要强行给儿童报各种儿童不太感兴趣的兴趣班，占用他们本可以自由支配的时间；另一方面，在家中儿童应该有自己独立的空间，在自己的小天地里，儿童可以按自己的意愿布置房间，尽情地嬉闹，让儿童感到自己就是一个小主人。

3. 家长与儿童多一些交流

家长要为儿童创设一个想说、敢说、乐于说的家庭氛围。自由联想法是弗洛伊德治疗精神患者的方法，即精神分析者尽量鼓励患者把心里的任何东西，不管它如何微

不足道、不合逻辑、荒唐可笑都如实地报告出来。自由联想法特别强调为患者创造一个宽松自由的氛围,且患者想到什么就说什么,没有任何顾虑,这一点对为儿童创造一个想说、敢说、乐于说的家庭环境有重要启示。首先,家是一个让儿童感受到爱的场所。关爱是儿童成长的维生素,儿童需要情感,需要心灵的沟通,需要和睦温馨的家庭氛围。其次,家庭是一个让儿童感到自由自在的场所。不要对儿童限制过多,儿童想说什么就说什么,无须顾虑。弗洛伊德通过自由联想法来发掘埋藏在精神患者无意识深处的症结或病原,而家长通过鼓励儿童大胆表达、自由表达来了解他内心的真实想法,利于察觉儿童的细微变化,有效实施教育。

4.家长对自己多些要求

弗洛伊德认为,人格由本我、自我、超我三个子系统构成,自我是在幼儿时期通过家长的训练和与外界的联系而形成的,超我也是儿童接受了家长的道德标准,将家长的道德标准逐渐内化为自己内心世界道德标准而形成的。可见,家长在儿童健全人格形成中起着关键作用。日常生活中,家长总是要求儿童做什么、怎么做,却很少审视自己,很少考虑自己应该做什么、怎么做。很多家长对儿童要求过多过严,但对自己要求过少过松。家长是儿童的第一任老师,正所谓身范重于言传,家长的一言一行都在潜移默化地影响着儿童。中央电视台播放过一个公益广告,一个小女孩的妈妈给自己的母亲洗脚,被小女孩看到了;当妈妈回到小女孩的房间后发现她不在,扭头一看小女孩正吃力地端着一盆水向妈妈走过来,说:"妈妈,洗脚。"妈妈感动得流下了眼泪。该广告中母亲并没有用言语说教,而是身体力行在无形中影响自己的孩子,这启示我们,家长教育儿童要少一些说教,多一些行动,在要求儿童做到什么之前,家长首先要做到且做好,同时还要不断地反思,提升自己,为儿童树立良好的榜样(张书雯,2010)。

二维码 3-2
埃里克森的
自我认同危机

二 埃里克森的家庭教育观

埃里克·埃里克森(Erik H Erikson)(见图 3-3)是美国现代最有名望的精神分析理论家之一,他师承弗洛伊德的女儿安娜·弗洛伊德(Anna Freud)。

图 3-3　埃里克·埃里克森(1902~1994)

(一) 埃里克森理论概述

与弗洛伊德仅考虑生物学影响不同,埃里克森的人格发展学说既考虑了生物学的影响,也考虑了文化和社会因素的作用。他认为,在人格发展中,逐渐形成的自我在个人与周围环境的交互作用中起着主导和整合的作用。每个人在生长过程中,都普遍体验着生物的、生理的、社会的事件的发展顺序,按一定的成熟程度分阶段地向前发展。在《儿童期与社会》这本书里,他提出了人的八个阶段以及每个阶段的发展任务,建立了自己的人格发展的渐成论(林崇德,2009)。

第一阶段为婴儿期(基本信任对基本不信任,0~1岁)。婴儿在本阶段的主要任务是满足生理上的需要,对成人依赖性很大。婴儿通过家长等人规律的照顾满足生理需要,体验到身体的健康和安全,于是对周围环境产生基本信任;反之,婴儿便对周围环境产生不信任,即怀疑感。

第二阶段为儿童早期(自主对羞怯和疑虑,1~3岁)。埃里克森认为,这时儿童除了养成适宜的大小便习惯外,已不满足于停留在狭窄的空间内,他们渴望探索新的世界。这就要求家长对儿童的养育,一方面根据社会的要求对儿童的行为有一定的限制和控制;另一方面又要给儿童一定的自由,不能伤害他们的自主性。家长对子女必须有理智和耐心。

第三阶段为学前期或游戏期(主动对内疚,3~7岁)。随着身心的进一步发展,儿童开始探索自己是什么样的人和应该成为什么样的人,探索什么是允许的、什么是不允许。如果家长肯定和鼓励儿童的主动行为和想象,儿童的主动性就会得到发展;如果家长经常否定儿童的主动行为和想象,儿童就会缺乏主动性,总是依赖别人,而且感到内疚,生活在别人为他安排的狭隘圈子里。

第四阶段为学龄期(勤奋对自卑,7~12岁)。学龄期儿童的社会活动范围扩大了,儿童活动的重心已由家庭转移到学校、教室、少年组织等社会机构。埃里克森认为,许多人将来对学习和工作的态度和习惯都可溯源于本阶段的勤奋感。

第五阶段为青年期(自我同一性对角色混乱,12~18岁)。这一阶段的发展任务是建立自我同一性,防止角色混乱,体验着忠诚的实现。埃里克森提出了"合法延缓期"的概念。他认为这时的青年自觉没有能力持久地承担义务,感到要做出的决断未免太多太快,于是在做出最后决断以前要进入一种"暂停"的时期。他们千方百计地延缓承担的义务,以满足避免自我同一性提前完结的内心需要。虽然对同一性寻求的拖延可能是痛苦的,但它最后能导致个人整合的一种更高级形式和真正的社会创新。

第六阶段为成年早期(亲密对孤独,18~25岁)。本阶段的发展任务是获得亲密感,避免孤独感,体验着爱情的实现。埃里克森认为,这时青年男女已具备能力并会产生一种基本信任感,准备去共同生活。个体只有在自我同一性巩固的基础上获得共享的同一性,才能有美满的婚姻,得到亲密感。不过因为寻找配偶包含偶然因素,所以个体也有害怕独身生活的孤独之感。埃里克森认为,能否获得亲密感对个体是否能满意地进入社会有重要作用。

第七阶段为成年中期(繁殖对停滞,25~65岁)。本阶段的发展任务是获得繁殖感,避免停滞感,体验着关怀的实现。这时男女建立家庭,他们的兴趣扩展到下一代。这里的繁殖不仅指个人的生殖力,主要是指关心和指导下一代成长的需要,因此,有人即使没有自己的孩子,也能产生一种繁殖感。缺乏这种体验的人会倒退到一种假亲密的需要,沉浸于自己的天地之中,只专注于自己而产生停滞感。

第八阶段为老年期(自我整合对失望,65岁~死亡)。本阶段的发展任务是获得完善感,避免失望、厌倦感,体验着智慧的实现。这时人生进入了最后阶段,如果个体对自己的一生比较满意,则产生一种完善感。这种完善感包括一种长期形成的智慧感和人生哲学。如果一个人没有这种完善感,就不免恐惧死亡,觉得人生短促,对人生感到厌倦和失望。

埃里克森认为,人的发展是多维的,每个阶段实际上不存在发展不发展的问题,而是发展的方向问题,即发展方向正确与否。

(二)埃里克森理论对家庭教育的启示

与传统精神分析理论不同,埃里克森非常重视家庭、社会、学校在人格发展中的作用,并提醒人们重视人生每个阶段的人格教育,以促使个体形成良好的品质,避免消极的品质。这对如何培养儿童的健康人格具有十分重要的启迪意义(郝红英,2008)。

1. 建立和谐的早期亲子关系

埃里克森认为在儿童人格发展的前三个阶段,家庭中亲子之间的互动对儿童的人格发展具有决定性的作用。基本信任对基本不信任的第一阶段是儿童人格发展的第一个转折点。儿童在0～1岁时对周围世界和人所产生的安全感、信赖感,是其将来形成健康人格的基础,也是其以后各阶段人格良性发展的重要前提。建立和谐的亲子关系是本阶段培养儿童健康人格的主要任务。在这一阶段,母亲是最有影响力的人。需要得到满足的儿童会体验到世界的可靠和安宁,特别会发展对母亲和周围人的信任,产生基本的信任感。这种早期建立起信任感、安全感的儿童容易适应环境,容易与周围的人建立良好的人际关系;反之,则会怀疑周围的人,无法建立良好人际关系,容易产生逆反心理等。

母亲对婴儿的爱是母亲与婴儿情感交流、形成依恋关系的必要和首要条件。只有爱,才能使母亲对婴儿的生理、心理需要采取敏感、合作、接受及易于接近的行为方式,如经常以爱抚的、愉快的情绪抱着婴儿,与他谈话、逗乐,对婴儿主动表现出来的微笑、发出的声音及做出的动作给予积极回应等。但现实中,不良的教养方式普遍存在,所以母亲们应接受母爱教育,使她们能够以正确的方式关心和爱护儿童,在满足儿童生理需要的基础上,以慈爱、温和的态度与婴儿进行亲切的交往。

2. 培养儿童自信、独立的心理品质

1岁以后,儿童的自主性逐步显现,依赖性逐渐减少,独立性逐渐增强。在两三岁之际,儿童开始产生与成人不合作的行为,显得特别执拗,样样事情都想自己做,这一时期被称为"第一反抗期"。发展心理学认为本阶段是儿童自我意识的萌芽时期,他们独立的愿望特别强烈,此时成人应重视其独立性的培养,这对儿童形成独立、自信、活泼、开朗等个性特征有着重要的作用。在自我意识的驱使下,儿童希望摆脱家长的包办与代替,自己动手探索他们所面对的未知世界。成人要为儿童提供独立做事的机会,这时期的儿童对自己吃饭、穿衣等有很大的兴趣和积极性,如果家长不注意这一点,事事不让他们动手,儿童这种可贵的欲望和兴趣就会很快消失。因此,家长应给儿童动手实践的机会,如让儿童自己穿、脱衣服,独立洗刷、进餐,自己接待来访的小伙伴等,这会使他们体验到完成活动带来的独立感和成就感,有成就感的儿童容易增强自信。为此家长要尊重、信任儿童,相信儿童一定能成功,要为儿童创设动手探索的环境和条件,让儿童在实践中敢想、敢说、敢挑战;要与儿童一起探讨实践中遇到的困难,让儿童在探索中能说、能问、能思考。

3. 培养儿童的创新精神

埃里克森认为,4～6岁时儿童好奇心更强,如果成人对儿童主动探索行为和创造性想象及时给予适当的肯定和鼓励,儿童的主动性就会得到强化,想象力和创造力会得到充分发挥。本阶段儿童活动的主要特征是喜欢探索环境,在探索中,儿童创新的欲望会非常强烈。这种创新精神的形成有助于培养儿童主动、执着、勇于创新、不断追求等积极的人格特征。埃里克森认为此阶段儿童的主要活动是游戏,这个阶段的儿童身体更为灵巧、语言更为精练、表达能力增强。此外,这个阶段是儿童思维尤其是表象

性思维发展最快的时期,想象力极为生动丰富,并已萌发了创造性思维,能对未来有所规划。他们倾向于通过自己的想象去解释周围的世界和模仿成人的社会性行为,以此来塑造自己的人格。在游戏中,儿童想象游戏情节,扮演游戏角色,制作游戏道具等,把对外界事物的认知投射其中,倾注自己的整个心思。儿童很容易在游戏中表现出超常的能力、兴趣、态度以及特长等,从而促使其主动性、探索性以及创新精神获得积极的发展,成人因此要十分关注其创新精神的培养。

三 霍妮的家庭教育观

二维码 3-3
敏感的霍妮

凯伦·霍妮(Karen Danielsen Horney)(见图 3-4)是美籍德裔女精神分析学家,新精神分析学派、精神分析社会文化学派的先驱和代表人物。她继承了弗洛伊德精神分析的一些思想观点和方法,同时也对传统精神分析进行了扬弃。

图 3-4 凯伦·霍妮(1885~1952)

(一)霍妮理论概述

霍妮认为,人是受安全和满足统治的,不是受快乐原则统治的。她认为神经症的动力结构是基本焦虑,其根源是社会固有的矛盾和人际关系的失调。和弗洛伊德不同,霍妮强调后天环境的影响,尤其是家庭环境对个体个性成长的决定性作用(郭本禹,2019)。

1. 神经症的文化观

霍妮认为，神经症是由神经症的人格结构决定的，而神经症的人格结构又是由个体所处的文化环境和社会生活环境造成的。本质上，个体所处的社会文化才是神经症产生的最根本原因。所以，要想了解神经症的人格结构，就必须去了解产生神经症的文化环境和个人生活环境。霍妮指出，现代文化最显著的特征是强调竞争。每个人都生活在充满竞争的氛围中，每个人都有竞争对手或成为他人的竞争对手。当个体降临在这个世界后，就面临着竞争，竞争无时不在、无处不在。竞争已经渗透到各种社会关系中，它不仅存在于商业、政治中，而且存在于爱情、家庭、朋友、同学之间。这种普遍存在的竞争成了神经症产生的根源。霍妮认为："我们现代的文化是基于个体竞争的，并且个体不得不与同一群体中的其他个体争斗，不得不胜过他们且经常要把他们推到一边。由此导致的心理上的结果是个体间弥漫着紧张的敌对气氛。这种竞争以及与之相随的敌意，遍及所有的人际关系。从摇篮到坟墓时刻活跃着竞争刺激，这就为神经症的滋生提供了沃土。"[1]

霍妮认为神经症的诊断标准应该建立在社会文化之上。我们不能脱离社会文化背景来谈论一项行为是常态的还是病态的，而要将其放在一个特定的社会文化背景中来判断。不同文化、时代、阶级、性别的成员，社会为其规定的行为模式是不同的。神经症的实质就是偏离了社会文化为我们规定的行为模式。假如我们因为别人提到我们已故亲属的名字而大为恼怒，这种反应在我们的社会文化中是正常的，而在基卡里拉·阿巴切文化中，就属于神经症的表现；再如整日游手好闲，只在出猎和征战中表现勇猛，这对欧洲中世纪的封建阶级来说是正常的，但对资产阶级来说则是不正常的。

2. 基本焦虑

霍妮把基本焦虑解释为"一个儿童在潜伏着相互敌视的世界里所产生的孤立无助感"，是一种渺小、无意义和危险感，一种生活在受虐待、欺骗、攻击、背叛、耻辱和嫉妒世界中的不安全感。基本焦虑应归咎于儿童的生活环境，主要是家庭，缺少爱抚、管束太严、保护不周、家长行为古怪等均可导致儿童的基本焦虑，使儿童从未能经历欲望满足时快乐的体验。霍妮强调，无条件的爱对于儿童的正常发展是至关重要的。当缺少爱时，环境对儿童就变得是可怕的、不可信赖的、不安全的和不公正的，儿童会把环境看作一种妨碍需要满足和自我发展的障碍。在基本焦虑的影响下，儿童能量的自由运用被阻碍了，他的自主性也被损害了，对外界事物形成了病态的反应方式。

霍妮认为，儿童的健康成长需要一个"温暖的氛围"，而家庭是儿童得到这种氛围最重要、最基本的环境。如果家长由于自身的神经症无法让儿童体验到安全感，不良的抚养方式使儿童的基本需要得不到满足，甚至感到威胁，儿童被迫接受一种外来的

---

[1] 卡伦·荷妮. 我们时代的病态人格[M]. 陈收, 译. 北京：国际文化出版公司, 2007.

强迫意愿,不能真实地表达自己的情感等,那么就会使儿童内心产生一种排斥家长的力量,而同时儿童又因为弱小,渴望家长的满足、保护和关爱,两种力量的冲突由于关系的持久性而长期维持。霍妮把这一冲突称为基本冲突,基本冲突得不到解决必然产生基本焦虑。

基本焦虑导致儿童无法以真实自我与世界建构关系。真实自我不是形式意义上的整体而是一系列内在潜能的组合,包括气质、天赋、能力、秉性等,是人与生俱来的,它是人自发的真实情感健康成长的意愿源泉。为了消除基本焦虑,儿童通过建构人际关系防御策略来应对世界。人际关系防御策略的采取使儿童的情感和行为丧失了自发性,儿童无法以自发的情感与世界建构关系,儿童以抛弃其真实感情为代价,使行为和情感具有了强迫性。霍妮把这一过程称为自我疏离,即与真实自我的疏离。因基本焦虑而引发的自我疏离是神经症发展最初也是一贯的神经症驱力。

(二)霍妮理论对家庭教育的启示

1. 家长自身面对社会文化压力时的自我调适

家庭是社会的细胞,家长营造的家庭教育环境是儿童心理发展的重要条件。霍妮认为,家长之所以会对儿童采取不人道的方式或不能给予儿童真正的爱,就是因为家长患有神经症,而神经症的根源在于社会文化造成的困境。很多家长并没有注意到社会文化与自我人格的矛盾和冲突,他们也不会主动去想办法消除冲突。家长首先要意识到自己已经形成了冲突的价值观念,并愿意放弃矛盾的一方。尽管意识到冲突或面对冲突可能使人感到痛苦,但这却是有益的才能。我们越是能够正视自己的内心冲突,寻求解决办法,我们就越能够获得更多的内心自由和更大的自主力量。只有当我们能够正视和解决冲突时,我们才有希望成为自己的主人。因此作为家长首先就应审视自身,调整自身(乔冰冰,2018)。

2. 创造良好的家庭氛围,给予儿童真正的爱

这是我们从社会文化神经症理论中获得的对家庭亲子关系极为重要的启示。霍妮认为家长对子女缺乏温暖和爱的态度或行为可以有多种多样的表现形式,比如:对儿童的直接支配或间接支配;对儿童的漠不关心或反复无常;对儿童的缺乏尊重或缺少引导;对儿童的过度赞扬或表示轻蔑;对儿童的过分保护或缺少关怀;对儿童的不守信用或充满敌意;对儿童的心理隔离或偏见歧视等。其中特别值得注意的是,儿童如果觉得自己所处的环境中暗藏虚伪,感受到家长的恩爱、慈善、正直、慷慨等都是伪装的,也会造成儿童的基本焦虑。西方学者斯特对有犯罪行为的人的研究表明,子女的攻击和犯罪行为与不良的亲子关系有关。近年来,儿童问题行为的产生与发展及其相关家长教育因素的研究是儿童个性、社会性发展研究中的一个重要领域,国外学者在这个领域进行了大量的研究。有研究结果表明,儿童问题行为的产生可以追溯到儿童

早期,儿童期的某些问题行为,尤其是典型的外显问题行为和内隐问题行为的发展具有一定稳定性。

3. 联合学校和社会促成教育合力的形成

霍妮指出,多种社会文化因素共同作用能够影响一个人的性格发展。儿童的成长离不开家庭、学校和社会的教育,家庭教育是整个教育系统的基础,学校教育处于主导地位,社会则起着为学校教育和家庭教育提供平台的作用,三者之间要紧密联系、互相协调、理念一致、方法相通、形成合力。值得注意的是,青少年时期是一个人形成世界观、人生观、价值观的重要时期。假如这一时期的家庭教育和学校教育产生不和谐因素,甚至相互冲突,则会对孩子的身心发展产生不利影响。因此,家长必须和学校、社会沟通联系,积极配合学校和社会的教育活动,确保学校教育、社会教育和家庭教育三者之间的统一性,进行优势互补,形成教育合力,逐步形成"三位一体"的教育网络,更好地促进孩子的健康全面发展。

第二节 行为主义理论的家庭教育观

行为主义是美国现代心理学的主要流派之一,被称为西方心理学的第一大势力。行为主义可区分为古典行为主义和新行为主义。1913 年,华生开创了行为主义心理学,行为主义心理学对心理学和教育领域产生了重大影响。到 20 世纪 50 年代以后,一些行为主义者吸取了其他心理学流派的某些思想因素,对华生行为主义的观点进行了一些改变和发展,正式产生了一种新行为主义。

一 华生的家庭教育观

(一)华生理论概述

约翰·布罗德斯·华生(Watson John Broadus)(见图 3-5)是行为主义心理学的创始人,他强调现实和客观研究。华生认为心理的本质是行为,心理、意识都归于行为。《行为主义的儿童教育》是华生撰写的一部儿童心理学著作。华生以行为主义做理论基础,阐述了许多关于幼儿心理发展及幼儿教育的观点。

图 3-5　约翰·布罗德斯·华生(1878~1958)

1. 环境决定论

否认行为的遗传作用是华生环境决定论的基本要点之一。华生明确地指出：心理学不再需要本能的概念了。华生否认行为遗传的理由有三点。首先，行为发生的公式是刺激-反应，从刺激可预测反应，从反应可预测刺激。行为的反应是由刺激引起的，刺激来自客观而不是决定于遗传，因此行为不可能取决于遗传。其次，生理构造上的遗传作用并不能导致机能上的遗传作用。华生承认机体在构造上的差异来自遗传，但他认为，构造上的遗传并不能证明机能上的遗传。由遗传而来的构造，其未来的形式如何，要决定于所处的环境。最后，华生的心理学以控制行为作为研究目的，而遗传是不能控制的，所以遗传的作用越小，控制行为的可能性则越大。因此，华生否认行为的遗传作用(苏彦捷，2012)。

华生从刺激-反应的公式出发，认为环境和教育是行为发展的唯一条件。

华生提出了教育万能论。华生从行为主义控制行为的目的出发，提出了他闻名于世的一个论断："请给我一打健康的婴儿，让我在特殊世界中对他们进行教养，那么我可以担保，在这十几个婴儿之中，我随便拿出一个来，都可以训练他成为任何一种专家——无论他的能力、嗜好、趋向、才能、职业及种族是怎样的，我都能够训练他成为一个医生，或一个律师，或一个艺术家，或一个商界首领，或者甚至也可以训练他成为一个乞丐或窃贼。"[①]

[①] 华生.行为主义[M].李维，译.北京：北京大学出版社，2015.

另外，华生认为学习的决定条件是外部刺激。外部刺激是可以控制的，所以不管多么复杂的行为，我们都可以通过控制外部刺激而形成。这样的学习规律完全符合行为主义预测和控制行为的目的，所以华生十分重视学习。华生的学习观点为其教育万能论提供了论证。

2. 对儿童情绪发展的研究

华生对婴幼儿的心理进行过详细研究，他的主要兴趣集中在有关情绪的研究上。华生声称，初生婴儿只有三种非习得的情绪反应，即惧、怒和爱。后来在一定的环境中，经过条件反射，这三种情绪不断发展。他认为，影响婴幼儿情绪发展的主要条件是环境，特别是家庭，具体可归之于家长。家庭与家长是幼儿情绪的种植者、培养者。当儿童年仅3岁时，他的全部情绪及倾向便已扎下了根基。这时家长已经决定了这个儿童将来是变成一个快活健康、品质优良的人，或是一个怨天尤人的神经过敏者，或是一个睚眦必报、作威作福的人，或是一个畏首畏尾的懦夫。华生还认为，诸如智力、才能、气质、人格特征等因素都是由学习而获得的，主要是在摇篮时期习得的。

二维码 3-4
小阿尔伯特
实验

3. 对学习的研究

华生在不承认本能和遗传，重视环境和教育的同时，非常重视学习。华生的学习理论的基础是条件反射，认为学习的决定条件是外部刺激。在他看来，外部刺激是可以控制的，不管多么复杂的行为，都可以通过外部刺激而形成。华生的学习理论类似于桑代克之前的联想主义观点。华生坚持练习律，一味追求机械而频繁的练习。总的来看，华生的学习理论是隶属于行为主义的刺激-反应公式的，适合预测和控制行为的目的。华生的学习观点为其环境、教育决定论提供了论证。

（二）华生理论对家庭教育的启示

1. 注重通过教育、学习培养儿童的各种习惯

华生反对杜威及各种儿童本位论者倡导的以儿童本能、能力为基础来使儿童得到发展的内发论观点。华生认为，那种"一切活动机能、才智的基础都潜伏于儿童的内心，必须待它们出现之后再加以培育"的观点，是一种神秘而有害的学说，会贻误教育的良机。他在主张教育尽早开始的同时，提倡在教育中应注意积极培养儿童的各种

行为习惯,并使其形成习惯系统。华生认为,人之所以成为一种能干的、超越动物界的机体,是因为人经过教育可具有以下三种习惯系统:内脏或情绪(思维、意志、认知等)的习惯、喉头或发言(语言)的习惯和身体的技能习惯。人类的能力大多来自上述习惯。合适的环境、教育条件,可使儿童养成各种习惯(杨汉麟,2017)。

2. 推荐系统脱敏的行为改变模式

华生认为,幼儿的情绪、行为都是通过后天作用(条件反射)而习得的,也可以通过一种人工设计的情景、循序渐进的方式(去条件作用的方式)而加以改变。这种行为改变的模式又叫系统脱敏。华生主持的小阿尔伯特实验,证明恐惧等情绪是可以通过条件反射而形成的。此外,他又转述了琼斯(华生的助手)对一名叫彼特的3岁小男孩进行的消除恐惧情绪的实验。彼特害怕白鼠、白兔、毛大衣、羽毛、青蛙、鱼、机器玩具等。为了消除彼特对白兔的恐惧,琼斯首先将他安放在高背椅中吃糕点,随后将一个装有白兔的笼子放在和他有一定距离但又不干扰他的地方。第二天,琼斯把装有白兔的笼子稍靠近些,直到他显示有轻度的不安为止。每日按此处理。最后彼特可以一面吃东西,一面与白兔玩耍。通过相同的方法,琼斯也消除了彼特对其他东西的恐惧。华生对此方法十分欣赏,主张将其作为幼儿行为改变的一种模式,在教育上予以推广应用。

3. 提倡科学的性教育

华生对于幼儿乃至青年的性教育问题给予了高度关注,他指出,四分之三的家长如果得不到特殊的帮助,就没有资格对儿童进行性教育,因此,科学地普及宣传性知识极为必要。他提出要打破性问题上的封闭态度及迷信观念,主张在儿童出生后,家长注意使儿童生殖器官避免各种不良刺激;应让儿童懂得性器官及其功能,掌握生育常识;要指导男女儿童之间的正常接触、交往,不宜令儿童只与同性的儿童交往;要杜绝儿童从不良渠道获得性知识;进入青春期后,学校还应设立性教育课程。对于手淫、同性恋的成因及预防、新婚夫妇的性生活指导等,他都予以充分讨论,提出了许多建设性的意见。

4. 理想的儿童形象

华生的有关讨论都是着眼于通过对环境和教育的控制,达到预测和控制人的行为的目的。他认为,按照他的要求去做,则可造就一个既独立自主、勇敢进取、富有创造力,又坦诚、合群、对社会要求应付自如的儿童来。华生描述了他心目中"良好儿童"的特点。大致可以概括为:坚强、专心、自立自强、适应环境、讲礼貌、整洁、生活有规律、与时俱进、洁身自好、平等待人、从容不迫、文静、有勇有谋、尊重弱者、怜香惜玉、自由、独立、心胸开阔、本真、具有创造性、敏锐机灵、洒脱、遵守一般社会习俗、遵守日常生活规范、能解决问题等。

二　斯金纳的家庭教育观

伯尔赫斯·弗雷德里克·斯金纳(Burrhus Frederic Skinner)(见图3-6)是20世纪后半叶最卓越、最著名的心理学家之一。斯金纳是操作行为主义学习理论的建构者，其强化理论更为全面和深刻。

图3-6　伯尔赫斯·弗雷德里克·斯金纳(1904～1990)

(一) 斯金纳理论概述

1. 强化理论

首先，在斯金纳看来，强化作用是塑造行为的基础。他认为，了解强化效应和操纵好强化技术，就能控制行为反应，就能随意塑造一个教育者所期望的儿童行为。儿童偶然做了什么动作而得到了教育者的强化，这个动作后来出现的概率就会大于其他动作；强化的次数增多，概率随之增大，这便导致了人的操作性行为的建立。行为是由伴随它的强化刺激控制的(郭本禹，2019)。

其次，强化在行为发展过程中起着重要的作用，行为如果得不到强化就会消退。依照斯金纳的看法，儿童之所以要做某事，是想得到成人的注意。成人如果想减少或消除儿童的不良行为，如长时间的啼哭或发脾气等，可在这些行为发生的时候不予理睬，不对儿童这些不良行为进行强化，结果儿童就会不哭不闹了。在儿童的眼中，是否多次得到外部刺激的强化，是他衡量自己的行为是否妥当的唯一标准。哭闹了多少次并不直接决定行为的结果,而家长是否强化才起了重要作用。即练习的多少本身不会影响到行为,练习只是提供了重复强化的机会;只练习而不强化,不会巩固和发展一种行为。

最后,斯金纳强调及时强化,认为强化不及时是不利于人的行为发展的。教育者要及时强化那些希望在儿童身上看到的行为。

强化作用可分为积极强化(正强化)作用和消极强化(负强化)作用两类,其作用的效果都是增加反应的概率。所谓积极强化作用,是由于一种刺激的加入增进了某一操作反应发生的概率的作用,这种作用是经常的,如老师的表扬、家长的物质奖励、孩子喜欢做的活动等都属于积极强化;所谓消极强化作用,是指好的行为出现时,撤销或减弱原来存在的消极刺激以使这些行为发生的频率提高。如家长对孩子说:"如果你能马上完成作业,今晚那就不用自己打扫房间了","打扫房间"对孩子是不愉快的条件,排除这个条件是为了让孩子增加"马上完成作业"的行为。斯金纳建议以消退取代惩罚,提倡强化的积极作用。

2. 育婴箱的研究

斯金纳花了较大精力来观察儿童成长,当他自己的第一个儿童出生时,他决定做一个全新且经过他自己设计改进的摇篮,这就是斯金纳的育婴箱。最后他那个在育婴箱里"长大"的女儿过得很快乐并成为一位很有名气的画家。之后斯金纳在美国《妇女家庭》杂志上详细介绍了育婴箱,他的研究工作第一次普遍受到大众的注意和赞扬。他这样描述育婴箱:光线可以直接透过宽大的玻璃窗照射到箱内,箱内干燥,自动调温,无菌,无毒,隔音;里面活动范围大,除尿布外无多余衣服,幼儿可以在里面睡觉、游戏;箱壁安全,挂有玩具等刺激物;不必担心着凉和湿疹一类的疾病。育婴箱设计的思想是要尽可能避免外界一切不良刺激,创造适宜儿童发展的行为环境,养育身心健康的儿童。后来,斯金纳发展了这些思想,写成小说《沃尔登第二》,把一个儿童成长的行为环境扩展到几千人组成的理想国。

二维码 3-5
摒弃情绪的
斯金纳

3. 教学机器和教学程序研究

塑造儿童的行为常常使教师失去耐心,尤其是纠正儿童不良行为、塑造复杂的行为。在一个班级里,教师很难照顾到每个儿童,当时美国国内的师资水平也普遍较低。为了解决教育过程中存在的这些问题,斯金纳形成了把学习和机器相联系的思想。最早的辅助教学机器诞生了,它弥补了教育上的一些不足。实际上机器本身远不如机器中包含的程序材料重要。程序教学有一系列的原则,如小步子呈现信息、及时知道结果、学生主动参加学习等。尽管教学机器和程序教学对教师主导作用的发挥有妨碍作用,对学生的学习动机考虑得较少,但是斯金纳的工作还是对美国教育产生了深刻的影响。

斯金纳在心理发展的实际控制上做了不少有价值的工作。现代认知心理学、20世纪70年代兴起的环境心理学、日益流行的教学辅助机、临床收效较大的新行为疗法等,都受到了他的强化控制理论和实践的影响。

(二)斯金纳理论对家庭教育的启示

1. 家长明确儿童强化目标,程序循序渐进

斯金纳认为幼儿的行为获得是建立操作性条件反射的作用,在此过程中,设立明确的强化目标是非常必要的。明确的强化目标不仅可以激发儿童的热情,明确儿童的学习方向,还可以引发幼儿学习行为的出现。同时,斯金纳认为幼儿的行为获得是循序渐进的过程。在强化理论的实践过程当中,强化的总目标不能立刻达成,而是需要分成许多的小目标分步进行。在强化了前面的学习行为和目标之后,再开始强化下一个学习的行为和目标,从而达到强化的最终目的。在强化过程的早期,首先需要强化每一个正确的反应,随后转向对比较正确的反应优先强化,最后逐渐转化为间隔性的强化。家长要明白,强化本身就是一个漫长的过程,并不会因为一两次的强化就促使儿童行为真正改变,而是在漫长的强化过程中使其成为一种习惯性的经验改变。斯金纳认为持续性强化与间隔性强化相结合的强化方式是最有效的,也是促使行为矫正最稳定的方式(陆爱萍,2007)。

2. 合理使用强化理论

家长在使用强化理论时,应注意两个方面。第一,积极运用正强化,塑造和保持儿童良好行为习惯。儿童在就餐活动中可以使用正强化,例如有些儿童挑食,家长可以告诉儿童他不喜欢吃的东西的营养价值,对他的好处等,以后每次就餐都这样,他自然就会慢慢喜欢吃他以前讨厌的食物;再如,有些儿童课外活动后,教室的玩具在外面也漠不关心,家长可以让教师把这个任务交给他们,然后在班级学生面前夸奖他们,结果就会按照预期的方向慢慢发展。在对儿童进行强化的时候,要了解儿童的个性,因材施教,采取不同的强化方式。第二,灵活运用负强化,预防和减少儿童不良的行为习惯。每个人都有喜欢新鲜事物的心理,但是正强化不是万能的,在表扬中长大的儿童极其容易形成高傲自大的心理,因此,在必要的时候可以用负强化来修正儿童不良习惯。家长在儿童活动或者生活中主要运用言语刺激和非言语刺激两种方式进行负强化。例如,针对某些儿童在学校中总是表现不好的现象,教师可以给那些表现好的大多数学生发一些小红花或者贴花,家长接儿童时询问:你今天怎么没有啊?儿童慢慢

地会知道他不去做什么才能得到教师的小红花,当然教师必须时刻对其进行提醒。同时可以使用代币券法,即规定收集多少小红花可以玩什么玩具,也就是没得到一定数目的小红花就玩不了相应的玩具。而要使这一强化手段取得较好的效果,家长必须保证儿童对选择的刺激物(强化物)比较喜欢。

三 班杜拉的家庭教育观

阿尔伯特·班杜拉(Albert Bandura)(见图3-7)是新行为主义的主要代表人物之一,也是社会学习理论的创始人。他所提出的社会学习理论是在与传统行为主义的继承与批判的历史关系中逐步形成的。他认为通过观察学习可以获得一切需要学习的直接经验,其中替代性强化是影响学习的一个重要因素。班杜拉是社会学习理论的奠基者,也是社会学习理论的集大成者和社会学习理论的巨匠。

图3-7 阿尔伯特·班杜拉(1925~2021)

(一)班杜拉理论概述

1. 观察学习理论

观察学习是班杜拉社会学习理论体系中最富有特色的部分之一。所谓观察学习,又称无尝试学习,是指通过观察他人(榜样)所表现的行为及其结果而习得新的反应,或改变原有的某种行为方式的过程,它不同于刺激-反应学习。刺激-反应学习是学习者通过自己的实际行动,同时直接接受反馈(强化)而完成的学习。观察学习的学习者则可以不必直接做出反应,也不需要亲自体验强化,而只是通过观察他人在一定环境中的行为,并观察他人接受一定的强化就能完成学习。

观察学习表现为一定的过程,班杜拉认为这个过程包括注意过程、保持过程、运动复现过程和动机过程。班杜拉认为,强化可以是直接强化,即通过外界因素对学习者的行为直接进行干预。班杜拉认为,外在结果虽然每每给予行为以影响,但是它不是决定人的行为的唯一结果。人是在观察的结果和自己形成的结果共同支配下,引导自己的行为。强化也可以是替代强化:学习者如果看到他人成功和被赞扬的行为,就会增强产生同样行为的倾向;如果看到他人失败或受罚的行为,就会削弱或抑制发生这种行为的倾向。强化还可以是自我强化,即行为达到自己设定的标准时,以自己能支配的报酬来增强、维持自己行为的过程。自我强化依存于自我评价的标准。这种自我评价的标准是儿童根据自己的行为是否比得上他人,用自我肯定和自我批评的方法对自己的行为做出反应而确立的。在这个过程中,成人对儿童达到或超过为其提供的标准的行为表示喜悦,而对未达到标准的行为则表示失望。这样,儿童就逐渐形成了自我评价的标准,获得了自我评价的能力,从而对榜样示范行为发挥自我调整的作用。儿童就是在这种自我调整的作用下,形成观念、能力和人格,改变自己的行为。

二维码 3-6
波波娃娃实验

2. 自我效能理论

自我效能理论是班杜拉社会学习理论体系的重要组成部分。1977 年班杜拉首次提出了自我效能的概念,1986 年他出版了《思想和行动的社会基础:社会认知论》,对自我效能机制进行了更为系统的论述。在这之后,班杜拉开始将主要精力集中到对自我效能的研究上。自我效能感是个体对整合各种技能的自我生成能力,或对成功地实施达成某个既定目标所需行动过程的能力的知觉及知觉后的结果;当自我效能感深入到个体的价值系统中时,就成为个体的自我效能信念。自我效能是个体对成功完成某种活动所需能力的预期、感知、信念,而不是行为或能力本身。

班杜拉认为,主要有四个因素影响自我效能感的建立。第一,亲历的掌握性经验,即个体通过自己的行为操作所获得的关于自身能力的直接经验,它对自我效能感的影响最大。第二,替代经验,即通过观察模仿和象征模仿而获得的替代性经验对个体的自我效能感的影响也很大。第三,言语说服,包括他人的说服性鼓励、告诫、建议、劝告及其他言语暗示等,这也是影响个体能力信念的主要因素。第四,生理和情绪状态,即个体在面临某项活动时的躯体信息和情绪体验,平静的反应使人镇定、自信,焦虑不安则易使人对自己的能力产生怀疑,使自我效能感降低。应当指出的是,无论是通过哪种信息源所获得的效能信息,只有在经过个体的认知加工、认知评价之后,才能对个体的自我效能产生影响。从人的毕生发展过程来看,个体每一个发展阶段的自我效能,一方面是此前各发展阶段社会化的结果,另一方面又受到当前各项生活任务中的活动结果的影响或调节,从而表现出不同年龄阶段的发展特征。

3. 自我调节论

自我调节研究是班杜拉的理论与其他行为主义理论最显著的差别。自我调节指的是个人的内在强化过程。班杜拉认为自我调节支配着人的大多数行为,它包括自我酬赏的积极作用和自我惩罚的消极作用。自我调节包括三个过程,即自我观察、自我判断和自我反应。班杜拉认为,自我调节存在着不同的衡量标准,个人的标准常常是与他人和群体的标准相比较、相参照而确立的,个人先前的行为标准同样也可以作为他现在的行为标准。成功之后,人们会提高其个人标准,而在多次失败之后,则又会降低其个人标准。人们对成功或失败原因的推断也影响其后确立标准水平。班杜拉认为自我奖惩的标准可以通过两种途径调整:一是分化或选择性强化,即人在成长过程中,由于家长、教师及年长者对合乎他们信念的行为予以奖励,不合者给予惩罚或漠视,使个人将这些行为标准内化为自己的标准;二是模仿,是在没有外界控制的条件下,个体受到他人行为的刺激,自觉或不自觉与相仿他人的行为,即对示范者行为标准的学习。所以,自我调节论使人的行为变得富有主动性和选择性。

(二) 班杜拉理论对家庭教育的启示

1. 注重家长示范榜样的作用

班杜拉对观察学习过程,特别是示范榜样的研究与论述,为我们家庭教育中的榜样教育提供了参考和依据。首先是家长的示范作用,儿童出生以后,家庭是儿童观察学习的主要场所,家长的行为也是儿童学习的主要来源,家庭对问题的看法、思想作风、兴趣爱好等直接或间接地影响儿童。家长的无意行为往往会对儿童产生影响,如当儿童调皮时,一些家长用打骂的方式教育儿童,无意间给儿童提供了如何打骂的示范,其结果反而是使儿童更加调皮。因此,在家庭教育中,家长应注意自己的言行,对儿童发挥好的示范作用,尤其是无意的、不自觉的示范作用,为儿童创造一个良好的学习环境。其次,家长应注意传播媒介对儿童的示范作用。大众传播媒介,尤其是电视、电影和录像提供了大量形象、生动的示范榜样,对儿童有极大的影响。我们不能低估伴随着娱乐无意中模仿的事情的作用,它很容易让儿童接受。一些儿童花在电影、电视等媒介上的时间比花在学习和睡眠之外的任何活动都多,因此,家长应注意引导儿童有选择地收看电视,选择优秀的影片。最后,家长应重视儿童交往中同伴的作用。由于同伴在年龄、经历、性格特点等各方面都与儿童有许多相似之处,所以同伴的行为常常更容易为他们所理解和接受,也容易激发起他们模仿和学习的兴趣。儿童在人际交往中,往往会模仿他们佩服的同学,模仿受到教师、家长赞扬的同伴,因此,家长要注意选择儿童生活、学习中比较接近的、影响较大的同伴作为榜样;同时,也要引导儿童善于分析各种示范榜样,分清是非,对照自己找出差距,见诸行动(洪显利、冉瑞兵,2000)。

2. 注重培养儿童的自我效能

班杜拉认为,个人自我效能的预期来自四种信息源:行为的成败经验;替代性经验;言语劝说;情感的激发。在儿童自我效能的成长过程中,家庭、同伴和学校的影响对儿童有着关键的作用,家庭是儿童自我效能发展的第一个根源。因此,根据班杜拉的自我效能理论,在家庭教育过程中,家长应注意促进儿童自我效能的形成和发展。那些对儿童的试探性交流有所反应的家长、给儿童提供丰富的活动环境的家长,以及那些允许儿童自由探索的家长,都会使儿童对自身能力的判断得到迅速的发展;而过分溺爱儿童或完全忽视儿童的家长不会合理地评价儿童,这会延误或损害他们能力的发展。家长在家庭教育中,应注意对儿童言行的正确引导、评价,为儿童提供丰富的活动环境,为儿童确定良好的与其年龄相近的自我效能评价模式,帮助儿童建立稳定的自我效能感,以提高他们正确地看待自己、自我评价和自我判断的能力。

3. 注重儿童的自我强化

班杜拉的强化理论,特别是自我强化概念对家庭教育也有重要的启示作用。在家庭教育中,家长可以通过表扬、实物鼓励等形式来强化儿童好的言行,促进儿童形成良好的言行习惯。同时,常在儿童面前赞许、奖励其他儿童或人物的好行为表现,促使儿童模仿这种行为。为避免儿童单纯为了追求奖励而学习,家长应通过运用外在奖励的方式,让儿童逐步过渡到内在强化,把对外在奖励的外在要求逐步转化为儿童的内在需要,从而促进儿童更积极有效地学习。对儿童各方面的教育不能总是牵着他的手走路,应该让他独立行走,使他对自己负责,在生活道路上锻炼自己,形成自己的生活态度和独立的人格。因此,在家庭教育中,家庭应重视儿童自我评价能力的培养,利用多种强化方式提高儿童自我控制、自我调节和自我管理的水平,使之能够自觉地进行自我教育,成为人格上独立、成熟的个体。

第三节 皮亚杰的家庭教育观

让·皮亚杰(见图 3-8)是著名的认识论专家、心理学家、教育学家。他出生于瑞士知识分子家庭,曾当选为瑞士心理学会主席,曾任联合国教科文组织的国际教育局局长。由于在学术上的卓越成就,他被 20 多所世界著名的大学授予荣誉学位。虽然皮亚杰主要贡献是儿童思维和认知发展的理论,但也包含了丰富的教育心理学思想。

图 3-8 让·皮亚杰(1896~1980)

一 皮亚杰认知理论概述

(一)心理发展的实质论和结构论

在发展心理学上,有各种不同的发展理论,皮亚杰在他的《智力心理学》一书中,对相关理论进行了归纳总结,最后得出五种理论类型:① 只讲外因不讲发展的,如英国罗素的早期观点;② 只讲内因而不讲发展的,如卡尔·彪勒(Karl Buhler)的早期观点;③ 讲内因与外因相互作用而不讲发展的,如格式塔学派;④ 既讲外因又讲发展的,如联想心理学派;⑤ 既讲内因又讲发展的,如桑代克的尝试错误学说。皮亚杰认为自己的理论和这五种发展理论不同,是属于内因与外因相互作用的发展观,既强调内因与外因的相互作用,又强调在这种相互作用中心理不断产生量和质的变化。

皮亚杰认为,儿童心理、智慧等既不是起源于先天的成熟,也不是起源于后天的经验,而是起源于主体的动作。这种动作的本质是主体对客体的适应。主体通过动作达到对客体的适应,乃是心理发展的真正原因。皮亚杰从生物学的观点出发,对适应做了具体的分析。他认为,个体的每个心理反应,不管是指向于外部的动作还是指向于内化了的思维动作,都是一种适应。适应的本质在于取得机体与环境的平衡(韩佩轩、胡建平、郭燕,2020)。

皮亚杰认为心理结构的发展涉及图式、同化、顺应和平衡。在这四个概念中,皮亚杰把图式这一概念作为最基本的概念。什么是图式?皮亚杰认为,图式就是动作的结构或组织,这些动作在相同或类似环境中由于不断重复而得到迁移或概括。不同的主体为什么会对环境因素的刺激做出不同的反应?这是因为每个主体的图式不同,以不同的内在因素去同化这种刺激,做出不同的反应。图式最初来自先天遗传,以后在适应环境的过程中,图式不断地得到改变,不断地丰富起来,也就是说,低级的动作图式经过同化、顺应、平衡而逐步构成新的图式。同化和顺应是适应的两种形式。同化和顺应既是相互对立的,又是彼此联系的。皮亚杰认为,同化只是数量上的变化,不能引起图式的改变或创新;顺应则是质量上的变化,促进创立新图式或调整原有图式;平衡既是发展中的因素,又是心理结构。平衡是指同化作用和顺应作用两种机能的平衡。新的暂时的平衡并不是绝对静止或终结,某一水平的平衡会成为另一更高水平的平衡的开始。不断发展着的平衡状态,就是整个心理的发展过程。

二维码 3-7
皮亚杰的
三山实验

(二)心理发展的阶段论

皮亚杰认为,在环境和教育的影响下,人的动作图式经过不断的同化、顺应、平衡的过程,就形成了本质不同的心理结构,这也就形成了心理发展的不同阶段。皮亚杰把儿童心理或思维发展分成四个阶段。

(1)感知运动阶段(0~2岁)。在这一阶段,儿童经过最初的习惯形成,对主体和客体的关系产生了最初的协调,从对事物的被动反应发展到主动探究和认识。对这一阶段的儿童应进行早期教育,如及时给儿童提供多样化的供其观察的玩具,提供促进其发展动作的训练,在喂食和游戏时常与其说话或对话等。

(2)前运算阶段(2~7岁)。在这一阶段,各种感知运动图式开始内化成为表象或形象图式,特别是语言的出现和发展促使儿童日益频繁地使用表象符号来代替外界事物,这就是表象思维。对这一阶段的儿童,应有意识地进行形成守恒的作业,如通过观察、测量、计算等活动培养儿童的重量、容量、速度、时间等初步科学概念。

(3) 具体运算阶段(7~12岁)。在这一阶段,儿童的认知结构已经发生重组和改善,思维具有一定弹性,并且可以逆转,已经获得了长度、体积、重量和面积的守恒知识,能凭借具体事物,或从具体事物中获得的表象进行逻辑思维和群集运算。在教育教学中,应指导儿童多做技能性的训练,并根据儿童初步逻辑思维特点,采取各种有效措施,通过教学活动形成儿童的各种科学的基本逻辑概念和逻辑分类能力,使其掌握各种逻辑关系,如序列关系、传递关系等。

(4) 形式运算阶段(12~15岁)。在这一阶段,儿童具体运算思维经过不断同化、顺应、平衡,在旧的具体运算结构的基础上逐步出现新的运算结构,这就是和成年人思维相近的成熟的形式运算思维,这是一种可以在头脑中将形式和内容分开,可以离开具体事物根据假设来进行逻辑推演的思维。

(三)发生认识论

皮亚杰心理学的理论核心是发生认识论,主要是研究人类的认识(认知、智力、思维、心理的发生和结构)。他认为,人类的认识不管多么高深、复杂,都可以追溯到人的童年时期,甚至可以追溯到胚胎时期。儿童出生以后,认识是怎样形成的,受哪些因素制约,内在结构是什么,各种不同水平的智力、思维结构是如何出现的等,是皮亚杰试图通过研究来解答的问题。

皮亚杰的发生认识论的基本假设是,人类认识的发生和发展与儿童个体认识的发生和发展是平行的或相似的。从理论上讲,我们可以依循人类认识自然、改造自然所走过的历程去研究人类认识的发生和发展,但实际上正如皮亚杰曾经说过的那样,目前关于史前人类概念形成的资料是非常缺乏的,我们没有关于史前人类认识功能的充分资料。因此,皮亚杰认为:"摆在我们面前的唯一出路,是向生物学家学习,他们求教于胚胎发生学以补充其贫乏的种族发生学的不足,在心理学方面,这就意味着去研究每一年龄段儿童心理的个体发生情况。"这样,他独辟蹊径,从儿童心理的个体发生入手,去研究人类认识的发生和发展。

皮亚杰从许多方面揭示了人类认识和个体认识的平行或相似性,比如他认为儿童与原始人在主、客体分化上具有相似性。初生的婴儿处于一种既无主体也无客体的混沌不分的状态,丝毫不知道自己是独立存在的。早期儿童的活动没有区分出主体和客体,显示出强烈的"自我中心化"。随着年龄的增长,儿童在动作协调的基础上,逐渐学会区分主体和客体,逐渐意识到自我,并尽可能找到自我在世界中的地位。皮亚杰认为,原始人的思维发展与儿童的思维发展经历的是一个相同的过程。人为了生存生产而作用于自然界,但同时也为自然界的法则所制约。由于自身认识能力的局限,人类祖先最初很受这种制约的影响,认为自己是依附于大自然的。这样,人类缺乏主体意识,主客体也是不分的。随着人们实践活动的发展,人类逐渐获得和增强了主体意识,认识到认识对象的独立性,主客体也随之不断地分化。人类的实践类似于儿童的活动。

二 皮亚杰认知理论对家庭教育的启示

（一）家庭教育要适应儿童的认知发展顺序

皮亚杰认为，所有儿童的智力都会按照同样的顺序发展，每一个阶段的发展都建立在前一阶段完成的基础之上。家庭教育要适应儿童的认知发展顺序，符合儿童的年龄特征。家长应时刻清楚自己的孩子处在什么阶段发展水平，以及应实施什么样的家庭教育（黄碧玲，2017）。

感知运动阶段（0～2岁）的儿童是依靠感官和动作学习和理解客观事物的。婴儿出生的头两年，是智力发展的关键期。在这一阶段的家庭教育重在以下三方面。第一，给婴幼儿创造充满安全感的环境。母亲可以通过与儿童温柔的对话等语言交流或拥抱、抚摸等肢体语言交流，让婴儿建立起对外界环境的基本的安全感。另外，给婴儿提供足够舒适、安全的居住环境，如光线不能太强、尽量减少噪声、婴儿穿着应以柔软舒适为主。第二，给婴幼儿提供尽量多的新刺激，对其进行视觉、听觉以及动作协调性方面的训练。家长应提供多样化的、合适该年龄段的玩具，促进其动作发展。第三，尽量让儿童处在健康、安全的环境中，避免让儿童接触恐怖的影像或场景，因为这一阶段儿童受泛灵心理的影响无法区分真实和虚拟情景，容易产生恐惧心理。

前运算阶段（2～7岁）幼儿的家庭教育注意以下几点。第一，不可让幼儿过早入园。对幼儿来说，离开家庭进入幼儿园生活是一件大事，在幼儿的认知、情感、社交还未做好入园准备时，不应强制让儿童过早进入幼儿园开始集体生活。第二，创造语言环境发展幼儿语言能力，避免进入小学化教育状态。这一阶段幼儿的语言与符号思维快速发展，家长可以通过与幼儿对话、读儿歌、听音像资料等方式，丰富儿童的语言发展符号思维。第三，多让儿童参与实践活动，让儿童在实践中发展各种能力。这一阶段的幼儿学习以直接经验为主，模仿是其主要方式，因此，家长应多带儿童亲近自然，让儿童多观察生活、体验生活，在生活中发展认知水平和社交水平。第四，爱游戏是儿童的天性，让游戏成为儿童的主要活动。游戏对儿童认知发展、语言能力、情绪、社交发展等方面都有积极的意义。不同年龄阶段的儿童通过练习性、象征性、规则性游戏来发展认知、情感与社会关系。家长应尽量多陪伴儿童一起游戏，分享游戏的乐趣。

具体运算阶段（7～12岁）儿童的家庭教育注意以下几点。第一，学习应基于儿童已有的认知发展水平，不人为地加速发展，不盲目给儿童上课外辅导班。皮亚杰认为发展是一个不断建构的过程，在前一阶段的基础上才可能出现下一阶段的发展。因此，教育应基于儿童已有的认知发展水平，不能超越儿童的发展阶段拔苗助长。同时，儿童的认知发展有个体差异性，家长不应盲目攀比跟风。第二，帮助儿童适应学校生活，提高自我效能感，培养自信心。这一阶段的儿童开始觉察到坚定不移地做事与完成学业后的快乐之间的关系，如果儿童在家庭、学校之间的活动中能自如地应对学习、交友,就能使他们的自我效能感提升;如果儿童面对这些挑战感到困难,就会使他们感到自卑。因此,家长应关注儿童良好学习和生活习惯的培养,帮助他们尽快适应学校的生活,以提高其自我效能感,培养儿童的自信心。

形式运算阶段(12～15岁)青少年的家庭教育应注意以下几点。第一,帮助青少年获得自我同一性。步入青春期,他们的抽象思维能力、认知水平不断提高。在这个时期,青少年将会面临构建自我同一性问题,即"我是谁"的问题,包括对自身职业倾向、价值观、意识形态的选择等。因此,获得自我同一性是青春期的重要任务。家长在这一阶段可以让青少年参与社会服务、实际工作或实习,体验各种职业特点等,让他们对自我的特长、优缺点、职业倾向、性格特点、价值观等有全面的认知,最终获得自我同一性。第二,在教养方式上强调平等、理解与尊重。这一阶段有一个明显的特征,即青春期自我中心主义,青少年更愿意被看作成人,家长应多倾听、多理解,少命令、少强制;多鼓励他们自己思考、决定,在他们需要的时候给予建议和意见。

(二)让游戏成为儿童生活的重要部分

皮亚杰认为游戏是儿童教育最为重要的教育方式,并把游戏区分为练习性游戏、象征性游戏与规则性游戏。游戏是儿童同化现实世界、满足情感欲望的重要方式,理应成为儿童教育活动的基本形式。游戏对儿童的生理认知、语言能力、情绪、逻辑运算能力、创造力、自律能力、社交能力的发展等多方面都有积极的意义。经常喜欢主动参与到角色扮演游戏中的儿童,比那些不喜欢游戏的儿童表现得更友好、更受欢迎、更富创造力且更少攻击行为,并且更容易进行观点采择。家长给儿童开展象征性游戏的过程中穿插与儿童动作发展相关的动作内容,也会达到训练儿童动作的目的。例如:通过设置自然情境,让儿童扮演动物并模仿学习不同动物的走、跑、跳方式或者通过设置社会情境,让儿童扮演清洁工运垃圾和快递员送货等;又或者借用道具,将推箱子演变为开小汽车,将搬弹力球演变为运石头等。在早期的家庭教育中,家长可以将家中的空间合理分配出一块地方为儿童设计一个专门的游戏空间,为他们提供丰富的适当的玩具和游戏材料,然后参与到儿童的游戏中来,与他们共同分享游戏的乐趣。

第四节 蒙台梭利的家庭教育观

玛利亚·蒙台梭利(见图3-9)是20世纪杰出的儿童教育家。她于1896年毕业于罗马大学医学院,成为意大利的第一位女医学博士。1907年,蒙台梭利在罗马开办了第一所"儿童之家";1909年,蒙台梭利编写完成《蒙台梭利早期教育法》,该著作出版后风靡一时,引起了世人的关注。

图 3-9　玛利亚·蒙台梭利(1870～1952)

二维码 3-8
热忱助人的
蒙台梭利

一　蒙台梭利理论概述

（一）精神胚胎期

人的生命在于肉身联合精神，两者有效地结合。蒙台梭利认为，不能简单地将婴儿看成一个只是由一些器官和组织混合而成的生命体；在每个婴儿诞生之时，我们都可以发现一种神秘的、伴随着肉体的精神降临于人世间。人类个体的成长要经历两个胚胎期。第一个是从精子和卵子结合开始，到出生离开母体成为单独个体，叫作胎儿期，也就是生理胚胎；第二个是从出生至 6 岁，叫作心理胚胎期，这个时期只有人类才有。一个胎儿的生长发育是从受孕开始的，之后各种器官长出，发育成人，这被称为生理胚胎期。婴儿出生后，其心理会在一种内在力量的引导下自我成长，这种力量被称为"精神胚胎"。个体经过吸收周围环境中各种各样的社会刺激并不断积累，在精神胚胎的指引下成长，内在的精神胚胎与外部社会刺激相互作用，开始逐步形成"自我"。精神胚胎期最主要的特征是婴幼儿逐渐从无意识转化成有意识，在与外界环境交互作用的过程中慢慢形成感知、记忆、想象和思维等认知能力，此时也是婴幼儿的气质、兴趣、能力以及性格习惯等个性得以发展的关键时期。精神胚胎期是人类独有的，在成人的养护和教育下，婴儿的身体、智力、情感和社会性所存在的潜能得以开发，通过短暂的时间发展成为初步的社会人（周姝琼，2011）。

（二）儿童心理发展的敏感期

敏感期是指生物在其发展过程中,对环境中某事物的感知极其敏锐,产生无法抗拒的冲动,而且相应器官的机能也急速发展的时期。敏感期最早是由荷兰生物学家德佛里在研究动物时发现的。蒙台梭利认为儿童发展过程中也存在着与动物相同的特殊环境刺激的敏感期,她将敏感期概念引入儿童的发展领域并运用于儿童的教育中。蒙台梭利认为,在敏感期中,如果儿童处在适当的环境之中,他们自己便可以于无意识之中悠然自在地掌握某种能力。幼儿学习母语即是最典型的例子:3岁以前是幼儿语言发展的敏感期,在这段时间内他们可以毫不费力地学习语言,而如果错过了这一时期,即使付出数倍的努力,也不一定能有满意的成就。蒙台梭利对儿童心理发展过程中的各种敏感期及其呈现和延续的时间进行了充分的研究,她认为儿童各种敏感期的出现具有一定的顺序性和延续性,儿童就是通过经历一个又一个敏感期不断得到发展的。

蒙台梭利对各种敏感期的看法如下。

(1)语言的敏感期。蒙台梭利认为语言的敏感期是从出生后2个月开始到8岁,其中1～3岁是语言敏感期的高峰时期。

(2)感觉的敏感期。蒙台梭利认为感觉的敏感期是从出生到6岁,其中在2～2.5岁达到高峰。她认为儿童在感觉的敏感期内,可以毫不费力地学习几何形体,辨别颜色、方向、声音以及字母的形体等,而这些均可以为以后更高层次的智力发展奠定基础。

(3)秩序的敏感期。蒙台梭利认为,在儿童的发展中,秩序的敏感期在儿童人格的形成中具有非常重要的意义。它最早出现于儿童2岁左右,3岁左右表现最为明显。这一时期,儿童最大的喜悦是将物品整齐地放回原来的位置。在蒙台梭利看来,如果儿童在秩序的敏感期内形成了良好的秩序感,那么,他终生都将是一个规范、有序、温和的人。反之,如果错过了秩序的敏感期,再想培养一个规范有序、有条不紊的人,就会变成难以企及的事情。

(4)运动的敏感期。蒙台梭利认为运动的敏感期处于出生到4岁之间。在这段时间中,儿童喜欢活动而且其动作逐渐完美,为以后的发展奠定基础。如果能在这一时期完全熟练掌握某一动作,不仅对身体、对精神的正常发展有所帮助,而且甚至对儿童的人格形成也有影响。

(5)工作的敏感期。在蒙台梭利教育法中有一个非常重要的概念,即工作。这里所谓的"工作"就是儿童在"有准备的环境"中和环境相互作用的活动。蒙台梭利认为儿童必须通过"工作"使自己实现心理的健康发展。她认为儿童"工作"的敏感期是3岁到6或7岁。

（三）适宜环境对儿童心理发展的重要性

蒙台梭利认为儿童的发展是个体与环境交互作用的结果。儿童必须依赖与周围环境的交流，才能了解自己，了解环境，才能发展出完整的人格。环境的重要性仅次于生活本身，环境对人的发展有改变的力量，它既可以给人带来助益，也可能带来阻力，所以儿童成长的环境必须由具有丰富知识和敏锐观察力、了解儿童、热爱儿童的成人来细心筹划，并参与到儿童生活与成长的环境之中。她认为，合适的环境需具备以下几个要素。

(1)自由的气氛。只有在自由的气氛中，儿童才会显露他们的本性。除了无意义的、伤害性的和破坏性的、干扰性的活动要受到限制外，儿童应可以根据自己的需要和爱好自由选择自己喜欢的活动和交往伙伴。

(2)结构和秩序。儿童成长的环境应表现外面世界的结构与秩序，以使儿童能够了解、接受进而建立自己精神上的秩序。在教室中，各种活动区域要划分明确，各种教具材料要由易到难、由简到繁、错落有致地摆放在高矮适中的教具柜上，并随儿童发展水平和发展需要不断调整、更换。

(3)真实和自然。环境中的设备应尽量真实，接近自然生活，以使儿童能够尽早地适应社会，提高实际生活能力。蒙台梭利教室中有由儿童照顾的生物和儿童按照实际生活的要求和规则操作的真实材料及实验器材，如真的冰箱、烤炉、水池、电话及喝水的玻璃杯、洗衣服用的搓衣板等。

(4)和谐与美感。环境无须装潢得精巧，布置得纷繁，应简洁、明快、协调、有朝气。蒙台梭利学校通常都是低层建筑，室内宽敞明亮，色彩柔和，户外安全、洁净、绿草茵茵。

(5)拥有符合儿童身心发展需要、体现对儿童的教育要求、包含丰富教育内容的教具材料。蒙台梭利认为教室应该包括四大类教具：培养儿童专注力、独立性、自信心、训练儿童大小肌肉运动的灵活性、手眼协调能力及最基本生活能力，形成他们良好的文明行为习惯及内在秩序的日常生活练习教具；训练儿童注意、比较和判断能力，使儿童的感受性更敏捷、准确的感官训练教具；为满足儿童学习愿望，培养他们学习兴趣，形成他们初步的知识概念，为未来学习打下基础的知识性训练教具；发展他们艺术表现力与创造力的音乐、美术等艺术类训练教具。

二 蒙台梭利理论对家庭教育的启示

传统的教育观是以成人为中心，认为儿童的发展是受成人所摆布的。蒙台梭利深刻批评了这种教育观。她认为儿童是人类的创造者，教育要以儿童为中心，承认儿童的权利，满足儿童的需求。蒙台梭利呼吁为儿童创造一个适宜的生长环境。家长想竭力全力给儿童最好的一切，比以往任何时候都更加重视儿童的教育，更加重视儿童的家庭教育,家长一定要遵照大自然为儿童设计好的发展蓝图来实施家庭教育(杨静,2016)。

(一) 了解家长的角色和使命

蒙台梭利认为,我们不必在儿童的面前充当完美的人,每一件事都想做到十全十美;相反,我们有必要审视自己的不足,虚心接受儿童公正的观察和批评。有了这样的观念,当我们在儿童面前做了不该做的事情的时候,也就能够原谅自己的不足。教育儿童时,家长要改变头脑中固有的传统教育观念,做到了解儿童、接纳儿童、尊重儿童,做合格智慧的家长。家长必须放下成人所谓的权威,把自己和儿童放在一个平等的位置去看待,将命令性的要求转变成有限制性的选择,赋予儿童一定的掌控权和决定权,以减少儿童的排斥。家长应该自始至终关注自己的缺点和暴躁的脾气,而不是一味地纠正儿童的错误和关注儿童的脾气好坏,儿童的行为就是家长行为的映射,纠正儿童的同时更应该去审视自我,在跟儿童处于平等地位、给予儿童充分尊重的前提下,跟儿童一起制定一些规则。

蒙台梭利指出,家长并不是子女的创造者,只是他们的监护者,家长必须承担崇高的使命,去保护儿童,并深切细致地关注他们。为了完成这一使命,家长应该净化他们对子女的爱,并尽力去明白这份爱是藏于内心深处的情感外露,绝不应该对它存有私心或者加以懈怠。这是一个重大的社会问题,家长应该关注到这一问题,并且努力为儿童争取这一权利做。儿童的发展不是取决于外部的说教,而是取决于自然规律,这才是人类行为的源泉。儿童只有在自由有序的环境中,才能满足自己,得到更好的发展。在现实社会和生活中,随着社会节奏的加快,人们工作和生活的压力增大,很多家长往往忽略了家长是儿童第一任老师,并且是最重要的老师,家长应花时间陪伴儿童,关注和思考儿童的发展,持一种开放的心态去了解儿童、接纳儿童、观察儿童、欣赏儿童、陪伴儿童、帮助儿童,尊重其生命的自然进程。

(二) 提供"有准备"的生活环境

蒙台梭利提出"有准备"的环境观点。她认为大多数儿童没有生活在理想的环境中:首先,儿童居住在"以成人为本位"的环境中,身边一切物体的尺寸、大小、规格、重量等对儿童来说都不适宜,他们很难运用自如地去操作,只能被动地生活在被安排的不适宜的环境中,因而难以发挥其主观能动性和探索性;其次,儿童天性是喜欢接近自然的,随着社会的进步,能直接接触到的自然环境越来越少,儿童难以在身边的自然中找到和感受到有趣且对其发展有益的事物。作为家长,应该要为儿童提供"有准备"的家庭教育环境。首先,在家庭氛围上,家长应该为儿童营造一种宽松、和谐、民主的家庭氛围,这样会让儿童感觉到安全、轻松与和谐,也只有在这样的氛围中,儿童的自然本性和潜能才能得到自由的表现和发展。其次,在家庭教育的内容上,由于儿童拥有心理吸收力,会不断地从周围的环境中吸取养分,用来滋养自身心理的发展,并形成自己的某种行为,表现出自己的个性,因此,家长在布置家庭环境和教育内容的时候,必须非常慎重,不可掉以轻心,要选择符合儿童感觉、感官和心理发展的教育内容,这包括营造优美的居家环境,选择悦耳的音乐、正确的母语环境、丰富的文化环境,以及选择能够促进儿童身心发展的玩具与学习材料,并且要经常让儿童接触大自然,吸收大自然的养分。最后一点也是最为重要的一点,作为家长,自身就是儿童环境当中最重要的组成部分,家长对待儿童的态度、对待生活的态度、自身的一言一行都会对儿童产生潜移默化的深远影响,因此,家长要时刻注意自己的言行举止,成为儿童成长的助手和榜样。

(三) 引导儿童自我教育

教育不是从外界向儿童灌输某种思想和观念,而是要遵循儿童心理发展的规律,激发儿童内在学习的需要与动机,引导儿童在日常生活和学习体验过程中进行自我教育。蒙台梭利的教育实践中处处贯穿着儿童自我教育的思想与原则,认为儿童成长是其自我教育的结果。作为家长,要相信儿童具有自我教育的能力,并采取正确的方式、科学的方法引导儿童进行自我教育。在日常生活中,家长要有意识地培养儿童自我料理的能力,让儿童在自我服务的过程中进行自我教育,培养独立性;在感官教育中,家长应该放手让儿童自己去把玩教具,儿童会在不断地自我摸索与试错的过程中逐步提高自己的观察能力、推理能力和动手能力;在儿童人格培养方面,按照蒙台梭利的观点,家长采取奖励或是惩罚都不能真正起效,儿童人格的培养应该建立在自我认识、自我约束与自我教育的基础上,只有这样儿童才能自己发现自己的能力、作用与地位,逐渐形成独立、自信、努力等健全的人格。

复习思考题

一、简答题

1. 简述弗洛伊德的人格论。
2. 简述埃里克森的人格发展理论。
3. 简述霍妮神经症的文化观的含义。
4. 简述华生的理论。
5. 简述蒙台梭利的理论。

二、案例分析

1. 在学习他人经验后,小红相信自己有完成任务的能力,在这样的信念和老师的鼓励下,她很出色地完成了老师布置的任务。

请用班杜拉的理论分析小红完成任务的原因。

2. 在小明 5 岁时,他开始探索周围的环境,看到天上的云朵会把它们想象成不同的动物、形状。家长也会应和他,给予积极的反应,久而久之,他会更主动地探索未知事物,想象力也大有提升,并逐步应用在生活各个方面。

请用埃里克森人格发展理论对此进行分析。

二维码 3-9
复习思考题答案

第四章

婴儿的家庭教育心理问题

婴儿期是指个体 0～3 岁的时期,它是儿童生理发育最迅速的时期,也是个体心理发展最迅速的时期。这一阶段儿童心理的进步是极为明显的,其心理发展的水平和质量对个体之后的阶段乃至一生的发展都会产生深远的影响。我国《国家中长期教育改革和发展规划纲要(2010—2020)》中明确指出要重视 0～3 岁婴幼儿教育;充分了解婴儿阶段的身心发展特点,为其提供合适的养育及教育的前提条件。本章阐述了婴儿感觉、言语和注意等认知发生发展过程的特点,探讨了婴儿气质、依恋和自我意识等社会性发展问题,并通过介绍此阶段儿童身心发展常见问题,指出了家庭教育指导要点。

第一节 婴儿认知的发展

一 婴儿感觉的发展

感觉(sensation)是指人脑对事物个别属性的认识。在婴儿的认知能力中,感觉是最先发展且发展速度最快的一个领域,在婴儿认知活动中一直占主导地位。婴儿从出生开始就具备基本的五大感觉能力,并通过这些感觉动作去认知世界、发展能力(杜燕红,2005)。

由于婴儿最初没有言语,不能报告感觉经验,研究者设计出了更敏感的探测早期能力的研究方法,即从他们的非言语行为,如吮吸、转头、注视以及生理反应中推断他们的感觉情况,这为我们了解婴儿的认知发展提供了方法上的支持。其中,有代表性的两种研究方法是感觉偏爱和习惯化-去习惯化。

在婴儿感觉研究中,最有效的行为测量是注视行为,范茨(Fantz,1958)的"偏好方法"开始了婴儿感觉研究的革命。在婴儿感觉偏爱的实验中,同时呈现两个图案并测量婴儿注视各个图案的时间;如果在各次实验中,婴儿对某一对象的注视时间长于对另一对象的注视时间,就说明婴儿对这一对象表现出了"偏好"。习惯化-去习惯化方法的实验程序为:当出现一个新异刺激时,婴儿最初是一个强烈的反应,然后刺激重复出现,婴儿对之逐渐熟悉,不再感觉新异时,他们的兴趣下降,反应减少,即为习惯化;当刺激发生了改变,再次变得新异时,婴儿兴趣重新出现,即为去习惯化。

1. 视觉的发展

视觉是所有感觉中相对成熟最晚的感觉系统,新生儿只能看清楚 10～75 厘米距离内的物体(Bornstein,Arterberry,& Mash,2005)。新生儿掌管调节眼与物体距离的晶状体肌肉尚未成熟,负责接收光线并向大脑输送信息的视网膜细胞也要到出生后几个月才慢慢成熟,因此新生儿视力发育不成熟。2~4个月婴儿的颜色知觉取得较大发展,4个月时已表现出对某种颜色的偏爱,且颜色视觉的基本功能已接近成人水平。

2~3岁婴儿认知发展能力的重要指标是立体图形认知和匹配能力的发展。香港协康会编写的《儿童学习纲领》和《儿童发展评估表》中指出2~3岁婴儿的正常发展指标是:能辨别基本图形如圆形、方形和三角形,并能按颜色、形状、大小匹配物体。

2. 听觉的发展

婴儿早期的听觉发展水平要高于视觉。心理学家普遍认为,正常健康婴儿一生下来就有听觉(至少可以肯定是在出生后24小时以内),听觉可以说是与生俱来的。虽然新生儿对较弱的声音并不敏感,但心理学习惯化实验范式的研究表明,新生儿不仅能辨别不同赫兹的声音,而且还能识别声音的音量、长短和方向。刚出生的婴儿已经具备了最基本的视听协调能力,6个月以前的婴儿已能辨别音乐中旋律、音色、音高、调性及其转换模式的不同(Saffran, Werker, & Werner, 2006)。

3. 味觉和嗅觉的发展

新生儿的味觉已发育得相当完好了,味觉在新生儿构筑的防御反射机制中占重要的地位。婴儿刚出生时已明显"青睐"甜食,对不同口味的食物如甜、酸、苦和无味的面部表情已明显不同。味觉在婴儿和儿童时期最发达,以后就逐渐衰退,这与味觉在人类种系演化进程中的趋势是一致的(Gradin, et al., 2002)。

与味觉紧密联系的是嗅觉。新生儿已能对各种气味做出相应的反应,如一项对12个小时内新生儿嗅觉的研究表明,他们能够对不同的气味呈现出不同的面部表情(Steiner, 1979)。新生儿喜爱"好闻"的气味,大部分6~10天的新生儿都表现出对母亲气味的偏爱,1~2周大的新生儿已经能够通过气味辨别出他们最亲密的抚养者,即自己的母亲(Porter, Makin, Davis & Christensen, 1992)。以上结果均说明新生儿具有先天的嗅觉辨识能力。研究还表明,7~8个月的胎儿就已经具有相当成熟的嗅觉感受器,且具有初步的嗅觉反应能力,已能大致区别几种不同的气味。

4. 触觉的发展

婴儿触觉的发展对其个体整体身心发展具有重要意义。婴儿在早期对母亲的触摸非常敏感(Hertenstein & Campos, 2001),母亲对

二维码4-1
婴儿感觉
训练游戏

婴儿进行身体按摩可能会促进婴儿的身心发展。在生命早期,婴儿逐渐运用触觉来探索外部世界。婴儿最开始使用口腔触觉,之后依赖手的触觉逐渐形成发展认知。1个月的婴儿已经能够凭借口腔辨别出不同软硬程度的奶嘴,而且婴儿对触摸过的物体存在一种记忆能力。4个月以上的婴儿可以完成够物行为,这意味着他的视触协调能力已得到发展。因此,触觉是婴儿最初与外部世界进行互动的媒介,对婴儿认知能力的发展具有关键性作用。

二 婴儿言语的发展

婴儿早期已获得发音的基本技能,也在学习理解他所听到的某些谈话,而他理解语言的意义要比会说这些话早得多。婴儿在表达完整句子之前,早已经历了几个界限明确的言语发展阶段。婴儿往往能够在生命的前三年完成上述复杂的过程,包括形成母语的语音体系,掌握巨大的词汇量,生成各式各样的句子。张仁俊和朱曼殊(1987)认为,各类发音器官的生理成熟程度决定了婴儿语音发生发展的顺序。人类婴儿发音器官的成熟过程相似,因此世界各国婴儿最初的语音发展过程也相似,呈现出普遍的规律性。

根据婴儿说出语言的复杂程度,人们把婴儿言语发展过程分成以下几个阶段。

1. 前言语发展(0~12个月)

在婴儿说出第一个有意义的单词之前,他们已经发展了丰富的交流能力。研究者发现早在婴儿2个月时,婴儿已经与他们的母亲采取特定的方式交流。在母亲说话的暂停期,他们会发出咯咯声,露出微笑;母亲则根据婴儿的表现调整自己的语言,这种模式与成年人之间的交谈方式十分相似。贝茨及其同事(Bates et al.,1975)研究发现,婴儿9个月时即能有目的地进行交流。一些研究者认为,9个月时出现的工具性行为的仪式化现象,实质上是婴儿语言交流约定性的最原始的开端。婴儿主要是通过模仿和仪式化这两种方式来掌握语言系统中的约定性指代关系的。出生后头半年里,婴儿就可通过操作性条件反射来逐渐实现其交流行为的仪式化过程;9个月时,婴儿能真正通过模仿来学习、掌握各种约定性技巧。

2. 单词句阶段(12~18个月)

勒弗朗索瓦提出:到大约11.5个月的时候,约有一半婴儿已经说出了他们第一个有意义的单词。25%左右的婴儿在大约10个月的时候,会说出他们的第一个单词;90%的婴儿到大约15个月的时候,会达到这一点。在这个阶段,婴儿通常使用一个词来表达一整句的意思,因此也称为"表句词"阶段。比如当婴儿说"玩具"这个词的时候,他可能意味着"这里有玩具",也可能意味着"我想玩玩具"。这个时期的词汇学习进展缓慢,到大约18个月的时候,会出现词汇量的突然增长。

3. 双词句阶段（18~24 个月）

婴儿从以说出一个单词为主进入以说出两个单词为主，意味着其进入了双词句阶段。有学者指出，婴儿大约 17 或者 18 个月的时候，词汇量显著快速增长。两个单词的句子与词汇量的显著快速增长正好同时发生。在这个时期，婴儿开始将两三个词汇组合起来使用。虽然能够表达意思，大人根据情境也能基本明白他的意图，不过婴儿此阶段的言语表达一般仅限于重要的词汇，而去掉了很多表示功能的句法成分。在英语中会省略功能词素；在汉语中也会省略助词、介词、连词等。如婴儿可能会用"爸爸，球"两个词汇来表达"爸爸，我要球"、"爸爸，我想玩球"这样的意思，具体表达的意义，大人可根据情境和动作去理解。这个时期，也称为"电报句"阶段。

4. 句法爆发期（24~36 个月）

在这个阶段，婴儿已经能够较熟练地说出比较复杂的句子。大量研究表明，20~30 个月是婴儿基本掌握语法的关键期。而到 36 个月时，婴儿已基本上掌握了母语的语法规则系统，成为一个颇具表达能力的"谈话者"。他们能够将单词组合成有意义的句子，同时也掌握了诸如形容词、副词、疑问词等词类的用法及词形变化的规则。比如，言语中出现语法词素，如过去时(-ed)，进行时(-ing)，复数(-es)。这个时期的婴儿通过日常对话，发现并学习了语言的词法和句法规则，但是还不能很好地掌握那些词形变化的例外情况，因此语言产生过程出现过度规则化（over regularization）的错误，如将 go 说为 goed，将 eat 说为 eated；同时出现各种复杂的句式，如疑问句和被动句。此外，婴儿还开始学着控制语调来表达自身细腻、丰富的情感。

二维码 4-2
婴儿言语
训练方法

三 婴儿注意的发展

注意（attention）是人脑加工信息的第一步。每天我们从外界接收大量的信息，但是能够被我们进一步加工的信息往往是少量的，剩余大部分信息被忽略了，这时所体现的就是注意的选择性和过滤性。

新生儿一生下来就有注意，这时的注意实际上是先天的定向反射，是无意注意的最初形态。同时新生儿具备注意的选择性，如新生儿对于母亲面孔和母亲声音的偏好。相比简单的直线图形，1~3 个月婴儿的注意已经明显地指向曲线、不规则图形、对称或复杂的刺激物,以及所有轮廓密度大的图形。随着婴儿视觉能力的提升,3～6个月婴儿的视觉注意能力也进一步发展,表现在注意的平均时间缩短,更积极主动探索物体,对复杂和有意义的物体注视时间更长。6个月以后的婴儿由于睡眠时间减少,而清醒时间大幅度增加,白天经常处于警觉和兴奋状态。这时婴儿注意呈现出更广泛和更复杂的形式,具体表现在吮吸、抓握、够物、操作和运动等日常感知活动中,与照料者的互动时间也更长、更丰富。婴儿1岁以后,言语的产生与发展为婴儿的注意又开辟了一个新的且非常重要的领域。这也标志着婴儿正式进入了注意活动的更高层次,即第二信号系统阶段。第二信号系统特征开始制约、影响婴儿的注意活动。如,当成人说"小狗"时,婴儿会目光朝向小狗,虽然此时他可能并不需要小狗,也不想和小狗玩。但这表明,此阶段婴儿的注意开始受第二信号系统的制约。

在日常生活中,大量研究表明,年幼儿童特别是婴儿很难长时间保持注意力。随着年龄的增加,儿童保持注意的时长也在逐渐增加。注意参与也是2～3岁婴儿认知发展评价中的重要维度。儿童对一个特定活动的注意力,被看作一种重要的认知能力,一个注意力欠佳的儿童,常常被视为多动、容易心烦意乱或发育不全。例如有纵向研究表明,注意力、持续参与和游戏行为水平随着年龄的增长而显著增加;更高水平的注意力和持续参与个体角色游戏的水平高度相关。

随着电视、平板电脑、智能手机等屏性媒介的普及,媒体对婴儿发展的影响受到家长和研究者的关注。已有研究发现:一半以上的婴儿每天花费40分钟以上时间使用屏性媒介。比较了20世纪80年代、90年代以及KFF(美国凯撒家庭基金会)2003年的调查数据,我们发现年幼儿童每天使用媒体的时间急剧增加。由此可知,媒介使用已成为儿童日常生活中不可缺少的一部分,且使用时间呈现日渐增长的趋势。研究表明,年龄小于2岁的婴儿不能系统地监控电视屏幕,只能保持较短时间的注意。2岁到2.5岁的婴儿收看电视出现了"断档",即出现注意增长的停滞。大于2.5岁的儿童对电视的注意又出现了急剧增长。年龄较大的儿童则可以将头转向电视,并保持持久的注视,甚至在玩玩具的过程中监控电视。电视节目是婴儿接触外界、获得知识的重要渠道之一。媒体是促进还是阻碍了婴儿的发展?这不仅是家长和教育者最关心的问题,也是研究者争议最多的一个问题。大量的调查证明了适宜的视频和媒体使用能够促进婴幼儿的发展。媒体不仅为婴儿提供了很好的娱乐活动,也给家长提供了抚养便利。收看教育类电视节目的效果受到观看者年龄的影响:3岁之后观看电视可以积极预测后期的学业成就,但在这之前,效果不明显,甚至相反(Zimmerman & Christakis,2005)。

第二节 婴儿社会性的发展

一 婴儿气质的发展

气质(temperament)是指在情绪反应、活动水平、注意和情绪控制方面表现出来的稳定性的个体差异。通过记录、分析婴儿的哭声,研究发现婴儿的气质在出生后两天就已经初步显现出来。气质是人格形成的基础,主要由神经生理系统的遗传所决定。气质在婴儿社会性发展过程中具有非常重要的地位和作用,对了解和预测婴儿个性发展和社会相互作用系统具有重要的指导意义(李沿颖,2011)。

(一) 婴儿的气质类型

托马斯(Thomas)和切斯(Chess)在1982年进行的"纽约纵向追踪研究"是目前最有影响力的婴儿气质研究。他们在大样本数据的基础上,根据已确立的气质九维度(活动水平、生理活动的纪律性、注意分散程度、接近与回避、适应性、注意的强度和坚持性、反应的强度、反应阈限和心境质量)标准,将婴儿的气质类型划分为以下几种。

1. 容易型

容易型婴儿约占总体人数的40%,是所有气质类型中占比最多的。这类婴儿的吃、喝、睡等生理机能有规律,他们对环境有较强的包容性,容易适应新环境、接受新事物,一般处于愉快、积极的情绪中,对成人的交往行为反应积极。此类型婴儿由于生活规律,情绪愉快且能与大人之间进行积极互动,对抚养者而言能够比较省力且心情愉悦地对其进行照顾。

2. 困难型

困难型婴儿比较少,约为10%。他们的特征是:烦躁易怒、爱发脾气,且经常哭闹、不易安抚;在饮食、睡眠等日常生理方面缺乏规律性,对所有新鲜事物包括新食物、新环境等不太容易接受;他们经常处于消极状态,成人需要耗费大量精力才能对他们进行安抚,并且彼此间的互动体验感较为糟糕。这种儿童的抚养对家长来说是较为艰巨的挑战,需要成人克制自己的消极情绪,以极大的耐心和宽容将此类婴儿抚养长大。

3. 迟缓型

迟缓型婴儿约占总人数的15%。这类型婴儿的行为特征居于以上两种类型之间,表现为他们不太兴奋,不爱活动,总带着消极甚至是不愉快的情绪,但也不像困难型婴儿那样总是大声哭闹,而是常常安静地退缩。他们逃避新事物、新刺激,对外界环境和事物的变化适应较慢。这类婴儿随着年龄的增长,随着成人抚爱和教育情况的不同而发生分化。

4. 混合型

以上三种类型只涵盖了约65%的婴儿,另有约35%的婴儿不能简单地划归到上述任何一种气质类型中去。他们往往具有上述两种或三种气质类型的混合特点,属于混合型气质(苏彦婕,2012)。

(二) 气质的稳定性和可变性

在婴儿的各种个性心理特征中,气质最早出现且稳定性较强,变化缓慢。很多研究证实,婴儿气质具有相对稳定性。人们常说的"禀性难移"指的就是气质的稳定性。格赛尔(Gesell)于1954年对同卵双生子进行了长达14年的追踪研究,结果他发现同卵双生子的气质发展几乎表现出首尾一致的个体差异,而且在14年间表现出较强的稳定性和连续性。罗斯巴特(Rothbart)在1981年采用家长报告法对婴儿气质发展连续性进行了研究,结果表明,在婴儿出生的第一年,气质稳定性呈连续增长的模式,各阶段的相关系数分别为0.23(3~6个月)、0.59(6~9个月)和0.69(9~12个月)。许多追踪研究也证实气质特征在个体发展中具有中等程度的稳定性。研究表明,急躁、易怒、冲动性较强的人在童年期和青春期倾向于保持相应的气质特点,表现出更多的行为问题。

虽然气质具有相对稳定的特点,但这并不意味着它在个体成长的过程中一成不变。近年来,越来越多的实证性研究表明,在后天生活环境和教育影响的作用下,气质在一定程度上也是可以改变的。

卡根(Kagan)等人在1987年对100名婴儿的气质进行了长达4年的追踪研究,其中50名婴儿属于抑制型气质,50名婴儿属于非抑制型气质。抑制型婴儿的主要特征是拘束克制、谨慎小心、温和谦让;而非抑制型婴儿则相反,他们无拘无束、自由自在、精力旺盛、自发冲动。他们主要观察婴儿对陌生同伴的行为反应,以婴儿接近同伴所需的时间作为量化指标,研究婴儿气质在4年里的发展变化情况。结果发现,较之非抑制型气质的婴儿在4年里几乎没有变化,抑制型婴儿中有一半的数量减少了抑制性行为。卡根还在研究中发现,一个在30个月时属于极端抑制型的男孩,由于家庭教养和后天环境的影响,到5岁时转变成为一个非抑制型儿童,卡根认为这主要是后天教养起的作用。社会环境(包含后天教养)对婴儿气质的发展变化有着不可忽视的持续性影响。由于家庭、同伴和师生之间所存在的社会性相互作用的深刻影响,婴儿气质大都会发生一定的甚至较大的变化。

气质具有相当稳定的特点,但它与其他生理和心理特征一样,在自身的发展过程中,以及在后天环境的影响下,也有着发生变化的特点。可以说,婴儿气质的发展既是稳定的又是可变的,既具有连续性又不失阶段性。

二维码 4-3
宝宝的气质
通过哪些来判断

(三)气质对婴儿早期家庭教育的意义

婴儿气质对早期教养的影响主要体现为不同气质类型的婴儿对早期教养的适应性和要求不尽相同。家长首先要根据婴儿日常行为和情绪等方面的表现来确定婴儿的气质类型,然后再有针对性地进行抚养。

1. 容易型婴儿的养育

容易型婴儿对各种教养方式都容易适应,家长对其进行养育的过程应该是比较轻松的。不过家长也要了解到此气质的婴儿也有消极的一面,他可能有时即使不舒服或不适应外部环境,也不太会明显表现出来。如果家长观察不仔细或忽略婴儿的感受,可能会让婴儿受到冷落。教养对策是家长平时要多跟婴儿沟通并仔细留意他的身心发展情况,让此类型婴儿全方位健康成长。

2. 困难型婴儿的养育

困难型婴儿的家长从一开始就面临着早期教养和亲子关系的问题。为了让婴儿得到健康抚养以及整个家庭生活正常持续,家长们必须处理很多棘手的问题,如怎样适应这类婴儿生活不规律、适应慢的特点,怎样对待婴儿的烦躁、易哭闹,等等。如果采取嫌烦、抱怨、听之任之、训斥、惩罚婴儿等不适当的做法,那么这些婴儿将会比其他类型的婴儿表现得更加烦躁、抵触、易怒和消沉。因此家长应对婴儿进行有意识的引导,要特别热情耐心、有爱心地对待这些婴儿,积极采取适合他们特点的、有针对性的方法,这样才能使这些婴儿健康、快乐地成长。

3. 迟缓型婴儿的养育

迟缓型婴儿的养育关键在于让他们按照自己成长速度和特点去适应环境,顺其自然。如果给他们施加压力以加快其成长速度或催促其尽快地适应环境,结果可能会适得其反。此外,由于婴儿本身缺乏足够探索新世界的勇气,需要鼓励他们去尝试新经验、适应新环境。在此过程中,家长可以给他们提供具体指导以帮助其成长。如前所述,婴儿的气质会随着年龄的增长而变化。这说明环境并非总是支持某种气质类型。

每个婴儿都是带着独一无二的气质来到这个世界上的,气质无好坏之分。家长所要做的就是提供适合婴儿发展的成长环境,给他们以成长的力量,帮助他们迎接成长的挑战。

二 婴儿依恋的发展

依恋(attachment)指的是婴儿对熟悉的人(家长或其他照料者)所建立的亲密情感联结。这个概念最初由鲍尔比在20世纪60年代提出,他指出婴儿在接受母亲照料过程中,与母亲之间逐渐建立起一种特殊的情感联结,即婴儿对母亲产生依恋。依恋主要表现为以下一些行为特点。一是寻求接近。婴儿倾向于接近依恋对象并与之交往,这是依恋最基本的外在表现形式。如日常生活中,婴儿将微笑、哭叫、注视、依偎、目光追踪、拥抱等都指向母亲。二是分离焦虑。当与依恋对象分离时,婴儿会紧张不安,重逢时婴儿会轻松愉快。这被公认为依恋形成的标志。与母亲的分离会使婴儿感到最大的痛苦;当婴儿感到饥饿、寒冷、疲倦、厌烦或疼痛时,首先要做的往往是寻找母亲,母亲对婴儿的重要性远超其他照料者。依恋对婴儿整个心理发展具有重大作用,其和母亲是否形成依恋及依恋性质如何,将直接影响婴儿期甚至成年后的情绪情感和与人交往的基本态度的形成。

(一)婴儿依恋的发展阶段

依恋是婴儿在同母亲较长时期的相互作用中逐渐建立的,国内学者桑标(2003)将依恋的发展过程分为以下四个阶段。

1. 第一阶段:前依恋期——无差别的社会反应阶段(0至6周)

这个时期婴儿对人反应的最大特点是不加区分、无差别的反应。婴儿对所有人的反应几乎都是一样的,喜欢所有的人,喜欢听到所有人的声音、注视所有人的脸,看到人的脸或听到人的声音就会微笑,手舞足蹈。同时,所有的人对婴儿的影响也是一样的,他们与婴儿的接触,如抱他、对他说话,都能让他高兴、兴奋,都能使他感到愉快、满足。

2. 第二阶段:依恋关系建立期——有差别的社会反应阶段(6周至6~8个月)

此阶段婴儿对人的反应有了区别和选择,对母亲更为偏爱,对母亲和他所熟悉的人及陌生人的反应是不同的。这时的婴儿在母亲面前表现出更多的微笑、咿呀学语和接近,对其他熟悉的人如其他家庭成员次之,对陌生人这些反应最少。但是此时婴儿还不认生,对陌生人的接近并不害怕。

3. 第三阶段：依恋关系明确期——特殊的情感联结阶段（6~8个月至18个月）

从6个月开始,婴儿对母亲的陪伴表现出格外的热情与依赖,特别愿意与母亲在一起。和母亲在一起时特别高兴,表现特别温顺。母亲在身边时,婴儿就能安心地喝奶、睡觉、玩耍；当母亲离开时则哭闹不止、不让离开、破坏力较大,没有人可以替代母亲的位置。当母亲回来时,婴儿则能马上显得十分高兴。这一切显示婴儿出现了明显的对母亲的依恋,形成了专门的与母亲的情感联结。与此同时,婴儿对陌生人的态度变化很大。这一阶段的婴儿见到陌生人,大多不再微笑,而是紧张、恐惧,甚至哭泣、大喊大叫。

4. 第四阶段：交互关系形成期——相互的情感联结阶段（18个月至2岁及以后）

2岁后,随着语言能力和表征能力的发展,在母亲要离开时,婴儿能够更好地理解母亲离开的原因,并理解母亲的情感、需要、愿望,知道她爱自己,不会抛弃自己。婴儿把母亲作为一个沟通交往的伙伴,交往时双方都考虑对方的需要,并适当调整自己的目标。此时,婴儿与母亲在空间上邻近性的重要性降低。比如,当母亲需要外出办事离开一段时间时,提前跟婴儿沟通,婴儿会表现出理解并表示他可以自己玩玩具等母亲回来,而不是大哭大闹。这些体现出婴儿的分离焦虑下降了。

（二）婴儿依恋的类型

安斯沃斯等人在1987年的工作具有经典意义。他们通过陌生情境研究法,根据婴儿在陌生情境中的不同反应,对儿童在这些情境中的反应进行分析,将依恋划分为四种类型。

1. 安全型（secure）

安全型婴儿的人际关系表现为舒适和安全。与母亲在一起时,能愉快地自己玩玩具,并不需要时刻依偎在母亲身边。当母亲离开时,婴儿的操作和探索行为会受到影响,但不会表现出过分强烈的分离焦虑。当母亲回来时,他们能很快平静下来,继续做游戏。除了对照顾者比较热情,他们对陌生人也能表现出积极的兴趣。

2. 回避型（avoidant）

回避型婴儿的人际关系比较冷淡和疏远,对游戏活动也缺乏热情。对母亲在不在场觉得无所谓,母亲离开时,也不表示反抗,很少有紧张、不安的表现。他们对陌生人的反应好像和对母亲的反应一样。当母亲回来时,往往也不予理会,自己玩自己的。

3. 抗拒型（resistant）

抗拒型婴儿独自探索活动比较少，似乎离不开母亲。每当母亲要离开时都表现出高度焦虑，紧靠母亲不愿离开母亲一步，即使是短暂的分离都会引起婴儿的大喊大叫。但是当母亲回来时，他们不会对母亲立刻展示出欢迎的态度，反而会展现出非常生气的抗拒行为，甚至推开母亲，很难安抚。

4. 混乱型（disorganized/disoriented）

混乱型婴儿混合了抗拒型和回避型依恋的模式。当母亲回来时，他们看起来不知所措，或者会因为母亲的接近而突然跑掉；当母亲抱起他们的时候，他们的目光却看别的地方；当母亲安抚他们时，他们却出乎意料地哭起来。

在这四种依恋类型中，第一种属于安全型依恋（约占 65%），其他三种属于非安全型依恋；其中，第四种类型可能是最不安全的。患有孤独症的婴幼儿，安全型依恋往往较少，容易形成混乱型和回避型依恋。一般而言，多动症儿童对家长的依恋安全性也低于正常儿童。

（三）影响婴儿依恋的因素

1. 养育特征

与婴儿有关的母亲的行为是婴儿依恋类型的决定性因素，且依恋类型具有代际遗传性。母亲自身的依恋类型及母亲的敏感性对于婴儿安全型依恋的形成有不可忽视的作用。依恋除了是母亲满足婴儿的生理及心理需要，包括食物、水、温暖、安慰、舒适等，婴儿与母亲在一起的时间绝对量也是非常重要的。在母亲与婴儿互动的过程中，如果母亲能敏感且正确关心婴儿所处的状态，注意听取婴儿的信号，并能正确地理解该信号，做出及时、恰当的反应，婴儿就能发展对母亲的信任和亲近，形成安全型依恋。研究表明，如果母亲能及时反馈婴儿需要且对婴儿发出的信号高度敏感，其婴儿都属于安全型依恋；而在 12 个对婴儿需要不敏感的母亲那里，则只有 2 个婴儿属于安全型依恋。

2. 文化背景

由于文化的不同，各国照顾模式间存在很大差异，婴儿的依恋类型也就存在较大差异。跨文化研究显示，在日本，照顾模式普遍为母亲与婴儿关系紧密、分离较少，但不鼓励婴儿表达情感，导致婴儿能够得到充分照顾，但情感需求与自我要求相矛盾，于是，回避型婴儿较少、抗拒型婴儿较多；而西方文化强调培养儿童的独立自主性，同时，鼓励儿童表达自己的情感需求，于是这种照顾模式下，婴儿受到的照顾不如日本婴儿，而情感需求和自我要求比较一致，因此出现回避型婴儿较多、抗拒型婴儿较少的情况。

3. 气质类型

一些学者更多地强调先天因素特别是气质在依恋中的作用。一项追踪研究发现：一些婴儿天生很难照料，易烦躁、爱哭叫、不易抚慰，不喜欢亲密的身体接触，拒绝养育者的亲近，形成稳定依恋时间较晚；一些婴儿天生喜欢拥抱、抚慰、爱哭、与母亲积极交往，形成稳定依恋时间较早。卡根也认为，依恋类型的差异主要由儿童气质所决定：容易教养的婴儿通常被归为安全型依恋，难教养的婴儿被归为抗拒型依恋，行动缓慢者被归为回避型依恋。

（四）依恋对婴儿早期家庭教育的意义

依恋是婴儿社会性发展的开始，也是个体社会性的一个重要方面，因此家庭要重视对婴儿时期依恋感的培育。

在家庭环境中，第一照看人（通常为母亲）对婴儿依恋形成的影响最大，因此要充分认识母亲自身个体特质对婴儿依恋类型形成的重要性。如果婴儿母亲具有神经质之类的表现，这将有损于母子安全依恋的形成，并直接影响婴儿成长过程中安全感的建立。母亲在育儿过程中的神经质表现，如对婴儿过度忧虑、过分呵护，会让婴儿感到压迫，变得退缩、依赖、被动和胆怯，也直接影响到婴儿和母亲的依恋和一般行为倾向。此外，母亲在照看婴儿过程中对自己和婴儿的认知水平也会直接影响到母婴之间的依恋关系。研究表明，如果母亲认为自己的能力不够、情绪低落且抑郁，经常抱怨丈夫或婆媳关系，且觉得自己的婴儿能力较差，那么婴儿形成不安全依恋的倾向较高。在与婴儿的交互过程中，母亲会将自身的依恋类型传递给婴儿；不安全型依恋的母亲，由于自身缺乏安全型依恋经验和内在的安全依恋模式，可能无法正确理解婴儿的需求信息。例如，回避型母亲对婴儿需求表现冷淡，缺乏耐心，婴儿的需求常无法得到满足；焦虑型母亲虽然表现得对婴儿反应敏感，但却常常误解婴儿的需求信息，婴儿与母亲交往时常产生矛盾心理。

除了母亲个体特质的影响，婴儿依恋类型与母亲照顾质量显著相关。母亲若能敏锐察觉婴儿发出的需求信号，并及时、恰当、一贯地对其给予满足，那么婴儿形成安全型依恋的倾向就高；如果母亲反应消极，对婴儿的需求不敏感、置之不理或对婴儿缺乏耐心、反应迟钝，那么婴儿形成回避型依恋的倾向就较高；如果母亲不能正确理解婴儿的需求信息，照看行为与婴儿的需求之间吻合度差，那么婴儿形成抗拒型依恋类型的倾向就较高。

三 婴儿自我意识的萌芽

最早对自我做出系统论述的为美国机能主义心理学创始人詹姆斯（James）。他指出自我可以划分为两部分：主体自我（经验的自我）和客体自我（纯粹的自我）。其中主体自我包括三部分:物质自我、社会自我和精神自我。不过自我在心理学历史上一直是个非常笼统的术语。虽然人们关于自我有着不同的阐释,但总的来看,大部分学者认为自我是指个体对自己及自己与周围人和事物之间的关系的认识。从形式上看,自我包括知、情、意三个方面。这里的知即自我认识,主要指自我概念;情即自我体验,主要包括自尊;意即自我控制和自我调节。

(一) 自我的形成

自我意识不是天生的。许多发展心理学家如谢弗认为,新生儿并没有自我意识,他们就像蛋壳里的小鸡一样,无法从环境中分化出自我。研究表明,出生3个月的婴儿已经表现出主体我的萌芽。研究中给婴儿播放一些包括自己和其他婴儿哭泣的录音,结果显示,他们会对其他婴儿的哭声表现出悲伤的情绪,而对自己的声音则没有反应(Dondi,Simion,& Caltran,1999)。

在2岁左右,婴儿开始称自己为"宝宝",随后称自己为"我";到3岁以后,婴儿的自我便逐渐形成了,并开始将自己与他人进行比较。研究婴儿自我意识最经典的心理学实验是"点红测验"(也称"胭脂测验""镜像实验")(Lewis & Brooks-Gunn,1979)。研究者要求母亲为9~24个月大的婴儿擦脸时,顺便在婴儿的鼻子上擦一点胭脂,随后把婴儿抱到镜子前面,观察婴儿的反应。婴儿的反应可以分两种:一种婴儿会直接去擦镜子中"自己"的红点,这表明此阶段的婴儿尚未产生客体我的意识;另一种婴儿虽然看到的也是镜子中的"自己",但能够去擦自己鼻子上的红点,这说明此阶段婴儿已经形成了客体我的意识。实验发现部分15个月左右的婴儿开始去摸自己的鼻子;大部分18~24个月的婴儿已经能够直接去触摸自己的鼻子。因此婴儿在1.5~2岁时已经能区分镜子中的"我"和现实中的我,客体我意识在此时基本形成,即自我意识基本形成。

我国研究者(刘金花,1993)也重复了这个实验,她发现婴儿自我认识发展所经历的阶段与上述结果基本一致,自我认识的发展可分为如下几个阶段。① 戏物(镜子):9~10个月的婴儿关注镜子本身,对镜子中的"自己"不感兴趣。②(镜像)"伙伴"游戏:1岁以后的婴儿对镜中的"自己"很感兴趣,表现出不断的亲吻、微笑的行为,还绕到镜子反面试图找到这位"伙伴"。③ 相倚性探究:在18个月左右,婴儿特别注意镜子里的影像与镜子外的东西的对应关系,约24%的婴儿已经能根据相倚性线索认识到镜中影像就是自己。④ 自我认识出现:18~24个月的婴儿中借助镜子立即去摸自己鼻子的人数迅速增加。

(二) 自我意识的发展

婴儿自我意识的产生和发展,对其个性心理品质有着不可忽略的影响。婴儿阶段的自我意识是因需要而产生,并在语言、游戏、与其他人互动的关系等实践活动中发展起来的。

语言是一种实践的、既为别人存在并仅仅因此也为我自己存在的、现实的意识。语言的发展、第二信号系统的出现,使婴儿对客观现实的反应成为自觉、有意识的反应。婴儿通过语言,更充分而深刻地认识自己,还能用言语来调节自己和别人的行动。

不仅语言可以促进婴儿自我意识的发展,游戏活动也具有这种效用。德国教育家福禄培尔认为,儿童早期的各种游戏,是一切未来生活的胚芽,因为整个人就是在游戏中、在他最柔嫩的性情中、在最内在的倾向中发展和表现的。正是在各种教学性游戏、运动性游戏、创造性游戏、娱乐性游戏中,儿童心理品质得到很好的发展。可以说,游戏是儿童认识世界的途径的同时,也是儿童认识自己、发展自我意识的重要手段。

马克思说过,人起初是以别人来反映自己的。对于婴儿来说尤其如此。3 岁左右的婴儿已开始从别人的关系上来把握自我意象的情况。儿童不仅在与成人构成的各种关系中认识自己,而且设法在同伴中看到自己,在同伴中感觉自己,从同伴那里衡量自己,通过同伴的帮助了解自己与发现自己。此外,儿童还通过自己与物的关系来认识自己,使自我意识得到发展。黑格尔举了一个很有趣的例子:一个小男孩把石头抛在河水里,以惊奇的神色去看水中所出现的圆圈,觉得这是一个作品,在这作品中他看到他自己活动的结果。

二维码 4-4
三岁宝宝
已经更"自我"

(三)自我意识对婴儿早期家庭教育的意义

家长要树立正确观念,认识婴儿积极自我意识对其健康成长的重要性,因此,家长要全面了解自己的孩子,采取相应措施促进婴儿自我意识的发展。

1. 重视婴儿的第一反抗期

婴儿 3 岁左右这个特殊时期,一般被称为第一反抗期。这时期的婴儿一反过去安静、听话和较强依赖性的形象,而呈现出个性心理的"自我"发展时期的种种特征:突然变得十分任性、具有自作主张和独立性的要求。他们喜欢到处摸索,不要大人抱着甚至不愿大人拉手走路。他们能表达自己的观点,对成人要他做的事,往往回答"不";而对自己要干的事就会说"我自己会,我自己来"。什么活动都想自己参加,并常常拒绝家长的帮助,如果自己参加活动受到限制,就感到自尊心受到伤害,因而引起反抗。此外,情绪波动大,有时表现得爱吵架、爱发脾气、非常好斗,或十分胆怯、爱哭。这时的哭,已不同于 0~1 岁乳儿期的由痛苦、疲劳、肚饿等生理的不快而引起的哭,随着年龄增大,婴儿哭的方式就逐步加入了社会的意义。这是一个关键的时期，只要方法得当，引导有方，婴儿的独立性、能动性、自尊心等自我意识能力完全可以在家长正确的教育下，得到健康的发展。相反，如果成人一切顺从婴儿，以他为中心，就会在婴儿的自我意识中形成错误的自我判断和自我认识。多次反复后，在婴儿意识中就会巩固这种有害的联系，就会形成动力定型，养成许多相应的坏习惯。

2. 适当放手，给婴儿获得成功体验的机会

在家庭中，部分家长把婴儿当"小公主""小皇帝"来养育，怕累着他们，或者怕他们做不好，自己重新再做太麻烦，因此不让婴儿做一些力所能及的事。还有部分家长认为，吃饭、穿脱衣服、上厕所等生活技能不需要训练，婴儿长大自然就会了。其实这些观念都是不正确的。从婴儿发展的观点来看，不给予婴儿锻炼的机会，就等于剥夺了婴儿自理能力发展的机会，久而久之，婴儿也就丧失了独立能力，因此家长要本着"大人放手，婴儿动手"的原则，让婴儿自己做一些力所能及的事情。家长可以根据婴儿的兴趣和能力因势利导，通过具体、细致的示范，从身边的小事做起，由易到难，教给婴儿一些自我服务的技能，如学习自己擦嘴、擦鼻涕、洗手、刷牙、洗脸、穿衣服、整理床铺等。这些看上去虽是很小的事，但实际上给婴儿创造了很好的锻炼机会，无形中锻炼了他们独立生活的能力。在获得多次成功体验后，婴儿将进一步认识自我，增强自信心。

3. 更加准确地引导婴儿进行自我评价

3岁前的婴儿尚未形成独立的自我认知，他们对自我的评价通常是成人评价的简单再现，因此家长要善于和婴儿进行互动，倾听婴儿的内心，关注其各方面发展，并给予积极和准确的反馈。比如婴儿自己用积木堆了一个城堡，会问妈妈："我堆的城堡好不好看？"这时候家长不应该只说"真好看，我的宝贝真棒！"而应用更加准确的言辞来引导婴儿进一步探讨，可以说"我觉得城堡真棒，如果城堡的底部再坚实一点就更好了，底部坚实的房子才能更牢固"。也就是说，家长给婴儿的回答不应该总是含糊的，也不应该全然是批评或者赞美，可以夹杂一些对婴儿有启发的要点，这会为婴儿之后进行更深层面的自我认知和评价打下良好的基础。

第三节 婴儿心理行为常见问题

新生儿出生后，不断接受外界环境的影响、刺激并形成条件反射，这标志着心理活动的萌芽与发展。但是婴儿应对这些外界环境的刺激与压力的能力和经验有很大差异，因此婴儿在成长中会遇到一些心理行为问题。婴儿期较为常见而相对严重的心理行为问题，主要有感觉统合失调、孤独症、分离性焦虑等。

一 感觉统合失调

感觉统合(Sensory Integrative)概念最早是由美国南加州大学儿童心理学简·艾尔丝博士提出的。感觉统合是指大脑将从身体各器官传来的感觉信息经过大脑综合处理,完成对身体内外知觉并做出反应。只有经过感觉统合,大脑不同部位才能完成人类高级而复杂的认知活动,包括注意力、组织能力、自我控制能力、概括和理解能力。反之,当感觉系统无法正常运转时,则被称为感觉统合失调(Sensory Integrative Dysfunction,SID),也称为神经运动机能不全症。国外研究报道感觉统合失调的检出率为10%～30%,我国学者李旭东和黄悦勤(2001)报道了北京市城区儿童感觉统合失调率为29.4%,轻、重度感觉统合失调率分别为28.5%和8.9%。

(一)感觉统合失调的临床表现

儿童感觉统合失调主要临床表现为:个体在感觉系统和神经系统不能正常有效地运转时,便会出现学习与交往困难,表现为对很多刺激视而不见、充耳不闻,但对某些刺激又过分敏感、回避。常出现以下现象:注意力不集中、好动不安静、动作不协调、手脚笨拙、容易跌倒、左右不分、容易迷失方向;写字时字体颠倒、大小不一、写字出格;看书会跳字、跳行,出现阅读困难,计算出错等,造成学习能力不足(非智力因素引起的)。此外,在个性方面表现为:个性孤僻、不合群、胆小、害怕陌生环境、社交能力差、害羞、不安、依恋妈妈、怕黑、脾气急躁、攻击性强、独占性强等。在生活方面表现为:偏食,挑食,生活自理能力差,不易学会系鞋带、骑车、跳绳、翻滚,易晕车、船及大幅度运动时易头晕等。这些儿童智力一般在平均及以上水平。感觉统合失调严重的儿童在人生最重要的学习阶段(0～12岁之间)会因一连串严重挫折,造成情绪上或习惯上害怕学习并拒绝学习,不仅影响学习且易继发一系列心理行为问题,甚至影响其一生的生活质量。

二维码 4-5
感觉统合失调的
案例与训练

(二)感觉统合失调产生的原因

目前,儿童感觉统合失调病因及机制尚不清楚。艾尔丝认为它与遗传及环境因素有关,归纳出以下几点原因。

1. 母亲孕期因素

儿童最早接触的环境是母亲的子宫,这一环境的好坏首先影响着儿童的发展。母亲怀孕期间,病毒感染、使用药物、嗜茶、大量饮用咖啡、吸烟或被动吸烟、缺乏运动或休息、情绪的不稳定、严重的妊娠反应等因素会造成母体环境的恶化而影响胎儿发育。随着医学科技的快速发展,婴儿的出生方式也由原来的自然产占大部分,到如今的剖腹产占优势,甚至早产儿也越来越多,不自然的生产方式和出生方式会造成婴幼儿脑神经发育不健全。母亲产后没有采取母乳喂养或很少母乳喂养也是一个主要原因。这些因素都会造成幼儿在感觉统合方面的先天不足。

2. 早期环境因素

早期环境因素包括早期教育环境和早期生活环境。早期教育环境是指婴幼儿出生后家长或长辈创设的教育氛围和教育方式。如今,生活在小家庭中的幼儿自然成为长辈眼中的宝贝,过分的照顾和溺爱使幼儿的感觉无法全面统合和协调发展。早期教育环境的弊端具体表现为:过早地进行认知教育和书写教育,忽视幼儿肌肉发展的规律;不重视基础动作的发展训练,缺少必要的运动和游戏;一味给予优越的物质条件,缺乏情感教育和情感爱抚;对幼儿的需要一味满足或抑制;年轻家长和老一辈的教育方式不一致,对孩子来说需要不断改变;家长极度保护幼儿,幼儿无法做力所能及的事情,缺少了肌肉锻炼等。早期生活环境主要指小家庭模式和都市化生活。早期生活环境具体的弊端表现为:房屋面积小,婴幼儿俯卧爬行少,身体控制能力差;现代化的房屋建筑设计和相对封闭的活动范围,使幼儿丧失了必要的友伴团体,缺少了人际交往的对象;由于家庭成员少,幼儿缺乏模仿对象,缺失必要的模仿学习等。

3. 平衡不佳

平衡是指个体通过自我调节机制使自身发展从一个平衡状态向另一个较高的平衡状态过渡的过程。平衡对儿童的发展极为重要,它意味着儿童的发展从一个水平上升到另一个更高的水平。可如今的婴幼儿从小就缺乏平衡感的锻炼,如摇篮原本是很好的锻炼婴儿平衡的器具,但现在多以婴儿床代替,学走路用学步车作为主要辅助工具,这些大多数是为方便家长使用而设计,并没有站在婴幼儿发展的角度,所以起不到促进儿童平衡的作用。

(三)感觉统合失调的家庭训练方法

针对感觉统合失调儿童的增多,国内开设了大量的儿童感觉统合训练机构,这些机构的宗旨是让这些儿童能够借用活动教具,积极主动地参与游戏活动,并在活动中感到快乐,提升感觉能力,改善感觉统合失调的症状。感觉统合训练主要采用游戏的方式,进行快乐教育。一般用于感觉统合训练的专业教具包括平衡吊缆、滑板车、大笼球、单杠、秋千、溜滑梯、刷子、海绵、羊角球、球池、吊缆摇篮、网缆、吊床、平衡台、圆木马吊缆等。家长可以根据自身家庭的住房条件有选择性地在家中配置一些教具，以配合训练中心的训练，加快训练的进度。

家长在配合专业的训练中心对儿童进行感觉统合训练指导时一般遵循以下原则。

(1) 让儿童自己选择。在指导基础上，让儿童自主选择喜欢的游戏活动，但前提是所选择的游戏是经过精心设计且合适的活动。游戏的设置都是为了促进儿童各类型感觉的统合，具有使儿童感觉统合协调发展的作用。

(2) 儿童游戏的兴趣需要耐心培养。感觉统合训练以游戏为主，在进行游戏时要充分调动儿童的积极性和参与性。游戏应符合儿童的年龄特点和感觉的发展程度，在此基础上保持耐心，积极引发儿童对游戏的兴趣。

(3) 要让儿童在游戏中感到快乐。一切教育的原则都是让儿童在学习中感到快乐，感觉统合训练更是如此。游戏的教具和场地布置均要体现这是为儿童准备的，让儿童在训练中享受快乐，而不是体验枯燥、死板。

(4) 协助儿童调整情绪。感觉统合训练是针对儿童循序渐进、从易到难进行的。在训练过程中对于儿童觉得自己做不到的事情要给予及时的帮助，注意儿童在训练时的敏感态度，努力协助其调整情绪。

(5) 感觉信息成熟化是信心的基础。通过训练指导，儿童的感觉信息和统合能力日趋成熟；身体各部分的协调能力也日趋完善；对于感觉信息的强弱会有相应反应；性格和人际关系日益健全和自信。

(6) 训练效果的观察记录。针对每一位参加感觉统合训练的儿童都要对其现状进行分析整理，再依据整理的情况制订有针对性的训练方法。整个训练过程一般维持 6 个月到 2 年不等，情况严重的儿童需要更长的时间。训练需遵循不间断性原则，一旦间断，训练将从头开始。

二 自闭症（孤独症）

自闭症（autism）又称孤独症，是一种小儿广泛性的发展障碍（pervasive developmental disorders），这个概念最早由美国的利昂·卡勒教授于 1943 年提出。他通过对 11 名儿童的长期临床观察，发表了他的研究论文《情感交流的自闭性障碍》。在文中，他首次使用了"自闭症"这一术语。卡勒的儿童自闭症案例报告引起了全世界儿童心理学家和精神医学家的极大兴趣，此后自闭症的相关研究突飞猛进。自闭症在世界范围各个阶层的家庭中都会发生，发生率为万分之二至万分之五之间，其中男性多为高机能自闭症，女性多为低机能自闭症。

(一) 自闭症的临床表现

美国的有关研究发现，近 1/2 的自闭症儿童 IQ 低于 50，约 1/4 的自闭症儿童 IQ

在 50 至 70 之间,另外 1/4 的儿童 IQ 高于 70.4。

世界卫生组织(WHO)1987 年公布的小儿期自闭症诊断标准是:① 3 岁以前发病或出现发展障碍;② 发病率的男女比例是 3∶1 或 4∶1;③ 社会的行为、情绪与他人接触关系等存在质的障碍;④ 思想交流、语言发展、模仿游戏等存在障碍,思考过程的弹性、创造性和想象性有欠缺;⑤ 反复出现固执、刻板的行为,兴趣和活动呈现僵硬化的特征;⑥ 有情绪上的恐惧、睡眠障碍或摄食障碍、暴躁、发脾气、攻击性、有自伤行为;⑦ 在智商方面,约 3/4 的自闭症儿童有智障倾向。

除了世界卫生组织出台的小儿期自闭症诊断标准,国际上一般以美国的《精神障碍诊断与统计手册》(DSM)作为自闭症的诊断标准。其诊断标准主要有以下四条。① 症状在 3 岁以前出现。如在 3 岁以后出现,就不能定为自闭症。② 有语言障碍。卡勒教授最早发现自闭症儿童不会使用人称代词、语法混乱。有些自闭症儿童说话声调异常,没有节奏,发声有些奇怪;也有些儿童出现语言暂时消失的情况。③ 有社会人际交流障碍。自闭症儿童和他人没有感情交流,很少和他人进行视线交流,对他人的拥抱没有反应或反感。④ 行为刻板、反复、机械,带有强迫性,有时有固定仪式,如一直盯着旋转的东西看,玩具要按固定顺序排列等,不能容忍变化。

如果以上四点都有,就可以诊断为典型的自闭症;如果只具备一部分,可能是轻度的、边缘性的自闭症或其他障碍。对自闭症的诊断应该由专业人士来完成,包括临床心理学家、特殊教育专家、少儿精神病学家、神经科专家,还需要家长的积极配合,通过初步筛选、量表评估和专家评估,最后确诊。国际上较常采用的诊断量表包括美国北卡罗来纳大学医学院精神科教授史考布勒等编制的儿童期自闭症评定量表(Childhood Autism Rating Scale,CARS)、克氏小儿自闭症行为诊断量表(Clancy Autism Behavior Scale)和日本名古屋大学教育学部的名大式自闭症儿童发展评定量表。

(二) 自闭症产生的原因

关于自闭症产生的原因,一直存在争议。目前流行的看法是:自闭症的病因主要是脑生物学上的因素导致认知和情感上的障碍。

1. 大脑生物学研究

脑基因研究认为自闭症的引发因素是多基因的,至少有两个基因,最多可能与十个基因有关。金姆(Kim)等人于 1999 年在自闭症患者中对 SLC6A4 基因的多态性进行了全面的筛选,发现了一个新的与自闭症有关的突变体。雅迈(Jamain)和他的同事同年研究了位于 6q21 染色体的谷氨酸受体 6(GluR6/GRIK2),发现 GluR6 与自闭症是有明确关系的,研究者还认为 GluR6 与自闭症造成的多种症状如认知和记忆的缺陷有关。

大量自闭症的神经机制方面的证据主要来自运用脑成像技术的发现。哈里森(Harison)等人在 1998 年提出,右侧额叶机能障碍可能是某种类型自闭症的原因之一。明肖研究发现,自闭症患者的前额皮质以及与它相联系的顶叶皮质可能存在机能障碍,从而使空间的工作记忆受到损害,并且不能主动选择正确反应所需的线索。道森(Dawson)认为自闭症的早期行为障碍可能与内侧颞叶及与之相连的眶前额皮质机能障碍有密切联系,比如杏仁核受损会使自闭症儿童在对社会刺激的定向上有困难,海马的损伤会使自闭症儿童的延迟模仿有困难,进而影响到社会互动、移情等社会交往技能的发展。考切斯尼(Courchesne)于1994年提出自闭症患者的小脑发生病变可能是注意障碍的原因。

遗传因素是引发自闭症的原因,研究者对双生子和家族系谱的研究提供了关于自闭症遗传原因的证据。单卵双生子的患病一致性比率显著高于双卵双生子,遗传概率大于90%。家族研究显示,患者直系亲属实际的发病率是2%~7%;相对一般人群的发病率高出50至200倍。自闭症的遗传基础是确定的,但遗传传递的模式目前仍不清楚。对有关自闭症的基因研究还缺乏一致的重大发现,这一事实可能表明,自闭症不是由某个单一基因直接导致的。

2. 认知神经理论

认知神经理论尝试为自闭症提供一个心理学的解释模式。一个假设是,自闭症儿童在心理活动的执行技能方面存在缺陷,不能根据期望的目标制订计划,不能保持解决问题所需要的灵活的定势转换(set-shifting)能力。这个理论可以解释自闭症儿童言语保持和转换定势的困难。而且其家庭成员可能也有类似特征。不过,这种缺陷似乎并非自闭症所特有,也并不总是与社交障碍的严重程度高度相关,而且还存在大量例外情形。

第二种解释模式聚焦于自闭症儿童综合信息以形成整体意义的能力缺陷,这方面的障碍导致有意注意和人际交流的缺陷。但目前支持这种思路的实证研究还不多。

心智理论的假设认为,自闭症儿童所特有的社会互动障碍,源于对自己和他人的心智现象的理解存在严重缺失。自闭症儿童不能关注并考虑他人的意愿、欲望、情感和信念,因此无法与他人进行正常交流。

(三)自闭症的家庭训练方法

目前对自闭症的治疗多采用心理干预,同时结合药物治疗。临床上常用的药物有盐酸氟苯丙胺、羟吗啡酮、β-阻碍药物以及营养类药物,最新的药物治疗方式是分泌素治疗。研究发现治疗效果取决于几个因素:诊断的环境、家庭环境、社会援助环境和教育环境。对自闭症者的治疗和教育、心理辅导应该是毕生的,这时家长的介入干预是非常重要的。通过干预,改变其社会交往性,帮助他们确立自我的价值取向并努力去实现。对自闭症的心理干预以教育训练和心理辅导为主(尤娜、杨广学,2006)。常用的心理干预方法有以下几种。

(1)行为干预。主要针对自闭症者的不适应行为,如自伤、多动、攻击、愤怒、生活自理能力差等。20世纪60年代以来,学者对自闭症的行为治疗进行了广泛的研究,自闭症者特殊行为矫正一般在高度结构化的环境中进行,具体的方法有强化适当行为法、暂停强化法、塑造法等。这些方法需要家长配合参与,针对具体情况,采用长期的、恰当的方法来进行。

(2)社会生活技能训练法。主要针对自闭症者社会交往能力差的特点。家长可在日常生活中注重训练自闭症儿童基本的社会生活技能,如打电话、买东西、乘车、社交礼仪、人际交往等。通过训练使他们掌握基本的社会生活技能,缓解其社会交往障碍。

(3)游戏疗法。主要针对自闭症者的情绪障碍,解决其情绪上的不安、恐惧,使他们愿意与社会和他人接触,逐渐走出自闭的世界,同时可以开发其创造力。日本名古屋大学的樱山教授提出的精神统合疗法就是以游戏作为媒介体,尊重自闭症者的主体性,分五个阶段对自闭症者进行治疗。

(4)音乐干预。研究者发现有些自闭症儿童的音乐能力比有音乐天分的正常儿童还要高,他们拥有超凡的音乐感和辨音能力。音乐疗法可以提供安全而多元的感官刺激,主要调整其感官感觉,保护、开发、调整大脑状态,发掘其学习潜能,促进言语及沟通技能,促进社交情绪的发展,塑造正确的行为。

二维码 4-6
感知觉运动训练
治疗婴儿孤独症

(5)松弛干预。这一方法由中国雨林心理教育咨询技术开发中心 1994 年提出。他们认为,自闭症者一般很笨拙紧张,其中枢神经有问题,因此推荐采用推拿按摩、体操、静养等放松方法。这与日本的动作疗法是相似的,日本的动作疗法通过站、立、坐的训练以及按摩来调整骨骼神经系统。

自闭症儿童的家长要接受心理咨询师和特殊教育专家的教育训练,同时将信息反馈给医生或治疗师,配合他们促进自闭症儿童的康复。

三 分离性焦虑

分离性焦虑(separation anxiety)是焦虑的一种。通常出现在与家长分离或与所爱和依赖的人分离或面临分离的威胁等情况下,表现为恐惧、焦虑紧张、不安等情绪反应。这本是一种正常的心理反应,但若是过度恐惧和紧张不安,持续时间过久,则可能是神经症性分离焦虑障碍(黄志敏,2007)。心理学研究证明,分离性焦虑一般出现在 1 周岁之前(此时婴儿正在形成最初的社会性依恋),在 14~20 周时达到顶峰,然后在整个婴儿期和学前期,其强度逐渐减弱。儿童出现分离性焦虑的时间与抚养者的文化背景、习俗有关,研究显示,北美和欧洲婴儿一般在 6~7 个月出现这种行为,而非洲乌干达和一些亚洲国家的婴儿在 5~6 个月时就出现与母亲分离时的焦虑。和典型的西方文化相比,这些国家的婴儿与他们的母亲有更多的亲密接触。他们跟妈妈一起睡觉,母乳喂养的时间也比西方儿童长,和母亲形影不离,跟母亲分离对他们来说是一件大事,所以他们很早就表现出这种分离性焦虑。相关研究揭示儿童在早期经历着最强烈的分离性焦虑。

(一)分离性焦虑障碍的表现

分离性焦虑障碍(separation anxiety disorder,SAD)是儿童期最常见的焦虑障碍之一,表现为不现实的担心和过度的焦虑,症状持续4周以上,明显干扰了儿童日常的学习、生活以及正常的生长发育。分离性焦虑可视为一种正常反应,每个儿童在其不同的年龄阶段都可能出现分离性焦虑,但程度不等。如果儿童的焦虑程度过高或泛化,则易成为一种病理状态,严重的分离性焦虑会对儿童身心健康的发展产生不利影响,降低儿童智力活动的效果,甚至会影响其未来的创造能力以及社会适应能力。儿童早期的焦虑问题如果得不到及时干预和治疗,会延续到青春期和成年期。

儿童分离性焦虑障碍的终生患病率为4.1%～5.1%,从儿童到成人的患病率逐渐下降,9～10岁为4.1%,11岁为1.2%,12岁为0.6%。相关研究表明,79%的患有分离性焦虑障碍的儿童会同时存在另外一种障碍,20%的患者会同时出现普遍性焦虑障碍和抑郁障碍。科萨考夫斯基(Kossowsky)2013年进行了分离性焦虑障碍与惊恐障碍关系的Meta元分析,研究表明,儿童期分离性焦虑增加了惊恐障碍、焦虑障碍、抑郁障碍和药物滥用的危险。分离性焦虑障碍是多种焦虑障碍的普遍危险因素,其影响可以持续至成年。

(二)分离性焦虑产生的原因

1. 遗传因素

分离性焦虑具有遗传倾向,它的产生主要与儿童的气质类型、焦虑型人格、遗传等因素有关。研究发现,困难型儿童更易产生分离性焦虑等行为障碍。性格内向的儿童,不愿主动和其他儿童说话,容易产生分离性焦虑。患有焦虑症的家长所生的子女,焦虑症的发生率明显高于正常家长所生的子女,而且同卵双生子焦虑症的同病率可高达50%。一项关于6岁双胎样本的研究发现:分离性焦虑障碍的遗传率为73%,在女童中遗传率会更高。通过检测女童双胎样本的组织配型和共同环境变量来分析遗传和环境因素对儿童分离性焦虑的影响,研究发现遗传因素影响可高达62%。

2. 依恋和环境的突变

分离性焦虑的出现与依恋和环境的突变有关。首先,不安全型依恋与分离性焦虑的水平呈正相关,分离性焦虑在失去依恋对象时产生。儿童在与依恋对象分离的时候,因感到失去依靠和安全感,从而产生恐惧和紧张等情绪,如对幼儿园的陌生环境和陌生人感到焦虑。20世纪90年代以来,人们注重从环境等多个角度来探讨分离性焦虑产生的原因,有研究发现,共同环境因素对分离性焦虑的影响较大,可占40%。分离性焦虑是环境转换时儿童对陌生环境的一种本能的不安全感和恐惧感,也包括社会环境恐怖事件的影响。

3. 家庭教养方式

家庭教养方式是家长各种养育行为的特征性概括,是一种具有相对稳定性的行为风格。曹枫林等人研究发现,家长的严厉惩罚、过度保护、拒绝否认、焦虑性养育行为与儿童的焦虑关系密切,对儿童的焦虑情绪具有预测作用。国外也有类似研究,如荷兰研究学者对75名荷兰儿童及其家长进行调查发现,家长过度保护的养育行为与儿童焦虑症状关系最为密切。多项研究表明,过度保护的养育行为有许多负面作用,涉及的主要方面有儿童的社会功能、自我效能、应对行为、自我调节能力与儿童的内向化行为,其中儿童的内向化行为包括焦虑、抑郁、退缩与分离性焦虑。过度保护、专制型的养育行为会阻碍儿童成功应对在其能力范围内的困难和挑战,导致儿童对家长的依赖延长。

(三) 分离性焦虑的家庭教育方法

1. 家长应重视分离性焦虑

家长的分离性焦虑对儿童具有重要影响。拥有高度育儿焦虑感的家长往往会花更多的时间照料儿童,能对儿童的要求做出快速应答,这有助于家长与子女之间的感情依附,但同时,家长会因为顾虑儿童的安全而限制他们的探索活动,使他们对大人的依附感增强,容易产生分离性焦虑。婴儿长大进托儿所或幼儿园后,出现分离性焦虑的还有部分家长。广大家长产生焦虑的主要原因在于:见不到儿童,对托儿所或幼儿园的工作不了解,对照顾儿童的教师也不放心。尤其近些年新闻报道的个别幼儿园教师虐待儿童的事例,更加剧了部分家长的这种焦虑情绪。家长的这种分离性焦虑情绪在家庭中也会让儿童感觉到,比如家长常会在接儿童回家时,对儿童在园情况进行提问:"幼儿园好不好玩?""你哭了没有?""有没有小朋友欺负你?""喝水了没有? 饭菜好不好吃?""老师喜不喜欢你?"等等。一方面,过多的提问会加重儿童上幼儿园的紧张情绪;另一方面,一些反面的提问会产生幼儿园不好的暗示,使儿童害怕和不愿意上幼儿园。因此,家长首先要认识到自身这种过分关心和焦虑的情绪会给儿童带来不好的影响,要控制好自身的分离性焦虑情绪。

2. 对儿童入园焦虑进行提前干预

研究发现,对儿童入园适应障碍可以通过说教、心理疏导、分散注意力、精神鼓励等方法进行干预。一项针对 40 名儿童的心理干预研究发现,说教法和心理疏导法对于乐于接受道理的儿童效果较好,分散注意力法适用于好奇心强的儿童,精神鼓励法对爱表现自己、渴望得到关注的儿童较为有效。通过干预,儿童大约用一周时间可适应幼儿园生活。家长可采取梯度入园的方法帮助儿童克服入园的焦虑。梯度入园指入园的第一个月内,让儿童每周入园的时间逐步增加,第四周开始才全天入园。刘少英等人的研究在实施梯度入园制度的同时,也配合实施召开家长会、家长开放日、亲子游戏等措施。研究结果表明,梯度入园的儿童的出勤率比例高于非梯度入园儿童,并且在与家长分离、室内活动、户外活动及午饭时,哭闹比例都低于非梯度入园的儿童。

3. 接受家庭治疗和咨询

家庭理论认为,焦虑症状是人与人之间关系的表现形式,并认为焦虑症状反映了家庭系统中的一些问题,尤其是家庭中家长和儿童的依恋关系。当儿童出现比较严重的焦虑状态时,家长可以寻求家庭治疗与咨询的帮助,以改善亲子依恋关系。对家庭系统进行干预是减少儿童分离性焦虑症状的关键。

二维码 4-7
分离性焦虑的阶段和常用治疗方法

第四节 婴儿家庭教育指导要点

一 家长教养方式与个体发展

家庭一直是人接受教育,特别是低年龄儿童接受教育的基本场所。苏联教育家苏霍姆林斯基的《家长教育学》一书中有这样几句话:"行业、专业、工作,有数十种、上百种、许许多多;有的是修铁路、有的是盖房子、有的是种庄稼、给人治病、缝衣服等。但有一种包罗万象、最复杂、最高尚的工作,对所有人来说都是一样的,而同时在每个家庭中又是独特的、不会重样的工作,那就是对人的养育和造就。"①家长是儿童日常生活中的主要照料者,不同的教养方式或采用不同

---

① 瓦·亚·苏霍姆林斯基.家长教育学[M].蔡汀,译.北京:中国妇女出版社,2021.

教养方式的家长会对儿童各方面的发展产生不同的影响,所以家庭教养方式成为诸多心理学家研究的重点。

(一)家长教养方式

家长教养方式(parenting pattern)是家长教养态度、行为及其对儿童的情感表现的一种组合方式。这种组合方式是相对稳定的,不随情境的改变而变化,它反映了亲子交往的实质(Darling & Steinberg,1993)。家长的教养方式对儿童各方面的发展具有重要影响,并进一步制约着儿童适应环境的方式。

在20世纪60年代初,美国心理学家鲍姆林德进行了一项广泛的调查,并提出了三种基本的家长教养方式:宽容型、权威型和专制型。20世纪90年代,麦考贝和马丁在鲍姆林德所提的家庭教养方式分类法的基础上,根据家长对儿童的反应和要求,把家长的教养行为分为四类:权威型(authoritative)、专制型(authoritarian)、宽容型(permissive)和忽略型(neglectful)。对儿童高反应、高要求的家长为权威型家长;对儿童低反应、高要求的为专制型家长;对儿童高反应、低要求的为宽容型家长;对儿童低反应、低要求的为忽略型家长。总体来说,相对于其他教养方式类型,权威型的家长更有助于儿童的积极发展。

1. 权威型家长

权威型家长所营造的家庭氛围是温暖、友善、公正而严格的。权威型家长对儿童的成长表现出高度的热情,又表现出高水平的控制力。在养育方面他们倾向于对儿童寄予很高的期望,同时向儿童清楚地说明原则和标准,并常常与儿童交流。同时,这些原则和标准是灵活的,家长和儿童可以就这些原则和标准在一种充满关怀、亲密而且公正的氛围中进行阐释、探讨和执行。虽然对于儿童的行为,家长可能拥有最终的决定权,但是他们对于某一件事情的最终决定一般是在经过协商和探讨之后得出的,儿童会参与这种协商和探讨。例如,在讨论如何安排假期时间这个问题时,家长会和儿童坐在一起,让儿童说出自己的意见,家长也会提出自己的建议并加以解释,在最终决定前认真考虑儿童的意见。

2. 专制型家长

专制型家长更像是独裁者,他们对于儿童采取高度和严格的控制,但回应程度和热情程度比较低。在养育方面,他们会采取严格的纪律和规则,和儿童的谈判及沟通相对较少。这类家长对儿童也有很高的期望,但是其规则灵活度有限,经常使用惩罚,在管教儿童的时候,也通常只是单向沟通。专制型家长的教育模式,容易产生和他们敌对的儿童,甚至有可能会让儿童更加叛逆等。当儿童感觉缺乏对事情的掌控时,可能处于焦虑状态,并且容易失去独立探索,从而发展自主权的机会。例如,当专制型家长发现自己的子女与同伴之间的社会活动过多时,他们会严格规定子女晚上回家的时间,以限制他们的社会交往。从本质上看,这种抚养方式只考虑了成人的需要,而忽视和抑制了儿童的想法和独立性。

3. 宽容型家长

宽容型家长有时也被称为放纵型家长。他们在管教问题上以一种接受、和蔼甚至有些顺从的方式对待儿童。这类家长表现出对养育儿童的高度热情和很弱的控制。对于儿童来说，他们的行为更像是朋友而非家长。宽容型家长所在的家庭几乎没有规则，他们对儿童也只有很少的期望或指导，非常类似我们常听到的"散养"或"放养"。他们是爱和自由的倡导者，往往对儿童的要求不高，也很少主动去控制儿童的行为，这让儿童对行为的边界感到很模糊。研究发现，如果这类家长在养育中采取宽松放纵式的养育，可能导致儿童社交能力和学习成绩的下降，同时还会带来儿童性格上的专横、依赖及冲动行为。宽容型家长养育出的儿童，通常自控能力和自我期望不高，难以坚持，且情绪自控能力稍弱。

4. 忽略型家长

忽略型家长对于儿童的养育存在很低的热情，同时他们也不会过多控制儿童，因此，甚至谈不上任何特定的管教风格。这类家长容易让儿童拥有过多的自由，而且由于他们对儿童既不要求也不回应，容易导致儿童出现行为问题且可能致郁。在青少年阶段，这类儿童容易感到家长高水平的排斥，容易表现出更多的外在不良行为，包括攻击行为、注意力问题等。相较于那些在充满爱和接纳的家庭环境中成长的人，忽略型家长养育出的儿童对于问题的处理效率也较为低下。在本质上，忽略型家长以家长为中心，而不是按照有利于儿童发展的信念来抚养儿童，他们主要围绕自己的需要和兴趣来建设家庭生活。

二维码 4-8
不同教养方式的案例

（二）家长教养方式对个体发展的影响

与专制型、宽容型和忽略型教养方式相比，权威型教养方式被认为是最费时费力的教养方式，但也是最有效的教养方式。一般来说，权威型家庭中养育的儿童要比其他类型家庭中养育的同龄人具有更强的心理社会能力。在权威型教养方式下成长起来的儿童更加自信，具有较好的自我控制能力、较高的社会交往技巧，创造性高、适应能力强，在学校的表现也更好。并且，这种发展上的优势直至青少年期仍然可以观察到，即这类青少年具有较高的自信水平，责任感强，社会成熟度较高，学业成绩好等。相较而言，在专制型教养方式下成长起来的儿童依赖性更强，比较被动，社会交往能力差，不够自信，好奇心也不足，并且会表现出较多的焦虑、退缩等负面情绪和行为。在宽容型教养方式下成长的儿童往往不够成熟,自我控制力差,缺乏责任感,对同龄人更加顺从,而且难以承担领导责任。在忽略型教养方式下成长起来的儿童往往容易冲动,出现适应性障碍的可能性很大,他们对学校生活没有什么兴趣,学习成绩和自我控制能力较差,更可能出现不良行为或犯罪行为。

当前,大量的研究证据支持了权威型教养方式在儿童健康发展中所具有的重要作用,并且在不同种族、社会阶层、家庭结构以及多个国家中均发现了这一规律。由于支持权威型教养方式的绝对优势的证据如此充分,以至于有些专家指出:在哪种教养方式对儿童的发展更为有利这样的问题上已经不需要研究了(Steinberg,2001)。

然而,必须承认的是,这一教养方式对家长的精力和时间要求是最高的。如果家庭生活存在巨大的金钱等压力,家长很难做到权威型教养方式。不论在中国还是西方国家,社会经济地位较高的家庭,家长都更倾向于采用民主和相互尊重的教养方式(权威型);而社会经济地位较低的家庭,家长都更倾向于采取专制或以家长为中心的教养方式(专制型或忽略型)。

二 家长的婚姻冲突与个体发展

家长的婚姻状态对儿童即时的应对能力和长期的适应能力具有重要影响。家长冲突的本质不仅影响夫妻关系,还会波及儿童。虽然所有的婚姻都有某种程度的冲突,形成儿童的主要压力,但并非每一个经历家长冲突的儿童都会产生适应问题。如果家长以"从冲突中学习"的态度来面对冲突并有效处理,不仅有助于儿童学习建设性的解决策略,还能培养儿童的同理心,增加亲社会行为的机会,增进日后的人际关系;但是如果家长经常公然地发生冲突,将对儿童十分不利,因为儿童对家中的情绪气氛非常敏感,能辨别家长是否和善相处,并且容易感受到家长冲突的负面特质。即使家长以非言语的方式表现其愤怒,如瞪视对方,儿童也清楚地知道他们之间愤怒的互动,并产生恐惧、悲伤、痛苦等反应。相关研究证实,经常接触家长之间公开、激烈、含有敌意及肢体冲突的儿童,有较多适应不良的症状。

20世纪80年代以后,有更多的研究揭示,家长冲突比家长离异对儿童产生的负面影响更大。在美国,20世纪70年代末80年代初出生的儿童中,40%经历了家长离异。然而,在完整的家庭中,激烈的家长争吵、冲突等问题,同样会给儿童带来心理问题,如攻击行为、行为障碍、焦虑等。

(1)与婚姻矛盾较为隐蔽时相比,当婚姻矛盾比较公开并让儿童意识到家长的婚姻矛盾时,儿童受到的负面影响更大。尤其是在家长婚姻冲突的敌意性很强,并有身体暴力卷入或令人恐惧时,婚姻冲突对儿童的危害性尤甚。隐秘的冲突(encapsulated conflict),是指避开儿童的或者儿童没有意识到的冲突。这种被隐藏的冲突并不会影响儿童的行为问题。或者说,如果冲突不被儿童觉察,就不会与他们的问题行为有关。在这种情况下,儿童的问题行为与家长的争吵强度、敌意程度等有关,与家长之间的冷淡、漠不关心等表现没有关系。

(2)研究者指出,当家长的婚姻冲突引发了儿童的不安全感、自责感和威胁感的时候,儿童受到的消极影响更为严重。研究表明,那些因为家长的争吵而责备自己的儿童,因为家长的冲突而影响到其安全感的儿童,或者被卷入家长冲突之中的儿童,会感受到更高水平的焦虑、抑郁和苦恼。经常面临家长的婚姻冲突,儿童会变得敏感。即较频繁的家长婚姻冲突会造成儿童较多的行为问题,家长间的冲突频率越高,儿童的苦恼、不安全反应会越多,儿童对冲突会越敏感,而且可能导致儿童长久的、剧烈的负向情绪结果,并且造成儿童长期的心理疾病。

(3)当家长的婚姻冲突影响到亲子之间的关系时,儿童受到的消极影响更大。根据家庭系统论的观点,家庭中一个子系统的波动会影响到另一个子系统,因此,婚姻系统出现问题时,亲子系统可能会或多或少地受到影响。大量研究表明,夫妻不和与夫妻冲突会通过损害家庭功能和家长教养的质量来影响儿童青少年的发展。夫妻不和与夫妻之间的冲突会导致亲子关系质量中情感成分的变化,家长对儿童缺少情感慰藉,对儿童的态度更为恶劣,更难尽到家长的职责,更可能采用不良的教养方式。因此,这时候的儿童与同龄人相比,就会表现出更多的情绪或行为问题。当婚姻冲突的内容与儿童有关时,儿童会因此而自责、难过,而且应对效能差。除了自责、忧郁、难过、适应不良等表现外,儿童也容易感到羞愧并害怕被卷入家长的婚姻冲突当中。如果他们认为自己应该为冲突负责,并有责任化解家长的冲突,就可能主动介入这种冲突。

当然,在认识到家长的婚姻冲突对儿童所造成的不利影响的同时,我们也要看到,在多数的夫妻关系中,冲突往往是难以避免的。并且,家长之间的冲突并不总是会对家庭关系和儿童的发展造成不利影响。当家长之间的冲突在表达上具有建设性,在程度上比较温和,发生在温暖且支持性高的家庭环境中,并且显示了成功解决冲突的方案,那么儿童会从中学到一些有价值的经验,从而知道如何去协调冲突和解决人与人之间的不和。

三 兄弟姐妹关系及其影响

2015年全面二孩、2021年全面三孩政策的连续出台,在社会上引起了广泛的关注,越来越多的家长权衡利弊,纷纷选择生育二胎乃至三胎。越来越多的儿童从小生活在有兄弟姐妹的环境中,兄弟姐妹系统作为家庭系统中的一个子系统,对于个体的发展具有重要影响。虽然人们普遍认为兄弟姐妹之间的竞争比较常见,但是也应该认识到兄弟姐妹在儿童生活中所产生的积极作用。同时,独生子女往往被认为会被"宠坏",容易出现各种各样的心理社会问题,但是,他们可能并不像人们想象中那样处于不利的发展地位。

（一）兄弟姐妹之间的交往及其积极作用

兄弟姐妹之间的对抗，即两个或更多的兄弟姐妹之间产生的竞争、妒忌与憎恨，经常会随着小弟弟、小妹妹的到来而产生。因为这时候，家长的关注点或注意力很容易转移到年龄较小的弟弟或妹妹身上，从而使对较大儿童的关爱和注意相对减少。但是，大多数年长的儿童都会较快地适应小弟弟、小妹妹的到来。尽管如此，兄弟姐妹之间发生冲突也是比较正常的。实际上，在学前阶段和学龄期间，兄弟姐妹之间会持续发生竞争行为。随着年龄的增长，年长的哥哥和姐姐会成为领导者，年幼的弟弟或妹妹则处于被领导的位置，这时年长的哥哥和姐姐会表现出更多的帮助、游戏性和亲社会行为，兄弟姐妹之间的对抗明显减少。到了青少年期，兄弟姐妹之间的关系会变得更为平等，争吵减少，关系不再那么紧张。值得指出的是，即使是有了亲密的友谊关系和浪漫的爱情关系之后，青少年仍然将兄弟姐妹关系视为一种重要的亲密关系，即使兄弟姐妹之间的关系比较紧张，这种关系仍然是青少年获得支持和陪伴的重要源泉。

兄弟姐妹关系在个体的发展过程中具有许多积极作用，主要表现在以下几点。

（1）提供情感支持是兄弟姐妹关系最为重要的一种功能。兄弟姐妹之间的相互信任、相互保护和相互安慰在个体的发展过程中具有重要作用，在压力背景下或危难时刻，这种作用显得尤为重要。研究表明，那些有严重先天性问题的儿童以及家长酗酒或有精神障碍的儿童，如果其兄弟姐妹之间存在坚定的支持，他们的行为问题就比较少。同时，兄弟姐妹之间的情感支持也能在一定程度上抵抗不良的亲子关系或同伴关系所产生的消极影响。

（2）哥哥和姐姐通常是年幼的弟弟和妹妹的照料者和看护者。在许多文化中，哥哥和姐姐是其弟弟、妹妹的主要看护者。在我国农村留守儿童群体中，由于家长外出到城市打工，儿童被长期留在农村居住地，许多哥哥和姐姐就担负起了照料和看护弟弟、妹妹的主要责任。

（3）哥哥和姐姐经常会担当"教师"角色，教给弟弟、妹妹许多新的技能。就掌握一种技能而言，哥哥、姐姐远比具有同样能力的同伴使他们的弟弟、妹妹学到的东西更多。

（4）兄弟姐妹之间的交往可以促进彼此的社会认知能力的发展。例如，兄弟姐妹之间的游戏能够促进儿童交流技能和心理理论能力的发展。

（5）儿童能够从兄弟姐妹之间的交往中学到很多知识、技能和经验，并能够直接将其应用到与家庭成员之外的朋友的交往之中。

(二)独生子女的特征

20世纪70年代末,迫于巨大的人口数量及其快速增长的压力,我国政府开始实施计划生育政策,"一对夫妇只生一个孩子"成为我国的基本国策。随着社会上独生子女的出现和逐渐增多,人们不禁开始思考:缺少兄弟姐妹的家庭环境和由此而导致的家庭结构是否会影响独生子女的心理发展?

独生子女在社会传统眼光里是"垮掉的一代",媒体杂志经常用"小公主""小皇帝"来形容他们的蛮横、霸道;他们从小接受来自数个家长的宠爱,使得他们对家长、家庭、环境过度依赖;同时他们又非常的自我,以自我为中心,不懂得分享。国外最早研究独生子女群体的美国心理学家斯坦利·霍尔对独生子女持批判态度,认为他们是先天有缺陷的群体。

不过越来越多的研究者发现,独生子女在智力得分和取得成绩方面得分更高,同时发现独生子女与家长具有更为亲密的关系。也有研究者对几百项有关独生子女的研究进行综合分析发现,独生子女具有以下几个特点:第一,相对较高的自尊和成就动机水平;第二,与有兄弟姐妹的儿童相比,独生子女更为顺从,具有较高的智力能力;第三,独生子女更可能与同伴建立良好的关系。由此可以看出,独生子女并不是人们通常印象中所认为的被宠坏的、自私的和被过度溺爱的群体。来自不同文化背景如美国、加拿大、中国等地的研究证据均表明,独生子女不会因为没有兄弟姐妹而处于不利地位。即使没有兄弟姐妹,独生子女仍然能够发展比较正常的同伴关系和友谊关系。

复习思考题

一、简答题

1. 简述婴儿感觉发展的特点。
2. 简述婴儿的气质类型。
3. 简述感觉统合失调的家庭教育方法。
4. 简述自闭症的诊断标准及家庭教育方法。
5. 简述自我意识对婴儿早期家庭教育的意义。
6. 家长教养方式有哪些?
7. 简述兄弟姐妹关系在个体的发展过程中具有哪些积极作用。

二、案例分析

1. 姚姚情绪容易激动,特别是早上来幼儿园,喜欢大喊大叫,显得特别兴奋;每次搬小椅子,他都不会好好搬,喜欢像推小推车一样推着小椅子飞奔,老师多次劝说,他都是表面接受,但实际不改;上课时常会在座位上和旁边的小朋友吵闹、打断老师的话、有时坐不住就自说自话或者去玩积木了，而且是玩同一种积木，搭同一种"飞机"，对正常的教学活动造成不良影响；对操作活动比较感兴趣，例如画画、用小剪刀，但画画还属于一种涂鸦，画了一会儿就说画好了，把纸折成飞机玩掷飞机；在用剪刀时喜欢剪其他小朋友的头发，因此经常被其他小朋友"控诉"，其他幼儿家长反响强烈。

请分析姚姚属于哪种儿童心理常见问题。

2. 小萱,7岁,小学二年级,独生女,长相乖巧可爱,无重大躯体疾病及家族精神病史。核心家庭完整,家长文化水平较高,均有正式工作,工作较忙,外公与他们一家三口长期生活在一起,帮助照顾小萱的生活起居。学习成绩中等,智力、记忆力、注意力均正常。小萱自一年级下学期开始出现在校门口迟疑、哭泣,不愿独立进校门,不愿进教室,不愿跟母亲分开的现象,很大程度地影响了她在学校正常的学习以及与老师、同学的关系,也给母亲的工作造成了很大困扰。

二维码 4-9
复习思考题答案

请分析小萱属于哪种儿童心理常见问题并分析原因。

第五章

幼儿的家庭教育心理问题

幼儿期一般是指个体3~6岁进入幼儿园的时期,也是儿童进入小学接受正式教育之前的时期,因此又被称为学前期。此阶段幼儿的生长速度减缓,智能发育加速,活动范围增大,接触社会事物增多,语言、思维和社交能力有明显发展。一方面,幼儿的独立性增强,对世界充满好奇和探索的欲望;另一方面,其能力有限,常常需要成人的帮助。游戏成为这个阶段幼儿的主导活动,是促进其心理发展的最好途径。本章阐述了幼儿记忆、思维和注意的发生发展过程与特点,探讨了幼儿的亲社会行为、同伴交往、性别角色的社会性发展问题和游戏对幼儿发展的重要性;并通过介绍幼儿身心发展常见问题,指出了家庭教育指导要点。

第一节 幼儿认知的发展

一 幼儿记忆的发展

(一)记忆容量的增加

记忆(memory)是对先前事件或经历的记录或表征。与婴儿期相比,幼儿期的大脑不管是结构还是功能都有了发展,因此记忆能力也在发展,首先表现在幼儿记忆容量的增加。

洪德厚(1984)发现,幼儿从3岁到7岁各年龄阶段的短时记忆广度均数分别为3.91、5.14、5.69、6.10和6.09,7岁前儿童尚未达到成人短时记忆容量为7 ± 2个信息单位(组块)这一标准(这一标准由米勒(Miller)在1956年提出)。黄硕(2011)对3~6岁幼儿进行的实验研究发现,幼儿短时记忆容量为3 ± 2个组块。一项记忆测验要求被试记住一系列数字表,5岁的幼儿平均能够记住4个数字,12岁的儿童平均能够记住6~7个数字,大学生平均能够记住8个数字。除此之外,研究表明个体记忆单词、字母等材料时表现出的短时记忆容量情况也类似。

儿童的工作记忆容量(也称工作记忆广度)也是随年龄不断发展的,研究范式一般为倒背数字任务。在这个任务中,儿童需要按照倒叙的顺序背出之前实验者通过口语告诉其的一串数字。3~5岁儿童能够倒背的数字为1.58~2.88个;到了7岁时,便可以达到5个数字,而成人大概是7个(Steinberg, Vandell, & Bornstein, 2011)。

不过,也有研究者表示,这些让年龄较小的儿童纯粹进行记忆符号类材料如数字或单词的实验对于他们而言比较枯燥,兴趣丧失导致了他们的测验结果远远低于成人。林贝尔在1980年的研究发现如果实验材料换成儿童感兴趣的物品,例如玩具、食物等,他们的成绩会提高。兴趣和动机会影响儿童记忆测验的成绩。一项研究分两组让4岁幼儿记忆10张与午餐相关的图片,一组是让幼儿在实验室中直接记忆;另一组是加入了生活化的情境,告知幼儿为了做午餐要记住图片上的内容,然后再去"超市"购买;结果发现融入了有意义的剧情后,幼儿的记忆成绩显著地提高了(Rogoff & Mistry,1990)。

(二) 无意记忆为主,有意记忆为辅

幼儿的无意记忆占优势,有意记忆逐渐发展。根据幼儿活动有无目的,可以把记忆分为有意记忆和无意记忆。有明确记忆目的和意图的记忆,是有意记忆;没有目的和意图、自然而然发生的记忆,叫作无意记忆。幼儿记忆的基本特点是无意记忆占优势,有意记忆逐渐发展,记忆具有很大的无意性特点。研究者在实验桌上画了一些假设的厨房、花园等,要求儿童用图片在桌上做游戏,把图片放在实验桌相应的位置上。图片共15张,内容都是儿童熟悉的东西,如水壶、苹果、狗等。游戏结束后,研究者要求儿童回忆所玩过的东西,测查其无意记忆的效果。另外,在同样的实验条件下,研究者要求儿童进行有意记忆,记住15张图片的内容。结果表明,幼儿中期和晚期的无意记忆的效果优于有意记忆的效果。3岁儿童并未真正接受识记任务,基本上只有无意记忆,到了小学阶段,儿童的有意记忆才赶上无意记忆,并逐渐超过无意记忆。

引起幼儿无意记忆的因素有内部和外部两种因素。内部因素指幼儿自身的爱好、兴趣、情绪状态、情感态度等,外部因素指材料的形象、反映出来的信息特点。幼儿记住什么主要取决于自身及客观事物的性质,直观、具体、鲜明、活动性的材料,以及幼儿感兴趣的自己当前迫切需要的材料,都容易被幼儿识记,有意记忆的出现标志着儿童记忆发展上的一个质变。

(三) 形象记忆为主,语义记忆迅速发展

幼儿初期儿童的记忆带有很大的直观形象性,而词的逻辑识记能力还很差。随着幼儿语言的发展,幼儿的语义记忆会快速发展。幼儿的形象和语词会有着越来越紧密的联系,这不但促进了其语义记忆的迅速发展,也使幼儿形象记忆和语义记忆之间的差别逐渐减小。

卡尔恩卡在1955年让3~7岁儿童记住三种材料:第一种是儿童熟悉的具体物体;第二种是儿童熟悉的物体的名称;第三种是儿童不熟悉的物体的名称。结果表明:无论哪个年龄阶段,形象记忆效果都优于语义记忆效果;儿童两种记忆效果都随年龄的增长而提高,而语义记忆的发展速度要高于形象记忆。

二 幼儿思维的发展

（一）幼儿思维发展的特征

1. 思维的具体形象性占主导

思维的具体形象性是指儿童的思维主要是凭借事物的具体形象或表象，即凭借具体形象的联想来进行的；而不是主要凭借对事物的内在本质和关系的理解，即凭借概念、判断和推理来进行的。例如，一个幼儿能够正确回答"6个苹果，两人平分，每人分几个？"，却不知道3+3等于几；一个幼儿看到闹钟每天嘀嗒嘀嗒地走，就猜想里边可能有小人在推着它走，甚至会拆开闹钟去看个究竟。幼儿普遍喜欢童话画册和动画片，这与幼儿需要凭借那些生动鲜明的具体形象理解故事有关。幼儿思维的具体形象性还派生出幼儿思维的经验性、表面性、拟人化等特点。幼儿思维的这些特点是跟他们知识经验贫乏和第一信号系统活动占优势分不开的。

2. 思维的抽象逻辑性开始萌芽

在整个幼儿期，儿童的思维水平是不断提高的。幼儿初期，儿童更多地运用直觉行动思维；幼儿中期以后，其思维的抽象逻辑性开始萌芽。研究者曾研究了幼儿三种思维方式的关系和发展过程，在实验中实验者要求幼儿完成下述任务：把一套简单的杠杆连接起来，借以取得用手不能直接拿到的糖果，即找出物体之间极简单的机械关系。上述任务用三种不同的方式提出：第一种，在实验桌上放有实物杠杆，使幼儿能以直觉行动的方式解决问题；第二种，在图画中画出有关物体的图形，使幼儿没有利用实际行动解决问题的可能性，但可依靠具体形象进行思维；第三种，既没有实物，也没有图片，只用口头言语布置任务，要求幼儿的思维在言语的抽象水平上进行。由结果可知，不同年龄的幼儿解决问题的水平是不一样的，小班幼儿大多是在直觉行动水平上解决问题，而中班和大班幼儿逐步学会在抽象逻辑水平上解决问题。

3. 言语在幼儿思维发展中的作用日益增强

言语在幼儿思维中的作用，最初只是行动的总结，然后能够伴随行动进行，最后才成为行动的计划。与此同时，思维活动起初主要依靠行动进行，后来才主要依靠言语来进行，并开始带有逻辑的性质。

研究者探讨了不同年龄幼儿的思维活动过程和言语的关系。实验要求幼儿把小图块拼成一张图，并在拼图前说出将要拼什么，拼完后再说明是怎样拼成的。结果发现，小班幼儿在行动前往往不能说出他们将要拼什么，他们拿到小图块就立即去拼。

拼完之后，非常惊奇而又似乎是突然有所发现地说出自己拼的结果。中班幼儿则在行动中边做边说，行动的计划性还很差。大班幼儿在行动之前已经能够清楚地说出自己要拼什么和怎样去拼。这时，幼儿的行动就带有明显的目的性和计划性。

思维的抽象概括性和对行动的自觉调节作用是人的意识的两个基本特点。幼儿的思维开始具有这些特点。

（二）幼儿思维发展的阶段

按照皮亚杰的心理发展阶段，幼儿处在第二阶段即前运算阶段（2～7岁）。在感知运动发展的基础上，幼儿的各种感知运动图式开始内化为象征性或表象性图式。随着语言的出现和发展，儿童开始用语言和表象来描述外部世界和不在眼前的事物。但在这一时期，儿童的词语或其他符号还不能代表抽象的概念，思维仍受具体知觉表象的束缚，难以从知觉中解放出来。皮亚杰将前运算阶段分为两个亚阶段。

1. 前概念或象征思维阶段（2～4岁）

在这一阶段，幼儿开始运用象征符号进行思维活动，如幼儿在游戏中用铅笔当"枪"、用树叶当"菜"。这种"概念"是具体的、动作的，而不是抽象的。如果幼儿在路上看到别人有一个跟他相同的书包，他可能会说"这个书包是我的"，因为幼儿还没认识到其实书包这一类客体中既包括他自己的，也包括他人的。

2. 直觉思维阶段（4～7岁）

这是从前概念思维向运算思维的过渡阶段，儿童思维的主要特征是思维直接受知觉到的事物的显著特征左右。此时儿童的思维判断仍主要基于知觉活动，还不能认识事物本身。在前运算阶段，儿童的思维具有以下主要特点。① 具体形象性。儿童凭借表象来进行思维，他们依靠这种思维可以进行各种象征性活动或游戏（如用小石头进行假吃的游戏）、延缓性模仿（模仿自己想起来的过去的事情）以及绘画活动等。② 不可逆性。可逆性意指思维反向进行的过程。前运算阶段的儿童还不能产生这样的思维。例如，问一名4岁儿童"你有兄弟吗？"，他回答"有"，"兄弟叫什么名字？"，他回答"吉姆"；但反过来问"吉姆有兄弟吗？"他回答"没有"。由于思维的不可逆性，这阶段的儿童还不能形成"守恒"的概念。③ 刻板性。所谓刻板性是指当注意集中在问题的某一方面时，就不能同时把注意转移到另一方面，如儿童只能辨别自己的左右，而不能同时正确地辨别对面人的左右。④ 自我中心化。进入前运算阶段后，儿童能区别自己和其他物体，但此时儿童还无法从他人的角度考虑问题。他只能以自我为中心，从自己的角度观察和描述事物。例如，在"三山实验"中，皮亚杰请儿童坐在一座山的模型的一边，将玩具娃娃置于另一边，要儿童描述玩具娃娃看到的景色，结果儿童的描述和自己看到的相同。

三 幼儿注意的发展

注意人类思维的基础,是人脑信息加工的第一步,没有注意的参与,环境刺激和学习的内容就不可能进入人的大脑,注意水平高的幼儿的认知发展和社会性发展都要更出色。

(一) 注意对幼儿发展的重要性

注意是认知的基础,是记忆力、观察力、想象力、思维力的准备状态,人只有注意到一定刺激,才能进一步去观察、思考。患注意缺陷多动障碍(ADHD)的幼儿经常伴有认知功能的障碍,其中工作记忆是核心的缺陷。注意会在学校表现和教育中发挥重要的作用,许多研究结果都发现注意问题是导致负向行为问题的主要原因之一,还与学习成绩显著相关。

注意也会对社会性发展产生影响,注意较为集中的幼儿社会性发展也比较出色。有研究发现,幼儿的注意越好就具有越好的社交技巧,并且出现问题行为的可能性也越小。相反,注意缺失会对幼儿社会性行为产生严重后果,例如,注意缺失的幼儿因无法与人很好地相处,可能常常会陷入极度愤怒状态,或者产生拒绝社会性交往行为。

(二) 注意广度的发展

所谓注意广度(span of attention)是指个体在同一时间内能清楚知觉到的对象的数量。速示法常被用来测量注意的广度,即利用速示器控制刺激呈现时间,以测定个体在一定时间内知觉到的刺激对象的数量。实验证明,幼儿注意的广度会随年龄的增长而逐渐发展。一项使用速示器的研究向幼儿呈现随机数量的黑色圆点,每次呈现时间为1/20秒。结果表明,4岁幼儿大部分能够辨认出2个点子,而6岁幼儿大多能够辨认出4个点子(阴国恩、沈德立,1989)。戴伊(Dye)和巴韦利埃(Bavelier)在2010发现随着神经系统的逐渐成熟,尤其是网状结构的发展,学龄期儿童的注意广度已经大大提高。到中学阶段,儿童的注意广度已经基本接近成人水平。

(三) 持续性注意的发展

持续性注意(sustained attention)是指个体在一段时间里将注意保持在一项活动上的能力。它一方面要求个体将注意集中于正在进行的事情上,另一方面要求个体能够抗拒来自环境的干扰从而避免不必要的冲动。持续性注意是注意功能的基础。连续操作测验(CPT)是衡量持续性注意能力最常用的方法之一,其标准的视觉范式为呈现一系列刺激(数字、字母或符号),要求被试对目标符号做出反应并且避免对非目标刺激进行反应,测量结果为探测到的目标数、忽略的目标数和对非目标刺激的不正确反应数。

早在20世纪80年代,有研究者选取了48名5~6岁幼儿为被试,采用"校对改错法"从时间进程的角度来研究持续性注意,结果发现在适当的作业速度下(录音播放速度为每分钟13个),5岁男孩有意注意持续时间可达5分钟,5岁女孩和6岁男孩可达10分钟,6岁女孩可达10~15分钟。相关研究发现,幼儿持续性注意的快速发展期出现在7岁以前,这与幼儿期大脑的快速发展是一致的。神经科学方面的研究指出,注意的发展过程包含一些重要的神经心理过程,这些神经心理过程正是在幼儿阶段迅速发展的。乌埃德(Rued)等人对48名6~10岁儿童注意网络的发展变化进行了研究,结果发现警觉网络在6~10岁之间没有重要的变化,同时还发现在一定条件下,7岁儿童的三种注意网络已经与成人一样彼此独立。盖伊(Guy)等人在2013年以70名普通幼儿为被试,采用视觉和听觉连续作业任务法(Continuous Performance Task, CPT)考察了3~6岁幼儿视觉和听觉持续性注意的发展,任务时间大约为5分钟,结果发现在视觉和听觉任务中都出现了与年龄相关的变化,其中3~5岁是儿童持续性注意发展的关键时期。

(四)注意选择性的发展

所谓注意选择性(selectivity of attention)是指个体对同时呈现的两种或两种以上的刺激信息中的目标进行选择性加工的过程。注意选择性可以分为听觉注意的选择性和视觉注意的选择性两个方面。

对于听觉注意的选择性一般采用双耳分听任务进行测量,即借助于立体声耳机,向被试两耳同时呈现特定的声音刺激,并要求被试做出一定反应。早期研究表明,从幼儿园到小学期间儿童听觉注意的选择性会显著增强。道伊尔(Dolye)研究发现对于学龄期和青少年儿童来说,他们注意选择性提高的主要原因在于其抗干扰能力的增强。对于视觉注意的选择性来说,儿童早期是其发展的重要时期。埃克逊莫夫(Akshoomoff)于2002的研究中指出在3.5~5.5岁幼儿的视觉选择注意研究中发现,4.5岁以下幼儿在协调空间注意任务中的错误次数显著多于年龄较大的儿童,这说明注意的选择能力在这个时期存在一个发展过程。与年幼儿童相比,年长儿童能够更好地过滤掉无关信息,将注意集中到有关信息上。总体上来看,个体的注意选择性随年龄的增长而增强,直至成年阶段仍在不断发展。

(五)注意分配和注意转移的发展

所谓注意分配(distribution of attention)是指个体同时进行两种以上的活动并把注意指向活动中的不同对象。在婴幼儿期,由于受到自身认知和运动能力的限制,儿童的注意分配能力仍处于较低水平。

二维码 5-1
家长"一个唱红脸一个唱白脸"对吗?

所谓注意转移(transfer of attention)则是指个体能根据新任务主动地把注意从一个对象转移到另一个对象上。在生活中,幼儿很难按照教师或家长的要求转移自己的注意力。哈纳尼娅(Hanania)和史密斯(Smith)在 2010 指出幼儿注意选择性的发展与其注意转移的能力存在密切联系,注意选择性能力越强的幼儿,在注意转换任务中的表现越好。

雷诺兹(Reynolds)等人于 2010 年研究发现,随着年龄增长以及儿童大脑皮质和神经环路逐渐成熟,儿童的注意分配和转移能力也会不断增强。儿童早期的注意分配和注意转移能力与儿童中期乃至成年阶段的认知能力和社会性发展水平具有一定联系。

第二节 幼儿社会性的发展

一 幼儿亲社会行为的发展

生活中处处可见助人和谐的现象,从指路、扶老携幼、无偿献血,到新冠肺炎疫情暴发后"逆行"的医疗工作者和基层工作人员。我们也能常常看到幼儿园中的幼儿在帮老师收拾玩具;春游的小学生与同伴分享自己的食物;中学生在短暂的课间认真地为同学讲解某一道题等。上述这些行为都属于发展心理学中所说的亲社会行为(prosocial behavior)。亲社会行为在 20 世纪 70 年代才成为社会心理学和发展心理学研究的重要课题。在过去的几十年里,研究者对儿童亲社会行为的发生与发展特点、亲社会行为发展的稳定性、亲社会行为的影响因素以及亲社会行为的培养等问题进行了较为深入的探讨。

(一)亲社会行为的定义

亲社会行为是人类生活中的一种普遍社会现象,指在社会交往中所表现出来的谦让、帮助、合作、分享等有利于他人和社会的行为。心理学家认为,亲社会行为既可能是出于利己原因(如为了逃避惩罚、获得物质的或精神的奖励等),也可能是出于实际情况的考虑，又可能是出于真正利他的原因（如内心对他人的关心、内化了的道德准则等），后者又称利他行为(altruistic behavior)。利他行为要比为了避免惩罚或获得物质与精神奖励而做出的亲社会行为更具有道德性。但是，通常不可能把利己动机引发的亲社会行为和利他动机引发的利他行为区分开来。因此，凡是对他人有益或对社会有积极影响的行为，不管是由上述何种动机引发，都属于亲社会行为。亲社会行为是个体社会化中较为常见的一种社会行为，也是个体社会化发展的一个重要指标。社会的发展和进步，有赖于社会化了的个体去推动。

（二）亲社会行为的发展

幼儿亲社会行为的发展呈现两个特点：一是亲社会行为出现的时间很早；二是亲社会行为随着年龄增长而增加。

研究表明婴儿在1周岁前就出现分享行为，他们通过指点和姿势来与他人"分享"有趣的信号和物品，并且还会出现关心他人、试图帮助他人的行为。还有研究者在1982年考察了三组婴儿（年龄分别为10个月、15个月和20个月）在他人表现出痛苦时所做出的反应。研究者首先对参加实验的婴儿的母亲进行训练，让他们在9个月的时间里用摄像机记录下自己孩子的表现。在他人的痛苦事件中，婴儿有时是造成他人痛苦的"始作俑者"，有时仅仅是旁观者。之后对录像材料进行分析。结果表明，婴儿对他人的痛苦或悲伤所做出的亲社会行为反应随年龄增长而不断增多。当别人表现出明显的难过情绪时，婴儿会试着安慰他人，如拥抱或轻轻拍打等。在第二年中期，婴儿的这种助人行为增多，而且试图助人的方法也越来越成熟和复杂。他们会运用言语安慰、提出如何解决问题的建议等方式努力使别人高兴起来，而且在已经使用的助人策略无效时还会变换其他的帮助方式。1979年，海(Hay)考察了儿童与家长之间的合作游戏，发现12个月以下的婴儿很少表现出合作性游戏行为，而绝大多数18~24个月的婴儿（大约占7/8）出现了合作性游戏行为，2岁以后，婴儿更能有效地进行社会性交往，经常进行合作性游戏。

此后，儿童的分享、助人和合作行为随着年龄的增长而不断增多。一项早期研究请291名土耳其儿童给自己和伙伴分果子，当物品的数量为奇数时，4~12岁儿童中会有33%的4~6岁幼儿，69%的6~7岁儿童，81%的7~9岁儿童，96%的9~12岁儿童更多地或均等地（多出的一个物品留着不分）把物品分给同伴。斯托布(Staub)于1971年对5~12岁儿童助人行为的发展情况进行了考察。结果表明，5~8岁期间儿童的助人行为随年龄的增长而不断增加，而9~12岁期间儿童的助人行为则呈下降趋势，其原因是年龄较大的儿童更担心由于率先采取行动而受到指责。该研究还表明，是否有他人在场对儿童的助人行为有重要影响。单独在场时，只有31.8%的儿童表现出助人行为；而两人在场时，则有61.8%的儿童表现出助人行为。研究者认为，可能是另一名儿童在场使儿童之间能够进行沟通，从而减少了特定情境所引发的紧张与恐惧心理，进而使儿童表现出更多的助人行为。

(三) 影响亲社会行为发展的因素

幼儿的亲社会行为受多种因素的影响。家庭环境、大众传播媒介、社会文化传统及共情等,均对幼儿亲社会行为的产生与发展有重要影响。

1. 家庭环境

家庭(特别是家长)对幼儿亲社会行为的发展具有重要的影响。家庭这个小社会是幼儿的第一所学校,人的性格、习惯、品格大都是在一生的最初几年里形成的。家庭也是人最初的社会化场所,担负着人实现正常社会化的使命。家长常常直接鼓励、促进和塑造幼儿的亲社会行为,或者通过身体力行直接为幼儿树立亲社会行为的榜样。如果家长做出亲社会行为,同时又为幼儿提供表现亲社会行为的机会,就会更有利于激发幼儿的亲社会行为。

2. 大众传播媒介

电影、电视、报纸、杂志等大众传播媒介对幼儿亲社会行为的发展有着重要影响。受心理发展水平的制约,婴幼儿一般对那些色彩鲜艳、形象生动的事物感兴趣,因而电视、图书中那些卡通形象成为幼儿们喜爱的对象。如果这些卡通形象反映人们之间互相关心、帮助,体现善良、关怀,能为幼儿学习亲社会行为提供直观、生动的示范或榜样,就有助于幼儿通过观察和模仿习得亲社会行为。

3. 社会文化传统

研究表明,一个国家的国民利他与合作行为与经济文化水平有关。一般说来,经济发展水平较低的区域更多地鼓励幼儿进行亲社会行为,而经济较发达的区域则更多地鼓励人与人的竞争。碧翠斯(Beatrice)和怀廷(Whiting)在1975年进行的一项考察肯尼亚、墨西哥、菲律宾、日本、印度和美国六种文化背景下3~10岁儿童利他性的研究表明,在工业化程度较低的社会(如肯尼亚和墨西哥)中,儿童的利他水平较高,而工业化程度较高的社会(如美国)中,儿童的利他水平较低。原因是经济发展水平较低的区域,儿童在家庭里往往要干力所能及的家务活、帮助挣钱养家糊口和照看年幼的弟弟妹妹,这使儿童在很小的时候就发展了合作和利他倾向。

4. 共情

共情(empathy)又称为移情,是指幼儿在觉察他人情绪反应时所体验到的与他人共有的情绪反应。许多心理学家认为共情是幼儿利他行为和其他亲社会行为的一个重要的中介因素,因为它通过使个体的亲社会行为建立在自愿的基础而成为助人行为的重要的动机源泉。霍夫曼(Hoffman)在1987年指出,共情会逐渐变成幼儿利他行为的重要动机。一旦幼儿认识到他人的苦恼和不幸是他们自己共情的原因,并且知道如果自己采取行动来安抚他人能减轻或消除他人的这种情绪，幼儿就会表现出利他行为。

（四）亲社会行为对幼儿早期家庭教育的意义

家长不仅要向儿童传授知识，而且要像我国著名的儿童教育家陈鹤琴先生所说的，教儿童做人，培养儿童做人的态度，使其养成做人的习惯，发现内在的兴趣，训练人生的基本技能。我们要培养勇敢、进取、合作、有思想、肯服务于社会的幼儿。家长可以采用一些适合幼儿心理特点的方法促进幼儿亲社会行为的发展，一般可以采用榜样示范法、角色扮演法和共情训练法等培养幼儿的亲社会行为。

1. 榜样示范法

美国心理学家班杜拉在 20 世纪 60 年代提出的社会学习理论认为，儿童可以通过观察他人（榜样）所表现的行为及其结果而进行学习，即观察学习。因此，设置一定的社会情境，树立特定的榜样，使儿童对榜样进行模仿，可以有效地促进儿童亲社会行为的发展和良好品德的养成。自从班杜拉提出社会学习理论后，大量研究表明，让儿童接触亲社会行为的榜样可以增加儿童的亲社会行为。例如，拉什顿（Rushton）在 1975 年首先让 7~11 岁的儿童观看一个成年人玩滚木球的游戏，这个成年人把自己得到的一部分奖品捐赠给贫苦儿童基金会。然后，让这些儿童单独玩这类游戏并赢得奖励。实验结果表明，这些儿童把自己所得奖励捐献出来的数量远远超过没有观看过成年人榜样的控制组儿童。比如，有些家长会向受灾区进行捐款，在捐款时家长可以让幼儿也参与进来，幼儿这时可能会不情愿地表示"如果把钱给别人了，就买不了玩具了"，这时家长要向幼儿解释："因为这些地区有些人生病了，有人缺少食物，我们捐钱给后，他们就可以治病和买食物了。我们这样做是在帮助他们，你以后也要主动帮助有困难的人。"

2. 角色扮演法

角色扮演（role-playing）是一种使人暂时置身于他人的社会位置，并按照这一位置所要求的方式和态度行事，以增进人们对他人社会角色及自身原有角色的理解，从而更有效地履行自己角色的心理技术。斯托布（Staub）曾用实验的方法考察角色扮演活动对幼儿亲社会行为发展的影响。他先把幼儿一一配对，然后让其中一名幼儿扮演需要他人帮助的角色，如他要搬凳子，但凳子太重，搬不动等；让另一名幼儿扮演帮助人的角色，他不仅要想出合适的办法帮助别人，而且要表现出相应的具体行为。然后，两名幼儿互换角色。训练一周后，实验者通过为幼儿提供他人需要帮助的机会（如一名幼儿在隔壁房间里从椅子上跌下来，正在哭泣）来考察幼儿的助人行为是否有进步。实验结果表明，受过这种训练的幼儿比没有受过这种训练的幼儿表现出更多的助人行为。在日常家庭中，家长可以和幼儿一起玩角色扮演的游戏，幼儿可以模仿现实社会中的各种角色,体验社会生活,这正是家长培养幼儿亲社会行为的好时机。比如玩娃娃家的游戏,可让幼儿扮演"爸爸"或"妈妈",家长则扮演"幼儿",通过角色互换,让幼儿学习怎样关心和照顾自己的"幼儿",帮助"幼儿"解决疑难问题,使幼儿在愉快的游戏中获得亲社会行为的体验。

3. 共情训练法

二维码 5-2
搞定"熊孩子"的
六大招数

共情训练法是一种旨在使幼儿善于体察和理解他人的情绪情感,并与他人产生共鸣的训练方法。费舍贝赤(Feshbach)曾利用共情训练程序对幼儿的亲社会行为进行干预研究。在实验中,实验者把幼儿分为共情训练组和控制组,让共情训练组幼儿参加一系列共情训练活动,每周训练 3 次,每次大约 45 分钟,共持续 10 周。实验结果表明,共情训练组幼儿的亲社会行为反应显著高于控制组幼儿,共情训练可以明显促进幼儿亲社会行为水平的提高和攻击行为的减少。

二 幼儿同伴交往的发展

我国《幼儿园教育指导纲要(试行)》中明确提出"教育幼儿使用礼貌语言与人交往,养成文明交往的习惯",充分体现了我国对幼儿交往能力发展的重视。幼儿需要良好的伙伴来做伴侣,与他们交流相处,以获得友谊,解除孤独,活泼身心,这是成人代替不了的。教育部颁布的《3~6 岁幼儿学习与发展指南》指出,人际交往和社会适应是幼儿社会学习的主要内容。幼儿在与成人和同伴交往的过程中学习如何与人友好相处。家庭、幼儿园和社会应共同努力,建立良好的亲子关系、同伴关系,让幼儿在积极健康的人际关系中学会遵守规则。

(一) 同伴关系的作用

同伴关系(peer relationship)是指年龄相同或相近的幼儿之间的一种共同活动并相互协作的关系,或者主要指同龄人间或心理发展水平相当的个体间在交往过程中建立和发展起来的一种人际关系。拉德(Ladd)也指出同伴关系在幼儿发展和社会适应中起着重要作用。良好的同伴关系有助于幼儿各种知识技能的获得,促进幼儿的社会化;而同伴关系不良则可能导致学校适应困难,甚至可能对成年后的社会适应带来消极影响。

1. 同伴关系能使幼儿具有安全感和归属感

归属感是指一个人属于群体和被其接纳的感受。这种感受只有在群体中能获得,而无法在一对一的友谊关系中得到。幼儿在成长过程中会遇到许多困惑和烦恼,并由此产生紧张和焦虑,幼儿及青少年可以从同伴那里得到安慰、同情和理解,他们相互帮助以克服情绪和心理上可能产生的问题。在良好的同伴关系下,幼儿能感受到爱、亲密和温暖,产生安全感。尤其是当自己的想法和建议被同伴接纳时,幼儿能找到自己的"位置",并产生归属感,就会产生一种心理满足,因此,良好的同伴关系能够促进幼儿自尊的发展。

2. 同伴提供了行为榜样和社交模式

同伴榜样在改变幼儿行为和态度中具有很大潜力,幼儿经常模仿同伴的行为并将之同化到自己的行为结构中。经常和同伴在一起,幼儿能锻炼自己和别人交往的能力,特别是语言技巧的发展。研究发现,在同伴中地位较高的幼儿通常能适当地控制自己的攻击行为,性别分化明显,具有较高的道德水平,而且比较友好。幼儿置身于同伴之中,与同伴进行比较,能够促进对自己的正确认知和评价。

3. 同伴利于幼儿自我概念和人格的发展

幼儿在认知上具有以自我为中心的特点,只有通过同伴这种平等的个体间的互动,形成约定的交往模式,才能摆脱以自我为中心的认知模式,尝试接纳他人的观点和行为模式,从而形成双向尊重。这印证了皮亚杰的理论,具有权力关系对等性的同伴关系为幼儿提供了平等合作的社会交换背景,促进了相互尊重的发展。此外,友谊是幼儿比较稳定的亲密关系,在这种关系里,幼儿能够实践新的交往模式和技能,更快地发展相互尊重的能力。正是在幼儿与他人的相互作用中,幼儿根据自己诸多交往对象包括同伴的交往经验确立他们正确的自我,从而促进人格的健康发展。

4. 同伴关系有助于激发幼儿的好奇心和求知欲

同伴的存在给予幼儿更多探索环境的信心。研究表明,在良好的同伴关系氛围下,幼儿能大胆地接触新环境和生活中美好的人、事、物,从而丰富他们的感性认识和经验,激发他们强烈的好奇心和求知欲,并对环境进行积极的探索。

(二)幼儿同伴交往能力的相关影响因素

影响同伴交往能力的因素很多,通过对以往文献的梳理,将影响同伴交往能力的相关因素归纳为两方面进行综述。一是内部因素,包括幼儿的气质和幼儿的社会行为;另一个是外部因素,包括家庭影响和教师影响。

1. 幼儿的气质

同伴关系是双边、互动的，会受到幼儿和与之交往的同伴双方特征，尤其是气质特征的影响。气质调节理论提出行为能量水平是气质的外部特质，有两个与行为能量水平的个体差异有关的气质基本维度，即反应性与活动性。而气质的稳定性特征，使幼儿在与不同同伴的交往方式、态度上具有一定的倾向性。

庞丽娟认为受欢迎的幼儿具有外向性格且对同伴友好，行为活泼较大胆，语言能力强的特征；不受欢迎的幼儿具有性格外向但脾气急躁冲动，行为活泼好动的特征；而被忽视幼儿具有性格内向且安静，脾气温和冷静，行为上大胆的特征。张富洪在研究中发现受欢迎的幼儿性格中普遍具有积极的品质，如善良、慷慨、热情开朗；不受欢迎的幼儿性格中普遍具有消极的品质，如自私、阴郁、虚荣。邹泓发现在幼儿5岁左右，影响幼儿是否受欢迎的行为逐渐出现。不受欢迎的幼儿攻击行为相对更高，在处理他人的请求或邀请时应对不积极，这些行为的差异在一定程度上形成了恶性循环。

一方面，幼儿同伴关系的好坏取决于同龄幼儿之间的期望和成人期望与幼儿自身气质是否相符，不同气质的幼儿有着不同的同伴互动水平的起点；另一方面，在幼儿同伴交往能力的发展过程中，成人特别是教师在处理冲突问题中对待幼儿的态度也在一定程度上影响着幼儿同伴交往能力发展的好坏。

2. 幼儿的社会行为

系列研究表明，亲社会行为有助于幼儿形成良好的同伴关系。如果表现出欺负攻击行为，不论是在西方国家，还是在以中国为代表的东方国家，都会增加幼儿被同伴拒绝的概率。至于攻击行为和同伴接纳之间的关系，则存在着较大的分歧，部分研究表明两者之间存在负相关，即攻击行为越多，幼儿在同伴中的受欢迎程度就越低；但也有研究表明部分具有攻击行为的幼儿并没有被同伴拒绝，甚至在同伴中还颇受欢迎。

具体来看，受同伴欢迎的幼儿具有较高的、积极的社会技能，他们往往比较安静、随和、友好、合作，有自己的观点，他们是能成功发起和维持交往、友好解决冲突的支持性同伴。这些"社交明星"一般比较温和、合作，富有同情心，有较多亲社会行为，很少有破坏和攻击行为。相比之下，被拒绝幼儿（包括攻击型受拒和退缩型受拒幼儿）表现出更多消极的社会行为。研究者发现攻击型受拒幼儿更多地表现出社交、行为和学校适应问题；退缩型受拒幼儿则害羞且比较焦虑，在同伴交往中缺乏自信，很难适应新环境，他们行为退缩，容易成为同伴欺侮的对象。

被忽视幼儿由于不善言谈，与同伴的互动较少，很少引起别人的注意，但是这类幼儿并没有太多的社交焦虑，交往技能也不差，不会因为自己没有朋友而感到孤独或不开心。矛盾型幼儿的社交行为表现是积极与消极的混合物。他们可能有被拒绝幼儿的攻击行为，也可能有受同伴欢迎的积极的亲社会行为，这类幼儿的社会身份会随着时间和环境的变化而发生较大的变化。

3. 家庭影响

研究表明，良好的亲子依恋关系和家庭教养方式会影响幼儿同伴关系能力的发展。从亲子依恋来看，通过分析对比不同特质的幼儿群体，可以发现一个不容忽视的家庭影响因素，幼儿与成人的依恋关系中的安全性越高，幼儿的攻击倾向越低、合作倾向越高。亲子依恋综合分数明显低于正常水平的幼儿更容易成为退缩幼儿。施耐德（Schneider）等人通过对63项研究结果的元分析得出，幼儿与母亲的依恋对儿童期和青少年期同伴关系的影响大于幼儿期。

家庭教养方式的不同，对幼儿的成长有着巨大的影响。其中与幼儿合作行为有显著正相关的教养方式有权威型和包容型。专制型教养方式不仅使幼儿不受同伴欢迎，而且会促使其出现一定的社会退缩行为。幼儿在与同伴交往过程中出现的问题行为与家长所采取的教养态度有较大关系。家长较多使用权威性的严厉处罚方式倾向于对幼儿的语言和社交能力造成不利影响；家长较多使用积极的引导和情绪控制则倾向于对幼儿的语言和社交能力带来有利影响。家长的教养观念的不同直接导致其教养行为不同，通过了解家长对于幼儿的社会行为的观念，可以在一定程度上展现和预测其儿童在幼儿期的社会交往行为和社会接纳程度。因此家长要重视家庭因素的作用，思考创造怎样的家庭环境可以促进幼儿的社会交往、怎样使幼儿提高社会能力等。

4. 教师影响

学者早期的研究结果表明，在一个班集体中，幼儿需要在受到教师日常行为与教育观念的干预所形成的班级文化中发展社会能力。通过这种环境所形成的同伴关系，极易受到教师对集体中某个幼儿的评价的影响，教师的正向情感或行为，如亲密、支持等，在幼儿与同龄幼儿的正向交往中存在着相关关系。另外班级里的幼儿倾向于选择教师眼里的好学生进行社会交往。一个经常受到教师积极评价的学生在群体里的接受度高于其他幼儿。

在幼儿的成长过程中，教师的影响一直贯穿其中。幼儿与教师的接触与交往时间可能多于部分家庭成员，因此作为幼儿的主要教育者与交往者，教师自身素质、教育理念、交往能力和培养方式对幼儿同伴关系的形成与发展有着直接的、重要的影响。

（三）同伴关系对幼儿早期家庭教育的意义

幼儿同伴交往能力的培养有助于其获得良好的人际交往技能，培养良好的社会适应能力，克服交往恐惧和自我中心缺陷，对幼儿成年后顺利走向社会、适应社会尤为重要。家长对幼儿进行良好的家庭教育和干预可以有效提升幼儿的同伴交往能力。

1. 端正认识，抛弃担忧

幼儿的同伴交往是他们社会化的需要和必然过程，一方面可以满足幼儿情感方面的需要;另一方面可以培养他们的人际交往能力,在同龄人中学会如何关心他人,如何解决个人与团体之间和个人之间的矛盾,学会遵守规则和克制自己等。家长首先要正视幼儿的这种需要,意识到幼儿同伴交往对他们成长的重要性。生活中,部分家长会有顾虑,怕幼儿性格内向或年龄太小在同伴交往中受欺负。家长要明白,养在温室中的小苗是长不成参天大树的,养在笼中的"小鸟"总是要放飞的,让幼儿早一点经风雨、见世面,有利于幼儿将来更好地适应社会生活。实际上,幼儿在交往中遇到些困难和挫折是必要的和必然的,让幼儿吃点"苦头"是有益的。对此,家长应尽可能地为幼儿创造与同伴交往的机会,鼓励幼儿与同伴交往,教育幼儿尊重同伴,与同伴分享交往的乐趣,敢于承认错误,尽可能原谅别人等。对幼儿之间产生的矛盾,家长不必直接介入,应启发幼儿自己想办法解决,正所谓"授人以鱼不如授人以渔",提高幼儿的同伴交往能力。

2. 以身作则,榜样示范

心理学研究认为,幼儿同伴关系建立的状况受个人接纳性的制约。这种接纳性主要包括幼儿受欢迎的程度和幼儿在同伴中的地位。由于这种接纳性,幼儿在同伴中有的受欢迎,有的被忽视;有的被接受,有的被拒绝。而这种接纳性,常与家长的交往倾向相关联。家长在人际交往中的言行倾向,常成为幼儿仿效的式样,使幼儿不知不觉地趋同家长的人际交往倾向。在家庭中,由于家长与幼儿关系的血缘性和亲密性,幼儿会不加批判地模仿家长的待人接物方式。如果家长在人际交往中存在某些问题而为幼儿所仿效,将会对幼儿的同伴交往带来消极影响,甚至影响到他们成人后的人际关系。因此,家长在人际交往中要注意热情待人,乐于助人,同情他人,尊重他人,为幼儿的同伴交往树立典范,切忌对幼儿的教育是一套,而成人自己另行一套。

3. 主动沟通,家园共育

由于幼儿会在幼儿园度过一天中的大部分时间,在与同伴、老师的交往中,幼儿会显露出一些不易为家长发现的行为习惯,家长要经常与老师进行交流,了解幼儿的在园表现,对于幼儿的不良行为习惯,尤其是在幼儿园发生的咬人、推人等行为要及时与老师沟通解决。而事实上,许多幼儿的家长因为工作忙,与幼儿相处的时间很少,甚至许多幼儿直接交给爷爷奶奶或外公外婆带。在这种情况下,家长与老师的交流很少,也就无法有的放矢地对幼儿进行教育。因此,家长要与老师多交流,多参加幼儿园开展的亲子活动,配合老师对幼儿进行良好的同伴关系教育。

三 幼儿性别认同的发展

幼儿早期是完成性别认知的重要阶段。对3～6岁的幼儿来说,学习有关性别的规定,掌握与性别相应的行为,是其社会化的重要内容之一。

（一）性别恒常性的发展阶段

美国儿童发展心理学家劳伦斯·科尔伯格（Lawrence Kohlberg）首次提出"幼儿性别恒常性"的概念。性别恒常性（gender constancy）是指对性别基于生理解剖学特征的永久性的认识，认为性别不以事物表面所呈现特征的变化而发生改变，也不会因个体的发型、服饰以及所从事或参与的社会活动的变化，导致个体的性别发生改变。儿童性别恒常性是儿童性别认知发展的重要里程碑，与物理守恒的发展一致（苏彦婕，2012）。只有当儿童达到具体运算阶段获得守恒的概念以后，才能获得性别恒常性认知。整个过程经历以下三个发展阶段。

1. 第一阶段：性别认同

性别认同（gender identity）是指个体对自己或他人性别的认识或标识。这个阶段幼儿产生最初的性别意识，并且开始试着标识自己或他人的性别，这也仅仅说明幼儿有这种性别行为意识的现象出现，但因年龄在 2 岁左右，标识结果的正确与否在此并不予以强调。直到幼儿的年龄处于在 2.5 岁到 3 岁时，他们中的绝大多数才可以正确判断自己是男孩还是女孩。同时，这个年龄的幼儿已经有了关于性别的初步认识。

2. 第二阶段：性别稳定性

性别稳定性（gender stability）指个体对人的性别不随年龄的变化而改变这一特征的认识。这一阶段幼儿已经能够分辨出自己的性别，随着幼儿对性别概念理解的能力逐步加深，幼儿对性别的相关信息也渐渐敏感起来。这时你会发现，男孩和女孩在选择衣服、参与游戏活动或选择玩具等方面有明显的性别差异。同时，这个时期的幼儿还表现出与自身性别不相符的行为或加入与自己性别不相符的游戏活动中，比如，有些男孩会认为穿裙子很漂亮，主动参与绣花和织毛衣等手工活动，即便他们知道男孩和女孩最终会变成男人和女人，他们仍会像小时候那样继续坚持认为，改变发型、服饰或习得与自身性别不相符合的行为，会使一个人性别的发生转换。

3. 第三阶段：性别恒常性

这一阶段幼儿对性别的认识不会随着外界条件（如服饰、发型、参与的活动等）的改变而改变。这意味着处于该阶段的幼儿已经获得了性别恒常性认知，并能够意识到，即使男孩把头发留长、扎起来又或者喜欢洋娃娃等也依然是男孩，女孩不论是把头发剪短，还是穿男幼儿的蓝色短裤，其自身性别也不会变成男孩，她依然是女孩。可以看出，这个阶段的幼儿对性别在行为方面区别的认识越来越清楚，如一个男孩穿裙子的时候会遭到同性别幼儿的反对等，而且他们知道即使一个人决定穿"与性别不相符"的衣服或者按"以性别不相符"的方式活动，他们的性别也是保持不变的。

同时这个阶段的幼儿开始认识到一些与性别有关的心理因素，如男孩在日常游戏活动中表现出积极探索外界事物和勇于冒险的精神状态,经常与同伴一起进行户外探险等激烈的游戏活动;而女孩在性格气质方面则表现出细腻、单纯、温柔等特质,往往选择过家家这样的生活扮演类活动或织毛衣等细致的手工活动。国内有研究表明,5~6岁是我国幼儿性别一致性发展的快速时期。

(二)性别化的发展

1. 性别认同的发展

拉格(Raag)研究发现2岁婴儿能够按照自己的刻板印象给照片上的人贴上男或女的标签,然而还不能确定自己的性别。大多数2.5~3岁婴儿能正确说出自己是男孩或是女孩,但是不能认识到性别是不变的属性。3~5岁幼儿还不能理解性别的稳定性,认为一个人只要换换衣服和发型就能变成另一性别的人。学前儿童对性别的认同缺乏灵活性,对于男孩和女孩应该怎样有着严格的想法。5岁前幼儿对性别刻板印象的信念变得越来越强烈,尽管到7岁时这些信念可能会变得不那么刻板,但是不会消失。鲁布尔(Ruble)指出事实上,学前儿童持有的性别刻板印象与社会上传统的成年人很相似。

2. 性别角色标准的获得

性别角色标准指的是社会成员公认的适合于男性或女性的动机、价值、行为方式和性格特征等。例如,大多数社会成员认为女性应承担养育后代的责任,社会期望女性富于感情、温柔、友好、合作、服从;男性作为丈夫或父亲要为家庭提供支持、保护,使家人免受伤害,社会期望男性独立、果断、自信,具有支配性、竞争性和强烈的成就动机等。家长有自己的一套性别角色标准,在儿童出生后,家长就把自己的性别角色标准以各种方式传递给子女。他们鼓励那些符合性别角色标准的行为,抑制那些不恰当的行为。儿童自然受家长影响,形成关于不同性别的角色印象。研究人员给2.5~3.5岁幼儿两个性别不同的娃娃,问他们这两个娃娃分别从事什么活动,如做饭、缝衣服、玩娃娃、开火车或卡车、打架、爬树等。几乎所有2.5岁婴儿都有一些关于性别角色标准的知识,而3.5岁幼儿的回答更丰富。还有研究表明:2岁婴儿一般通过性别区分某些财产和任务,如吸尘器、食物与女性关联,汽车、工具与男性关联;3~4岁时,幼儿可以安排与性别原型相对应的任务、玩具和活动;5岁时,幼儿开始将某些人格特质与男性或女性相关联,如警觉性和修养程度。

5~6岁幼儿开始明确性别是永久的,也正在寻求男孩和女孩应该如何表现的行为准则。幼儿通过观察成年人、看电视等方式获得知识(如男孩不能哭)。研究者认为,最初幼儿将这些视为完全的道德准则,之后,他们意识到这是社会习俗,性别观念也开始变得更灵活,同时原型印象有所下降。

(三)影响幼儿性别偏爱的因素

性别偏爱是对与性别角色相联系的活动和态度的个人偏爱。幼儿关于性别角色标准的获得与家长的性别观和日常的教养态度分不开。例如被调查的一位男孩说："我喜欢布娃娃,可我妈不让我玩。"大多数幼儿认为男孩玩带女孩气的玩具不好。我们对那些选择异性类玩具的儿童进行观察发现:这些儿童在个性和能力方面表现得更接近于异性的特征,如喜欢汽车玩具的女童有一些"假小子"气。可能正是这个原因才使她们表现出不符合传统意义上的性别行为。在儿童性别角色社会化的过程中,一般来说,男孩比女孩面临更大的社会压力,家长往往更注意男孩的行为,他们的行为一偏离性别角色就会受到批评,因此,他们很快就知道了社会对男孩的期望是什么。

通过以上的观察与分析,我们认识到幼儿性别偏爱的形成可能与三种因素有关。第一,能力。儿童的能力越接近某一性别标准,则更多地从事与这一性别标准相一致的活动,越偏爱成为其成员。第二,对家长的喜爱程度。儿童对同性别的父亲或母亲更喜欢,认同他们的性别观,并不断与自己的行为相比较,调整自己的行为。第三,社会文化。由社会文化决定的性别价值观通过家庭、同伴以及其他对儿童有影响的成人或大众传播媒介灌输给儿童。凡是与社会的性别角色标准相一致的行为,在社会实践中不断受到强化,因此可能保留下来,成为比较稳定的个性特征;而那些与社会性别角色标准不一致的行为,则因得不到强化,甚至受到批评而可能逐渐消退。

(四)性别认同发展对幼儿早期家庭教育的意义

性别认同发展对幼儿形成符合社会要求的性别角色无疑具有较大的启示作用。符合社会要求的性别认同及性别角色是幼儿性别化健康发展的核心,是异性正常交往的关键。研究表明,许多成年人的性变态,即性心理和行为异常,如同性恋、异性服装癖、异性癖等以及失常的性别特点都和个体童年时性别认同发生混乱有直接的联系。因此,帮助个体形成良好的性别角色就成为现代家庭教育不可缺少的一项重要内容。

1. 家长应该树立良好的榜样形象

幼儿在性别自认过程中会通过观察、模仿等方式逐渐掌握社会所期望的男女性别不同的行为方式以适应社会交往。家长的性别行为榜样作用会影响到幼儿性别行为角色的形成和发展,和幼儿性别化发展程度密切相关。研究表明,家长是幼儿生活中最有力的被模仿对象,家长的影响力取决于他(或她)所起的抚养作用以及与进行模仿学习的幼儿的相似性。一般而言,母亲的榜样对女儿性别角色的形成影响大,而父亲的榜样则对儿子性别角色的形成影响大。母亲对所有家庭成员都很亲热,关心大家,体贴、尊重丈夫,尽力教育幼儿也形成同样的态度,使家庭团结,母亲不同的榜样形象能够使女儿形成不同的性别特点。父亲承担家庭责任,负责对子女的教育,待妻子和身边的人耐心,那么儿子长大以后也可能具有这些特点;如果父亲软弱则儿子会表现出更多的女性化特点。同样,母亲对儿子的影响,父亲对女儿的影响也很重要。在幼儿性别认同及性别角色形成的过程中,家长应树立良好的榜样作用,使自身的性别特点符合社会的要求,使自己的言谈、举止具有期望幼儿具有的特点,使幼儿在家长潜移默化的影响中,形成良好的性别角色。

2. 灵活运用强化手段

幼儿性别行为的形成,强化起到了重要的作用。在家庭教育中,运用一定的强化手段,是使幼儿形成家长期望的符合社会要求的性别角色的重要方式。因此,幼儿一出生,家长就应该对不同性别的幼儿采取不同的教养态度和方式,从姓名、服饰、玩具到以后的行为要求,道德标准等。当然,这种教养态度和方式必须建立在家长对幼儿的性别特点的期望上,应该是和传统文化对男女两性具有的特点的要求相一致的期望,如男孩要坚强、勇敢、奋发向上,女孩要温柔贤淑、懂得生活技巧;也可能是和现代社会的要求相一致的期待,比如希望男性具有男性特点的同时,还应该具有女性的温情和体贴;女性在温柔贤淑的同时,还应具有男性果敢的气魄。无论是哪种期望,都会成为家长对幼儿性别行为进行强化的标准。如果幼儿出现的性别行为和家长的期望相一致,家长就可以对其进行正强化,运用奖励的方式,使行为模式重复出现,并保持下来,最终建立一种适应性的行为模式。如果幼儿出现的性别行为和家长的期望不一致,家长就可以运用负强化的方式,指责或制止、惩罚这种行为,使其不再出现。如果不一致的行为是幼儿为了反抗家长而故意做的,则可以运用消退法,对幼儿的行为不予关注,使之渐趋削弱以至消失。家长在运用强化手段时,要注意以下几点:① 对幼儿进行某种强化时,要根据年龄特点提供幼儿可以接受以及愿意接受的强化物,即能增强某个反应在以后呈现频率的刺激;② 给幼儿提供强化物要及时,意义要明确,让幼儿及时知道自己为什么受到表扬或批评;③ 正强化的标准要逐渐提高,强化的次数要逐渐减少。

3. 及时进行性别教育

性别教育的目的在于让幼儿了解自己生理上的性别特点以及相应的行为方式和人格特点。家庭性别教育的内容主要包括两方面:一是在幼儿学说话时就把性别告诉他们,让幼儿明确知道自己是男孩或女孩;二是家长要告诉幼儿男孩和女孩的区别,并且不断强调自己幼儿所属性别应具备的特点,培养他们认识并养成与本人性别相应的行为。性别教育要根据幼儿的年龄特点来进行,在幼儿喜欢的游戏活动中进行效果更好。比如在男孩扮演警察,帮助女孩抓坏人的游戏活动中,就可以告诉男孩:"你是男孩,应该坚强、勇敢、有责任,保护女孩。"同样也可以通过类似的方式让女孩认识自己的性别特点。总之,性别教育就是通过一

二维码 5-3
男孩女孩生理
健康认知
启蒙绘本

定的方式使幼儿在不断成长的过程中,理解"男性"和"女性"的真正含义,并能形成相应的性别角色。

四 幼儿的游戏

2018年11月,中共中央、国务院颁布了《关于学前教育深化改革规范发展的若干意见》,明确指出幼儿园教育应"坚持以游戏为基本活动,珍视幼儿游戏活动的独特价值,保护幼儿的好奇心和学习兴趣,尊重个体差异,鼓励支持幼儿通过亲近自然、直接感知、实际操作、亲身体验等方式学习探索,促进幼儿快乐健康成长"。

游戏是儿童喜爱的一种活动形式,也是儿童的主导活动。那么,游戏的起源是什么?游戏的实质是什么?游戏在儿童的发展中起着什么作用?围绕这些问题,发展心理学家开展了大量的研究。

(一)游戏的起源

游戏是一种古老的文化现象,可以说自从有了人类就有了游戏。游戏是人类社会中普遍存在的活动,是人类社会活动的重要组成部分。哲学家席勒曾说:"只有当人在充分意义上是人的时候,他才游戏;只有当人游戏的时候,他才是完整的人。"所以首先必须对游戏有充分的认识,才能从更深层次的意义上理解游戏对人的存在与发展的重要价值,才能明白游戏对儿童成长的重要性。

关于游戏的起源,学界有四种看法:一是游戏起源于原始的宗教祭祀和巫术活动,它是先民祭祀祖先、祈祷神灵保佑、敬神、娱神的一种仪式;二是游戏起源于原始文化传递;三是游戏起源于劳动,劳动先于游戏;四是游戏起源于动物本能,这种观点认为游戏是与生俱来的,它能够帮助小动物适应未来的生活,游戏是在生物进化过程中出现的现象,它具有重要的生物适应功能。

(二)游戏的理论

1. 精力过剩说

有学者认为,游戏实质上是释放多余的精力。该理论由18世纪著名诗人、哲学家席勒最早提出,他认为游戏就是充沛能量的无目的的消耗。他认为,动物和人在满足生存后,如果还有精力的盈余,那么这些盈余的精力就会通过游戏而得到释放。

19世纪英国哲学家和心理学家斯宾塞被认为是第一个从心理学角度表达游戏的精力过剩说的。他认为,动物和人都有积极活动的普遍倾向。低等的动物为维持生计需要的能量很多,在满足生存的需要后,生物体的能量所剩无几,所以低等动物的游戏少,而人和高等动物维持生存后所盈余的能量较多,当有盈余能量时,他们就会去积极活动,此时这种"不考虑其他利益而进行的活动"就是游戏。

2. 种族复演说

美国心理学家霍尔认为游戏是远古时代人类祖先的生活特征在儿童身上的重演,人类历史中的文化阶段是这样在儿童阶段相继复演的。动物阶段:反映在儿童的爬和摇摆的动作上;蒙昧阶段:反映在儿童打猎、捉人、捉迷藏游戏上;游牧阶段:反映在儿童热衷于照顾小动物上;农业阶段:反映在儿童玩洋娃娃、在沙堆上挖洞等游戏中;部落阶段:反映在儿童的小组游戏中。此外,不同年龄的儿童以不同形式的游戏重演祖先的本能特征:8~9岁是女孩对母性本能的复演期,她们喜欢玩过家家游戏,并在其中扮演主持家务、照顾儿童的母亲的角色;而6~9岁是男孩狩猎本能的复演期,他们喜欢追逐打闹,或者模拟战争游戏等。

3. 精神分析理论

弗洛伊德认为游戏也有无意识成分,游戏是补偿现实生活中不能满足的愿望和克服创伤性事件的手段。游戏使儿童能逃脱现实的强制和约束,发泄在现实中不被接受的危险冲动,缓和心理紧张,发展自我力量以应对现实的环境。埃里克森则从新精神分析的角度解释游戏,认为游戏是情感和思想的一种健康的发泄方式。在游戏中,儿童可以"复活"他们的快乐经验,也能修复自己的精神创伤。这一理论已被应用于投射技术和心理治疗中。

据此发展起来的游戏疗法(play therapy)是一种利用游戏的手段来矫正儿童心理与行为异常的方法,目前已经在特殊教育领域和帮助儿童克服情绪障碍方面发挥重要作用。游戏疗法针对儿童不同的心理与行为问题设计出不同的游戏方案,通过比喻、象征、玩具和游戏等方式,使儿童自然地进行心理投射或升华,释放紧张情绪,并最终从伤痛及焦虑中解脱出来。

4. 皮亚杰游戏理论

皮亚杰认为,游戏是思维的一种表现形式,实质是同化超过了顺应。儿童早期认知结构发展不成熟,不能够保持同化与顺应之间的协调或平衡。这种不平衡有两种情况:一种是顺应大于同化,表现为主体忠实地重复范式的动作,即模仿;另一种是同化大于顺应,表现为主体完全不考虑事物的客观特性,只是为了满足自我的愿望与需要去改变现实,这就是游戏。游戏的发展水平与儿童智力发展水平相适应,在智力发展的不同阶段,游戏的类型不同。

练习性游戏出现在感知运动阶段,特点是为了取得"机能性快乐"而重复已习得的活动。象征性游戏出现在自我中心的表征活动时期,特点是:运用表象把当前事物当作另一个不在眼前的事物使用,如用一个贝壳代表前几天见过的一只猫。象征性游戏在这一时期的第一阶段——前概念思维阶段(2~4岁)大量出现,并达到发展的高峰期,在第二阶段——直觉思维阶段(4～7岁)逐渐下降。在运算思维出现以后(7～12岁),象征性游戏为规则游戏和结构性游戏所代替。皮亚杰认为儿童需要游戏,游戏可以帮助他们解决与外部世界的冲突。游戏的主要功能就是通过同化作用在想象中改造现实,获得情感方面的满足。

5. 游戏学习说

美国心理学家桑代克(Thorndike)根据他的学习理论,认为学习就是刺激和反应之间联系的加强。儿童的游戏是学习行为中的一种,受社会文化和教育的影响,也受学习的效果律和练习律的影响。效果律强调强化会增加一种反应出现的可能性,而惩罚则会减少它出现的可能性。游戏依赖于成人对它的强化,很大程度上受社会文化和教育要求的影响。每种文化和亚文化都重视和奖励不同类型的行为,这些差别反映在不同文化社会的儿童的游戏中。例如,在强调责任和按吩咐办事的社会中,儿童倾向于做碰运气的游戏,这些游戏是游戏者在生活中的被动性的反映,也是使他们产生摆脱这种被动性生活的希望;在重视成就的社会里,儿童喜欢玩身体技能方面的竞赛性游戏,这种游戏不会让他们产生压力,因为游戏竞赛的结果并不是至关重要的。

(三) 游戏对儿童发展的作用

游戏在儿童的心理发展中起着重要作用。首先,游戏允许儿童自由探索客体、进行解决问题的尝试,能够促进儿童认知能力的发展;其次,游戏可以推动儿童社会能力的发展,尤其是在角色扮演游戏中,儿童可以学会了解他人,实践自己担任的角色;最后,游戏可以帮助儿童解决一些情绪上的问题,帮助儿童学会处理焦虑和内心的冲突。

1. 游戏与创造力的发展

游戏是培养幼儿创造力的手段之一。心理学家把幼儿的创造力描述为"回忆过去的经验,并对这些经验进行选择、重新组合,以加工成新的模式、新的思路或新的产品"的能力。幼儿不仅从外界吸取知识经验,而且还想把自己头脑中的丰富想象表达出来,游戏能够满足幼儿的这种需要。例如,在游戏"商店"里,幼儿园老师观察到慧慧小朋友因买不到电脑而苦恼,在游戏评价时,老师便向幼儿提出,现在电脑已成为我们日常生活的好朋友,但我们这里还没有电脑出售,怎么办呢?问题一展开,幼儿们纷纷提出自己的建议,用积木做、用纸箱做、用泡沫做……"电脑城"马上构建起来了,并走进各个游戏区。可见,创造力和游戏相辅相成,创造力能使游戏顺利开展,是游戏发展的动力,同时游戏也能调动幼儿的创造力。

2. 游戏与问题解决能力的发展

引导幼儿在游戏中自我成长是相当重要的。自我成长是探索性学习能力的成长,是独立发现问题和解决问题能力的成长,也是自主性、创造性的成长。游戏与发现问题、解决问题是自然地融为一体的,它为幼儿提供了自由探索、大胆想象的机会,幼儿在实现游戏意图的过程中会不断碰到这样或那样的问题,他们需要面对不同的问题进行思考,探索解决问题的各种方法,体会其中乐趣,使游戏得以继续下去,愿望得以最终实现。

儿童在没有外界评定的压力下,自由地对客体进行探索、观察和试验,是推动儿童认知发展的一种特殊形式。西尔瓦(Sylva)等人在1976年曾做了这样一个研究:要求3~5岁幼儿取一支粉笔,这支粉笔在一个儿童够不到的盒子里;如果要完成这个任务,要把两根短棍夹在一起,然后伸到盒子里去拿。实验分三组进行,一组儿童观看成人演示如何操作棍子、夹子,最后取到粉笔;另一组儿童只是看到成人解决问题的部分示范;第三组儿童没有看到成人示范,自由地玩弄这些工具,在游戏中解决问题。结果表明,做游戏自由解决问题的儿童比看到成人部分示范的儿童完成得更好,同时也不比观看成人解决问题的一组儿童表现得差。从这个简单的实验中可以看出游戏对儿童问题解决能力的帮助。

3. 游戏与社会能力

游戏尤其是假装游戏在儿童社会能力发展中意义非凡。儿童在假装游戏中有意识地把自己的身份转化成他人身份的过程能够促进儿童的去中心化,从而促进儿童对别人的情感、心理过程和愿望的理解。同时,儿童会因为角色分配以及游戏环节的顺序等问题发生争执和矛盾,这其中包含着有利于儿童社会能力发展的契机。一方面,儿童可以对不同游戏同伴的观点进行讨论而达成一致;另一方面,家长可以在适当的时候,教给儿童处理人际冲突的策略与方法,帮助儿童进一步体会他人的意愿和想法,并就人际冲突的解决做出恰当合理的判断,这些都有助于加强儿童之间的交往与合作行为,促进儿童社会技能的发展。

假装游戏约在幼儿2岁时出现,随着年龄的增长,假装游戏的主题更鲜明,情节更复杂、完整,与社会生活结合得也更紧密。儿童喜欢玩"警察抓小偷"游戏,警察来了,小偷要躲起来。可谁来当警察、谁来当小偷呢?小伙伴会在一起商量,甚至发生争执。儿童必须学会倾听别人的意见,学会通过协商、妥协解决矛盾。渐渐地,小伙伴们在一起不仅能确定游戏的主题,而且能认识到各种假装角色之间的关系,编制游戏情节,同时,扮演者也能做出符合角色身份的行为。经常参加这种"社会戏剧游戏"的儿童,语言表达能力和与他人交往的社会能力都较强。

4. 游戏与情绪

游戏不仅为儿童获得一定的社会能力提供了重要机会,而且在发展儿童自我控制、活动方式以及改造问题行为方面也起着重要作用。儿童的游戏在某种程度上反映了儿童的情绪状态。一些情绪失调儿童的游戏模式往往比较刻板、混乱,在游戏中还常常会出现偏差,此类儿童不受同伴欢迎,并表现出不合群、焦虑。那些在心理上承受了某种压力(如家长离婚)的儿童在想象性游戏中缺乏丰富的想象力,容易受游戏中已使用的客体的束缚,同一个客体很少在游戏中被富有变化地使用,如将一块海绵当作砖头玩过之后就很难再把它当成海绵或其他东西了。情绪失调儿童的另一个特点是喜欢扮演攻击人的角色,难以扮演帮助他人的角色;而且很难进入角色,一旦进入又很难使自己走出角色。

儿童在日常生活中遇到困难时会感到焦虑、委屈与不满,当情绪不能再控制时,则会采取游戏的方式将这种情绪宣泄出来。具体表现为在游戏中愤怒地说话、大声地吼叫、疯狂地跑跳,对玩具发泄不满、摔打、破坏、乱扔等行为,而这些行为直到儿童将不满的情绪宣泄完时才会停止,进而慢慢恢复平静,再次恢复到欢乐的情绪中去。因此游戏是儿童的语言,是儿童表达自我的一种方式,它为儿童提供了宣泄情绪的出口。儿童在游戏中逐渐学会将控制情绪的能力迁移到与别人的交往活动中,学会在与别人交往时如何控制自己的情绪、掌握友好的交往方式。这种能力的迁移是一个质变的过程,它使儿童把被压抑的欲望与心理能量转移到对社会有益的、有创造力的活动中。在游戏中,儿童不仅发展了其情感的强度和稳定性,而且随着儿童年龄的增加也发展了其自发性、幽默感和自我的积极情感,所以游戏是儿童情绪体验的"调节解码器"。

5. 游戏与亲子交往

弗洛伊德认为在童年期游戏可以帮助儿童释放因内驱力受社会压制而产生的紧张和压力,所以儿童会把现实生活中所经历的痛苦的体验变成游戏,通过游戏的形式将它释放出来。他认为这是一种"强迫重复"的现象,即事件的发生可能是由某种愉快的紧张状态引起的,但是事件的发展方向是要消除紧张状态,达到避免不愉快或产生愉快的结果,所以"强迫重复"实际上是"唯乐原则"的另一种表现形式。

在亲子交往的机制中,家长往往采用权力控制、撤除关爱和引导等行为强化的方式来实现对儿童行为的影响。弗洛伊德认为儿童期的愿望就是快快长成大人,做大人所能做的事情,这种愿望在现实生活中是不可能实现的。因此,儿童在游戏中寻找这种愿望的满足,在游戏中模仿成人的活动。体现在游戏中则表现为儿童常常模仿大人的口吻对自己的玩具发号施令,模仿大人的动作做事情,甚至穿戴大人的服饰进行游戏等行为。儿童的早期经验都是在日常生活中与家长频繁而大量的亲子交往中习得。良好的亲子交往关系的建立离不开家长与儿童之间和谐的亲子游戏。在亲子游戏中家长不仅可以通过游戏的方式教儿童学会日常生活中的一些生活技能,也可以运用自身的榜样作用去引导儿童、鼓励儿童通过游戏表达自己的想法,表露自己的情绪。一方面,亲子游戏可以使儿童感受到家长的关注与爱,与家长形成密切的情感联系;另一方面,儿童在游戏中的表现以及在游戏中获得的快乐又可以增进家长与儿童的感情,进一步推动游戏的发展,从而使亲子游戏与亲子关系之间形成一种相互作用的良性循环。因此,儿童可以在游戏中大胆地表现自己想要长大的愿望,无须抑制现实中想要做却不能做的事情的冲动。和谐的亲子交往需要家长给予儿童高品质的爱,这种高品质的爱是个人心理健康及幸福的保障,它还有利于丰富儿童的早期经验。而早期经验的发展有助于儿童健康人格的形成,进而促进儿童的社会性发展。

第三节 幼儿心理行为常见问题及家庭教育方法

幼儿心理健康教育的总目标是促进幼儿心理健康，培养幼儿良好心理素质与健全人格，开发幼儿心理潜能，促进幼儿智力发展。不过研究发现，不少幼儿在该阶段或多或少出现一些情绪或行为上的偏差。例如攻击行为、咬指甲、说谎、遗尿、注意缺陷多动障碍等，这些都是比较常见但又相对严重的心理问题。

一　攻击行为

（一）攻击行为的表现

攻击行为(aggressive behavior)是指对他人身体或心理实施或试图进行有目的的伤害行为或者破坏物品的行为。它是儿童中比较常见的社会行为，也是个体社会性发展的一个重要方面。攻击性发展状况既影响儿童人格和品德的发展，也是个体社会化成败的一个重要指标。

儿童攻击行为的表现形式是多种多样的。根据不同的分类标准可以把攻击行为分为不同的类型。美国心理学家哈图普把攻击行为分为敌意性攻击和工具性攻击两种类型。敌意性攻击是有意伤害别人的行为，其根本目的是打击、伤害他人；工具性攻击是为达到一定的非攻击目的(如获取某一物品)而伤害他人的行为。例如，一个男孩故意推倒一个女孩，惹她哭，这是敌意性攻击；但如果是为了争夺女孩手中的玩具而推倒了她，则是工具性攻击。

道奇和考依根据行为的起因把攻击划分为主动型攻击和反应型攻击。主动型攻击是指行为者在未受激惹的情况下主动发起的攻击行为，主要表现为物品的获取、欺负和控制同伴等；反应型攻击是指受到他人攻击或激惹后而做出的攻击性反应，主要表现为愤怒、发脾气和失去控制等。

婴儿有时会表现出愤怒，甚至偶尔也会打人，但是婴儿的这类行为很难说是具有攻击性意图或目的的行为。不过随着年龄的增长，儿童攻击行为越来越显示出目的性，并且攻击行为的特点发生显著的变化。在学前阶段，儿童攻击行为的年龄变化特征主要表现在以下两个方面。一是攻击的形式随年龄的发展而发生变化。2～4岁幼儿之间的身体攻击逐渐降低，言语攻击增多。3岁左右，儿童踢、蹬、打等身体攻击频率降低，但叫绰号、嘲笑、奚落等言语攻击频率不断攀升。哈图普(Hartup)1974年的研究表明，攻击行为在3～6岁出现第一个高峰期，10～11岁出现第二个高峰期。学龄前儿童的工具性攻击呈减少趋势,敌意性、报复性攻击呈增多趋势。二是攻击行为的发生频率随着儿童年龄的增长而减少。如卡明斯的研究表明,5岁幼儿在游戏中的攻击性要显著低于他们在2岁时的表现。其原因可能在于:他们早期发生攻击行为后,受到了家长和教师的批评和教训,并且通过教导鼓励他们懂得合作与分享等;幼儿从自身的经验中懂得,协商、谈判也可以达到同样的目的,攻击并非唯一的选择。

攻击行为在不同年龄段呈现不同的性别差异。2~2.5岁时,男孩对攻击行为进行反击的频率是女孩的两倍。到了学前期,男孩比女孩参与更多的冲突,实施更激烈的攻击行为,包括身体的、言语的,敌意性的、工具性的。到小学阶段,男孩卷入较严重的公开攻击的频率明显高于女孩,并且攻击行为的这种性别差异具有跨社会经济群体和跨文化的一致性,男女儿童攻击的性质也出现重要的差别。

(二) 攻击行为产生的原因

儿童攻击行为产生的原因是多方面的。本书从生理因素和社会环境因素两大方面进行解释。

1. 生理因素

研究者认为攻击是个体的一种比较稳定的特质,这种稳定性可能有一定的生物学基础,如基因、激素等。随着分子遗传学研究技术的发展,儿茶酚-O-甲基转移酶(COMT)基因成为攻击行为的行为遗传学研究的候选基因之一。动物实验研究表明,COMT基因多态性与攻击行为显著相关,雄性COMT基因敲除鼠会表现出高攻击行为。王美萍和张文新(2010)以153名高和低攻击组初中生为被试,考察COMT基因rs6267多态性与攻击行为的关系。结果表明,rs6267多态性与男青少年攻击行为的发生显著相关。睾丸激素也可能是影响人类攻击性的重要因素之一。奥维尤斯(Olweus)等人在1988年的研究表明,15~17岁男孩血液中的睾丸素含量与其攻击性之间存在显著相关的关系。

一些生理学家提出,小脑成熟延迟,传递快感的神经道路发育受阻,愉快与安全的感受和体验感较差,可能是攻击行为发生的因素,因而不能否认先天神经类型和遗传素质对儿童攻击行为是有一定影响的。

2. 社会环境因素

家庭是社会的基本细胞,也是个体发展的主要社会背景,亲子关系、家长教养方式、父母婚姻关系等对儿童攻击性发展有着重要影响。亲子关系是在家庭中居于核心地位的关系。研究表明,和睦、融洽的亲子关系会促进儿童亲社会行为的发展,而冷漠、敌对的亲子关系往往导致儿童的反社会行为。儿童年龄越小,家长对儿童的教养显得越重要。一般而言,武断、冷淡的家长经常允许儿童表达攻击性冲动,更可能培养出敌意强的、高攻击性的儿童;放任型的家长一般不约束儿童的攻击行为,使儿童丧失了正确的道德和法律评判标准，攻击行为的概率大大增加；民主型的教养方式能有效减少和抑制儿童攻击行为的产生。

西瑞斯（Ceres）等人曾调查了400名5岁儿童及他们的家长，结果发现，家长惯于使用暴力惩罚方式以及家长在教养方式中的矛盾都与儿童的攻击行为有关。家长有时对儿童的攻击行为做出严厉的惩罚，有时却不予理会，使得这些行为时而得到抑制，时而得到强化；或者家长一方对某一攻击行为施以惩罚，而另一方则持赞成或无所谓的态度，这都会使儿童表现出更多的攻击行为。家长的婚姻关系也在一定程度上影响儿童攻击行为的发展。家长婚姻关系不好，经常争吵、挑剔、冲突较多，家长对儿童的消极情感就较多，其子女表现出的攻击行为也较多。

在社会环境因素中还有一个重要方面，即电视暴力对儿童攻击行为的影响。伍德（Wood）等人在1991年的元分析表明，观看暴力电视可以解释大约10%的儿童攻击变异。传媒中的暴力内容给儿童提供了攻击性榜样，减弱了儿童对攻击行为的控制，提高了儿童对攻击行为的容忍度，因此容易诱发儿童的攻击行为。

（三）攻击行为的家庭教育方法

临床上常用于控制攻击行为的方法有：消退法、"淘气椅"法、榜样示范法和认知训练。通过家长对幼儿攻击行为的早期干预，让其认识到攻击行为对他人及对自己产生的危害，进而改变其认知和行为，帮助他们形成正确的行为模式。

1. 消退法

对儿童的某些攻击行为家长可以采取不加理睬的方法，使他们的攻击行为因得不到注意、受不到强化而逐渐减少。同时积极引导儿童进行合作行为，如帮家人做事情，跟小伙伴玩耍时帮助对方，并在这时候给予儿童适当奖励，以此来减少他们身体或言语上的攻击行为，增加他们的亲社会行为。

2. "淘气椅"法

"淘气椅"是帮助儿童冷静平复下来，并且进行反思和改正错误的一个工具。家长可以在家中空一点的地方放置一把椅子，在儿童犯错后，让其在椅子上安静下来，并且反思自己的错误。类似的方法还有美国教育学博士简·尼尔森在《正面管教》一书中提出的"安静角"。不管是"淘气椅"还是"安静角"，目的都是让儿童在这个过程中安静平复下来，而并不是对儿童的惩罚，更多的是让儿童学会克制。在使用"淘气椅"之前，要跟儿童说明规则，告诉他，如果违反规则，就需要到"淘气椅"反思自己的错误。家长在使用"淘气椅"的时候，一定要态度坚决。可以设置一个闹铃来控制时间。如果儿童在这个过程中离开了椅子，就要重新设定时间。整个过程中，家长都要陪伴儿童，同时监督儿童。但是在这个过程中，要让儿童自己安静反思，不要和他有任何语言和肢体接触。时间结束后，家长要做的第一件事，是询问儿童知不知道自己哪里错了，帮助儿童梳理事情。然后告诉他,下次我们不要再犯同样的错误了。最后给他一个爱的抱抱,告诉他,你还爱他。莫里斯(Morris)在1976年曾用此方法矫治一名有攻击行为的8岁女孩。具体做法是,每当该女孩在教室里表现出攻击行为(如踢、戳其他同学),教师就把她带到教室旁边的小房间,小房间里除了两把椅子外没有别的东西,让女孩在房间里待5分钟以后,教师再让她回教室。这样的程序持续了5周,最终改善了女孩的攻击行为。

3. 榜样示范法

榜样示范法也是常用来减少儿童攻击行为的方法。班杜拉经典的实验中就包括将有攻击行为的儿童置于无攻击行为的榜样当中,结果发现这些儿童的攻击行为出现了较大幅度的下降。他还让一些有攻击行为的儿童观察其他儿童的攻击行为是如何被禁止或受惩罚的,也使这些儿童的攻击行为大大减少。

4. 认知训练

高攻击性的儿童往往在信息加工的某些阶段存在一些认知缺陷,如偏向注意敌意性线索,对他人的行为进行敌意性归因,轻视对攻击行为的后果等。因此,减少攻击行为的有效方法之一是改变高攻击性儿童的信念、态度等认知特点。例如,针对高攻击性儿童拥有一些有关攻击的不合理信念这一现象,圭拉(Guerra)等人在1990年发展了一项针对严重攻击性青少年的认知训练方案。该方案持续12周,每周进行一次集体训练,训练不仅要使高攻击性青少年掌握社会认知技能,还着重改变他们有关攻击的信念,从而减少他们的攻击行为。目前研究者提出的高攻击性儿童认知干预的方法主要包括问题界定训练、愤怒应对训练和出声思维法。

二维码 5-4
幼儿攻击行为
案例及分析

二 咬指甲症

(一) 咬指甲症的表现

咬指甲是指儿童经常控制不住地用牙齿咬指甲的行为,既是一种精神性习惯,也是习惯性行为或行为障碍。在儿童心理行为问题中,它是发生率较高的一种行为障碍。其实儿童吃手指的行为从出生6个月就开始了,到1岁半至2岁时最常见。这种行为在3岁后会逐渐消失，如果幼儿超过 4 岁仍有吃手指的行为，则反映其发展中出现了一定的心理问题。临床上，有的幼儿不仅咬指甲，还咬手指上的各个小关节、衣服袖子或其他物品，还有幼儿咬脚指甲。情况较严重的幼儿会出现手指外伤、指甲边缘出血、指甲变形或指甲周围出现赘肉；部分儿童有手指感染，引发疱疹性指头炎或甲沟炎。

有临床医师统计，在 3～6 岁幼儿中，咬指甲症发生率可达 10.37%（丁绪芳，2005）。而且，据门诊咨询情况来看，近年来有逐渐上升的趋势。对这一病症社会及家长都缺乏足够的认识，虽然普遍认为这是一种不好的习惯，但很多人不知道这是儿童心理障碍的一种表现，对其治疗不以为然。对这一病症，医学界也没有给予足够重视，对该病症缺乏研究，造成医治儿童咬指甲症的盲区。相关调查和临床资料显示，咬指甲的儿童常常伴有任性、脾气暴怒或胆小等心理障碍，少数儿童还有口吃、口齿不清等发音障碍。

（二）咬指甲症产生的原因

传统的儿童病理心理学曾把咬指甲看作儿童社会性退缩、孤僻自卑、焦虑不安的象征，认为咬指甲是一类严重的精神疾病。儿童对学校生活的不适应、家长或教师对儿童严厉的训斥和批评，以及其他的精神刺激都会使他们焦虑紧张，产生咬指甲行为。儿童爱咬指甲是因为在心烦、压力大时，咬指甲能给他们鼓舞，使他们暂时逃离所处困境，分散注意力；或者在过于兴奋时，这种行为能让他们安静下来。有心理学家认为，比起放松状态，儿童在紧张和心烦时更容易有咬指甲的行为。也有心理学家的研究显示，咬指甲能让儿童在沮丧、厌烦时立即获得满足感。如果儿童在婴幼儿时期没能与家长建立安全的亲子依恋关系，或家长与其互动的方式不合理，易使儿童缺乏安全感，引发焦虑等不良情绪，这种情况下儿童容易产生咬指甲行为。也有学者认为，在 2（或 3）岁到 10 岁这个阶段，马斯洛需要层次论中安全的需要、归属于爱的需要逐渐上升，如这两个需要没得到满足，儿童容易产生咬指甲行为。

而现在的观念有所变化，很多学者认为咬指甲是一种偶尔获得、被家长和教师不正确强化（如过分关注、强行制止）得以巩固的行为，一般去掉强化因素，随着儿童年龄的增长，咬指甲行为会自然缓解。但若它成为社会性发展不良的象征行为，反映儿童的孤独、自卑、恐惧、退缩，就需要家长及时关注了。

除此之外，儿童咬指甲的成因也可以分为以下几种：① 婴儿时期家长喂养不当使儿童通过吸吮指甲来缓解饥饿；② 出于好奇模仿他人；③ 用牙齿代替指甲钳；④ 儿童缺乏玩伴与社交，通过咬指甲自娱自乐。

（三）咬指甲症的家庭教育方法

一两岁的幼儿如果咬指甲，注意卫生就可以了。对于年龄超过 4 岁仍有咬指甲或吃手指习惯的幼儿，家长需要采取适当的方法进行矫正（肖梅，1998）。

1. 改善家庭教养方式

家长应根据儿童的心理特点,营造适合儿童心理发展的家庭氛围,构建民主、互相尊重、相互理解的家庭环境。家长应采用情感温暖与理解关心的教养方式,并适度给予儿童偏爱,而不要过多惩罚儿童,或者无故拒绝儿童,造成儿童心理上的紧张不安和恐惧。

2. 转移注意力

当发现儿童有吃手指或者咬指甲的行为时,不要一味盯着,或者一看见就打他们的手,这样会加重他们咬指甲的行为。我们应该用转移注意力的方式,为儿童创造更多的娱乐活动,让他们更多地与小朋友交往,扩大幼儿交际圈,与朋友分享快乐;多组织丰富多彩的家庭活动,为扩大儿童的交际圈创造更多的机会和条件,培养儿童对支持的利用度。

3. 挖掘幼儿吃手指或者咬指甲的背后原因

有些幼儿在家时没有这种行为,到了幼儿园就吃手指或咬指甲。家长要注意观察并了解具体原因,并分析幼儿吃手指或咬指甲是因为在幼儿园不合群没有伙伴还是无聊,还是在遇到困难的时候才有这种习惯;找出原因后制定相应的对策,慢慢地帮助他们克服。

三 说谎

说谎(lying)是发展心理学的早期研究课题之一。在我们的日常生活中,说谎是经常发生的现象。说谎指个体或群体有意或无意做出与事实不符的陈述或用不正确的方式隐瞒事实真相的行为,是为了得到某种好处、逃避不愉快、减少恐惧心理等所采取的言行。说谎是一种情境性行为,包括复杂、多情境的言语行为和肢体动作、表情等非言语行为。

(一)说谎的表现

儿童到了一定的年龄阶段就会出现说谎行为并且伴随其成长。心理学家很早就开始关注幼儿早期的说谎问题。调查显示,50%的幼儿都有说谎的行为和习惯。3岁幼儿中有59.3%出现说谎行为,4岁时比例高达75%。从幼儿认知和心理的发展特点来看,3岁幼儿已有说谎的经验,4岁开始就能有策略性的说谎,但3~4岁幼儿的说谎大都是无意说谎,属于无意识、不自觉的行为,常表现为满足愿望的心理、理解性心理错觉和自信心的萌动。5岁的幼儿有意说谎意识开始萌芽,此时的幼儿正处在思维和智力从无意性、不稳定性向有意性、稳定性过渡的阶段,抽象思维开始萌芽。5岁幼儿的说谎是为了满足其某种欲望、避免责骂，并常伴有较强的紧张不安、恐惧内疚等情绪体验，在时间上具有过渡性、转折性，在心理上具有动机性和矛盾心理体验性的特点。

研究表明，5岁幼儿有意说谎的表现有多种类型。从心理发展层面看，5岁幼儿心理发展尚未成熟，认知能力也尚未发育完善，更多地以自我为中心，常出现"幻想性"说谎（或"补偿性"说谎）。此时幼儿想象十分丰富，常常混淆想象和真实，产生"幻想"，从而进行"幼稚性"说谎。从社会交往层面看，5岁幼儿已能进行适当"自卫"，为了维护自尊和人格而"保护性"说谎。此外，幼儿还可能模仿同伴或成人的言行，因此出现"模仿性"说谎。5岁幼儿的有意说谎行为开始萌芽，如果不注意教育和引导就会发展成严重的欺骗行为，影响幼儿的道德发展。

（二）说谎产生的原因

1. 逃脱惩罚的恐惧心理

罗素说过，幼儿不诚实几乎总是恐惧的结果。当因做错事而将受到惩罚时，5岁幼儿会产生恐惧和逃避心理，于是有意说谎。由于恐惧心理的作祟，幼儿有意说谎的外显表现相对较少，而更多的是隐蔽说谎，即幼儿内心深处潜藏着有意说谎的动机。尤其是当幼儿初尝有意说谎的好处后，势必形成一种习惯，相应地也会扩散到幼儿的社会行为中。

2. 取悦他人的虚荣心理

幼儿有时为了满足自己的虚荣心，对事实加以粉饰、扭曲或夸大；或是为了向别人炫耀、混淆是非、有意说谎，把他人的成功之事、好行为说成自己的功劳，而把自己的失败之事、坏行为推诿给他人。随着年龄的增长，幼儿在面临选择说谎或说真话的道德两难情境时，会趋向于选择说真话。但是，5岁幼儿则更倾向于折中。如，贝贝刚满5岁，对于妈妈提出的两难问题"想妈妈还是想爸爸"，他回答："都想。"妈妈对此很高兴，夸奖了贝贝。可是，这样的信息反馈在幼儿内心形成了一种说话要讨好别人的谎言定势，讨好别人所带来的愉快体验强化了幼儿有意说谎的动机和行为。

3. "模仿"的强化

5岁幼儿具有很强的模仿行为，其具有明显的"镜子行为"，成人不经意的谎言，随口的承诺让幼儿误认为说谎是有趣之事，会照着做。在幼儿的日常生活中，成人中尤其家长是他们很多行为的"参照标的"，当他们犹豫不决时，会在成人身上寻求答案。如果他们偶尔说谎，成人的反馈是"无所谓"，幼儿可能会在以后面临同样情境时做出相同的行为。此外，幼儿之间也会互相模仿说谎和相互反馈，这不可避免地会让幼儿产生有意说谎的动机和行为。

4. 群体压力的"从众"

幼儿有时有意说谎可能是迫于从众心理压力。有意说谎是一种情境化行为,幼儿有意说谎行为随情境尤其是情境压力的变化而相应改变。当幼儿感受到群体的情境压力很小或没有时,其有意说谎的行为可能性会提升;反之,其有意说谎的行为可能性会降低。另外,互动的对象不同,幼儿进行有意说谎的从众心理也不一样。比如,在一般情况下,幼儿与幼儿之间的群体从众性说谎比幼儿与成人之间互动时的从众性说谎要多,这主要是由于来自同伴之间更多的相互参照,加之没有成人的干涉和评判,幼儿的心理压力较小,就出现更多的有意说谎行为。

(三)说谎的家庭教育方法

1. 重视"第一次效应",防微杜渐

幼儿初次说谎内心很矛盾,想认错但又害怕失去信任,缺乏认错的勇气。此时,家长应善于察言观色,及时发现幼儿说谎时出现的认知与情绪表现的线索,比如脸红、不敢对视、眼神闪躲等。抓住幼儿初次说谎时的矛盾心理,将问题消灭在萌芽状态。当然家长要注意,不要轻易给儿童贴"说谎"的标签。因为5岁幼儿正处于心理成长期,武断的言语和行为等处理方式很容易造成幼儿的心理创伤,不能轻易将幼儿的某些不诚实行为或不真实的陈述定位为"说谎",不要贸然做出判断,否则儿童会有道德压力。

2. 榜样引导,潜移默化

幼儿的许多情感、态度和价值观包括说谎这种行为是可以通过模仿习得的。现实中有些家长会有意无意指示儿童说谎,如来电话时说我不在;邻居来借东西说没有等,这无异于在训练儿童有意说谎。成人所表现出的不诚实行为对幼儿进行了负面诱导,在潜移默化中幼儿容易形成类似成人的说谎模式。家长要做到言行一致、表里如一、以身作则,以良好的人格魅力影响幼儿,以自己的实际行动向幼儿传递正直、说真话的价值观。

3. 信任幼儿,防止说谎

德国教育家克雷奇默(Ernst Kretschmer)认为,说谎是由于幼儿对成人尤其是家长不信任。如果家长能采用宽容理解的方式对待幼儿的说谎,便可在一开始就避免其有意说谎。不过首先要让幼儿相信自己的家长会善待自己,并且相信家长做出的承诺——做错事不要紧,重要的是如何改正,只要改正了还是好孩子——是真的。要给幼儿营造一个大胆说真话的气氛和环境。家长不能不顾一切地"逼"其坦白,给幼儿制造很大的压力,这样只能导致幼儿自圆其说、编造谎言。那种简单粗暴对待说谎幼儿

的方式,只能加重其有意说谎的动机,强化其有意说谎的行为,因此,要给幼儿营造宽松的气氛和环境,减轻幼儿的心理压力。

4. 引导良好社交,强化诚实行为

幼儿的交往对象主要是同伴,因此应帮助幼儿建立良好的交际圈,引导其通过积极社交形成良好的人生观、价值观。此外,还要鼓励幼儿与品行优秀的成人交往,使其受到潜移默化的熏陶,明白对与错、好与坏等道德判断标准。比如,当遇到少数经常说谎的幼儿时,家长要给他讲道理,上升到道德的高度约束其行为,使其认识到问题的严重性,明白有意说谎是令人不喜欢的行为,并使其他幼儿也受到教育。对于诚实守信的幼儿,成人要及时表扬和鼓励,给予正面反馈。

四 遗尿症

(一) 遗尿症的表现

遗尿症(enuresis)指 3 周岁以上的儿童在睡眠中不自主地溢出尿液的一种疾病,表现为白天尿裤、夜间尿床,俗称尿床。尿床对于幼儿来说是一种比较普遍的现象,3岁以下的婴幼儿大脑神经发育尚未成熟,排尿习惯尚未形成,因此出现尿床属于正常现象。若 3 岁以上的儿童尚不能控制排尿,经常尿床,则属于遗尿症。据调查,80%的 4~5 岁幼儿可以控制夜尿,即 4~5 岁时仅有 20% 幼儿遗尿,个别儿童的遗尿症状持续到成年期。根据国际上统一的诊断标准,5~6 岁儿童每月至少尿床两次,再大些儿童每月至少尿床一次就可诊断为遗尿症。患有遗尿症的儿童占儿童总人口的 14%~17%。5~10 岁的儿童遗尿现象最多,随年龄增长,发病率逐渐降低,10 岁以上则很少见。

(二) 遗尿症产生的原因

1. 遗传因素

有不少研究结果显示遗尿症在家族中呈显性遗传,如果家长均曾为遗尿症患者,他们的儿童有 77% 的概率会遗尿;如果家长中只有一个人曾为遗尿症患者,那么他们的儿童有 44% 的概率会遗尿;如果家长均未出现此症状,那儿童患遗尿症的概率只有 15%。

2. 疾病因素

蛲虫症(虫体对尿道口的刺激)、尿路感染、肾脏疾患、尿道口局部炎症、脊柱裂、骶

部神经功能障碍、癫痫、大脑发育不全、膀胱容积过小等均可引起遗尿,但因病引起的遗尿只占很小的比例。

3. 心理因素和社会家庭因素

(1)精神紧张,压力过大。多见于继发性遗尿症。幼儿在生活中遭受重大创伤,心理紧张,会出现退行性行为,以遗尿形式表现出来。这种创伤源如果伤害性极强,一般从病理角度很难治愈,直到创伤源或社会心理因素消失后很长一段时间后,幼儿才会渐渐痊愈。

(2)过度疲劳,睡眠过深。一些幼儿由于睡得太深,以至于大脑不能接受来自膀胱的尿意刺激而觉醒,于是在梦中梦见自己上厕所而真的开始小便,这是膀胱充盈的信号被编入了梦境。

(3)家长对幼儿的排尿训练方法不当。研究表明,最适合的排尿训练时间是在幼儿1~2岁之间,如果过早训练,幼儿的神经发育方面尚未成熟,难以掌握复杂的自控排尿训练;如果训练过晚,错过排尿训练关键期,已经形成需要借助成人帮助下排尿的习惯。

(4)家长对幼儿的训练方法粗暴或对幼儿遗尿后的训斥、嘲讽、当众宣扬,都会破坏幼儿已建立或正在建立的自控排尿能力。

(三)遗尿控制的家庭教育方法

家长在婴儿1~2岁时应通过排泄训练,让其形成良好的排泄习惯。如果3岁后儿童还经常性出现遗尿的状况,那么家长可以按照以下方法去训练。

1. 明确病因

当确定儿童患有遗尿症后,首先应带儿童去医院进行详细的身体检查,诊断导致儿童遗尿的原因是生理方面还是心理因素、教养方式等方面,然后才能有针对性地进行治疗。

2. 建立条件反射

排尿是一种条件反射,需要良好的刺激,并且要反复学习、巩固强化以形成良好条件反射。家长可以配合医生的训练,留意儿童夜晚经常发生尿床的时间,提前半至一小时用闹钟将儿童及时唤醒,让儿童起床排尿,使唤醒儿童的闹钟铃声与膀胱充盈的刺激同时呈现,经过一段时间的训练后,条件反射建立,儿童就能够被膀胱充盈的刺激唤醒达到自行控制排尿的目的。此外,儿童晚餐后要适当控制饮水量,上床前要排尿,晚上不要让儿童看电视过久或过度兴奋,避免过度疲劳。同时要鼓励儿童自己去厕所小便,目的在于使儿童在比较清醒的状态下把尿液排泄干净。

3. 正确对待幼儿遗尿的问题

对幼儿未遗尿的成功行为及时给予奖励和表扬,对偶尔出现的尿床行为不责备、不讥笑,维护儿童的自尊心,千万不要对幼儿进行责骂或对外宣扬,以免伤害幼儿自尊心,使之产生自卑、不满情绪。应多关怀、安慰幼儿,帮助幼儿树立克服遗尿症的信心。

4. 训练膀胱张力

有些遗尿儿童的膀胱可能比正常儿童的小,因此每天排尿次数一般比正常幼儿要多,而排尿量却少于正常幼儿。家长可通过训练增加儿童膀胱尿量和减少排尿次数来进行治疗干预。其方法是:鼓励幼儿大量喝水或饮料,当儿童想小便时,就让他憋住,在训练的开始阶段,规定时间 5 分钟后去厕所,随着儿童的适应,要求他们忍耐的时间也相应延长,直到其能延长到 30~50 分钟为止。绝大多数儿童可以在 3 周甚至更短的时间内学会这种控制行为。当儿童出现控制行为时,治疗者或家长应立即给予表扬或其他形式的鼓励使之强化,巩固儿童的训练效果。

五 注意缺陷多动障碍

注意缺陷多动障碍(attention deficit hyperactivity disorder,ADHD)又称多动综合征或多动症,以注意集中困难、多动和冲动为主要临床表现,对学业生活、社会行为和认知功能等方面均构成一定程度的损害。ADHD 的治疗目的是改善核心症状、减少行为问题以及优化功能表现,主要手段为药物治疗和非药物治疗。非药物治疗包括心理教育、行为管理、认知行为治疗、人际心理治疗、家庭治疗、学校干预、社交技能训练等。主要应用的技术包括认知行为治疗、社交技巧训练以及家庭治疗。家庭作为儿童成长过程中最重要的环境因素,对 ADHD 症状的发生、发展及结局都具有重要影响(《中华儿童杂志》编辑委员会,2006)。

(一)注意缺陷多动障碍的临床表现

本建议主要参考美国《精神障碍诊断与统计手册(第四版)》的诊断标准,旨在规范我国临床诊疗工作,并为今后更深入地研究儿童注意缺陷多动障碍提供借鉴。注意缺陷多动障碍诊断必须符合以下 5 项标准。

(1)注意缺陷症状。

符合下述注意缺陷症状中至少 6 项,持续至少 6 个月,达到适应不良的程度,并与发育水平不相称。① 在学习、工作或其他活动中,常常不注意细节,容易出现粗心所致的错误;② 在学习或游戏活动时,常常难以保持注意力;③ 注意力不集中(说话时常常心不在焉,似听非听);④ 往往不能按照指示完成作业、日常家务或工作(不是对抗行为或未能理解所致);⑤ 经常难以有条理、有顺序地完成任务或其他活动;⑥ 不喜欢、不愿意从事那些需要精力持久的事情(如作业或家务),常常设法逃避;⑦ 常常丢失学习、活动所必需的东西(如玩具、课本、铅笔、书或工具等);⑧ 很容易受外界刺激而分心;⑨ 在日常活动中常常丢三落四。

(2)多动、冲动症状。

符合下述多动、冲动症状中至少6项,持续至少6个月,达到适应不良的程度,并与发育水平不相称。① 常常手脚动个不停,或在座位上扭来扭去;② 在教室或其他要求坐好的场合,常常擅自离开座位;③ 常常在不适当的场合过分地奔来奔去或爬上爬下(青少年或成人可能只有坐立不安的主观感受);④ 往往不能安静地游戏或参加业余活动;⑤ 常常一刻不停地活动,好像有个马达在驱动他;⑥ 常常话多;⑦ 常常别人问话未完即抢着回答;⑧ 在活动中常常不能耐心地排队等待轮换上场;⑨ 常常打断或干扰他人(如别人讲话时插嘴或干扰其他儿童游戏)。

(3)某些症状造成的损害至少在两种场合(例如学校和家里)出现。

(4)严重程度标准。

在社交、学业或成年后职业功能上,具有明显的临床损害证据。

(5)必须排除以下疾患。

精神发育迟滞、广泛性发育障碍、儿童精神分裂症、躁狂发作和双相障碍、焦虑障碍、特殊性学习技能发育障碍、各种器质性疾患(如甲亢)和各种药物的副反应所导致的多动症状等。

(二)注意缺陷多动障碍产生的原因

1.遗传因素

国内外许多研究结果表明,导致儿童患ADHD的首要的基础的因素是生物学因素。从ADHD病史的家系、双生子以及寄养子等方面对儿童ADHD的遗传方式进行研究,结果显示,儿童ADHD发生具有家族遗传倾向,ADHD儿童同胞该疾病的发病率为65.0%,明显高于正常儿童同胞9.0%的发病率。研究者发现,ADHD儿童组家族成员发生该症的危险性高出正常组儿童家族成员2~8倍。目前对收养子的研究文献很有限。近年来,国外开展了许多大型的双生子研究项目,数据常被用于衡量一种症状受遗传因素影响的程度,通过同卵双生子和异卵双生子的比较研究来反映环境因素和遗传因素的作用。如在荷兰进行的6024对双胞胎的一项研究结果显示,ADHD的遗传力为32%~40%。国内学者研究结果显示,双生子中多动、冲动行为特征的遗传率为55%~97%。

2. 生理因素

患 ADHD 的儿童行为异常可能与上述大脑功能区域发生功能异常及高级认知神经回路功能障碍有关。额叶功能异常可导致注意缺陷、行为冲动、情绪波动、活动过度等行为。在脑形态学方面，患 ADHD 的儿童大脑和小脑各功能区域广泛性容量减小。王韶怡等研究发现儿童大脑的顶叶、枕叶及额叶的脑沟与正常儿童相比，左侧中央后沟和右侧枕叶的沟的平均深度显著增大，左侧额下沟的平均长度显著减少。神经生化因素多巴胺神经递质和去甲肾上腺素递质是 ADHD 相关生化指标中研究较多的两种单胺类物质。多巴胺系统主要可以抑制和调节负责情绪和运动的神经元；大脑内去甲肾上腺素广泛参与人体的情绪、注意力、学习、记忆、睡眠、意识、神经内分泌等调节。大脑皮层和纹状体等大脑功能部位多巴胺的缺乏容易导致 ADHD 发生，因此多巴胺神经元功能异常可能是 ADHD 的致病因素之一，去甲肾上腺素与多巴胺在大脑内存在不平衡，去甲肾上腺素神经元功能异常也可能是 ADHD 的病因之一。

3. 环境因素

环境因素包括社会心理因素、产前和围产期危险因素、营养因素等。社会心理因素中家庭环境因素主要包括家长情况（职业、文化程度等）、家长关系、婚姻状况、家庭经济状况以及家长教育方式等，虽然它们所起的作用相对次要，但对该症的发展和结局影响不容忽视。不良的社会和家庭环境等不利因素可诱发或加重 ADHD 症状。在不恰当的家庭教育方式如行为、语言暴力的直接影响下，儿童自信心、自尊心受挫，精神常处于高度警觉状态，易诱发异常的行为方式。有研究显示，经常受到赞赏的儿童心理异常发生率明显低于经常受责骂的儿童。母亲性格内向急躁，怀孕时情绪不稳定是儿童发生 ADHD 的主要危险因素。家庭经济收入低，父母离异，家庭环境亲密度、情感表达、知识性偏低，矛盾性评分偏高等因素均与儿童 ADHD 的发病率存在密切关系。母亲孕期和围产期情况也与儿童 ADHD 的发病相关。母亲在怀孕期间吸烟、酗酒、接触某些药物、疾病、中毒或 X 线暴露、重大应激生活事件等均能增加儿童 ADHD 发生的风险。一项 4～9 岁儿童 ADHD 调查研究显示，家族病史、母亲妊娠期患病、新生儿窒息、早产等均是 ADHD 患病的危险因素。

（三）注意缺陷多动障碍的家庭指导要点

家庭环境是儿童成长的主要环境，患 ADHD 的儿童的干预和治疗尤其需要家庭成员的陪伴和支持，家长参与到干预和治疗中来可以促进儿童症状的改善。家长和老师必须承认 ADHD 是一种疾病，是儿童心理发育不成熟或存在缺陷的表现形式，儿童至少目前不能像普通小孩那样生活，必须要受到特殊照顾，要花费更多的心思，同时清楚教育患儿要使用合适的方法。

1. 改变家长教养方式

家长要合理安排患儿的休息时间，使患儿的生活有规律。在生活上注意培养他们的自理能力，尽量分配给他们一些易完成的工作，对他们成功做好的每一件事及时表扬。家长要善于运用奖赏的方法，同时合理使用惩罚措施，惩罚必须和奖赏配合进行，即一旦出现不适当的行为立刻给予处罚，而一旦出现好的行为，则要马上给予奖赏。平时也要多鼓励，少批评。另外，家长应与教师加强联系，适时接受教师的专业指导。

2. 培养患儿注意力的持久性

如果患儿处于内部语言外显化阶段，家长就要注意逐步培养其集中注意力的习惯。延长其集中注意力的时间，指导他们用公开的语言集中注意力，即让儿童边说指导语边进行任务，如"我现在要做作业了，必须集中注意力，认真细心地做，第一题是……"。开始家长给患儿做示范，之后让儿童自己去做。这样有助于患儿集中注意力，较快完成作业，亦可逐渐由出声的自言自语过渡到内心独白。在患儿未形成自我控制的行为之前，必须有成人在一旁指导和督促。

3. 巧妙安排游戏

由于思维发展的局限性，幼儿无法用语言完全表达自己的思想。游戏是最适合儿童特点的活动形式，家长可以把教育的内容贯穿到游戏之中。家长可以根据儿童的具体情况，巧妙安排各种游戏如情景游戏、角色游戏等。多动症的一个具体表现就是精力过于旺盛，动作多，停不下来，家长可以组织一些连续性的活动或游戏，如打球、爬山、野营等，让他们动起来，让多动症儿童释放过多的精力；也可以锻炼儿童动作协调能力，促进其脑功能全面发展尤其是促进额叶发育，增强其自我控制行为的能力。同时游戏也可以加强儿童与同伴的合作关系，培养他们的合作精神。大多数非心理分析学派的医师认为，游戏治疗的目标不是帮助儿童获得情绪上的领悟，而是作为一种与儿童建立信任关系的手段。

二维码 5-5
注意缺陷多动
障碍案例

复习思考题

一、简答题

1. 简述幼儿思维的特点。
2. 简述幼儿亲社会行为发展的影响因素。
3. 简述同伴关系对幼儿早期家庭教育的意义。
4. 简述性别认同发展对幼儿早期家庭教育的意义。
5. 简述游戏对儿童发展的作用。
6. 简述幼儿说谎的家庭教育指导要点。
7. 简述幼儿注意缺陷多动障碍的诊断标准。

二、案例分析

1. 明明,3岁,小班幼儿,喜欢随便打小朋友,随意性强。主要行为表现:在做游戏的过程中,经常和小朋友争抢玩具。只要是自己喜欢的玩具,就一定要抢过来,在这个过程中打人或者是咬人。当不能得到自己喜欢的玩具时,会放声大哭。

请分析明明攻击行为产生的原因并给出建议。

2. 谭某,女,10岁,本市某小学三(1)班学生。性格外向,大胆、泼辣;长得浓眉大眼,剪一头男孩式的短发,从来没穿过裙子,当陌生人向其询问性别时,总以"我是男孩"自居,曾多次在家长与同学、老师面前流露过"要是我是男孩就好了"的言行。平时不爱与女同学玩,喜欢男孩子的游戏和活动,如赛自行车、爬山、远足、科技航模等竞技类或刺激性较强的活动。谭某的家长均为个体户,做生意小有所成,平时经常早出晚归,对谭某的学习、生活无暇顾及,家中只有外婆照顾其生活起居,外婆文化水平低,没有办法管教她,因此造成了谭某野性十足的"假小子"的模样。

请运用幼儿性别认同的知识分析可能导致谭某说"我要是男孩就好了"的原因并给出建议。

二维码 5-6
复习思考题答案

第六章

6~12岁儿童家庭教育心理问题

第一节 6～12岁儿童心理发展的特征

瑞士儿童心理学家让·皮亚杰提出的发生认识论将儿童的心理发展过程分为四个阶段,分别为感知运动阶段(0～2岁)、前运算阶段(2～7岁)、具体运算阶段(7～12岁)和形式运算阶段(12～15岁)。在皮亚杰的理论中,6～12岁儿童主要处于具体运算阶段,其身心发展具有一些典型的特点。

一 认知能力的发展

认知是人类获取、加工、存储和使用信息的心理过程的总称。认知能力是指人脑加工、储存和提取信息的能力,包括观察力、记忆力、想象力等。人们认识客观世界,获得各种各样的知识,主要依赖于人的认知能力。认知过程涉及知觉、注意、记忆、思维、分类、推理、决策等心理活动。本节将从注意、记忆、想象、思维这几个方面来介绍6～12岁儿童的认知能力发展特点。

1. 注意

注意是人的认知活动的基础。没有对事物的注意,就不会有对事物的认知。根据注意过程中是否具有目的性及是否需要意识的参与,注意可以分为有意注意和无意注意。有意注意指自觉的、因预定目的而产生的,经过意志努力保持的注意;无意注意则指由强烈的、新颖的或感兴趣的事物引发的无预定目的和意志努力的注意。

6～12岁儿童注意的发展,主要包括有意注意和无意注意的发展。在小学低年级阶段,学生的无意注意仍占优势,无意注意仍起重要作用。随着年纪的增长,儿童的有意注意不断发展,但是并没有达到完善的程度。其总体发展趋势是从无意注意占主体地位转变为有意注意占据主导地位,有意注意也由被动的水平提高到自觉的水平。

一般情况下,7～10岁儿童可以连续集中注意20分钟左右,10～12岁儿童可以连续集中注意25分钟左右,12岁以上儿童可以连续集中注意力30分钟左右。

2. 记忆

记忆是大脑对客观事物的信息进行编码、储存和提取的认知过程;也指存储信息的结构及内容。记忆是人脑对经历过的事物的反映。这里的经历过的事物包括过去曾感知的事物、思考的问题等。记忆过程包括识记、保持、回忆(或再认)三个环节。

6～12岁儿童的记忆是在儿童期记忆发展的基础上的再发展,进入小学阶段后,其记忆发展主要体现在量方面的发展和质方面的发展两方面。

(1)记忆在量方面的发展是指记忆容量与记忆保持时间的发展。记忆容量是指儿童在单位时间内所记住材料的最大数量。6～12岁儿童在记忆容量方面有了很大的提升。钱含芬等学者的研究表明,一年级儿童的数字记忆容量与三年级、五年级儿童相比存在显著性差异,而三年级与五年级儿童相比不存在显著性差异,这说明7～9岁是儿童记忆容量迅速发展的时期。记忆保持时间是指从识记材料开始到能回忆出材料之间的间隔时间。洪德厚对儿童记忆发展的研究结果表明,儿童的记忆保持时间随年龄的增长而增长。

(2)记忆在质方面的发展。6～12岁儿童的记忆发展从无意记忆向有意记忆转变。学前儿童记忆的目的性相对较弱,而6～12岁儿童需要有意地去发展有意记忆,即从三年级开始,有意记忆的主导地位越发显著,且意义识记逐渐取代机械识记从而占据主导地位。

3. 想象

想象是大脑中形成从未在客观世界感知到的表象或观念的过程。在儿童进入学校后,在学校教育教学的影响下,其想象也获得了进一步的发展。其中最为突出的就是6～12岁儿童想象的有意性会随着年级的增高而不断提高,与低年级的儿童相比,高年级的儿童在想象上更容易契合相应的主题。

同时儿童想象的创造性也会有显著性提高,不再是简单的复制和模仿,而能够根据自身已有的经验,去创造不一样的内容。想象的现实性也会随着儿童年龄的增长而增强,虚幻性想象逐渐减少,想象越来越符合逻辑。

4. 思维

思维是指运用分析和综合、抽象和概括等智力操作对感觉信息的加工,其以记忆中的知识为媒介,反映事物的本质和内部联系。思维具有概括性和间接性。

6～12岁是儿童思维发展的一个重大转折时期,从小学起,儿童开始接触正规的教学活动,系统地学习人类关于自然和社会知识的经验。这对儿童提出了新的要求,从而使儿童的思维水平在这个阶段获得了长足的发展。

我国心理学家朱智贤指出,6～12岁儿童思维的基本特点是从以具体形象思维为主要形式过渡到以抽象逻辑思维为主要形式,但这种抽象逻辑思维在很大程度上仍然是直接与感性经验相联系的,具有很大成分的具体形象性。

除此之外,林崇德也提出了6～12岁儿童思维发展的基本特点:① 逐步过渡到以抽象逻辑思维为主要形式,但仍带有很强的具体性;② 由具体形象思维到抽象逻辑思维的过渡存在明显的关键期;③ 思维结构趋于完善,但仍有很大的提升空间;④ 思维发展过程具有不平衡性。

在6～12岁儿童思维发展的过程中,一些基本的思维过程也得到了发展,例如概括能力的发展、比较能力的发展、解决问题的能力发展等。6~12岁儿童的概括能力在教学和环境的影响下有了很快的发展,但是囿于知识水平和经验水平的限制,他们只能利用已获得的经验或知识对事物的某些特征或属性进行概括,而不能充分概括某个特征的所有属性。比较能力从可以分辨具体事物的异同逐步发展到可以分辨抽象事物的异同。解决问题的能力也随着年龄不断增长而不断提高,这种提高具体体现在解决问题的成绩以及相应的策略上。随着年龄的增长,儿童在解决问题的方法上的选择越来越高级,对信息的加工也愈加完善。

二 情感的发展

随着年龄的增长,儿童的情感也开始呈现新的特点。儿童进入小学后,学校成为他们的主要活动场所,生活经验的增加、生活接触的扩大、环境的变化以及丰富多彩的集体生活使得儿童情感的内容日益丰富。这时期儿童情感的稳定性较之幼儿期有了很大的进步,他们不仅开始意识到控制情绪的必要性,而且不再像之前一样遇到不顺心的事情就大哭大闹、遇到开心的事情又马上破涕为笑。比起幼儿期易外露、易波动、不稳定的情绪情感特点,这时期儿童情绪的稳定性不断提高、情感的深度不断增加。

同时,这一年龄段的儿童控制和调节情绪情感的能力也逐渐增强,情绪情感也表现出内隐性。内隐性是指随着心理活动水平的提高,儿童能够逐步调控并掩饰自己内心的情绪情感而不是马上发作。比如,在学校遇到不愉快或伤心的事情,他们会尽量抑制自己的眼泪以防他人看到自己的悲伤或恐惧。另外,高级情感包括道德感、理智感、美感等都逐步发展起来。同时,儿童的意志也有较大的发展,主要体现在儿童意志的目的性、持久性、自制性与果断性等方面。

这一时期儿童的生活总体上还较为简单,加之自身认知水平的限制,他们的情绪情感比较单纯,很少会产生矛盾、复杂的情绪情感体验。

三 自我意识的发展

自我意识是主体对自己作为一个独特存在的个体的认识,是主体对自己以及与周围事物关系的认识。自我意识的成熟往往标志着个性的基本形成,它对儿童个性发展起着调节制约作用,是儿童进行自我教育的基础。在小学阶段,儿童通过游戏、学校、与同伴交往等活动逐渐形成各种角色观念,发展社会自我。同时,这个时期儿童表现出来的行为通常会以符合他人和社会的要求来作为自己的标杆,自我评价也往往服从权威。

我国学者调查发现,儿童自我意识的发展是随着年龄增长而逐渐向高水平发展的。具体表现为:① 小学一年级到三年级自我意识发展迅速,且一年级至二年级发展速度最快,是上升期中的主要发展时期;② 三年级到五年级儿童处于自我意识的平稳发展阶段,各年级并无显著差异;③ 五年级到六年级处于第二个上升期,自我意识的发展趋向深刻。

可见,处于6～12岁之间的儿童自我意识的发展并不是平稳、匀速的发展,而是有起伏、相对稳定的发展阶段。

(一) 自我概念的发展

自我概念是个体对自己各方面的看法和情感的总结。自我概念反映着自我认识甚至自我意识发展水平的高低,对自我体验和自我调节影响深刻。

6～12岁儿童的自我认识反映在其自我描述上。研究发现,儿童的自我描述从比较具体的外部特征描述向比较抽象的内部心理的描述发展。例如低年级儿童在回答"我是谁"这个问题时,答案往往倾向于姓名、年龄、性别、家长等方面,而高年级儿童则会对自己的性格、爱好、同伴关系等进行描述。无论处于哪个年级,儿童的自我认识都具有很大的具体性和绝对性。

儿童时期,个体的认知能力不断提高,但其思维的独立性和批判性还未获得充分发展,因此,儿童的自我概念形成和发展依赖于"重要他人"的反馈。在与后天的生活环境相互作用过程中,儿童将观察到的家长、教师、同伴等对自己的评价和态度加以学习,并内化为自己的态度表达出来,即反映为个体的自我概念;他人的积极关注和鼓励行为也会相应地使个体形成积极的自我概念。

(二) 自我评价的发展

自我评价能力是在分析自己的基础上形成的,是儿童自我意识发展的重要标志。

儿童用社会比较的结果来定义和评价自己,并且发展出相对稳定和具有结构性的自我概念。到七岁左右时,儿童进入具体运算阶段,他们会更加频繁地审视自己,将自己与大量同龄人进行比较,但此时的社会比较是不加区分的,也就是说,儿童无法将相似的他人(同学)与不相似的他人(教师)加以区分。9至11岁时,儿童的社会比较能力有了显著的进步。此阶段的儿童非常看重自己的能力和成就,并以此作为评价自己的指标,因此,他们的自我认识会比刚进入小学的儿童消极,更多地对自己进行自我批评和自我怀疑,此时其他同龄人的评价对儿童自我概念的形成影响巨大。

儿童自我评价的特点主要包括以下几点。

(1)自我评价包括多个方面,如身体外表、行为表现、学业成绩、运动能力、社会接纳程度等,这些都是小学生自我评价的重要方面,其中身体外表、行为表现与总体自尊高相关。

(2)自我评价更加接近他人,社会支持因素对儿童自我评价起着非常重要的作用,其中家长和同伴所起的作用最为重要。

(3)自我评价与情感密切联系。自我评价高的儿童更容易产生积极情绪,性格更加开朗;自我评价低的儿童更容易产生消极情绪,性格也更加内向。

（4）自我评价与儿童的人际交往是紧密相关的。有研究发现自我评价高的男孩能够更快地被团体接受，他们表现出更多的自信、热情，善于接受意见，学业成绩也更好，而自我评价低的男孩往往不善交际、性格孤僻，学业成绩也相对差一些。

（三）自我控制的发展

自我控制指个体对自己的心理和行为的主动调控过程，常表现为个体为达成未来目标而克制即时的快乐和满足。自我控制能力的发展对儿童的学习成绩、控制攻击、协调人际关系等都具有重要意义，它发挥的作用主要体现在个体对自身发展的能动性影响。

研究发现，在 6~12 岁年龄阶段，女孩的自我控制水平显著高于男孩，这种差异主要表现在社交和行为上。随着儿童渐渐长大，女孩越来越受到环境对其自身的影响，她们会比男孩表现得更顺从、更善于自我控制，因而性别差异会变得稳定。同时，儿童的自我控制发展具有相对稳定性，且儿童的年龄越大，其自我控制的稳定性越强。

儿童的自我控制通常体现在延迟满足上。延迟满足指通过推迟对欲望的满足以获得更大程度的满足。20 世纪 60 年代，美国斯坦福大学心理学教授沃尔特·米歇尔设计了一个著名的关于延迟满足的实验，实验地点是斯坦福大学校园里一所幼儿园，研究人员找来数十名儿童，让他们每个人单独待在一个只有一张桌子和一把椅子的小房间里，桌子上的托盘里有这些儿童爱吃的东西——棉花糖、曲奇、饼干棒。研究人员告诉他们可以马上吃掉棉花糖，但如果等研究人员回来时再吃，还可以再得到一颗棉花糖作为奖励。他们还可以按响桌子上的铃，研究人员听到铃声会马上返回。对这些儿童来说，实验的过程颇为难熬。有的儿童为了不去看那诱惑人的棉花糖而捂住眼睛或是背转身体，还有一些儿童开始做一些小动作——踢桌子，拉自己的辫子，甚至用手去打棉花糖。结果，大多数儿童坚持不到三分钟就放弃了。一些儿童甚至没有按铃就直接把糖吃掉了，另一些儿童则一直盯着桌上的棉花糖，半分钟后按了铃。大约三分之一的儿童成功延迟了自己对棉花糖的欲望，他们等到研究人员回来兑现了奖励。

二维码 6-1 考察儿童延迟满足的棉花糖实验

学者罗腾伯格也通过延迟满足实验研究儿童自我控制行为。他要求被试者完成实验任务并给予相应奖品。供儿童自主选择的有两种奖品，一种是任务完成便可得到的小奖品，另一种是第二天才可以得到的丰盛奖品。结果发现，6~8 岁的儿童中有 1/3，9~11 岁的儿童中有 1/2 选择等待，而 12~15 岁的儿童几乎都愿意等待。这表明随着年龄增长,儿童自我控制能力随年龄增长而显著提高;自我控制行为的发展过程主要表现在整个6-12岁间的童年期。

儿童自我控制能力存在显著的个体差异,研究表明这种差异的原因有以下两点。

(1)榜样示范作用。让两组儿童观察两种榜样,一组被试者的观察对象总是选择得到微小的满足,这种榜样的作用驱使观察者倾向于放弃自我控制;另一组被试者的榜样总是选择延迟得到大满足,这组观察者多倾向于坚持自我控制。

(2)家庭教育方式的影响。家长注重培养儿童的独立自主性、宽松而又民主的教育类型可使儿童增强抗拒诱惑的自我控制能力;而独裁型、惩罚型或溺爱型的家庭教育方式会剥夺儿童自我控制的机会和动力,从而使之缺乏自我控制能力。

第二节 6～12岁儿童身心发展常见问题

在小学时期,学习成为儿童的主导活动,儿童的认知能力、个性特点、社会适应等方面都在迅速发展,其发展中出现的问题日益突出且存在低龄化趋势。唐槐等人(2021)研究发现,学生的发展困难,如情绪、品行等问题往往和家庭环境密切相关,其影响和改变也和家庭环境的变化发展密切相关。日常生活中儿童身心发展问题主要可分为儿童学习领域中的问题、社会关系中的问题和生活道德上的问题。

一 学习篇

6～12岁正是儿童进入小学学习的阶段,这是儿童发展的一个重要转折点。在这个阶段,儿童表现出的主要学习特点包括以下三方面:一是学习动机总强度随年级升高呈下滑趋势;二是对不同学科的学习兴趣开始出现分化;三是学习策略具有不完善、不稳定和刻板的特点。这个阶段儿童在学习过程中容易在学习动机、学习兴趣和学习策略等方面出现问题。

(一)学习动机

儿童的学习动机会直接影响儿童的学习态度和学习成绩。一项对我国四至六年级小学生学习动机的研究表明,小学生的学习动机包括回报动机、求知动机、交往趋利动机、利他动机、学业成就动机、生存动机和实用动机等。这些动机在我国小学生中广泛存在,其中外部动机始终占据主导地位。如果儿童学习动机不够强烈,就会上课注意力不集中、学习态度不端正,甚至厌学,这将直接导致儿童的学习成绩下降。

（二）学习兴趣

学习兴趣是促使儿童自觉进行学习活动的重要推力，是教学促进儿童发展的起点，也是进一步提高学生知识水平的保障。如果儿童学习兴趣不强，容易导致儿童出现逃学，甚至上课多动的现象。儿童学习兴趣的变化显示出如下特征：① 儿童最初对学习的过程及学习的外部活动更感兴趣，到高年级后逐渐对学习内容及需要独立思考的学习作业更感兴趣；② 从三年级开始，儿童对不同学科的学习兴趣产生初步分化，这种分化具有不稳定性；③ 游戏因素对儿童学习兴趣的影响逐渐降低；④ 对社会生活的兴趣逐步扩大与加深；⑤ 儿童的学习兴趣存在显著的性别差异，这表现在男生通常对运动、机械等更有兴趣，而女生则倾向于对园艺、厨艺等更有兴趣。

（三）学习策略

学习策略是儿童认知能力提升的直接体现。学习策略分为普通学习策略和学科学习策略，普通学习策略是在任何课程的学习中都能应用的策略，这些策略通常和某一特定学科的知识或技术手段的学习没有特殊联系，如注意策略、逻辑策略等；而学科学习策略是与特定学科紧密联系的策略，它主要适用于该学科知识或技能的学习，如数学学习策略、语言学习策略等。随着年龄的增长，儿童逐渐学会使用有效的学习策略，但其策略使用仍然具有不完善、不稳定和刻板的特点。

同步案例6-1

原本听话的小城怎么了？

小城，男，12岁，家庭条件良好，父母均是白领。小城从小性格内向，不爱说话，在小区里只有一两个能够一起玩的好朋友。小城的父母均接受过高等教育，认为小城也能够像他们一样有一番作为，所以他们为小城报名了许多培训班。小城也没有辜负父母的期望，不仅学习成绩优秀，英语、钢琴上表现也十分出色，小城逐渐变成了其他家长口中"别人家的孩子"。看到父母因为他的成绩而喜笑颜开时，小城内心十分满足。但为此小城付出了许多：自三年级开始，他每周末只能休息半天，只有在那半天里小城才能和朋友一起出去玩，享受属于自己的时间。

现在已经是六年级学生的小城学业繁重,能够玩耍的时间越来越少,他的成绩开始逐渐下降,甚至上课都无法集中注意力,作业也不再能按时完成。家长和老师十分焦急,可询问小城他也不愿意回答。小城的父母觉得很疑惑:从小就听话又努力的小城,为什么突然会变成这样呢?

【思考题】

根据案例分析小城为什么会发生这样的转变。

【分析】

儿童的学习动机总强度随年级的增长呈下滑趋势,主要表现为外部动机下降。小城在低年级时因为父母的期望与喜悦而努力学习,此时小城的学习动机为父母的期望。

随着年龄的增长,儿童的自我意识发展趋于深刻,独立性增强,对权威的畏惧逐渐减弱。小城意识到自己并不愿意因为父母的期望而学习,学习动机转变为其自我意志。

六年级的小城不仅要应对父母要求的培训班,同时承担着小升初的压力,多方面的施压让小城的学习兴趣大幅下降,学习动机因此减弱。学习动机与学习兴趣的减弱则直接导致小城的成绩下降。

二 人际关系篇

相较于幼儿期,小学时期的儿童虽然在人际交往对象上几乎没有发生变化,但其交往的关系、性质和幼儿有着完全不同的特点。因为伴随着其独立性与批判性的不断增长,他们对家长、教师的态度开始由依赖走向自主,由对成人权威的完全信服到开始表现出富有批判性的怀疑和思考;这就意味着这个时期的儿童在与家长、教师、同伴进行人际交往的过程中,更容易出现矛盾和摩擦。这种矛盾和摩擦主要集中在与家长、同伴以及教师的关系处理中。

(一)亲子关系

亲子关系中最重要的就是亲子信任和亲子依恋。亲子信任不仅是亲子依恋和亲子关系形成的基础,也是后期发展的各种人际关系(比如同伴关系、师生关系等)的基础。家庭是儿童生活的重要场所,家长教养对于亲子信任的形成起着重要的作用。不同的家长教养行为和教养风格会对亲子关系产生不同的影响。通常而言,家长教养行为可以分为家长监控和家长支持;家长的教养风格则可以分为独裁型、权威型和纵容型。在独裁型教养方式下,亲子关系属于上下级关系。在这种关系中,亲子间的问题得不到及时的双向沟通,儿童对家长的信任、期望、依赖下降,易导致儿童形成畏缩、内向、怯懦的性格;在纵容型教养方式下,亲子关系在本质上也是属于上下级关系,只是它的上级是儿童、下级是家长,亲子间产生的问题只能通过家长方的解决而得到反馈,儿童则处于一直要求对方接受的状态,这就容易使得儿童对家长态度不良、性格暴躁且冲动。不良的教养方式是不良亲子关系产生的根源。

研究发现,随着儿童年级的升高,家长教养风格对亲子信任的作用越来越大,具体表现在:随着年级的升高,权威性教养风格对亲子信任的作用大小保持稳定,但独裁型教养风格对亲子信任的负向预测作用越来越大。因此,亲子关系互动良性与否在很大程度上取决于家长的教养方式和行为。这就要求家长根据儿童的心理状况去改变教养方式,与儿童建立起足够的亲子信任和适应的亲子依恋关系。

二维码6-2
7岁儿童
谈亲子互动的
重要性

而现在的问题在于儿童进入小学以后,其与家长的亲子关系发生了变化,它集中表现在随着年级的升高,儿童对家长的信任和依恋均存在显著水平的下降。于海琴和周宗奎(2004)的研究发现,与亲子关系不良的儿童相比,与双亲建立双重安全型依恋的儿童在社会交往、友谊质量、学业成绩水平方面获益最大。因此,儿童与双亲建立双重安全型依恋是其社交生活能力的重要保障。

(二)同伴关系

同伴交往是儿童形成和发展其个性特点、社会行为、价值观和态度的一种独特而主要的途径。同伴交往及其影响早在学龄前就已经存在;只是在进入小学以后,其特点会产生一些新的变化。这主要表现在以下几点:① 儿童与同伴交往的时间更多,交往形式更复杂;② 儿童在与同伴交往中传递信息的技能增强;③ 儿童更善于利用各种信息来决定自己对他人所采取的行动;④ 儿童更善于协调自己与其他儿童间的交往活动;⑤ 儿童开始形成同伴团体。

随着小学生认知能力的增强,他们的交往更趋于复杂,最常见的不良同伴关系主要是小团体和讨好型。小团体通常表现为儿童会倾向于选择自己喜欢的同学作为同伴,同时对其他儿童产生讨厌、不喜欢、鄙视等心理,这就极易导致小学班级内出现很多以3~

4 名儿童为主的小团体，每个小团体内儿童一起玩耍、交往、学习，甚至议论团体外的其他儿童。小团体会使儿童的人际交往变得单一，无法扩大其认知，对儿童以后的社交具有不利影响。讨好型的同伴关系指两个儿童中，一个儿童单方面地给予付出，另一个儿童则仅是接受。这种扭曲的关系极易产生于自尊心不高、自我意识不强烈且没有安全感的儿童，因为他们希望通过讨好得到朋友并且留住朋友以得到心灵上的慰藉。长期的讨好型的同伴关系会使得友谊的天平崩塌，一味付出的儿童内心深受打击，尚未完善的社交能力进一步下降。

在同伴团体中，同伴接纳是对同伴关系的一种反映形式，反映了群体对个体的态度。有研究表明，同伴接纳对 9～12 岁儿童的信任有正向预测作用，这说明在团体中，如果儿童能够被团体成员接纳，儿童将更容易建立与同伴之间的信任关系。无论是有组织的团体还是自发形成的团体，都会对儿童的个性品质产生重要影响。这种影响主要是通过团体的舆论而实现的。因此，在儿童同伴交往过程中，可能会因为团体舆论而被团体排除在外，这会对儿童性格、社会化发展产生极其不良的影响。

（三）师生关系

除了亲子关系、同伴关系之外，师生关系也是 6～12 岁儿童一种重要的人际关系。与幼儿园的教师相比，小学教师会更加严格，更加侧重对儿童学习、掌握各种学科知识与社会技能的引导。鉴于 6～12 岁儿童身心发展的特殊性，小学阶段教师对儿童的影响是重大而深远的。良好的师生关系有助于该阶段儿童的积极发展。研究发现，师生关系对小学生创造性思维、创新效能感均有显著正向的预测作用。

具体而言，这个阶段的师生关系可以归纳为三种类型：亲密型、一般型和冲突型。有研究表明，拥有亲密型师生关系的学生在学校态度、学业行为和社会行为方面均显著优于一般型和冲突型师生关系中的学生，且对学校态度、学业行为和亲社会行为也有显著的预测作用。与此同时，学生的学业表现与师生关系特点有显著的联系，学业表现好的学生有更积极的师生关系，这样会让师生关系形成一个正反馈的循环，即处于亲密型师生关系中的学生会更加乐意与教师进行交流，而一般型或冲突型的师生关系则会进一步加剧学生在学业成绩等方面的问题。不良的师生关系本质上就是一种冲突性的关系。冲突型关系的具体表现形式为教师对儿童的言语或身体暴力，以及儿童对教师的恐惧，甚至是程度严重的害怕等。冲突型师生关系与独裁型教养方式一样会导致儿童怯懦、胆小的性格，同时还会严重影响儿童的学习成绩及与同伴的交往。

因此，在小学师生关系中，教师需要更多培养和发展亲密型的师生关系。

同步案例6-2

该不该和成绩不好的同学交朋友？

妍妍，女，9岁，正读小学四年级。妍妍的家长开了一家餐馆，每天到饭点有很多人来吃饭，生意常常很好。妍妍从小懂事听话，放学了还会到餐馆来帮家长，有时候帮客人点菜，有时候给客人表演才艺，家长和常来的客人们都很喜欢妍妍。妍妍不仅个性开朗，成绩也属于中上水平，在班里有很多好朋友。

某天，妍妍的妈妈开家长会时发现她的同桌是班里的倒数，怕影响妍妍的成绩，便向老师请求换位置。不仅如此，回到家妈妈还告诉妍妍："不要和成绩不好的儿童玩，成绩会下降，会变得不优秀。"妍妍很听话，没有再和同桌一起玩了，可因此妍妍失去了很多好朋友。后来妍妍成绩越来越好，但朋友却越来越少，妍妍的性格也变得越来越内向。餐馆里的常客如往常一样想要逗妍妍开心，妍妍也不理会，只是看着自己的作业。父母问妍妍为什么不爱说话了，妍妍也不知道怎么回答，只是沉默着。

【思考题】

1.请结合该案例谈一谈你对妍妍变化的理解。
2.结合现实生活分析家长应该如何教导儿童树立正确的社交观念。

【分析】

6～12岁是儿童社交能力得到显著发展的阶段，随着年龄的增长，儿童在逐渐淡化对父母的依恋，建立亲密的友谊关系逐渐成为儿童的重要目标之一。

妍妍妈妈不允许妍妍与成绩差的儿童交往，阻碍了妍妍正常的同伴交往，导致妍妍无法进一步锻炼和发展社交能力。妍妍妈妈的独裁型教养方式使得妍妍与妈妈无法进行双向、平等的沟通，妈妈并不了解妍妍真实的想法，妍妍的真实想法只能一再积压于内心，无处纾解。

不能表达出来的心理与同伴关系的异常让妍妍自信心下降，自我效能感降低，不仅学习成绩因此下降，还使其变得畏缩、胆小。

三 生活道德篇

（一）不良生活习惯

小学是一个由儿童阶段向青少年的过渡期，这个阶段的儿童并不具备明辨是非的能力，因此容易养成一些不良生活习惯。这些不良生活习惯的形成主要受以下三方面因素影响。

(1) 家长。家长对儿童的溺爱会导致儿童在生活上不能够自理，甚至缺乏穿衣、洗漱等基本生活技能；还有家长未树立榜样失范，比如有些家长自己不注重卫生，也会影响儿童对清洁的重视程度。

(2) 同伴。儿童与同伴的相处时间较长，同伴的一些不良习惯如咬笔头、乱扔垃圾等，往往会悄无声息地影响儿童。

(3) 网络。家长通常为了让儿童乖乖学习，会以看动画片作为其学习后的奖励。但如今很多动画片中的角色并不完全符合儿童的学习标准，儿童极易模仿一些不好的角色而养成不良习惯。

（二）不道德行为

道德行为是指人在一定的道德意识的支配下表现出来的对他人和社会有道德意义的活动。佩克（Peck）和哈维格斯特（Havighurst）认为道德行为可分为不同的等级，6～12岁儿童的道德行为属于依从传统惯例行为型，其特点是容易依随社会的风尚，遵从集体的决策，而自己不采取单独的主张与果敢的行动。

在6～12岁儿童中，最常见的不道德行为是攻击行为与偷窃行为。更为严重的是欺负行为，它实际上是攻击行为的一种特殊形式。欺负行为通常指力量占优势的一方（一人或多人）对力量相对弱小的一方重复实施的攻击行为，其根本特征在于行为双方力量的不均衡性和重复发生性。张文新等（2001）的研究发现，在小学生群体中，直接言语欺负的发生率最高，其次是直接身体欺负；其中，间接欺负的发生率最低（间接欺负是指欺负者一方借助于第三方对受欺负者实施的攻击，如造谣等）。除此之外，相关研究还指出：小学生的欺负行为，会随着年级的升高而呈现降低的趋势。儿童的欺负行为不仅会影响儿童心理的健康发展，还会影响到整个和谐社会的构建。而偷窃行为的产生一方面有可能是因为儿童对偷窃本身的界定不够清晰（即无法理解未经允许而拿他人的东西是错误的，也不能正确分辨借与偷），另一方面则是因为家长在日常教养中没有给儿童树立规则意识（尊重他人的拥有权）以及培养有借有还的责任感。

（三）不良情感问题

小学时期正是儿童进一步发展社会关系的重要阶段，在这个阶段儿童会在人际交往中产生各种情绪，这自然能够增加儿童的情感体验，但如果处理不当也会在一定程度上影响到儿童的性格发展。儿童的不良情感主要包括暴躁、抑郁、焦虑、孤独、厌恶、憎恨等。

儿童产生不良情感的原因可以概括为以下三个方面。

（1）家庭因素。家长及其他亲人对儿童的情绪往往会间接地反映在儿童的行为生活中。研究显示，家长的情感温暖程度能够正向预测儿童的孤独感程度，处于积极教养方式家庭的儿童具有更少的孤独感。

二维码6-3
儿童行为
问卷——
家长版（PSQ）

（2）信息因素。如今网络深入所有人的生活，很多家庭都会允许儿童看电视甚至玩手机，儿童极易受到各种信息的影响，若长期接受不良信息，会对儿童的价值观产生无法挽回的冲击，甚至导致儿童的性格逐渐消极，不良情感出现的概率也会大大增加。

（3）学校因素。除了家庭以外，儿童的主要活动场所是学校，教师与同伴作为儿童经常接触的人，其情感会对儿童造成潜移默化的影响。通过与他们之间的交往，儿童会习得必需的社交技巧，养成独特的个性。

同步案例6-3

"拿"家长的钱算不算"偷"？

慧慧，女，12岁，小学六年级在读。慧慧的家长在镇上开了一家超市，镇上的人们都认识慧慧一家，常常来超市里买东西。慧慧性格开朗活泼，放学了就到超市帮忙收银，让家长歇一会儿。超市里的客人常常对慧慧家长说："慧慧多能干啊，你们可真有福气啊！"慧慧家长也觉得很自豪，他们不要求慧慧有很大的作为，只想让慧慧过得幸福开心就可以了，因此慧慧每周都有固定的零花钱，而且零花钱比周围的朋友都多。

慧慧常常用零花钱和朋友出去玩，还让朋友们到超市拿自己想吃的零食。家长发现后，告诉慧慧可以偶尔带朋友来，但不能常常擅自拿零食走。慧慧口头上答应了，心里却觉得很别扭，不知道该怎么跟朋友说。后来慧慧不再带朋友去超市拿零食，反而跟朋友说家长给她涨了零花钱，可以请他们吃，可实际却是慧慧借着帮家长收银的机会私自拿钱。起初家长并没有发现,后来算账才感觉每天的营业额有点奇怪,查看了监控发现竟然是慧慧在偷偷拿钱。他们觉得很为难,慧慧缺钱却没有告诉他们,反而私自拿钱。他们问慧慧为什么偷偷拿钱,慧慧却认为那不是偷,竟然还说家长的钱就是她的钱,她想拿就可以拿。这可让慧慧家长急坏了,不知道懂事的女儿为什么会变成这样。

【思考题】

1. 请结合该案例谈谈你对慧慧变化的理解。
2. 结合现实生活分析父母应该如何教导孩子树立正确的社交观念。

【分析】

对于6～12岁儿童,偷盗行为是最常见的不道德行为之一。按照佩克和哈维格斯特对于道德行为的分类,此时的儿童属于依从传统惯例行为型,儿童对于社会规范等并没有建立起完善、系统的了解,此时的他们并不能完全区分道德行为和不道德行为,相比选择改变,这个阶段的儿童更会选择跟随集体的或之前的做法。

慧慧对于道德行为和不道德行为的界定不够清晰,她并不认为"拿"父母的钱是一种不道德的行为。慧慧在和同学的交往过程中,已经习惯了通过自己让同学获得更多好吃的,父母突然不同意,慧慧可能会担心无法再继续和同学们一起玩耍,因此她想要保持之前的行为,避免和同学之间的关系出现问题。出于这种心态,再加上慧慧并不认为这是一种不对的行为,慧慧就选择背着父母偷偷"拿"店里的钱。

同步案例6-4

有了弟弟怎么办?

聪聪,男,12岁,小学六年级在读,他还有一个比他小5岁的弟弟,聪聪和父母以及爷爷奶奶住在一起。聪聪的父母平时工作很忙,因此基本都是爷爷奶奶照顾聪聪的生活起居。聪聪刚上小学时,性格十分开朗,成绩也很好,而且一直很懂事(能自己做的事情就不会去"麻烦"爸爸妈妈),课后会主动写作业,还会帮爸爸妈妈带弟弟。那个时候弟弟还很小,所以长辈的精力都更多地集中在弟弟身上。

因为聪聪一直让家长很放心,所以就对聪聪的管教比较少,即使他偶尔有几次考得不好,也没有主动地向老师了解他的情况。直到六年级,聪聪的成绩从之前的班级前几名突然变成了倒数,家长才开始关注聪聪的情况。但是此时的聪聪在学校也不乐意和同学或老师交流,回到家也总是一个人待在房间,不愿意和长辈交流,聪聪的家长突然不知道该怎么办了。

【思考题】

1. 本案例中,聪聪为什么突然不愿和家长、同学交流了呢?
2. 聪聪的家长怎么做才能使他走出现在的困境?

【分析】

在6~12岁儿童的成长过程中,虽然多了和教师和同伴之间的关系,但是父母依然是非常重要的角色,父母对儿童的关心教育决定着儿童整体素质的成长。

在小学阶段,儿童的自我意识逐渐发展,开始有了自己的思想,开始适应新环境,开始建立自己的同伴关系,并初步形成自己的价值观、道德观。在这个阶段中,小学儿童可能会遇到很多无法自己解决的问题,这时就需要父母去帮助他面对问题、解决问题。而聪聪的父母因为太过放心聪聪,从来没有主动地去了解聪聪可能遇到的问题,聪聪知道父母更加关心弟弟,所以也没有主动去提出自己的问题。长此以往,等到聪聪的父母发现时,聪聪已经对他们失去了分享的欲望,且不再信任他们。

第三节 6~12岁儿童家庭教育指导的要点

一 儿童学习习惯的指导

田澜(2010)在编制小学生学习习惯问卷时将小学生学习习惯结构划分为主动学习、作业承诺、课堂守纪、课外阅读、勤奋学习、去拖沓和专心听讲七个维度,家长可以对应这七个维度对儿童进行有针对性的指导。

1. 主动学习与去拖沓

主动学习与去拖沓这两点均着重于儿童学习的自主性。6～12岁儿童初期学习自主性较弱，对课外活动及游戏的兴趣大于学习；伴随着年龄的增长，他们对学科选择有了偏向，学习策略初步形成，自主性增长。

在自主性不断增长的这段时间，家长可以教导儿童从整理书包开始，即让儿童自己整理当天应该完成的作业，并在完成后将其学习用品收拾到书包里。低年级的儿童可能会比较粗心，需要家长逐步训练他们整理书包的技巧。比如，教他们列出今天需要准备的学具书本有哪些，并示范将这些学具书本挑出来放进书包里。让儿童独自应对自己的作业任务与书包管理，不仅可以培养其独立思考的能力，而且可以防止儿童的懒惰拖延，培养儿童学习的自主性。

同时，为了防止儿童养成拖延的不良习惯，家长应从小培养其时间管理能力。初期可以让儿童简单制订自己今日要完成什么作业或活动，例如告诉家长今日准备完成拼音练习，完成后才可以找伙伴玩耍；后期家长可以慢慢培养儿童制订详细计划的能力，例如，让计划从初期按粗略时间段划分的方式具体化，具体到精细时间节点。但同时家长还需要注意，制订计划的目标是让儿童规划自己力所能及的事项并按时完成，因此，这个计划安排的重点是从简到精，要避免繁多。事项如果过多，就可能导致儿童压力太大，因无法完成而产生失落情绪、逐渐对计划不上心、自信心下降等，不利于儿童良好习惯的培养。

2. 作业承诺

作业承诺这方面的问题主要集中于儿童的书写语言上。对此，家长可以给予儿童手部精细运动的训练，例如陪伴儿童进行穿珠子、剪纸等的练习，初期可以让儿童从串大的珠子或剪简单形状开始，随后慢慢增加难度。这不仅能够锻炼儿童对手部的掌控能力，而且能够提高儿童的专注度。在这个过程中，家长应当注意保持耐心，不要表现出不耐烦、呵斥等行为，以免增加儿童对练习的排斥心理。

针对儿童的作业练习，很多家长会焦虑对儿童的作业辅导，当儿童无法理解家长的辅导内容时，家长会变得暴躁、不耐烦、生气等，这会让儿童更加不知所措，甚至会因为害怕装作听懂而蒙混过关，这不仅不利于亲子关系的培养，而且不利于儿童勤学好问习惯的培养。长此以往，当儿童遇到不懂的题目时，会因为担心老师或家长的责怪而不敢进行提问；知识点无法掌握，又会继续导致听不懂家长辅导的情况，进而陷入恶性循环之中。

在进行作业辅导时，如果家长的表达过于成人化，可能会导致儿童有时无法听懂，家长应根据儿童当前的学习水平用简单易懂的语言进行表达，例如，给三年级的儿童讲解数学应用题，他可能不懂为什么8个点可以将一条线分为7段，家长应该用直接具体的线段进行解释，并延伸多个类似线段让儿童找到清晰的规律。如果多次表达后儿童仍然无法理解，家长也不应该继续强迫，而是控制自己的情绪，暂且搁置此题，待老师讲解后再询问儿童是否理解透彻,让儿童在开放独立的环境下学习。最关键的是,家长不应给予儿童一种"样样都得学会"的压力,当儿童听不懂或成绩不好时应减少对儿童的消极评价,帮助儿童建立对学习的自信,维护其学习的兴趣。

3. 课堂守纪、勤奋学习与专心听讲

课堂守纪、勤奋学习与专心听讲这三部分主要表现的是儿童注意力是否集中的问题。5~6岁儿童注意力集中时间一般为10~15分钟,7~9岁一般为15~20分钟,10~12岁一般为25~30分钟。

家长可以根据儿童的年龄特点,锻炼儿童在一定时间内的注意力。具体来说,首先,家长可以通过许多游戏活动(如画画、拼积木、玩沙子等)及趣味性故事学习训练儿童的专注度。比如家长给5~6岁的小朋友讲故事,内容可以选择短小而简单的,这样儿童在这个时间段注意力就能保持充分的集中;当儿童表现良好时,也要给予及时的正面反馈来达到训练的效果。其次,对于由睡眠不足、饥饿或注意缺陷多动障碍等原因导致的注意力不集中,家长应及时观察儿童的身体状况,给予对应支持。最后,儿童所处的环境同样也会影响其注意力。现今大多数家长会给儿童买许多玩偶及玩具,以致儿童所处环境的干扰要素过多,长此以往反而不利于其专注度的培养。家长平时应注意让儿童找到自己想玩的玩具后到另一个地方玩耍,并规定只有不打算玩了才能去换另一种玩具。同时注意观察儿童玩耍一种玩具的时间,当发现其玩耍仅几分钟就放弃时,家长要及时劝引,陪同儿童一起玩耍,帮助其将注意力充分集中一定时间。

4. 课外阅读

对于刚刚进入小学的儿童而言,他们的主要活动从以游戏为主转变为以学习为主,此时学习成为他们的主要任务。他们会对新的环境、学习方式、同学和老师,以及新的知识产生好奇,但是这种好奇并不是长时的,因此如何将他们对学习的好奇转变为兴趣是这个阶段的重点。

在这个阶段,家长可以利用儿童的好奇,通过一定的课外阅读激发儿童对知识的兴趣,让他明白大部分知识都可以从书籍中获取,从而养成对学习的兴趣。在初期,家长可以给儿童讲解简短、有教育意义的故事书,帮助儿童理解书中的道理,了解世界上不同的生物,拓展儿童的想象力和知识面;在中期,待儿童理解能力进一步提升时,家长可以购买一些短篇小说书籍,让儿童自主阅读,同时对

二维码 6-4
《中小学生课外阅读指导书目(2020 年版)》

其疑惑进行及时解答并给出积极反馈,保证儿童阅读的质量;在后期,等儿童能够专注阅读后,家长应允许儿童自主选择书目,拓宽其阅读范围,提高其阅读兴趣。家长需要注意的是,儿童专注阅读时,家长不要在旁边玩手机或看电视,一方面避免环境上的干扰,另一方面家长如果能陪同一起做需要专注的非娱乐性活动,也能对儿童起到良好的榜样示范作用。

二 儿童人际关系的指导

(一)亲子关系

亲子关系在家庭教育中发挥着重要的作用,对于这个阶段的儿童来说,家庭教育对儿童的同伴关系、师生关系影响并不是那么重要。足够的亲子信任与亲子依恋是良好亲子关系的基础,在日常生活中最常见的家长教养方式可以分为独裁型、纵容型和宽容型。独裁型与纵容型教养方式均会使儿童对家长的依恋与信任下降,而宽容型教养方式又会导致儿童在家长前面无法获得足够的安全感。家长不同的管教方式,可能会导致儿童产生一些心理或行为上的问题。建立良好的亲子关系需要多个方面的努力,在这里简单介绍一些要点。

1. 沟通

沟通其实包括很多方面,不仅仅是某一个下午与儿童促膝长谈,平常饭桌上的闲聊、饭后散步的聊天,甚至于偶尔的批评,都属于沟通的一部分。沟通是一件听起来很简单的事情,但是很少有家长能够真正与儿童平等地进行沟通,大部分家长在与儿童进行沟通时,都是一种类似于高位者向低位者发号施令的状态。比如,当儿童感冒的时候,家长可能会说:"你今天必须把这个药喝完,不喝完就不让你去上学。"这种沟通方式在儿童尚处于低年级,自我意识的发展还不够完善时,可以起到一定的作用。而随着儿童的年纪逐渐增长,这种沟通方式就很可能引起儿童的反抗。因此在与儿童进行沟通时,最重要的就是尊重,家长要尽量避免将自己看成长辈,在与儿童交流时,双方应该是平等的,就比如儿童感冒时,家长可以说:"你是不是也不想生病呀?那我们想要病快点好起来是不是该吃药?"相较于前一种沟通方式,这一种沟通方式更能使儿童接受要吃药的事实。

2. 学会放手

这个阶段的儿童开始建立更多新的社会关系,生活中不再仅有家人,因此这个阶段的家长要学会逐渐放手,不能继续把儿童生活的全部集中于家庭,要给予儿童一定的空间。如果儿童开始写日记,家长不要去偷偷查看儿童都写了些什么,如果想要知道儿童在学校中的生活经历和心理状态,可以主动开口询问,通过儿童自己去了解他的新生活,而不要背着儿童采用一些可能会使其受到伤害的手段。当儿童在学校内有了朋友,开始喜欢与朋友待在一起时,家长也不必过度悲伤,这是每个儿童成长的必经之路,如果此时扼杀了他与同伴的交往机会,会对儿童未来的社会化发展产生很大的影响。

当然,放手也不代表着完全对儿童不管不顾,不在意儿童在学校的任何表现,这种行为应该被称为不负责任,而不是放手。在这个阶段,家长可以适当地锻炼儿童的独立性,比如让他自己穿衣服、自己洗碗等,通过这些行为培养儿童的独立性和责任感,但需要注意的是,这个阶段的儿童仍然需要从家长这里获取足够的积极关注。当儿童做得比较好时,家长需要给予适当的鼓励和支持。如果家长此时对儿童的行为视而不见,不给予任何回应,会使儿童产生强烈的挫败感,丧失自信心,甚至使亲子关系产生很大的嫌隙。

（二）同伴关系

随着年龄的增加,特别是在青春期前后,儿童的独立性和自主性开始逐渐地发展起来,开始有摆脱家长的限制、约束和控制的想法;他们和同伴的交往日益增多,对友谊的渴望也更加强烈,同伴逐渐成为他们社会支持的一个主要来源。在不良的同伴关系中最常见的形式表现为小团体。

小团体主要表现在班级中对其他团体或某个人的排挤行为。当儿童在家庭内反复提及班内某些人或某个人的不好时,这很可能是儿童所处班级中有小团体的表现。小团体的出现容易导致儿童形成错误的交友观。家长应该站在儿童的角度帮助其树立正确的交友观,不能以成人的方式限制儿童。儿童尚处于广泛社交的状态,家长只需要观察儿童的社交方式是否良好,如儿童与同伴交往后是否表现出说脏话、作业拖拉的不良行为,一旦出现,家长应及时纠正并与儿童进行有效沟通,让其树立良好的行为意识,从而认识到自己同伴关系的不当之处,逐渐形成良好的交友观。

二维码6-5
案例分析：
青少年同伴
交往冲突的
处理对策

应该注意的一个前提条件是:家长不能强制干预儿童的同伴交往生活,家长的角色作用仅仅是帮助儿童树立正确的交友观,辅助其建构良好的同伴关系,而不能过分干预,过分干预不仅会削弱亲子依赖与信任,还会导致儿童对同伴交往感到混乱、焦虑,不利于儿童社交能力的发展。

（三）师生关系

师生关系是6~12岁儿童阶段重要的人际关系之一，良好的师生关系区别于传统的强调教师为绝对中心地位的师生关系；也区别于片面强调学生为绝对中心地位的师生关系。它是一种平等互动、互利和谐的关系。良好的师生关系应具有尊师爱生、和谐融洽、民主平等、合作对话、纯洁良善、共生相长、教师主导、学生中心、动态发展、深远持久等主要特征。

良好的师生关系是由许多方面的因素共同塑造的，学校、教师、家长以及儿童本人都会对师生关系产生影响。在诸多因素之中，最重要的就是教师和儿童本人。

作为家长，其主要工作是与教师进行充分的沟通，并且对教师有足够的信任。家长与教师间融洽配合关系的建立，意味着彼此之间互相理解、互相认同，这样也会顺理成章地为儿童在学校和谐融洽的师生关系奠定基础。具体说来，家长需要积极地配合教师的工作，主动保持与教师间沟通的畅通，始终与教师保持一致性和连贯性；同时不过多地干涉教师的教育方法，与教师的教育理念不一致时，要和教师多进行交流讨论，真诚以待。

三 儿童生活道德及不良情感的指导

（一）生活道德教育指导

儿童生活道德教育依赖于家庭以及学校给予的德育。德育，即思想品德的教育。在家庭中，家长或其他长辈对儿童施加的思想道德教育，就是家庭德育的方式。

伴随着儿童主观意识的觉醒，儿童的独立性和自我意识会逐渐增强，认为自己应该拥有和大人平等的道德权利，对权威性的畏惧也逐渐减弱。他们还会不停地比较，要求大人公平对待，但儿童由于缺乏对别人情感的敏感性，可能会因为对"公平"表面的理解而产生一些"以牙还牙"的刻薄行为。对此，家长应该顺应其发展，与儿童协商确立公平的意义，帮助儿童理解他人的感受，弱化物质性的奖励，养成相互关爱的亲子关系，让儿童将爱延伸到家庭以外的地方。

儿童在道德成长过程中始终是一个观察者。在日常生活中，儿童会观察、学习并总结出自己应该为人处世的法则，他们会了解家长如何面对生活、如何做出决定、如何待人接物，以及如何通过行动表现出自己的情感、欲望和价值观。家长的道德行为会为儿童勾勒出一幅完整的道德行为图式，其中包括道德知识、道德情感和道德行为。当家长试图纠正儿童的不道德行为时，也要学会反思自己的不道德行为，一旦家长本身言行不一，儿童就会认为家长是伪善的，无法接受家长的建议而变得随心所欲。

正如教育家马卡连柯所说的："在教育中没有小事,你们扎在女儿头上的一个蝴蝶结,为儿童买的一顶帽子、一件玩具——所有这些在儿童生活中都是有极大意义的东西。"在家庭德育中也是如此,家长所做的每一件小事都会对儿童产生不同的影响,因此在家庭德育中,最重要的就是家长以身作则。以身作则不是体现在言语上,更重要的是体现在行动上。例如,家庭中为收拾碗筷立下了一个约定,每天早餐后由妈妈收拾碗筷,午餐由爸爸收拾碗筷,晚餐由儿童收拾碗筷。当立下这个约定后,家长都要努力做到约定上的内容,不能食言,和儿童一样遵守约定的内容,在这个过程中,儿童就会理解守信是一种什么样的体验;当家长遇到困难时,可以选择和儿童协商是否可以不做某一次的收拾,在得到大家的允许之后,可以选择暂时不做那一次的收拾,但是在后面的时间中,需要把那一次的收拾补上。除了家长本身以身作则以外,还需要运用适当的方法对儿童进行有效的引导,以下几种方法都可供选择。

1. 实践锻炼法

实践锻炼法是指在家长的指导下,有目的、有计划地让儿童参加各种社会实践活动,训练和培养他们优良道德习惯的方法。品德行为可以通过实践去展现,而且必须通过反复的实践行为才能成为一个稳定的、既定的品德习惯。在儿童实践时,不仅要帮助他完成实践,更需要帮助他了解为什么要这样做,这样才能对儿童品德养成起更大的积极作用。比如,在日常生活中,希望儿童养成礼貌待人的习惯,那么就可以在平时见到亲戚朋友时引导他主动和长辈打招呼问好,这样形成习惯之后,儿童就会自然而然养成良好的文明行为。

2. 说理示范法

说理是指家长用摆事实、讲道理、说服教育、以理服人的方式提高儿童的认识水平,逐步培养儿童良好品德的一种教育方法。这种目前来说是运用最为广泛的。6～12岁儿童阅历浅、认识能力不高,因此对于很多事物都还没有明确的概念,可能会无法辨别善恶。此时就需要家长有针对性地、有耐心地告诉他们什么是对的,什么是错的,正确的做法该是怎样的,而后指导儿童进行正确的处理。但是这里依然建议家长做到以身示范,否则无法使儿童信服,也可能会使家长与儿童的关系出现嫌隙。

二维码 6-6
首个全国家庭教育宣传周活动启动

3. 规范约束法

规范约束法,顾名思义就是家长在家庭中按照社会道德规范的要求，制定家庭道德规范来约束儿童。在制定规范之前，应得到儿童的认可，使儿童自愿遵守规范中的每一条规则，而不是被迫接受。因此，家长可以采取和儿童一起制定家规的方式完成，让它成为整个家庭成员共同遵守的行为规范，不让任何人拥有特权，而且无论是家长还是儿童违反了家规，都应当受到同等的惩罚。长此以往，就可以通过家规让儿童养成良好的社会道德品质。

（二）不良情感指导

6~12岁阶段的儿童更倾向于建立多种人际交往的联系，以便丰富自己的情感体验，但是如果处理得不好，某种程度上也可能导致儿童出现不良情感问题，如暴躁、抑郁、焦虑、孤独等。当儿童出现这些不良情感之后，家长需要做的就是了解儿童不良情感产生的原因，然后帮助儿童积极地面对和改善。

研究显示，6~12岁儿童的家长情感温暖与孤独感呈显著负相关，也就是说，家长对儿童不理解、忽视或漠不关心，也就是采取拒绝否认的态度，会严重阻碍儿童社会化和情感的发展，使他们缺乏安全感和归属感，从而会使之体验到较强的孤独感。例如，很多家长在陪伴儿童时，依然会选择沉迷于刷手机，很多时候不能给儿童及时的回应，这并没有给予儿童真正的陪伴。除了孤独感，儿童出现的暴躁、抑郁、焦虑等情绪也多是由于家长对儿童的关注度不够。为此，家长可以从以下几方面进行改善。

1.给予足够的情感温暖

6~12岁正是儿童社会化及情感发展的时期，此时的家长需要给予儿童足够的情感温暖。家长要主动聆听儿童的想法，并对儿童的言语、行为等做出有效的回应。比如，当儿童看到妈妈在厨房忙碌，说他想要帮助妈妈一起做家务时，不应该果断地拒绝或是让儿童去写作业，可以询问儿童为什么想要帮助妈妈做家务，以及他想帮助妈妈做什么。然后适当地让儿童做一些其力所能及的事情，这样不仅能让儿童感受到家长的情感温暖，而且对于儿童自我意识和社会化的发展都有很大的益处。

2.进行有效陪伴

现在的很多家庭中家长总是在为了生活奔波，很少腾出时间去陪伴儿童；家长这种积极投身事业的态度，实际上也是通过实现自我成就的方式给儿童树立了更好的榜样，这是可以理解的。其实，陪伴的时长并不是影响亲子关系的最关键因素，更为重要的是如何在有限的时间里做到高质量的陪伴，即有效陪伴。有效陪伴是指付出心力关注儿童的真实需求，而不局限在空间和时间上的待在一起。同时，有效陪伴也不意味着家长对儿童学业的过度干预和监督。进行有效陪伴，就要了解儿童的兴趣和需要，并以其需求为导向，为他的成长提供支持。其中有效陪伴最主要的方式包括沟通及玩耍。沟通是家长与儿童建立信任及依赖关系的重要方式之一。亲子间的有效沟通需要良好的时机与合适的场所，最好选择充分的空闲时间与无第三人在场的环境。玩耍时家长需要注意以儿童的兴趣为出发点,让儿童掌控玩耍活动,真诚地认可他的成就,给予其必要的建议与支持。

3. 善用碎片化时间

家长需要明确的是,并非整段与儿童一起相处的时间才算陪伴。在日常生活中,由于这个阶段的儿童以学校教育为主,他待在家与家长相处的时间实际上十分有限,他们真正需要的是家长能够提供家庭的温馨氛围和归属感。所以,和儿童相处时家长可以利用碎片化的时间进行沟通交流。比如在送儿童上学的路上,可以和儿童聊聊今天的饭菜怎么样;在接儿童放学的路上,可以谈谈今天学校里发生的新鲜事。家长利用好这些碎片化时间,扮演好倾听者的角色,可以加深对儿童的了解。而只有对儿童的身心发展以及社会人际关系都有大概的了解,才能在儿童遇到问题时,更好地帮助他们解决。

复习思考题

1. 小学时期儿童的认知能力发展有哪些特点?
2. 针对小学儿童认知能力的发展特点,家长可以如何针对性地进行教育?
3. 在小学时期,儿童的主要学习发展特点是什么?
4. 在小学时期的儿童发展可能会遇见哪些领域的问题?
5. 小学儿童在人际交往之中可能会出现什么问题?
6. 小学儿童人际交往有哪些指导要点?
7. 对儿童进行道德教育有哪些方法?
8. 你对小学儿童的家庭教育有什么想法或建议?或者谈一谈你对小学儿童家庭教育的理解。

二维码 6-7
复习思考题答案

第七章

中学阶段青少年的家庭教育心理问题

引例

　　小青聪慧活泼，善于表达，喜欢画漫画。她的爸爸常出差，妈妈是小学老师。主要由妈妈负责她的教育，而且与小青的老师们保持紧密联系。妈妈很正统、很强势，喜欢引经据典教育小青，一点儿小事都会上升到人生观的高度。小青表面会听妈妈的说教，不顶嘴，背后却为此对朋友抱怨、哭泣。

　　读初二时，小青想留刘海遮住额头，觉得那样很漂亮。而妈妈却认为那样没朝气，而且会捂出青春痘。这次小青坚决不让步，妈妈非常生气，两人大吵了两次。小青气急之下喊道："你再逼我，我就去把头发挑染了。"后来爸爸从外地赶回来才解围：小青的刘海稍微剪短一点。

　　前几天，小青想把脱下来的T恤衫叠起来，她拿着衣服，翻过来，想把袖子卷上去。妈妈告诉她从下边开始叠会更方便，皱褶也会少一些。小青却很恼火，说她就想这么叠来着，还说什么所有的孩子都穿有皱褶的衬衫。妈妈说了没几句，两人便大声吵起来。小青把T恤衫揉得皱巴巴的，一把扔到地上，气冲冲地跑掉了。妈妈愣了愣，忽然意识到小家伙"可怕的青春期"开始了……

第一节　青少年身心发展特征

　　12～18岁孩子正值青少年期，包括少年期（12～15岁）和青年初期（15～18岁）两个阶段。此阶段是孩子的初、高中阶段，也是由儿童发育为成人的过渡时期。

一　生理发育

　　人体的生长发育有两个高峰期。第一个高峰是婴儿期，第二个高峰是青春期。在青春期，青少年的身高、体重及骨骼迅速增长，外形变化很大；内脏功能趋于健全；男女性器官发育成熟，第二性征的差异越来越明显，性意识逐渐萌发。

1. 外形变化

(1)身高迅速增长。

进入青春期后,青少年的身高增长速度加快。这是青春发育期外形变化最明显的特征。这期间他们的身高每年以6~8厘米,甚至10~11厘米的速度增长。男女青少年身高变化是有差异的,既有发育的一般趋势,也有性别的差异性。男生进入身高生长加速期的平均年龄是13岁左右,14岁达到生长高峰期,两年后又退回到以前的生长速度。女生的这一过程要比男生早两年,大多从11岁左右开始进入身高加速期,12岁达到生长高峰期。

(2)体重迅速增加。

体重是个体身体发育好坏的重要标志之一。青少年在身高增长的同时,体重也随之增加,每年可增加5~6公斤,突出的可增加8~10公斤。体重的增长反映出身体内脏、肌肉和骨骼的发育情况。内脏增大、肌肉发达使得肌肉力量增强,骨骼增长和变粗,这些都反映出个体的营养及健康等状况。

(3)第二性征的出现。

显示两性差异的男女身体外形表现称为第二性征,第二性征是个体身体外形变化的重要标志。随着第二性征的出现,个体从童年的中性状态进入两性分化的状态。男性第二性征表现为喉结突出、声音变粗、体格高大、肌肉发达、唇部出现胡须,阴毛、腋毛先后出现。女性第二性征表现为嗓音细润、乳房隆起、骨盆变宽、皮下脂肪增多、臀部变大,阴毛、腋毛先后出现。第二性征的出现使男女在外形上的差异日益明显。

(4)头面部的变化。

童年期个体的面部特征逐渐消失,以前较低的额部发际逐渐向头顶部及两鬓后移,嘴巴变宽,嘴唇开始丰满。尽管身体其他部分骨骼迅速增长,头骨增长速度却在显著减慢,出现头身比例协调的身体姿态。

2. 体内机能增强

青少年在青春发育期不仅在身体形态上发生剧烈的变化,而且神经系统和内脏器官等生理功能也在迅速增强,并逐渐达到成熟。

(1)大脑。

脑重及脑容积增长不显著,但在质方面有较大进展。大脑对机体的调节功能大大增强,分析、推理、论证能力逐步提高,易接受新事物。同时大脑皮层的兴奋性较强,遇事好冲动,意志力较差,但可塑性强。

(2)心脏。

为满足青春期生长发育突增的需要,作为人体运输系统的心血管系统也出现了第二次生长加速。在9岁时,儿童的心脏重量为出生时的6倍,在青春期开始后,则增长至12~14倍;同样,心脏的密度也在青春期阶段成倍地增长。随着青少年活动量的增加,心室壁的肌肉增厚,心肌纤维更富弹力。另外,在机能方面,心率、脉搏开始减慢。支配心脏活动的神经纤维已发育健全,能更有效地调节心脏活动。

(3)肺脏。

肺的发育也明显加速,肺活量将比青春期前增加1倍多。12岁左右,肺重量为出生时的10倍,肺小叶结构逐渐完善,肺泡容量增大,与呼吸有关的肌肉发育加快,呼吸功能进一步加强。

3. 性器官与性功能的成熟

生殖系统是人体各系统中发育成熟最晚的,它的成熟标志着人体生理发育的完成。进入青春期后,个体下丘脑促性腺释放因子分泌量增加,促进性腺发育。性激素分泌是内分泌系统活动中的重要内容。此时,男女性器官与生殖机能已经逐渐成熟。

性成熟让青少年心理发展发生了很大的变化。青少年开始意识到自己向成熟过渡,同时给他们带来性机能的好奇心和新颖感,逐渐产生了性意思。例如,开始"爱美",注意自己的外表容貌,出现爱照镜子、追求打扮的现象。

青春期生理发育最明显的特点是迅猛、全面。个体生理发育高峰时,其身高和体重以及身体各项机能都出现迅速而猛烈的变化。

此外,青春期生理发育还表现出不平衡的特点。例如,四肢的发育早于躯干,手足的发育早于四肢,心脏的增长早于血管等。神经和内分泌系统也存在着不协调的现象,这种不平衡导致青少年心理发展的速度要落后于身体的发展。

需要注意的是,青春期生理发育中还存在着明显的不平衡性。例如:身体机能和肌肉力量等方面存在明显的两性差异;女性的发育要早于男性;个体之间的差异更为明显。由于遗传、营养以及环境等因素的不同,女性月经初潮的最早年龄是9岁,最晚年龄是19岁;男性初次遗精的最小年龄是10岁,而有些人则在18岁以后。同时,民族、地域、城乡差异等因素也会造成青春期的生理发育存在差异性。

二 心理发展

生理是心理发展的基础。青春期身体的急剧变化对青少年心理过程和个性心理特征的各个方面都具有极大的影响。青春期的认知和情绪情感是青春期心理发展的两个重要方面。

1. 认知发展

11~15岁的青少年处于认知发展阶段的第四个阶段——形式运算阶段。这个阶段的青少年思维更具有逻辑性、系统性,思维的策略性增强,自我觉察力提高,并促使其行动上更具计划性。该阶段的青少年思维能力超越了只感知具体事物的层面,表现出抽象的形式推理,进入形式运算思维阶段。他们可以在头脑中把形式和内容分开,思维可以离开具体事物。与具体运算阶段的儿童相比,他们发展了抽象的、科学的思维能力,思维的概括能力增强,反省性和监控性明显提高,辩证思维能力增强,思维的创造性也迅速发展。

该年龄阶段的青少年认知具有以下五个特点。

(1)能够同时对两种以上的变量进行处理。他们可以从多个角度出发来解释自己的行为,在其他事情上也能从多个方面进行考虑。

(2)能够考虑到事情的发展和变化,已具有多角度思考的能力,看问题更有弹性,思维模式已达到成人水平。

(3)能够对可能发生的事件进行逻辑性的假设,根据假设来进行逻辑推演。

(4)有能力查明事物的内部一致性或逻辑联系,能够通过寻找支持或反对意见来验证事物的真实性。当认知对象出现内部矛盾时,他们会对此感到困惑。

(5)能够客观地分析自己、他人及所处的环境,知道社会和他人期望自己做什么,同时也能认识到在另一种家庭、社区和社会文化背景下,人们可能对相同的行为有不同的社会规范要求。

2. 情绪情感发展

青春期是儿童情绪情感体验最丰富的时期,也是情绪最不稳定的时期。青少年经常陷于情绪的大起大落之中。此外,青少年所处的经济和社会地位,常使他们的愿望很多但实现的可能性很少,这使他们经常陷于失望的负面情绪体验中。同时,争取独立的困难、性发育引起的心理冲动以及对性问题的敏感也使青少年容易处于不愉快的情绪之中。

(1)热情、富有激情。

青春期的青少年富有激情和热情,情绪体验的强烈程度会大幅度上升。这阶段的情绪具有不稳定的特征,易冲动,且情绪爆发快、强度大,普遍存在反抗心理。青少年体验到的通常是这些情绪的高强度状态。随着对情绪的控制力逐渐发展,青少年的情绪反应强度会不断降低,情绪的稳定性也逐步增强。

(2)内心感受丰富。

青春期的青少年情绪体验越来越细致,情绪表现也越来越丰富。他们的有些情绪感受并非完全由外部刺激引起,而是加入了许多主观因素。

(3)易敏感波动。

处于该阶段的青少年情绪体验常常不稳定,对他人的评论或批评非常敏感,容易从一个极端到另一个极端。别人的表扬会瞬间提升其心情,并使其从中得到巨大的行动动力;反之,别人的批评或负面评价也易对他们产生极大的伤害,致使其情绪低落、对事情失去兴致,缺乏积极行动的意愿。

(4)社会性情感明显增长。

随着年龄的增长,青少年情绪体验的内容更加深刻丰富,社会性情感占据主导地位。一方面,情感内容的社会性日益深刻,道德感、理智感、美感等内容越发丰富、水平逐渐提高,但由于认知水平与知识经验的局限性,高级的社会性情感具有一定的狭隘

二维码 7-1
自卑敏感
活得好累

和肤浅性;另一方面,随着情绪控制能力的增强,青少年会掩饰自己一些情绪感受,不愿意轻易向别人表露,在某些场合,他们会将喜、怒、哀、乐等各种情绪隐藏于心中不予表现,有时为了从众或出于其他一些想法,他们在情绪表露过程中会将某种情绪加上一些表演的色彩。

三 青少年时期常见的心理矛盾

1. 求知欲望强与认知水平不高的矛盾

青少年具有强烈的求知欲,以抽象逻辑思维为主要形式,具有独立性、批判性、创造性的特点。此阶段的个体智力发展尚未成熟,认知水平还比较低,还处于从经验型向理论型的过渡时期。他们喜欢独立思考,喜欢争论,不墨守成规,追求时尚,标新立异,喜欢挑战"真理"与权威;但由于缺乏社会经验,知识储备不足,思考问题往往表现为单纯幼稚,因而导致在分析问题,或者处理在生活和学习中遇到的问题时仍带有很大的片面性、主观性和表面性。

2. 生理上迅速发展与心理发展滞后的矛盾

随着第二性征出现,青少年的身体发生了巨大的变化。男女性别的分化明显,对性意识由不自觉发展到自觉,逐渐在自己的性别、异性的性别及两性区别等方面出现了意识觉醒。青少年的性意识活动通常表现为性兴趣,渴望了解性的知识,常想到性的问题以及性幻想和做性梦等。由于社会文化中的不良影响,家庭和学校性教育的相对缺乏或对性心理以及性意识活动的错误认知等,部分青少年不能以正确的态度和行为方式来应对自己性意识活动的萌发和表现。加之没有找到合适的沟通对象,不愿意对家长和老师说出自己的困惑。这种生理发展快,而性适应水平低的矛盾引发了许多性意识困扰,如早恋、性烦恼、性行为把握困难等,也会产生一系列生理、心理和社会问题。

3. 富于理想与缺乏辨别是非能力的矛盾

青少年朝气蓬勃,胸怀远大的理想与信念,对未来充满向往。然而他们往往又是急躁的理想主义者,缺乏辨别是非的能力,对一些不正确的宣传、不健康的思想缺少分析批判,对现实生活中可能遇到的困难和阻力估计不足,以致在许多问题上容易与现实脱离。加之对现实缺乏足够的思想准备,自我控制能力不强,缺乏坚强的意志和顽强的毅力,容易引发激烈的情绪波动,出现沉重的挫折感,产生苦闷、抑郁等消极的自我体验。

4. 强烈的独立性倾向与依赖性需求的矛盾

随着自我意识的增强、社会化加速及教育的影响,青少年感到自己有一种强烈的成人感和独立感。他们希望从成人的管教与控制下解脱,获得独立和自主,并以某种方式表现出来。他们在学习与生活上要求独立自主,不受限制和约束,同时被人尊重的愿望比过去任何时候都更为突出,遭受误解、经历失败时所体验到的挫折感也格外强烈。他们也不喜欢成年人用强制的口吻对自己发号施令。但是由于生理、心理及社会性方面尚未成熟,以及当代生活的特殊性和中国文化的特殊性,他们在生活处理方面又不能摆脱对家长、教师乃至整个成人社会的依赖。一方面,青少年认为自己已经是成人了,喜欢自己做主,想要摆脱家长和教师的束缚和干预,对于生活和学习中遇到的问题希望自己思考,自己解决;另一方面,青少年不善于自我控制,常常因为情绪的冲动而盲目行动,而且生活阅历很浅,经济上也不能独立,遇到复杂问题时缺乏信心和解决问题的能力,所以又无法摆脱对成人的依赖。从某种意义上说,青少年的心理并不是真正成熟,这种独立自主的要求和现实上的被动依赖在青少年的心理上形成强烈的困扰。能否正确处理这种矛盾,对于青少年的自尊心、自信心都会有着重大的影响。

5. 闭锁性与社会交往的矛盾

由于对自我的积极关注,青少年的心理活动更多地指向自己的内心世界,产生了更多的自我内心体验。同时青少年因为独立性和自尊心的发展,不愿意向别人袒露自己内心的秘密,好像有了很多心事,变得不再外露、直爽,出现了心理上的闭锁性,渴望有自己的空间,不愿让家长或者别人乱翻自己的东西。闭锁心理的出现,标志着自我意识的发展,说明自我思考开始变得深入、持久,是一种积极的适应环境和进行自我监控的手段。这时候青少年的思维、情感、智力等心理发展还不完全成熟,还不足以依靠自己的力量应对一些环境刺激,还要寻求家长、教师、朋友的帮助,对家长和教师的教育还不能理解,对朋友的要求也较高,因此觉得自己难以和家长、教师沟通,又没有知心朋友,感到不被人理解,产生孤独感。另外,青少年的生活空间逐渐扩大,学习任务加重,交往的需要变得强烈,渴求别人的理解,强烈地想与别人交往,想找到一个真正的朋友吐露自己的心声,这种闭锁心理与强烈交往需要的矛盾,如果解决得好,就会形成正向积极的情感体验,增强成功感和自尊心,有助于青少年形成和发展积极的个性品质;相反,如果解决得不好,则会影响青少年个性的健康发展。

第二节 青少年的学习动机

一、学习动机的概念及种类

（一）学习动机的概念

学习动机是指引发与维持个体学习行为，并使之指向一定学业目标的一种动力倾向。学习动机过程是动态的，个体受到刺激后形成学习的欲望，从而使自身的学习行为得以维持，继而去实现预想目标；或是出于其他原因而出现学习主动性下降，甚至最后使学习活动停止的一个发展过程。学习动机能够作为一个枢纽将学习者的内在需要和外在诱因很好地连接起来，并让学习行为持续进行。

（二）学习动机的种类

学习动机的作用是复杂的。学习动机可根据不同的分类标准分成不同类型。

1. 高尚的、正确的动机和低级的、错误的动机

根据学习动机内容的社会意义，可以将其分为高尚的与低级的动机或者是正确的与错误的动机。高尚的、正确的学习动机的核心是利他主义，即把当前的学习同国家和社会利益联系在一起。例如，中学阶段的孩子勤奋、努力学习各门功课，是因为他们意识到自己在不久的将来是国家建设的中坚力量，肩负着祖国繁荣昌盛的重任，所以当前要打好基础，掌握科学知识。低级的、错误的学习动机的核心是利己的、自我中心的，学习动机只来源于自己眼前的利益。

2. 近景的直接性动机和远景的间接性动机

根据学习动机的作用与学习活动的关系，可以将其分为近景的直接性动机和远景的间接性动机。近景的直接性动机是与学习活动直接相连的，来源于对学习内容或学习结果的兴趣。例如，孩子的求知欲、成功的愿望、对某门学科的浓厚兴趣，以及教师生动形象的讲解、教学内容的新颖等都直接影响到学生的学习动机。这类动机作用的效果比较明显，但稳定性比较差，容易受到环境或一些偶然因素的影响。例如，某个孩子数学成绩很好,因为任课教师讲得很生动,使枯燥的数字变成了一串串美丽的音符,容易理解与记忆。孩子在课后认真预习和复习,取得了好成绩;但这个孩子对数学的兴趣并没有保持下去,因为换了任课教师,而这位教师讲得比较死板、乏味,孩子觉得没意思,因此不怎么用心,成绩自然下降了。

远景的间接性动机是与学习的社会意义和个人的前途相连的。例如,孩子意识到自己的历史使命,为不辜负父母的期望,为争取自己在班集体中的地位和荣誉等都属于远景的间接性动机。那些高尚的、正确的远景间接性动机的作用较为稳定和持久,能激励孩子努力学习并取得好成绩;而那些为父母的期望或是为了自己的名声、地位的动机作用的稳定性和持久性相对比较差,容易受到情境因素的冲击。例如,在学习活动中遇到困难是常事,但受低级的、错误的间接性动机支配的孩子在这种时候容易出现情绪波动,缺乏克服困难的勇气与力量,常常半途而废。

3. 内部学习动机和外部学习动机

根据学习动机的动力来源,可以将其分为内部学习动机和外部学习动机。内部动机又称内部动机作用,是指由个体内在的需要引起的动机。例如,青少年的求知欲、学习兴趣、改善和提高自己能力的愿望等内部动机因素,会促使孩子积极主动地学习。外部动机又称外部动机作用,是指个体由外部诱因所引起的动机。例如,某些孩子为了得到父母的奖励或避免受到父母的惩罚而努力学习,他们从事学习活动的动机不在学习任务本身,而是在学习活动之外。

研究表明,内部动机可以促使孩子有效地进行学习活动。拥有内部动机的孩子渴望获得有关的知识经验,具有自主性、自发性。拥有外部动机的孩子学习具有诱发性、被动性,他们对学习内容本身的兴趣较低。

当然,内部学习动机和外部学习动机的划分不是绝对的。由于学习动机是推动人从事学习活动的内部心理动力,任何外界的要求、外在的力量都必须转化为个体内在的需要,才能成为学习的推动力。在外部学习动机发生作用时,人的学习活动较多地依赖于责任感、义务感或希望得到奖赏和避免受到惩罚的意念。因此,从这个意义上说,外部学习动机的实质仍然是一种学习的内部动力。家长在对此阶段孩子的教育过程中应强调内部学习动机,但也不能忽视外部学习动机的作用。一方面,应逐渐使外部动机作用转化成为内部动机作用;另一方面,应利用外部动机作用,使孩子已经形成的内部动机作用处于持续的激发状态。

二 学习动机的相关理论

(一)自我效能理论

班杜拉指出,行为的结果会对个体的行为产生影响,同时个体对行为能力的期望

二维码 7-2
自我效能感

也会影响个体的行为。因此自我效能由两部分组成:对结果的预期和对效能的预期。前者偏向于个体根据自己所做出的行为考虑会出现的结果;后者偏向于个体根据以往经验对自己行为能力的判断。例如,认真学习课程内容,在期末考试中就能取得不错的成绩,这时孩子就会认真学习,属于对结果的预期;如果孩子具备认真学习的能力,也想取得好成绩,此时就会付之于行动,形成高度的自我效能感,属于对效能的预期。同时,自我效能感会影响个体对活动难易程度的选择、面对任务的不同态度和情绪,例如自我效能感高的人大多数会选择具有挑战性的活动,在困难面前也毫不畏惧,充满热情。

(二)需要层次理论

二维码 7-3
马斯洛需要
层次理论

马斯洛(Maslow)认为动机由需要产生,并将需要按等级划分为生理、安全、社交需求(如归属和爱)、尊重、自我实现的需要。在马斯洛看来,这五种需要在个体的不同时期都是存在的,不同的是每个时期对需要的程度不一样。从学习者的角度来看,最高层次的需要是自我实现的需要,而这一需要也成为驱动学习者进行学习的有效动机。以初中生为例,基本需要的缺失在一定程度上可能是他们不喜欢学习的原因。如果能够满足他们前三阶段的需要,那么他们就会在此基础上产生尊重和自我实现的需要,从而激发对学习的动机。

(三)强化理论

学习动机来源于学习者在学习过程中不断受到的某种刺激,而动机的强化理论主要分为正强化和负强化。从刺激的角度来看,正强化是指个体的行为随着刺激的增加而增加,属于积极的、愉快的刺激。例如孩子在考试中取得了好的成绩,受到了家长的表扬。此时家长的表扬作为一种正强化,会激励孩子继续认真学习,提高了其学习动机。负强化是指个体的行为随着刺激的增加而减少,属于消极的、厌恶的刺激。如孩子没有考好,受到了家长的指责。此时指责作为一种负强化,孩子可能因为不想被指责而加倍努力学习。尽管强化理论对学习动机的研究有很大的意义,在家庭教育中也起到了一定的指导作用,但是家长要谨慎选择运用负强化,因为负强化是以负性的刺激来减少孩子不利于学习的行为,容易让孩子出现不良的情绪体验。每个孩子对强化的接受程度不同,家长应根据不同阶段孩子的特点以及个体的差异性恰当使用强化理论。

(四)成就动机理论

哈佛大学教授麦克利兰(Mc-Clelland)认为,对成就有强烈需求的人会更加认真地执行任务,同时也更容易获得成功。他们能够克服困难,拥有高效率,不在乎物质奖励。心理学家阿特金森(J. W. Atkinson)提出了成就动机的期待-价值理论,他指出成就动机是一种推动个体成功完成任务的内在心理倾向。他把动机划分为力求成功和避免失败两个部分,这两个部分组成的动机影响着人们的活动行为。拥有高成就动机水平的人对学习和工作充满了自信,解决问题的欲望较强,会认真努力地执行任务,往往最后的成功率较高。拥有低成就动机的人缺乏自信,如果不是强制要求的话,很少能成功完成任务。对于中学生而言,努力学习、奋发向上,将来能实现自己的人生价值,成为一个对社会有贡献的人,这就是成就动机的体现。

(五)归因理论

海德(Heider)早在1958年就提出,个体行为的产生会考虑两方面的需要:一是内部自身的需要,二是外部环境的需要,概括来说就是内部原因和外部原因。此后罗特(Rotter)于1966年在海德的基础上提出了一个新的定义——控制点。基于控制点的不同,可将个体划分为内控型和外控型。从表现形式上来看,内控型的人能够控制周围的环境,他们认为个人的影响更重要,并且积极承担自己的行为后果和责任。外控型的人更容易受周围环境影响,他们认为结果是由外界因素导致的,与自己关系不大并不愿承担责任,容易产生消极情绪。韦纳(Weiner)于1972年在海德和罗特的基础上,提出了著名的动机归因理论,他认为个体通常会从四个方面来解释自己的行为原因:个人努力程度、学习能力、任务难度及运气好坏。归因方式的偏好容易影响孩子在学习行为中的倾向。如果孩子把学习结果的产生归因为个人努力程度和学习能力等,更有助于激发他们的学习动机,促进其学习行为。

二维码 7-4
归因偏差

三 青少年学习动机的发展特点

（一）内部学习动机占优势

根据引起学习行为的动力来源不同，青少年的学习动机可分为外部动机和内部动机。外部动机的动力来自学习活动以外，其作用一般是短暂的、被动的，内部动机的动力来自学习主体本身，即学习活动本身，这种学习是由内在的心理因素引起的，例如，学习兴趣、好奇心、求知欲、学习目的、学习态度、学习抱负、志向等。内部动机的作用比较持久，并具有主动性，因此，学习活动的维持主要靠内部动机。处于中学阶段的青少年内部学习动机占优势地位，其绝大多数的学习活动由内部动机引起、维持和调控。其中有些内部动机对学习活动起消极作用，家长需要加强教育引导；其中多数动机长期起积极作用，也需要家长不断对其加以强化巩固。

（二）间接性动机起主要作用

间接性动机指向学习活动的结果，持续作用的时间长。中学生阶段孩子在学习过程中，间接性动机占主导地位。中学的许多学习内容是抽象的、枯燥无味的，但是，掌握这些科学知识、技能，对于他们将来的工作、劳动，是必要的，所以他们必须坚持学习。间接性动机的发展对中学生学习有重要意义。但是直接性动机的作用同样是不可忽视的。直接性动机让学生的学习兴趣同愉快情绪相联系，它是学生学习的强大动力，且不易引起疲劳，因此家长也要注意发挥直接性动机的作用。

（三）长期动机占主导地位

短期动机所追求的目标较小，较具体，也较易实现，其概括水平低，意识水平不高。青少年的短期动机虽占一定比例，但是以长期动机为主导。长期动机所追求的目标较远大，指向长远的未来，比较抽象和概括。中学阶段的孩子一般已经树立远大志向，虽然长远目标不可能立即实现，需要长期艰苦的努力，且要有很强的预见性。青少年对事物发展规律已有较深刻认识，同时也培养了坚强的毅力。伟大的目标能产生巨大的动力，对青少年长期动机的发展也有促进作用。

四 家庭教育与青少年学习动机的形成

家长积极的教养方式会对孩子的学习动机产生积极影响；消极的教养方式则会使

孩子的学习动机受到阻碍。研究表明,父母对孩子学习的积极支持与参与,以及对孩子的接纳等教养方式都能使孩子的学习动机得到增强。以关爱和接纳为要素的积极教养方式在孩子形成内部动机和学习总动机的过程中发挥着积极的作用;而消极的教养方式如拒绝、否认等则会促使孩子生成阻碍其主动学习的外部动机。母亲缺少对孩子的关爱会使孩子的学习动机不足,而父亲对孩子缺少鼓励与支持、情感不温和、管教过于严厉也会使孩子缺乏学习动机,可见孩子的内部动机水平受到家长教养方式深刻的影响。以往的研究表明,孩子成就动机的养成会受到父家长情感温暖与理解的极大影响,如果家长采用积极的态度对待孩子,孩子从中获得了理解,在追求成功方面就会有较强的动机;如果家长采用拒绝、否认或是使用惩罚、严厉等消极的态度对待孩子,孩子逃避失败的倾向就会较高。总之,孩子学习动机的维持和增强都需要家长的支持、鼓励和温暖的关爱,积极的教养态度会为学生带来更多学习的主动性。

同步案例7-1

李小辉怎么了?

提起高一年级的李小辉,老师们很是头疼——"这个孩子,没有哪次作业是好好做的!""别的同学作业交的是本子,他交的是一张纸!""上课不是打瞌睡就是发愣,提问时答非所问。"本次数学考试,他在试卷该答题的地方打满草稿,考卷上还写了几行小字:"老师,对不起,我头痛,请不要给我零分。"数学老师非常气愤,用红笔在他的试卷上批道:"卷面潦草,思维混乱。"语文老师拿出李小辉的作文,字迹非常潦草。小辉在作文里面写道:"我讨厌学习,在教室里我一分钟都待不下去了。"

小辉的妈妈提到自己的儿子,也是一筹莫展:"小辉小学、初中时可听话了,一放学就做作业,从不出去疯。上高中后第一次摸底考试,只排了第21名。从此上课爱听不听,作业马马虎虎,对学习就不感兴趣了。多好的学校,人人都羡慕。他怎就不知道珍惜?怎么成了这个样子?我和他爸老跟他讲,小辉你可得争气,回家咱们多自学,上课努把力,不也能跟上去吗?可他说什么没用,人人都比我强,我怎么也争不到第一,努力有什么用?"

【思考题】

仔细阅读该案例,根据学习动机的相关理论,分析以下问题:
(1)李小辉为什么不爱上学?产生这种状况的原因有哪些?
(2)如果你是李小辉的父母,应该怎么办?请提出有参考性的建议。

【分析】

产生这种状况的原因有以下几点。

(1) 自身的原因:过去考试失败的负面体验以及小辉对考试失败进行的错误内部归因,让小辉感到学习结果无法控制、无能为力,导致他学习动机降低,学习自我效能感水平不够。

(2) 外部因素:学校、家长在教育过程中过分重视用考试、分数、竞赛、名次等外部手段去强化学生的学习成绩,而无视对学生内部动机的培养和调动。另外,教师教育方式上的严重失误,也使他丧失了自尊和自信,加重了他的无助感。

提出的建议有以下几点。

(1) 采用一些有效的办法培养他的内部动机。利用他的兴趣爱好,如看报纸、玩电脑、玩篮球、学数学等,巧妙实现动机迁移。

(2) 采用各种办法,消除他在学习上的无力感,增加他的学业自我效能感。如,设定一些具体的、适当的小目标,创造只要努力就能获得相应的成果的环境,并及时鼓舞他的进步和成功。

(3) 对小辉进行合理的归因训练,引导他进行积极归因,克服自卑心理,增加自信心。

第三节 青少年的自我意识

一 自我意识的内涵

西方表达自我的词汇主要有两个:"ego"和"self"。心理学界通常探讨的是"self","self"是个人的反思意识或自我意识,是非精神分析意义上的自我。"ego"是弗洛伊德最早提出来的,它是从本我中分化而来的。弗洛伊德认为自我是以生物本能为基础的心理能量的总体。

美国心理学家詹姆斯(James)于1890年在《心理学原理》中首次提出"自我意识"这个概念。他把自我分为主我和宾我,主我即积极地知觉和思考的自我,宾我即被注意、思考或知觉的客体。在西方心理学界,通常自我、自我意识、自我概念等专业术语是不做明确区分的。弗洛伊德认为自我是本我和超我之间的调节者,从而使心理达到一种平衡的状态。

我国对自我意识的研究起步较晚。有些学者认为自我概念等同于自我意识,如凌辉等人认为自我概念和自我意识都是个体对自身心身状况和价值的认识及评价。但部分学者认为自我、自我意识和自我概念是不同的,如孙圣涛和卢家楣认为自我意识可从知、情、意三个方面分为自我认识、自我体验和自我调节(自我控制)。自我概念是自我意识的一部分,是从属于自我认识范围内的;而自我概念和自我意识又涵盖在自我之下。自我概念是自我意识形成过程的目的和结果。综上所述,本书将自我意识的概念概括为如下四个方面。① 自我意识是个体对自己身心状况的认知和理解。② 自我意识是个体对自己与他人和周围世界关系的认识。③ 自我意识是个体能意识到的自身全部的心理活动的过程和内容,其中包括过去已经形成的结果和正在发生的过程。④ 自我意识是一种多维度、多层次的心理系统。

总之,自我意识是个体对自我身心活动的感知,包括对自己生理状况、心理特征和对自己与他人及周围环境关系的认识,它是一个复杂的心理系统。

二　自我意识的相关理论

(一) 埃里克森的自我同一性理论

美国心理学家埃里克森主张应该赋予自我以特征和它自身的需要。作为自我心理学创始人,他认为自我在为本我需要服务的过程中,发展了自身的各种功能。自我能够组织个人的生活,保证个体生理环境和社会环境的永恒和谐;自我是人在发展中的心理过程,包含人的有意识的动作,并能对之加以控制;自我是个人过去经验与当前认知任务的综合,它引导个体的心理能量向社会要求和规定的方向发展;自我能把人的内心生活和社会任务统一起来,这就是自我发展的同一性问题。

埃里克森强调人的一生发展就是自我适应社会的过程,是一个自主的、充满冲突的发展过程。为了发挥个人的最大功能,在满足本我需要的基础上,个体还需要各种经验加以整合,因此个体必须追求一种稳定的自我意识,即自我同一性的认识:个体能感到自我的完整和自我经验的延续。埃里克森还把人的发展分为八个阶段,每一阶段都存在一种危机,危机的解决则意味着个体向下一个阶段发展的转折。当危机顺利解决时,则形成这一阶段积极的自我;反之,则形成这一阶段消极的自我。各个发展阶段之间是相互依存的,同时每个阶段又会形成自己独特的自我特征,人格的发展就是在与环境的不断作用中形成的各个阶段自我同一性的整合。埃里克森更注重文化、历史和社会的作用,尽管他的理论缺乏严格的科学论证,但对当代的心理学,尤其是青少年心理发展有着深刻影响。

（二）玛西亚的自我认同感发展理论

玛西亚（Marcia）被称为自我同一性研究的集大成者。她认为自我同一性是青少年进行各种可能的探索，并产生个性感以及个体在社会中的角色、经验跨时间的一致感和自我理想的投入。自我同一性包括探索和承诺两个变量。探索指自我同一性形成过程中个体对各种与己密切相关的问题，如职业、社会角色等产生了茫然和困惑，这时个体需要对多种有意义的选择做出抉择。承诺指个体为认识自我、实现自我并达到某一目标所使用和花费的时间、精力的程度。

玛西亚根据探索和承诺的程度高低划分出四种自我同一性状态，即自我同一性形成的不同结果类型或个体解决自我同一性问题的方式。

1. 自我认同扩散

这个状态下的个体既不能进行自我同一性探索，也不能进行自我决策。也就是这个状态的孩子既不了解自己，不确定未来的方向，也不关心这类问题。"走一步，看一步"，便是他们的常态。因为对一切都不清晰，所以他们在遭遇一些挫折或是自我怀疑的时候，很容易就会放弃自己曾经做过的决定，并且轻率地踏上另一条完全相反的路，这常常让他们在迷茫中一事无成。

2. 自我认同早闭

这个状态下的孩子仅仅是在父母的价值观基础上做出承诺，而没有进行自我探索。换句话说，这一阶段的孩子虽然获得了某种自我认同，但这种自我认同并不是来自自身的探索和尝试，而是来自他人。这些孩子最常见的想法就是"父母是什么样，或者父母要求我是什么样，我就是什么样"。他们对于自我的认知以及对于未来的规划，都依附于他人。这类孩子在遭遇挫折时，极易感到挫败，并进而出现强烈的自我怀疑。

3. 自我认同延迟

这个状态的孩子在自我探索的过程中还未能做出决策，还在通过自己的不断努力和思考，来探寻真实的自己和未来的方向。他们并非不愿达到自我认同，而是还在努力的过程中，还没达到自我认同那一步。这一阶段的孩子其实是最能感觉到焦虑和危机的，因为他们对于自己的迷茫状态有着清晰的感知，虽然暂时对此无能为力，但一直坚持的话，终究能走到自我认同完成的阶段。

4. 自我认同完成

这个状态的青少年在自我探索的同时，也有了一个坚定的承诺感。他们知道了自己适合什么，也清楚自己未来的方向，因此他们每一步都走得很坚定，不容易受到权威及外界环境的影响。这一个状态是需要孩子经过探寻才能达到的,只有经过了探寻状态的焦虑和痛苦,才能不断地摸索出方向。

三 自我意识的发展特点

自我意识的发展具有四个基本特点:意识性、能动性、独特性和社会意识性。

1. 意识性

意识的特征之一就是"意识到了"东西,即以更清晰的理解和更自觉的态度来反映事物。自我意识的特征之一就是具有意识性。这种意识性不仅表现为对自己的认识和自觉的态度比较清晰,而且还表现为对自己与周围环境的关系有比较清晰的认识和自觉的态度。它绝不是一种简单的无意识或潜意识的被动行为。

2. 能动性

自我意识具有能动性。自我意识的能动性表现在个体不仅可以根据自身实践的客观的评价和反馈的信息形成对自我的意识,而且可以通过自我意识来调控自身的心理与行为。随着这种自我调节能力的发展,自我从意识的客体转化为意识的主体。这种积极主动的调控作用,是自我意识发展成熟的标志。这一特征表明,自我意识一旦形成,就具有主动的调节功能。

3. 独特性

自我意识具有独特性,是独一无二的。因为每个人的基因条件和社会经历都不尽相同,随着年龄的增长,个体逐渐形成了与他人不同的人格和价值观念。个体开始用自己的评价标准来看待和衡量自己,并促使自己努力达到为自己设定的某一目标。自我意识带有鲜明的个人特征,表现出与众不同的风格和独特的形态,成为个性中的一个重要组成部分。

4. 社会意识性

自我意识具有社会性。人是所有社会关系的总和,人的自我意识受到社会意识的影响。个人的自我意识是在社会生活实践中产生和发展起来的,其中一部分是个人与社会关系的反映。此外,个人的自我评价,大部分是以流行的社会标准作为参考的。在不同的时代、不同的社会、不同的民族和不同的地区,人们的自我意识也都有所不同。

青春期的心理断乳是自我发展的重要特点。青春期是自我意识发展的第二个飞跃期,被称为"自我的第二次诞生",其主要特点为:独立性与自主性明显增强,急于摆脱父母的控制;逻辑性和抽象性增强;关注自己的内心世界;自我评价能力提高;出现不平衡性和矛盾性。

四　家庭教育与自我意识的发展

家庭教养方式对青少年的自我意识发展起着关键作用。那些能有效约束和监控孩子的家长可以创造稳定而安全的环境，使孩子培养自信和正向的自我意识；而在具有过度保护和权威主义教养特点的家庭中，孩子产生消极自我意识的可能性极大，因为这两种教养态度阻碍了孩子良好自我意识的发展。

家长既是孩子最初的交往对象，又是他们的第一任教师。从个体出生之日起，家庭的情感氛围、家长的教育方式等因素在很大程度上影响着个体自我意识的形成。相关研究指出，对于孩子而言，家庭因素、家长心理与行为特征、亲子关系等在自我意识的发展中起着非常重要的作用。

家长的情感温暖与理解是教育方式中极为重要的一种积极的教育方式。家长只有积极地对孩子做出反应，站在孩子的角度来考虑问题，关注他们的点滴成长和进步，真正做到和他们的心灵世界沟通，才有利于孩子形成积极的自我意识。

同步案例7-2

这就是我

我是一名高三学生，已步入花季的年龄，我究竟是一个什么样的人呢？我很爱美，我总希望自己拥有一个清纯可爱的外表，我希望自己处处整洁干净，有条不紊，有时我会把自己的房间收拾得出奇干净。我爱一切能表现美的事物，我爱画画、唱歌、听音乐，我是一个理想主义者，妈妈说我是一个过于浪漫的人。我也经常能感受到自己变化不定、波澜起伏的内心情感，我容易对哪怕是一面之缘的男孩产生好感，我总幻想在遥远的地方有位白马王子在等待着我。我有极强的同情心，我见不得别人受苦，最不忍心看乞丐沿街乞讨。我非常渴望自己将来成为一个成功的人、一个优秀的人，我讨厌平庸，我不安于现状，我一定要活得与众不同，因此我对自己要求非常严格。我的学习非常好，也从不松懈，我想达到的学习目标一定要实现，也基本上实现了自己的学习目标，即使是不喜欢的课程我也努力学习，力求在各门功课中都达到完美。我非常敏感，不愿意听别人的批评，即使是非常委婉的意见我也不爱听，有时候甚至小心眼，我妒忌总是比我强的人（尤其是女孩），总想超过她，如果不能超过，我就觉得非常不舒服，甚至会有自卑感。除了学习好外，我认为自己也非常漂亮，我身材苗条，气质就像电影明星一样，同时，我也希望自己的品质像电影中的一些优秀的女主人公。我愿意和男孩子交往,他们爽朗大方,一点也不小气,不像有些女孩那样小心眼。我还特别喜欢运动,喜欢打篮球、排球。我爱听轻音乐,特别是小提琴曲,像《梁祝》我就特别爱听。我有时觉得自己非常成熟,什么都明白,可有时又觉得自己傻傻的。我觉得自己的意志力不是很坚强,常常会盼望奇迹出现,可我又不怕苦和累。我也很怕死亡,但我从来不去想死后的事,那与我没有关系。我的心中总是充满理想和美好的愿望,可是生活有时总和想象的不一样,所以有时候我也很失望,但总是过一会儿就好了。

这就是我,我认为自己是一个非常好的女孩子,我希望自己将来成为一个事业成功的女强人,我不怕世俗的目光,我也相信自己能够实现!

【思考题】

1.请用玛西亚自我认同感理论分析案例中"我"的自我意识。
2.你如何看待"我"的自我描述?

【分析】

这位高三学生的自我意识非常清晰明确,自我描述基本准确,没有大的偏差,语言表达清楚,自我意识特点鲜明。从她的表述中可以看出,她的自信水平较高,对自己比较满意,自我目标比较明确,自我控制能力较强。总体来说,她的自我意识水平较高,处于"自我认同完成"阶段,知道自己适合什么,也清楚自己未来的方向,因此她的每一步都走得很坚定,不容易受到权威及外界环境的影响。

该同学的心理发展符合其年龄特点,而且相对来说略显成熟,她较为成熟的自我意识对于她日常的学习、生活会有一个大的促进作用。同时,也可以反映出学业、生活较为顺利的学生,一般自我评价都比较高,自我控制能力较强,尤其是语言发展水平,这对于自我意识的作用是很大的。

第四节 青少年的道德发展

一 道德

道德心理是指人类道德言行的心理状态、心理结构和心理过程。凡是涉及道德问题的心理现象都属于道德心理的范畴。道德心理的基本结构包含道德认识、道德情感、道德意志和道德行为等因素。这些因素对人的道德心理发展作用是不同的，它们也不是孤立存在的，而是紧密联系、相互影响的，只有这些因素有机结合才能构成一个完整、稳定的道德人格。

道德行为就是在社会关系中形成的符合社会道德规范的有利于个人和组织健康发展的行为。

道德结构主要有以下几种：① 由道德活动、道德意识、道德评价和道德规范体系所组成的有机整体；② 由道德活动现象、道德意识现象以及与这两者密切相关的道德规范现象组成的有机整体；③ 由个人道德、社会道德以及道德意识、道德关系、道德活动三个层次组成的整体。

二 青少年道德发展的心理基础

（一）皮亚杰道德发展四阶段论

皮亚杰将道德发展划分为以下四个阶段。

1. 第一阶段：自我中心阶段或前道德阶段（2 至 5 岁）

该阶段孩子缺乏按规则来规范行为的自觉性，在亲子关系、同伴关系、价值判断等方面均表现出自我中心倾向。

2. 第二阶段：权威阶段或他律道德阶段（6 至 7 或 8 岁）

该阶段孩子表现出对外在权威的绝对尊重和顺从，把权威确定的规则看作绝对的、不可更改的，在评价自己和他人的行为时完全以权威的态度为依据。

3. 第三阶段：可逆性阶段或初步自律道德阶段（7 或 8 岁至 10 岁）

该阶段孩子的思维具有守恒性和可逆性，他们已经不把规则看作一成不变的东西，逐渐从他律转入自律。

4. 第四阶段：公正阶段或自律道德阶段（10 至 12 岁）

该阶段的孩子继可逆性之后，公正观念或正义感得到发展，道德观念倾向于主持公正、平等。

（二）柯尔伯格道德发展阶段论

柯尔伯格（Kohlberg）的理论认为道德判断作为道德行为的基础，可以区分出六个发展阶段，每一个阶段都比前一个阶段对伦理困境的回应更为适当。柯尔伯格的研究表明，道德判断发展的年龄指标远远超出早些时候皮亚杰的研究结果。他宣称逻辑与道德发展贯穿各个建构的阶段。柯尔伯格在此基础上大为扩展，确定道德发展的过程主要是对正义的看法，并且认为这一发展将持续终身。

柯尔伯格在研究中使用两难困境的故事，关注个体在面临类似的伦理困境时，如何证明自己的行动是正当的。然后他将反应进行分类，总结出六个不同的阶段。这六个阶段分属于三种水平：前习俗水平、习俗水平和后习俗水平。

1. 前习俗水平（4～10岁）

前习俗水平是根据行为的直接后果来进行推理。前习俗水平包括道德发展的第一阶段和第二阶段，都纯粹只是关心自己，表现出利己主义倾向。

（1）第一阶段：惩罚与服从定向阶段。

此阶段的孩子在做出道德判断时，以避免惩罚与服从权力为依据，关注行为的直接后果与自身的利害关系，认为凡是造成较大损害、受到较严厉惩罚的行为都是坏的行为。反之，一种行为即使是出于恶意，但如果未被觉察或未受惩罚就不是错误的。

（2）第二阶段：相对功利取向阶段。

相对功利取向阶段的孩子在做有关道德判断时，仍会受行为结果的驱使，但也关注互惠性的想法。其道德判断的主要依据是对自己需要的满足，评定行为的好坏主要看是否符合自己的利益，该阶段的观点经常被视为道德相对主义。

2. 习俗水平（10～13岁）

习俗水平的道德判断是青春期和成人的典型状态，包括道德发展的第三阶段和第四阶段。该水平的孩子认为，对行为进行道德判断时，不应根据直接的具体结果来看待行为，而应在考虑更多的社会性因素后做出道德问题的决定。此阶段的孩子更多地将是否满足社会舆论与期望、是否遵循现行的社会准则和习俗、是否受到赞扬等作为道德判断的依据。

（1）第三阶段：寻求认可取向阶段。

该阶段的孩子扮演着社会角色，关注其他人赞成或反对的态度，保持与周围社会角色的和谐一致。个体愿意按照大家对自己的期望去行动，希望通过"做好人"来寻求认可。因此，此阶段也被称为"好孩子"阶段。

（2）第四阶段：遵守法规取向阶段。

在此阶段，社会规范和法律代替了同伴群体的规范，认为社会赞许不再是道德判断的根据,更重要的是遵守法律、尊重权威,尽个人的责任和本分,维护社会秩序。因此在这一阶段,过失是一个重要因素,它把坏人与好人区分开来。

3. 后习俗水平(13 岁以后)

后习俗水平,又称原则水平,包括道德发展的第五阶段和第六阶段。该水平的青少年能够根据自己选定并遵循的伦理原则和价值观进行道德判断,认为不违背多数人的意愿、不损害多数人的幸福、不违背普遍的道德原则的行为就是好的行为。处于后习俗水平的青少年,已经超越现实规范的约束,达到完全自律的境界。

(1)第五阶段:社会契约取向阶段。

处于该阶段的青少年认为,法律和道德规范是一种社会契约,是大家共同约定的。他们认可法律的效力,认为法律可以帮助人们维持公正。但同时认为契约和法律的规定不是绝对的,也是可以改变的。那些不能提升整体社会福利或以牺牲人类权力和尊严为代价的法律应该被修改,达到"给最多的人带来最大的利益"的目标。

二维码 7-5
海因茨偷药

(2)第六阶段:普遍伦理取向阶段。

处于此阶段的青少年,能够依据自己选定的基本伦理原则和个人良心办事。这些基本伦理原则如公正、平等、人的价值等,都是抽象的,而不是具体的道德律令。他们认为,法律条文如果与这些基本伦理原则相冲突,就不应该遵守,因为"公正高于法律"。

三 青少年道德发展的心理特点

1. 创造性

青少年的道德价值取向、行为方式倾向于突破传统的道德规范。

2. 独特性

青少年的道德体系是与主流相对应的、与众不同的、独特的道德体系。

3. 逆反性

青少年追求独立选择、尝试新的道德生活、摒弃传统道德戒律,易产生道德偏离和失范。

4. 前瞻性

青少年的道德生活最能反映现代社会的特点,对成人具有示范性意义。

5. 享用性

青少年在生活中能够实现个人的需要与愿望,体验成功的喜悦和追求的快乐。该阶段既是生命道德教育的危险期,又是该教育的关键期。

四 家庭教育与青少年道德发展的形成

1. 家庭教育是青少年道德认知发展的起点

家庭是人们最早接受道德教育的地方。良好的道德观要从小培养,家长要深入浅出地对孩子进行道德启蒙教育;在孩子成长的过程中,要循循善诱,以事明理,引导其分清是非、辨别善恶。在家庭生活中,可以通过每个家庭成员良好的言行举止相互影响、共同提高。

2. 家庭教育在青少年道德发展中具有特殊的重要作用

家庭道德教育与其他教育方式相比有更强的约束力,更大的针对性。美国的托马斯·里克纳(Thomas Lickona)将儿童的道德发展分成六个渐进阶段,认为从出生到2岁是道德发展的基础,3岁的孩子开始需要被他人认同,也开始积极地参与家庭的各项事务。德国著名的教育家赫尔巴特(Herbart)说过:"教育的唯一工作与全部工作可以总结在道德这一概念之中。"在青少年阶段开展家庭道德教育十分关键。家庭道德教育要把正确的家庭道德规范、原则和观念灌输到家庭成员的意识中,引导家庭成员的行为符合家庭道德要求。

在青少年道德发展中,家庭教育是唯一具有血缘纽带的环节。孩子首先接受的是家长的教育,在人生第一课堂上学到的东西,便形成了最初的意识。国外的一项调查表明,家长与子女在道德判断和价值定向方面的相关性是 0.55,而教师与学生在这方面的相关性只有 0.03。可见,家庭教育对未成年人的道德发展起着其他道德教育手段和教育载体都无法替代的作用。家庭的教育和影响能给人的初始阶段留下深刻烙印,对人的一生产生重要影响。从这个意义上说,家庭教育的基础关系到青少年未来道德素质的发展。

3. 家庭教育是青少年道德情感发展的催化剂

道德情感是基于一定的道德认识,对现实道德关系和道德行为的一种爱憎或好恶的情绪态度体验。它是一个人根据一定的道德标准,在处理人与人之间相互道德关系和评价自己或他人的行为时所体验到的心理活动。家庭道德教育的实施者和接受者即家长和孩子之间存在不可剥离的亲子关系。血缘关系、经济关系、伦理关系和社会关系是受法律的确认和保护的,这就从道德和法律方面强化了家长和孩子之间的关系。父母对孩子自然而深厚的爱,使孩子对父母怀有特殊的依恋感和信任感,因此家庭教育与情感这一因素是不能分开的。从心理学角度讲,情感在家庭道德教育中的作用主要体现在感染、纽带和激励三个方面。青少年年龄较小,缺乏生活经验,对社会的认知程度较低,对道德标准的认识更是模糊不清,很容易被他人行为影响。家长在开展家庭教育时多关心孩子情感的发展方向,发挥家庭教育情感的催化剂的作用。

4. 家庭教育是青少年道德行为养成的关键因素

家庭教育是青少年道德行为养成的关键因素,主要有以下三点原因。

首先,家庭教育的全面性和广泛性使青少年形成了道德认识和道德情感。个体发展的早期,其所接受的知识主要是从周围事物中得来的。模仿能力较强的青少年会受到家长的道德行为影响,在产生道德认识和道德情感后会指导自己的行为规范,因此家长在日常生活中要时刻注意自己的言行。苏联教育家马卡连柯(Макаренко)指出,不要以为只有在谈话,或教育、盼咐孩子的时候,才是在进行教育,生活的每时每刻对孩子都有重要的意义。

其次,及时有效的家庭教育能端正青少年的道德行为。社会学习理论的创立者班杜拉认为,人的社会行为是人借助于内部因素与环境相互作用的,是儿童对榜样行为进行观察和学习的结果。面对社会上存在的不道德行为,家长如果及时地抓住教育时机并加以正确引导,就会起到避免消极因素或强化积极因素的作用。因此,家长要善于从生活的点滴中发现青少年偏差的道德行为,及时纠正青少年不道德的行为。

最后,家庭教育的长期性会促使青少年形成道德。偶然的道德行为不能算是品德,正如孟子所说的:"虽有天下易生之物也,一日暴之,十日寒之,未有能生者也。"这就需要家庭成员给予青少年持之以恒的道德教育,使道德观念深入青少年心中。

第五节 青少年的心理素质

一 心理素质的定义与结构

心理素质是在我国素质教育背景下诞生的本土化概念。心理素质是制约学生素质发展的重要因素，心理素质教育既是素质教育的出发点，又是素质教育的归宿。心理素质具有基础、衍生和发展功能，是与个人的适应行为和创造行为密切联系的心理品质。

从结构-功能角度来看，心理素质是心理和行为的内容要素与功能价值的统一体。心理素质的内容要素是指以生理条件为基础，将外在刺激内化而形成的稳定、基本、内隐的心理品质。根据其对个体心理活动和行为实践的不同作用，又可以分为认知和个性两项基本内容。认知要素表现在人对客观事物的反映活动中，直接参与对客观事物认知的具体操作，是心理素质的基本成分。个性要素表现在人对客观事物的对待活动中，虽不直接参与对客观事物认知的具体操作，但是对认知操作具有动力和调节机能，是心理素质要素的动力成分。所谓心理素质的功能价值，就是以一定的心理特质要素（认知要素和个性要素）为基础，通过与外部环境交互作用，选择、适应和改变环境，使自身与环境和谐协调的适应能力，即心理素质结构中的适应性因素。

孟万金教授根据塞利格曼提出的 24 种积极心理人格特质，提出了符合我国中小学生的积极心理品质体系。该体系包括六大维度 15 种因素，即认知（创造力、求知力、思维与洞察力）、情感（真诚、执着）、人际（爱、友善）、公正性（合作力、领导力）、节制（谦虚、宽容、持重）、超越（心灵触动、幽默风趣、希望与信念）。

二维码 7-6
塞利格曼的
24 种积极心理品质

二 心理素质的形成

关于心理素质的形成，学界有多种观点。

第一种观点认为心理素质的形成离不开能力结构与品德结构的构建过程。这里的能力结构与品德结构的构建过程指获得知识经验、动作技能以及社会规则经验，从而形成内部调节机制的过程。

第二种观点认为心理素质的形成过程,就是不断发现矛盾、分析矛盾以及解决矛盾的心理过程,最终达到"活动成功"。人类生活中的需要与满足之间总是充满矛盾。个体总是感觉不满足,这种不满足可分为两种:一种是自我不满足;另一种是由外界因素造成的不满足。每个人都希望需要和满足之间可以达到平衡。但实际上正是这种不平衡,也就是矛盾,对人们心理素质的形成发挥着不可或缺的作用。当人们发现需要与满足之间存在矛盾时,为了使自己能够满足各种需要,人们会不断寻找解决矛盾的办法,去分析需要、满足以及自我三者之间的关系。个体在形成分析矛盾和解决矛盾的两个过程中有时会自我调控,而对自我调控所采用的方法的肯定就是所谓的"活动成功"。当成功解决一种矛盾后,大脑就会将成功的意识和经验保存起来以指导以后的活动,也就形成了心理素质。

第三种观点认为心理素质的形成是以皮亚杰的发生认识论和维列鲁学派活动理论为基础的。李炳南(2010)认为个体的对象活动和交往活动是心理素质形成的基础;同化和顺应矛盾运动达到平衡的过程是个体心理素质形成和发展的主要动力。这里所说的对象活动指主体通过自身动作和各种工具去认识客体的活动。交往活动指个体通过对他人的了解,以及参加社会交往形成个性的活动。其中对象活动在人的一般认知中使人具有了知觉和具体思维的能力,当语言产生后,心理素质的发展会发生质的变化。交往活动在个体个性发展中促进了自我和社会适应性的形成。由于同化和顺应之间不断地抑制和反抑制,为心理素质的形成提供了足够的动力,在动力的作用下,由活动所产生的知觉、思维、个性等因素共同形成了心理素质。

三 青少年良好心理素质的表现

二维码 7-7
中国中学生
心理健康量表

良好的心理素质是指机体在先天生理基础上,通过后天的环境和教育的作用,逐渐形成的一种稳定、积极、健康的心理品质。它的具体内容包括客观的自我评价、良好的情绪调控能力、坚强的意志品质、积极进取的人生态度、健全的人格特征、和谐相处的交往能力及对社会有良好的适应能力。遇到问题时可以冷静分析、镇定自若地处理多种复杂的事物和问题等,都属于具有良好心理素质的表现。良好的心理素质可以使人们积极向上、锐意进取,更快、更好地适应并融入周围的社会环境。良好的心理素质可以帮助人们提高智商和情商,有助于提高人的创新思维能力,丰富人的情趣,健全人的品格,改善人际关系,还能使人们在遇到突发事件可以沉着冷静地分析问题并解决问题,从而有助于人们事业成功、家庭幸福。

马斯洛认为良好的心理素质表现在以下几个方面:① 具有充分的适应力;② 能充分地了解自己,并对自己的能力做出适度的评价;③ 生活的目标切合实际;④ 不脱离现实环境;⑤ 能保持人格的完整与和谐;⑥ 善于从经验中学习;⑦ 能保持良好的人际关系;⑧ 能适度地发泄情绪和控制情绪;⑨ 在不违背集体利益的前提下,能有限度地发挥个性;⑩在不违背社会规范的前提下,能恰当地满足个人的基本需求。

四 家庭教育与良好心理素质的形成

家庭教育与青少年心理素质的发展息息相关。积极的家庭教育能成为青少年积极心理素质发展过程中的核心力量。将家庭教育和积极心理学理论有机结合,能更好地发挥家庭教育在积极心理素质培养和青少年健康成长中的作用。

积极的家庭环境能产生积极的体验和示范作用。积极的家庭环境意味着家长能够及时有效地与孩子沟通,接纳孩子的情绪,给予其物质和情感上的支持、认知上的理解、行为上的支持和成长目标上的正确引导等,这些均对青少年心理素质发展具有促进作用。同时家长的性格特点、待人接物的态度以及日常行为习惯,都潜移默化地影响着孩子。家长应向孩子呈现积极向上的一面,并培养孩子的自主性,引导孩子自发自觉地形成良好的处事态度和行为。在积极的家庭环境中,孩子会产生积极、乐观的情绪体验。他们感到被尊重、被关心、被需要,在这样的环境中他们感到安全、信任,这有利于心理素质的发展。青少年在积极的家庭功能状态中,会表现出更强的自信心和应对挫折的能力。

有效运用积极的家庭氛围感染孩子,潜移默化地影响孩子,可以为家庭积极教育提供良好的背景。积极的亲子互动能成为增进家庭和谐氛围的契机,也是发现和发掘孩子积极心理潜能的一种重要途径。一方面,可以共同筹划一些固定的家庭活动,如家庭内的义务劳动和分工活动,家庭外的定期社区公益活动,以及与家庭外的其他成员、组织、各种社会团体等的社会交往活动,在活动中培养孩子的创造力、领导力和合作力;另一方面,也可以适时地安排感恩实践、亲子角色互换等不固定的家庭活动,这些家庭活动可充分营造家庭的积极氛围,丰富孩子的生活体验与经历,培养其包括坚强的意志力在内的诸多良好品质。

另外,引导孩子正确面对挫折和压力,建立平等、尊重的亲子沟通方式也是非常重要的。家长要尊重孩子的感受,多聆听孩子的想法,多用积极的语言评价、激励孩子,引导孩子合理归因,形成积极乐观的归因方式,同时引导孩子以良好的品质应对各种生活事件。

同步案例7-3

叛逆的小邢

小邢读初中时，非常喜欢信息技术这门课，而父母简单粗暴地禁止他"玩电脑"，一味要求他放学回家必须做多少作业、多少遍练习，这引起了小邢的不满。既然家长在家不让他做自己想做的事情，他就有意不用功，让成绩一落千丈，明知这样做不对，小邢依然我行我素，他甚至喜欢看到父母不高兴、干着急的样子。

初升高的小邢被妈妈控制得很严，平时周末妈妈都不让他出去。从本学期开始，小邢不仅出去玩，还不按时回家，打电话也不接。父母因为他贪玩训斥了他几回，他就开始砸东西。有一次，小邢和一家开宾馆的老板的孩子在宾馆一起玩，跟妈妈撒谎，被妈妈找到。小邢威胁妈妈要离家出走。妈妈为了避免孩子出走，就暂时借了电脑让孩子玩。有一次玩到不关电脑，爸爸非常生气，打了小邢耳光，小邢激烈反抗，矛盾再次升级，最近发展到晚上11点都不回家，有时甚至彻夜不归，即使回家也是满脸敌意的样子，反锁着门。爸爸忍不住了，在某个周五又打了孩子，小邢跟父亲还手，母亲出来制止，孩子跑出去，又是一夜未归。几天后他以买电脑为条件回来上学了，但是常向家长要钱，不做作业，只玩电脑，一被批评就暴跳如雷。

【思考题】

1. 请结合以上案例谈谈父母的教养方式与孩子问题心理与行为的关系。
2. 结合以上案例讨论小邢的父母应如何开展后续教育。

【分析】

从该案例中可以看出，处于叛逆期的小邢在生活和学习上出现了一系列的问题，如厌学、对抗、情绪暴躁、自控力差、责任感缺失等。父母的教养方式与孩子的心理与行为之间有密切的关系。如果缺乏有效沟通和良好的亲子关系，父母只是一味地把个人意愿强加给孩子，孩子就会产生逆反心理和敌意，不仅不会按照父母的吩咐去做，还会采取敌对、报复等方式，和父母对着干。

案例中小邢家长的处理方式显然不妥，对于孩子对现代科技的爱好和探索，家长应正确引导和鼓励，不能一成不变以简单粗暴的方式来干涉和约束孩子，应突破传统教育的固定模式，家庭教育也需要与时俱进。小邢的家长在平时多留意社会的发展和孩子的想法，注意与孩子多沟通，在了解孩子想法后多向老师请教，双方配合，合理引导，使孩子个人爱好与长远的人生目标联系在一起，从而共同促进孩子的健康成长。

第六节 青少年常见的心理与行为问题

一 逆反心理

（一）逆反心理的概念

1. 逆反心理的定义

德国心理学家布雷姆（Brehm）在 20 世纪 60 年代首先提出了"逆反心理"的概念。布雷姆在 1966 年提出，逆反心理是个人的需要和客观环境不相符合或不协调时而产生的一种强烈对抗心态。我国对逆反心理的研究起步较晚，20 世纪 80 年代以后才对其予以关注。心理学家朱智贤于 1986 年在《心理学大词典》中提到，逆反心理是客观环境同主观需要不符时，个体产生的一种具有强烈抵触情绪的心理活动。当今我国心理学界普遍认为逆反心理是人们由于受到某种因素的影响而对某事物（内容和形式）持对立、抵触、反对态度的心理状态。可见，逆反心理是个体由于刺激物的消极特征而诱发的非常规性质的逆向反应。当个体的逆反心理被激发时，个体会对来自逆反对象的社会影响产生一种与影响方向相反的对抗，包括内隐的和外显的心理抗拒反应。

逆反心理是一种社会现象，在人生的各个时期都可能产生，但在青春期孩子身上最容易产生。孩子在成长过程中的逆反心理主要包含两个阶段，这两个阶段叫作逆反期。第一个逆反期是在孩子 3～4 岁时，他们此时有了自我活动的能力，也有了初步的自我意识，想自己的事情自己做，如自己穿衣、吃饭，模仿性很强。这个时期的孩子年龄小，需要指导家长在确保安全的前提下让孩子做想做的事，这有利于孩子自信心和创造力的培养。第二个逆反期是 12～19 岁，也就是初、高中阶段。这是一个非常重要的时期，这时期的孩子有很强的成人感，认为自己能独当一面、特立独行，虽然他们的心理还不成熟，但常以自我为中心。当老师、家长要求过高或和自己的观点不一致时，孩子就会厌烦，甚至逃避现实，也容易偏听偏信。这个阶段需要家长、学校、社会紧密配合，严格教育，给孩子更多关怀、更多温暖，促使他们顺利成长。

2. 逆反心理的特征

(1)具有明确的针对性与否定性。

这主要表现为孩子对某一具体对象持有否定的想法、情绪和心理状态。

(2)具有强烈的主观体验性。

主观体验性是逆反心理产生的心理基础。逆反心理表现为客观事物经过人的主观体验而产生的主观对客观的情感和态度。

(3)具有浓厚的感情色彩。

具有浓厚的感情色彩是主观体验性所派生出的一个显著特点。它往往以个人的情感为标准来确定对事物的态度与情感。处于青春期的青少年容易产生逆反心理,原因通常是对禁止的事物的好奇心,为了表现独立意识和自我意识而产生的对立情绪或理智控制欠缺情况下的心理需要等。

(4)具有年龄性的特点。

个体逆反心理的发展过程与青少年心理发展过程密切相关。个体逆反心理水平与年龄呈负相关关系,即随着年龄增长,个体逆反心理水平有下降的趋势;女性的逆反心理水平下降趋势明显快于男性。

中学阶段孩子的逆反心理与他们的基本心理特征相联系,主要呈现以下几个趋势:一是从少年期的外显性向青年期的内隐性转化的趋势;二是从情绪性向认识性发展的趋势;三是从初中生的泛化到高中生、大学生的集中趋势;四是从从众性向自觉性发展的趋势。这些特征主要由青少年自我意识等身心形成发展的特点所导致。

3. 逆反心理的类别

根据逆反的现象进行分类,最为典型的逆反心理有三种,即超限逆反、自我价值保护逆反和禁果逆反。

(1)超限逆反。

超限逆反指机体过度接受某种刺激后出现的逃避反应。它是机体自然的保护反应。生物学和心理学相关研究表明,对于任何刺激,包括能够给机体带来巨大满足的刺激,机体的接受性都是有限的。当刺激量超过一个适当的水平之后,刺激对于机体的意义就会从带来满足转向造成伤害,此时机体就会逃避这种刺激。如美妙的音乐可以带给人享受,但音量过大则造成耳膜的痛觉和心脏的压力,人就必须躲避;美好的食品可以带给人满足,但如果过量食用的话,人对什么样的山珍海味都会感到厌烦等。很明显,如果一种刺激量过大的话,其所引起的机体反应就会出现根本性的逆转,使人从原来的趋近、赞成和接受态度转向回避、反对和拒绝态度。

超限逆反是刺激量过大的一种特殊形式,是一种刺激被反复呈现给机体时所产生的反应。任何时候,机体只对自己感觉有意义的刺激感兴趣和产生积极反应。一种刺激无论怎样富有意义,过多的重复都会使它成为无意义的消极刺激。研究表明,当个人对一种刺激的意义已经明了,可以对这一刺激做出预言时,这一刺激对于个人就不再具有意义。此时如果这种刺激再出现,就不会引起个人的积极态度反应,而是引起个人的消极态度反应。例如,一部电影无论怎样出色,当它的播放不能再激发人们新的感受时,它就可能成为干扰人们的无关刺激,引起人们的逆反心理反应。因此,任何旨在诱发人们态度改变的说服引导,都必须避免无意义的重复,否则效果会适得其反。

(2)自我价值保护逆反。

让自己活得有价值,是人们生活富有意义的最重要理由之一。人是理性的动物,任何时候,当外在的劝导或影响威胁到人们的自我价值时,人们都会有意无意地进行自我价值的保护。受自我价值保护动机的推动,人们对外界劝导或影响所做出的方向反应,即为自我价值保护逆反。

(3)禁果逆反。

禁果逆反指理由不充分的禁止反而会激发人们更强烈的探究欲望。想一想罗密欧与朱丽叶,两个家族的对立反而巩固了他们的爱情。古希腊传说中,宙斯的侍女好奇地打开了禁止打开看的宙斯的魔盒,将不幸降到了人间。宙斯越是禁止别人偷看他的魔盒,潘多拉想看个究竟的欲望就越强烈。因此,禁果逆反也被称作"潘多拉效应"。

探究周围世界的未知事物,是人类普遍的行为反应,是人在长期生物进化过程中形成的具有生物适应意义的稳定需要。对一件事物不说明原因而简单禁止,会使这件事物有区别于其他事物的特殊吸引力,使人自然地将更多的注意转移到这件事物之上。而且,没有得到解释的禁止会引发各种推测和假设。从认知不协调理论的观点来说,当人们认为禁止理由不充分时,即找不到充分理由遏制自己的探究欲望时,心理的平衡会朝违反禁止的方面倾斜,使人倾向于做出偷食禁果的行为。布雷姆在 1981 以及奈尔(Nail)等人在 2000 年的实验研究表明,企图限制个体的自由通常会引起"事与愿违"的反从众行为。一件事物的外部禁止越是严格,它对人们的吸引力也越大。这意味着,禁止本身可能会增加人们对事物的关注,并增加人们犯禁的可能性。

日常生活中有大量利用禁果逆反来诱导人们行为改变的例证。最为典型的事例,恐怕要数土豆在法国的引种。在当时的法国,土豆被人们称为"鬼苹果",农民都不愿意引种。著名法国农学家帕尔曼长时间劝说引导都未能奏效。最后,他想到了一个绝妙的办法。他受国王特准,在一块贫瘠的土地上种植土豆,并由一支着军礼服、全副武装的国王卫队看守。一到夜晚,看守卫队故意撤走。结果,人们受到"禁果"的引诱,每到晚上就来挖土豆,引种到自己的田地里。通过这种方法,土豆的种植在法国得到了迅速推广。

(二)逆反心理的外在表现

有逆反心理的个体经常会在认知、情绪和行为等方面有一定的表现。

1. 认知方面

逆反的个体出现逆反行为,有时并不是他们有意为之,而是认识问题的片面性。如孩子认为父母和老师不理解他们的想法,不尊重他们的意见,干涉了他们的自由。

2. 情绪方面

存在逆反心理的孩子,有的表现为孤僻、沉默,不太与他人说话、交流;有的表现为烦躁不安、冲动、情绪比较亢奋,对任何事情都不满意,同时对家长也显得特别不耐烦。另外,他们对一些事情比较敏感,情感比较脆弱,容易受到伤害。

3. 行为方面

有逆反心理的个体在行为方面表现为:对他人的话语置之不理,或对别人的交流无动于衷;在家里总是嫌家长唠叨,有心事也不愿向家长透露;在学校不认真学习,作业应付或不做;不服从班干部的管理,公然反抗老师的禁令;与同学事事较真儿,一点儿也不肯妥协,有时会与同学或老师发生冲突。

(三)逆反心理与行为形成的原因

1. 环境威胁论

布雷姆在 1966 年提出的环境威胁论认为每个个体都认为自己拥有一系列能在当前或未来行使的自由行为,如果这种自由受到威胁或被取消,个体就会激起一种想要恢复已受威胁的自由或防止其他自由继续丧失的动机状态。这种理论把逆反心理看成是一种状态性逆反,认为它具有反应性、情境性的特点;认为逆反心理的产生依赖于特定情境,是个体在特定情境中被唤起的一种内部动机状态。

环境威胁论认为逆反心理的产生主要包括两个因素:自由和威胁。自由是指个体感知到自己已拥有的决定和选择事物的权利;威胁是外界强加于个体的阻止或限制其实施自由权利的情境刺激,比如选择权的丧失、法律规范,或者是可能打破个体旅行计划的突发自然灾害等。布雷姆认为自由是逆反产生的先决条件,而且是对该自由有威胁才会激起逆反。如果减少一个人的自由水平,就会激起他对将来可能失去的自由进行保护和重新获取已经失去的自由的动机。事件对个体自由的威胁越大,逆反就会越严重。而对"自由的威胁"的认知是由该事件对自由的威胁程度和个体是否能控制现实发生的威胁来决定的。在这个理论下,一方面,个体要有对自由的渴望,如果他没有控制自己行为的意愿,那么也就无逆反可言;另一方面,当个体维护其个人自由的难度太大时,逆反的程度可能会降低或消失。尽管事情威胁到个体的自由选择时,个体容易感受到逆反,但是如果社会权力的影响非常大,个体会选择隐藏这种感觉,而不是做出激烈的逆反行为。例如,一场自然灾害导致个体不能如期前往某地旅行,如果个体认为天气阻碍了自己旅行的自由,那么他就会产生逆反;但是,如果个体认为天气是自己无法控制的,那么,他可能就不会产生逆反。

2. 需要层次理论

美国人本主义心理学家马斯洛在1968年提出人人都有需要。人的五种基本需要包括生理需要、安全需要、归属和爱的需要、尊重的需要和自我实现的需要。这五种需要层次是依次递升的,按照由低到高的次序逐级得以满足。其中生理需要、安全需要和归属和爱的需要都属于低一级的需要,这些需要通过外部条件就可以满足;而尊重的需要和自我实现的需要是高级需要,它们通过内部因素才能满足,而且一个人对尊重和自我实现的需要是无止境的。较低层次的需要被相对满足后会退居次要地位,社会化程度较高的、最新出现的需要将成为新的激励因素驱使个体的行为。在这个从低层次需要向高层次需要发展的过程中,个体往往受到客观环境的限制与阻碍,从而产生挫折感。挫折感和心理冲突是人的心理发展过程中的必然产物,由于各人的承受能力不同,反映出来的强度大小也不尽相同。任何层次需要未得到满足的个体都有可能因挫折导致情感上的消极心理而不顺从,"反控制情绪"膨胀,逆反心理就会随之而来。

3. 认知行为理论

人的情绪和行为是由个体对外部刺激的认知来决定的。由于受到"自动化思考"机制的影响,个体相信自己对自己和社会具有自主控制的权利。当意识到或发现这种自主控制权被剥夺或受到威胁时,个体会努力恢复对思想、感觉和行为自由的控制感,这种努力产生恢复性行为的动机,可通过许多直接或间接的逆反行为表现出来。认知行为理论认为,逆反主体想要让他人承认自己的存在价值,承认自己是一个独立的个体,有自主做决定的能力,由此与他人在价值观方面产生冲突,这是正常的心理现象。日本儿童教育家品川孝子认为,在逆反时期里,初中生自我意识开始醒悟,并通过自立能力的学习,蜕变成一个全新的个体,这是他们从少年变为成人的过程,也是他们人生中必须要经历的重要的过程。所以有时逆反不是一件坏事,而是孩子快速成长的标志。

4. 埃里克森人格发展阶段理论

埃里克森认为人的发展经历八个阶段,每个阶段有每个阶段相应的核心任务,如果核心任务得到恰当的解决,个人就会获得较为完整的自我同一性;如果核心任务处理得不成功,则会出现个人自我同一性残缺、不连贯的状态。从12岁左右到16岁左右的青少年处于人生中的第五个阶段。此年龄段的孩子一方面要面对本能冲动的高涨带来的问题,另一方面要面临新的社会要求和社会的冲突带来的困扰和混乱。这个阶段的主要任务就是建立自我同一性和防止同一性混乱。自我同一性是青少年对自我的重新觉醒、重新认识,他们努力寻找自己的本质,以便同他人区别开来。自我同一性已经确立的青少年,面对别人的不同评价,能坦然接受,发展成为一个性格健全的人。同一性混乱则跟自我同一性相反,同一性混乱的青少年对自我认识不清,感到茫然，不知道"自己到底是谁"，对自己的看法完全依赖别人对自己的评价，性格发展不健全。

埃里克森将同一性危机理论用于解释青少年对社会不满和犯罪等社会问题。他认为如果一个儿童感到他所处的环境剥夺了他在未来发展中获得自我同一性的种种可能性，他就将以令人吃惊的力量抵抗社会环境；在人类社会的丛林中，没有自我同一性的感觉，就没有自身的存在，所以，他宁做一个坏人，也不愿做受束缚的"不伦不类"的人，他想要自由地选择这一切。该阶段正是建立自我同一性和防止同一性混乱的关键时期，他们要面对两者产生的冲突，而冲突的结果有可能产生一些由于生理和心理的不成熟、非协调性所表现出来的违反常规的心理和行为。

（四）逆反心理对青少年成长的消极影响

1. 制约孩子的身心发展

处于逆反状态的孩子不容易听取别人，尤其是老师与家长的意见，甚至越是老师与家长的要求越是抗拒，形成教育行为的无效化。这样的逆反心理导致学生无法从老师与家长的正确意见中吸取经验和教训，也不能从别人的成功经验中得到启迪。不能从别人的失败中吸取教训，他们就有可能朝着错误的方向发展，如此妨碍其健康成长，导致某些错误的心理和行为，并进一步加剧其情绪问题，可能出现多疑、偏执、冷漠、暴躁等不良情绪，导致意志衰退、学习被动、生活萎靡等。另外，有些孩子由于持有逆反心理，对社会与现实中的阴暗面非常感兴趣，而对积极的事物熟视无睹，从而对现实不满的情绪不断增长，总觉得看什么都不顺眼，形成不健康的心态。

2. 加剧亲子矛盾和师生矛盾

现实中孩子的逆反心理和行为往往难以被父母、老师理解。孩子的逆反心理和行为可能会使得家长、老师逐渐对孩子产生不信任、失去耐心等消极态度。反过来，父母或老师的这些态度又会对孩子产生心理隔阂等负面效应，使孩子的情绪、情感普遍出现消极变化，产生更强烈的愤怒、恐惧、抑郁等消极情绪。这些孩子比其他孩子更容易怨恨父母和老师；对成人怀有敌意，对谁都不信任，自我封闭，不愿与他人进行情感交流；对学习、对周围的人和事都失去兴趣，对未来会感到悲观失望，容易放弃努力，甚至一蹶不振。这进一步加剧了亲子矛盾和师生矛盾，这样的孩子容易和家长、老师发生对抗、冲突，甚至出现反社会情绪和行为。

3. 难以顺利开展家庭和学校教育

实践与很多研究结果表明，中学生的逆反心理会使得他们漠视校规和班级纪律，挑战社会权威，他们做出逆反的行为时往往不计后果。如有些中学生不听从家长、老师的不要早恋的忠告，不能明着就暗中追逐异性，花费大量的学习时间，影响学习成绩；还有一些中学生违反学生守则，吸烟和饮酒，严重的可能出现逃学、打架、离家出走等问题，甚至可能走上违法犯罪的道路，对学校的教育和管理工作产生不良的影响。

4. 导致对社会的认识偏差

存在逆反心理的孩子往往会认为学校、老师、家长进行的思想教育只是些大而空的话。这些孩子可能会远离现实生活，产生盲目的抵触情绪，对社会、学校、家长倡导的一切事物都持否定态度，表现出一种不认同、不信任的态度，甚至片面过激地看待社会上出现的个别阴暗面，夸大现代社会制度下的某些不完善的方面和资本主义制度的某些可取之处，拜金主义倾向明显。他们也无法客观准确地认识事物的本质，通常采取错误的方法去解决问题，如有些孩子在班级中拉帮结派，甚至对那些乐于助人、爱护集体的同学进行讽刺、挖苦，造成集体氛围正不压邪的局面，在班级中造成极其不良的影响，也破坏了集体组织的团结性。

（五）青少年逆反心理的应对策略

家庭教育的目的不只是指出孩子的错误，更重要的是帮助孩子学会应对、解决问题。一般来说，逆反是孩子心理成长的信号。逆反的孩子处于自我成长的一个关键期，随着身体运动的自主性越来越高，认知思维水平的不断提升，社会见识日益增强，孩子逐渐从对家长等大人的崇拜中摆脱出来，更加关注自己、喜欢自己，渴望更多地了解自己，了解自己和周围人或事物的关系。同时，由于对自身能力的好奇，他们热衷于尝试各种感兴趣的活动，希望从事情的结果和周围人的表现中证明自己的价值。孩子有时会不断主动挑战家长的底线，其实也是在调整与家长相处的方法和技巧。逆反的孩子是对家长很大的考验，不仅需要耐心，而且需要智慧。如何积极构建有效的亲子关系支持系统，是每位智慧父母必须学习的重要课题。

1. 欣然接纳、理性应对，将逆反期引导为成长关键期

要接纳孩子成长过程中出现的这样或那样的困难和问题，正视孩子自我意识的增长和认识能力的提高，指导、帮助他们克服自身尚存的幼稚性、依赖性和认识上的片面性。当觉察到孩子有逆反心理与行为时，要暗自高兴："真棒，我的孩子自我意识在完善，他在渐渐长大啊！"家长要了解孩子身心发展的特点，采取积极的处理方式和应对策略，将逆反期引导为孩子成长的关键期。做到了接纳，才不会那么气愤，与孩子交流时才会心平气和。家长要明确，孩子的逆反所反对的并不是家长，而是家长万事皆控制的态度。家长要积极与孩子保持亲密有间的亲子关系，将孩子当作独立的个体，平等对待，支持孩子渴求独立的尝试，在孩子失败时给予鼓励、安慰，在孩子成功时给予肯定和表扬。

2. 积极关注与共情，看到孩子行为的积极面

家长应该辩证地看待孩子成长过程中复杂多样的变化，既要正视逆反的危害性，

也要看到孩子行为的积极面,善于因势利导,利用其中有益的积极因素。对于出现逆反行为的孩子,家长要积极关注、积极倾听,要听孩子说话的内容,更要听孩子所要表达的情感。当孩子谈他感兴趣的问题时,家长要集中注意力听,不要似听非听,或者一面做事一面听,要借助孩子的言行,深入孩子内心去体验他的情感、思维,并将自己的共情传递给对方,让对方感受到共情。

家长特别要注意,只感受孩子的情绪,不去评判事情的对错。表达也是亲子沟通的重要技巧。要多鼓励,不要打击,少些指责。即使一开始就不同意孩子的意见,也要耐心听完,充分了解他的看法之后,以交换意见的方式发表自己的看法,不要唠叨说教而不考虑孩子的意见。尤其是对于低年龄段的孩子,他们语言表达能力还没有完全成熟,所以对于他们说的话,家长可以通过"哦,是啊""嗯,这样哦"等类似的词语,鼓励孩子继续表述;接下来帮他说出他的感受,如"那你一定很难过""哦,那你一定感觉不舒服"等,对孩子表示理解。

二 情绪困扰

情绪是指个体伴随着认知和意识过程产生的对外界事物的态度,是对客观事物和主体需求之间关系的反应,是以个体的愿望和需要为中介的一种心理活动。情绪与青少年的身心健康有着密切的联系。一般来说,积极情绪可以促进个体的身心健康,而消极情绪会影响个体的身心健康。引起青少年产生负面情绪,出现情绪困扰的客观因素有社会、学校和家庭环境的影响。青少年的情绪困扰有焦虑、抑郁、自卑、易怒和情绪起伏大等,其中最常见的是焦虑和抑郁。

(一)焦虑

1. 焦虑的概念

焦虑是指个体对即将来临的、可能会造成危险或威胁的情境所产生的紧张、不安、忧虑、烦恼等不愉快的复杂情绪状态;也是个体由于不能达到目标或不能克服障碍、威胁,自尊心和自信心受挫,或使失败感和内疚感增加而形成的一种紧张、不安、带有恐惧的消极情绪状态。如果焦虑程度恰当并主要针对某种特定情境,可视为一种正常反应;如果焦虑程度过高或泛化,则易成为一种异常状态甚至病理,不仅会弱化身体健康,而且会影响智力、情感及社会性发展。长期处于高焦虑状态可直接导致过度焦虑反应、焦虑性神经症等情绪和精神障碍。徐延卿(2007)认为焦虑情绪是一个人在面临可以自由选择但又无法把握的具有一定威胁性的预期事件时,产生的一种既紧张、忧虑、不安,又难以割舍、不愿放弃的复杂的主观情绪体验。因此,焦虑情绪是指持续一段时间的紧张、焦虑、忧虑、担心等交织在一起的复杂的情绪反应,并伴有植物性神经系统功能的变化或失调。

2. 焦虑产生的原因

关于焦虑产生的原因,目前没有公认的清楚的机理,但大致可分为遗传因素、心理素质因素和环境因素。

(1)遗传因素。

许多研究发现焦虑具有家族聚集性,自上而下的研究显示,如果父母患有焦虑障碍,其子女患焦虑障碍的风险较高。

(2)心理素质因素。

先天的气质对其产生焦虑有一定的影响,对不熟悉环境出现过度行为抑制的气质特征是焦虑症的危险因素。学习负担过重也会给孩子造成心理压力,一些心理承受能力差的孩子更容易产生焦虑情绪。

(3)环境因素。

首先,教育方式不当是使孩子产生焦虑的原因之一。父母的不合理期望容易使孩子自信心受损,内心焦躁不安;独裁型和放任型教养方式下的孩子,相对容易产生焦虑等心理问题;过度保护和溺爱孩子,也会使他缺乏独立性发展,由此造成孩子焦虑。其次,家庭氛围和家庭成员之间的关系也是孩子产生焦虑的原因。有很多孩子的焦虑映射了父母关系的不和谐;父母不能很好地跟孩子沟通和交流,致使孩子产生焦虑也不能及时发现。最后,教师的教育方式也是环境因素之一,他们更多关心的是孩子的学业、身体锻炼和疾病防治,极少注意孩子精神的、心理的健康,更少想到有意识地培养其胜任感,或面对挫折失败时的心理承受能力,久而久之,孩子的焦虑情绪就产生了。

3. 焦虑的相关理论

(1)精神分析学派的焦虑理论。

弗洛伊德早期把焦虑看作神经症的关键因素,认为焦虑主要是对不可发泄的性冲动的一种有害反应,是由压抑的力比多转化而来,但压抑的仅仅是与本能冲动相关联的一种观念的表达,而附着于这种观念之上的力比多能量是抑制不住的。这样,压抑导致表达本能冲动的观念同力比多能量的分裂,而力比多能量必须得到释放。于是,它们就通过转化成焦虑而得到释放。后来弗洛伊德发现,本能冲动并不能直接转化成焦虑,因为不同的冲动往往产生同样的焦虑。于是他提出焦虑是冲突所引发的结果,而自我只是把它当作一种危险的或是不愉快的信号去反应,从而产生了防御机能,这就是弗洛伊德的"第二焦虑理论",这一理论也被称作"焦虑的信号理论"。

精神分析社会文化学派的代表人物霍妮也提出了她的焦虑理论,她认为,西方文化中有着使人们产生基本敌意和基本焦虑的典型困境;焦虑是一种在富有敌意的世界里,一个人所经验到的孤独感和无助感。在霍妮看来,个体人际关系的失调,尤其是亲子关系的失调是个体产生基本焦虑的直接原因,而文化环境则是最终的根源。精神分析社会文化学派的另一代表人物沙利文则从人际关系入手,阐述了焦虑产生的社会文化根源。在他看来,焦虑是由于社会性刺激——重要的他人的谴责对个体内在价值的威胁而产生的,是人际关系分裂的表现,而人际关系分裂是焦虑的根源。后期,沙利文认为焦虑是自尊遇到危险的信号,是一个人在重要人物心目中的地位遇到危险的信号。

雅各布森继承发展了弗洛伊德的"焦虑的信号理论"。她认为,焦虑是自我发向其内部指示危险来临的信号,其实质是自我不能选用个体喜爱的行为方式来释放本能。她的焦虑理论中的焦虑包含四个因素:刺激、自我、能力和认知评价。她认为刺激既包括本能刺激,也包括来自外部社会文化环境的刺激;自我是一种机能组织;将焦虑同自我的自主性和行为选择能力联系起来,就必须有认知评价的参与。

(2)人本主义心理学的焦虑理论。

人本主义心理学站在存在主义立场上,认为人的本质就是他自身的存在,从而认为焦虑是人存在的不可避免的一个方面,是由人的内在冲突引发的情绪反应。人本主义心理学家认为焦虑的产生来自根本的存在焦虑,存在焦虑是对个体存在的责任和限制的恐惧;和其他心理疾病一样,焦虑是因为人们不能真实地对待自己、接受自己,否认自己真实的想法、情感、行为。

罗洛·梅认为焦虑是人对威胁他的存在、他的价值的基本反应,是一种带有不确定性和无依无靠的感觉。罗洛·梅认为焦虑与恐惧的不同在于,恐惧并没有直接威胁到人的基本价值,而焦虑危及的是人格的核心,它不但可以影响生理系统的正常功能,而且可以打破人的心理结构、歪曲人的意识,使人采用病态的防御机制等。在《存在主义心理学》一书中,罗洛·梅把焦虑作为人格六个基本要素之一,因为他认为人有自由选择的能力,而自由选择必然会引起焦虑。另外,人自出生起便走向死亡,死对人来说是唯一绝对的真实,死亡的意识必然也会引起极度的焦虑,因此,焦虑必然构成人格的基本要素之一。罗洛·梅把焦虑分为正常焦虑和神经病焦虑。正常焦虑是人在直接面对某种超过一定程度的威胁时产生的,是人的本性。神经病焦虑和正常焦虑不同,在神经病焦虑中,个人不仅体验到正常焦虑,而且在面对大量威胁时,有显著的绝望感。正常与病态的划分依据并不在焦虑自身,而在于个人对焦虑所做出的反应。处于正常焦虑状态的个体会勇敢地面对焦虑,采用建设性的方式面对和消除焦虑;而处于病态的焦虑个体会消极地躲避焦虑,从而降低个人的存在感,对个人造成消极影响。

维克多·弗兰克尔认为,焦虑是原始的。他在《意义治疗和存在分析》中是如此看待焦虑的:"完全的焦虑显然要寻找一些坚实的内容,一些死亡和生命的客观的代表物,……常常是,患者们用来描述他们症状的一些话……,能带领我们发现神经症真正的、存在的原因。例如,一位患者……如此表达他的焦虑:'一种悬在空中的感觉'。这正是对他心灵状况的恰当的描述。"人类在探索意义和价值时,是可能引起内在紧张和焦虑的,但这种紧张和焦虑是心理健康的先决条件。弗兰克尔认为人类存在的最重要的本质是"负责"。他认为,人们发现意义的途径有创造(工作)、体认价值和受苦。创造指通过某种类型的活动实现个人的价值,即工作的意义,如经由个人工作、嗜好、运动、服务、自我的付出或贡献、与他人所建立的关系等来发现生命的意义。这里的体认价值经由体验某个事件和人物,如工作的本质或文化、爱情等来发现生命的意义;个体因为痛苦而被人们认为有意义时,个体便不再痛苦了,而是通过认识人生的悲剧性和处理困境,产生深思,寻找自我,最终发现人生的意义,达到自我超越。弗兰克尔认为寻求意义的意志受挫导致了"心灵性神经官能症",这种"心灵性神经官能症"源自人类存在的心灵层次,当人忧虑或失望超过生命价值感时便出现。这是一种"灵性的灾难",而不是病理学意义上的心理疾病。因此,人类有些内心冲突是正常而健康的。意义治疗的目的便是协助人们认识自己的生命课题,找出人们生命的意义,激发人们的潜力。

(3) 行为主义学派的焦虑理论。

经典行为主义者把焦虑和恐惧都看作一种对刺激的反应,是一种习得性行为。这起源于人们对于刺激的惧怕反应,导致焦虑刺激和中性刺激之间建立了条件联系,因此条件刺激泛化,形成了恐惧和焦虑。

华生认为,任何行为都是由环境决定的,都是在"刺激-反应"的条件反射中形成的。华生有关焦虑的最有名的实验是根据行为主义的理论,成功制造了婴儿小阿尔伯特的对白鼠的"恐惧症"。后来,很多行为主义者也多次在动物和婴儿身上认为造成了恐怖反应(尽管人们对此持批判态度)。

班杜拉的示范说认为几乎任何经由直接经验能得到的学习结果,都能经由另一种方法得到,即观察别人的行为及其结果。焦虑是通过学习获得的反应。焦虑本身就是一种行为的内驱力,任何情况下的焦虑降低都有强化行为的作用。在他有关行为的挫折-攻击假说中,认为挫折不仅仅引起攻击,其他可能的反应还有退缩、冷漠、焦虑等。班杜拉认为焦虑是人类生存中的一种机能偏差,它和自我效能有心理社会机制方面的关系。只有在个人感知到自我无效能时,才会使潜在的厌恶性刺激变为焦虑。具有较强自我效能的人,会在一定程度上防止、减弱或终止厌恶性事件对自己的威胁,随之增强的处事效能可以削弱个体焦虑的唤起。个体只要长期接触引起焦虑或恐惧的情境,并意识到其实这些情境并不危险,焦虑会自然减退。但是个体一般会学会逃避这些情境,通过逃避,焦虑貌似得到了缓解但实质上是得到了强化,下一次遇到类似情境的时候,焦虑又会出现。

(4) 认知学派的焦虑理论。

阿尔伯特·艾里斯认为,人的大部分情绪困扰和心理问题,都来自不合逻辑或不合理的认知。这些不合理的认知往往具有以下三个特征。一是绝对化的要求,即以自己的意愿为出发点,对某一事物怀有必定会发生或不会发生的绝对化倾向,它经常与"必须""应该"这类词联系在一起,如"一个人必须得到他周围绝大部分人的赞扬和爱"。二是过分概括化。这是一种以偏概全、以点概面的不合理的思维方式。它一方面表现为对自身的不合理评价;另一方面则表现为

二维码 7-8
艾里斯
ABC 理论

对他人的不合理评价，如"如果有些东西是可怕的或者危险的，人们就应该时刻关注这些东西，一直担心它们的发生"。三是"糟糕至极"的想法。这种不合理的认知以夸大失败或痛苦的体验为特征，认为某一件事情如果发生了，必定非常可怕，非常糟糕，后果会不堪设想，如"如果事情不能像我想要的那样发展的话，结果就是可怕的、灾难性的"。这些不合理的认知很容易导致焦虑的产生。持有这些不合理观念的人，在一定的情境下，就会出现焦虑。艾里斯认为，焦虑起源于歪曲的认知，所有不合理观念的核心都在于人们对自己的"苛求"。

贝克认为，焦虑患者常有如下自动思维："任何陌生的环境都应该看成是危险的"；"不能相信其他人，除非他们能证明自己是可信的"；"凡事做好最坏的准备总是最好的"；"我的安全感要靠自己总是最好地做好应对危险的准备来获得"；"我不能让别人来保证我的安全，我的安全要靠我自己来保证"；"在不熟悉的情况下，我要保持机警，少说话"；"我的生存取决于自己能不能总是强壮和具有竞争力"；"陌生人总是轻视弱者"；"如果我被攻击了，这就表明我是弱者，没能力"；等等。这些思维自然会引起人们的焦虑。

认知心理学家通过实验研究揭示了预期和焦虑的关系。我们可以发现，有时候人们会有意地寻求焦虑和恐惧，比如，虽然知道恐怖电影会让自己焦虑和恐惧，但还是会去看，电影大师希区柯克认为，这是因为人们期待着有恐怖的事情发生，而恐怖电影最吓人之处在于总是出乎人们的预料。迈尼卡（Mineka）(1985)、普里斯（Price）(1972)等的研究证实了希区柯克的看法——当人们对未来发生的事情没有预料的时候，他们的焦虑最严重。根据这些认知心理学家的理论，广泛性焦虑患者恰恰是因为生活中警告信号太少，他们总是要尽力识别生活中的警告信号以增加预料性并使自己平静，这样的努力让他们在确实没有警告信号的情况下，会感到恐慌，从而出现焦虑的泛化并形成恶性循环。

4. 焦虑青少年的家庭教育策略

（1）有效沟通并采用适应性策略。

这里的适应性策略包括积极重新评价、积极重新关注、积极关注计划、接受等。当青少年采用一种或多种消极策略时，家长应该及时地进行干预，询问其烦恼和困扰，和青少年一起解决难题，同时使用适应性策略来代替消极策略。

（2）采用积极的家庭教养方式。

青少年感知到的父母教养方式作为一种与焦虑相关的行为示范，会影响青少年的认知情绪调节策略。父亲在家庭中是不可缺失的角色，父亲的缺位对孩子的成长是影响巨大的，建议各位父亲在孩子的成长道路中多给予陪伴与鼓励，让孩子有依靠，有安全感，这样在孩子长大之后也会用同样积极、乐观、有责任的态度来养育他们的孩子。母亲的积极态度与温暖会负向预测青少年的焦虑水平，因此在日常与孩子的相处中，即便是孩子犯了错误，母亲也应该用健康、直接的方式和孩子沟通，切忌使用冷暴力、惩罚、情感抽离等方式。

(3) 家长要管理好自己的情绪,采用适应性策略降低自身焦虑。

家长的焦虑对青少年焦虑的产生也会有影响,当青少年觉察到父母焦虑时会觉得家里出现了大事从而影响其焦虑症状。家长应该管理好自己的情绪,尽量避免将负面情绪转嫁到孩子身上,避免用过激的言语给孩子带来糟糕的情绪体验。另外,家长应该努力培养、灵活使用适应性策略,这既能够降低家长自身的焦虑水平,也能够促使家长采用更温暖、更关怀的教养方式,减少青少年的焦虑症状。

(二)抑郁

1. 抑郁的概念

抑郁与抑郁症不同,抑郁是正常人的一种常见消极情绪。当个体遭遇挫折、失败或期待落空、看不见希望等消极事件时,就可能会出现抑郁的负面情绪反应。

抑郁情绪是一种个人在行为、思维、情感以及生理上处于消极状态的情绪问题,具体表现为食欲下降、感到悲伤、对生活失去兴趣、自我价值感降低等。抑郁情绪还会伴随着其他的消极情绪,如内疚、恐惧、绝望等。

2. 抑郁产生的原因

导致青少年抑郁的因素大致可以分为生物因素、个体因素和环境因素。

(1) 生物因素。

首先,就神经内分泌与抑郁的关系来看,抑郁主要受神经内分泌中的下丘脑-垂体-肾上腺(HPA)轴和下丘脑-垂体-甲状腺(HPT)轴的影响。一般来说,抑郁情绪的产生,主要表现为 HPA 轴的功能异常,如中枢促肾上腺皮质素激素释放增多,外周血促肾上腺皮质激素和皮质醇量升高等,而当皮质醇长期处于较高水平时,就会造成海马受损,进而导致认知障碍和情绪低落等抑郁症状;同时,已有研究表明,甲状腺功能亢进通常会伴有抑郁、焦虑、激怒等不良情绪状态。也就是说,抑郁情绪的产生一定程度上是由甲状腺功能的减退引起的。

其次,抑郁症会受到脑内单胺递质的影响。也就是说,若要有效缓解个体的抑郁症状,可以通过提高个体的脑内单胺递质水平来实现。其中最主要的单胺类神经递质包括:5-羟色胺(5-HT)、去甲肾上腺素(NE)、多巴胺(DA)等。具体来说,一方面,中枢 5-HT 可通过其五种受体来产生生理作用,5-HT 释放减少可导致抑郁情绪产生;另一方面,抑郁的发生与重要脑区 NE 相对或绝对缺乏同样有密切关系。此外,研究还发现,抑郁的发病与 DA 的含量多少同样具有密不可分的关系,也就是说,若患者脑脊液中的 DA 代谢产物较少,通常会引起抑郁等消极情绪症状的产生。

另外,量化行为遗传学的研究显示,家族遗传也是青少年抑郁情绪产生的主要生物原因之一,解释率高达 90%。抑郁症家族内发生抑郁的概率为正常人家属的 8~20 倍。血缘越亲近,发病概率则越高。此外,异卵双生子同病率为 19.7%,自由分开抚养的同卵双生子后期同病率高达66.7%,这说明很多有抑郁情绪倾向的青少年可能受到家族遗传因素的影响。

(2)个体因素。

① 人格因素。青少年人格中如果有敌意倾向、神经质人格、高依赖型人格、自我批评人格以及完美主义人格,会使其容易有绝望感和抑郁倾向。

② 应对方式。当青少年遇到问题,表现出积极解决问题和求助意向时,说明其拥有良好的积极应对方式。习惯运用积极乐观应对方式策略的个体通常能够有效预防抑郁情绪的发生;相反,那些遇到困难就采取自责、退缩、回避、幻想等消极应对方式的青少年,会在无意中加剧其抑郁情绪,从而进一步损害其身心健康。

③ 归因方式。青少年对负性事件若总是采取刻板的、负面的、自责的归因方式,也容易导致抑郁情绪。

④ 自我概念水平。青少年期是自我发展的关键时期,自我的良好发展对青少年身心健康具有重要保护作用。研究显示,自我概念清晰的青少年,不仅拥有较强的自我效能与自我肯定感,还具备较高的自尊、自信、乐观水平,而这些积极情绪的产生,有助于青少年的身心健康发展;相反,那些自我概念模糊、自我认知有偏差以及自我评价较低的个体,则更容易发生痛苦、悲哀及绝望等负面情绪的增多,从而进一步导致其抑郁情绪的产生。

(3)环境因素。

环境因素一直是许多学者研究青少年抑郁问题时着重考虑的重要变量。影响青少年抑郁情绪的环境因素包括家庭环境因素和学校环境因素。

① 家庭环境因素。家庭中父母的教养方式、文化程度、家庭社会经济地位、家庭环境氛围、亲子关系等均对青少年抑郁具有预测作用,良好的家庭环境容易使青少年感受到温馨、安全、放松的气氛,进而有助于其身心健康;反之,在不良的家庭环境以及缺少家庭支持条件下成长的青少年,常常接触到让其感到不安、紧张、自责的负面的信息事件,更多地表现出负面情绪反应和消极认知,这会大大增加青少年抑郁情绪的风险。

② 学校环境因素。学校中的师生关系、学业成绩、同伴关系、学校类型等对青少年抑郁同样具有重要的影响作用。以往对青少年的心理调查研究表明,同学关系和师生关系是影响青少年心理健康的主要因素;同样,以往研究也表明,没有知心朋友、学习压抑、学习成绩较差、师生沟通困难、抵触老师、认为老师严肃淡漠、不适应学校管理的青少年通常抑郁得分显著偏高。

3. 抑郁的相关理论

(1)消极自我图式理论。

贝克根据其对于抑郁症患者的幻觉、妄想及梦的研究提出了消极自我图式模型。该模型包含自我惩罚、丧失以及剥夺等主题。根据贝克的观点,情绪问题主要是人们在错误的前提下对现实误解的结果;这种错误可以从平常的事件中产生,如对错误的学习,依据片面、不正确的信息做出错误的结论,不能适当地区分现实与想象等。根据贝克的观点,将自己视为一个"丧失者"这种消极的倾向是导致抑郁症的基本原因。如果一个人由于其童年及青春期经历(如父母的丧失、接连不断的灾难、同伴的社会拒绝、老师的批评或者父母的低落情绪)而形成某种认知图式,并在这种图式中以一种消极的眼光来看待自我、社会及未来,那么这个人就容易患抑郁症。应激能轻易地激活消极图式,而且随之而来的消极知觉又会进一步加强这种图式。

贝克声称患抑郁症的人有一种特异性的消极自我图式。这种不恰当的图式可能使抑郁症的个体在大多数情况下都期待失败。一种自我谴责的图式使他们背上对一切不幸负责的重担,一种消极的自我评价图式不断地使他们产生无价值感。消极自我图式同认知偏向和曲解一起维持着贝克所称的消极的三种认知组合,即对自我、社会及未来悲观的看法。抑郁症患者的主要认知偏向有以下几种。

① 随意推论,即在缺乏充分根据或在根本没有任何根据下得出结论。例如,某人得出结论,认为他自己是无价值的,因为在他参加一个野外聚会时下起了大雨。

② 选择性提取,即根据某一情境中的一个因素而非众多因素得出某个结论。例如,一个工人可能因为某个产品未能发挥其功能而产生无价值感。

③ 过度概括,即根据某个单一的不重要的事件得出一项总的结论。例如,一个学生把其在某一门课程上的一次糟糕成绩视为其无价值与愚蠢的最终证据。

④ 放大与缩小。患者在对成就进行评估的过程中,常见的错误即夸大损失,而将好的一面最小化。

(2)习得性无助理论。

习得性无助理论起源于学者对动物的观察与实验研究。20世纪60年代末,塞利格曼及其同事注意到,那些最初暴露于不可控制的电击实验中的狗,后来处于能够控制电击的不同情境中时,会表现出一种被动与无助的行为方式,即不再躲避或以缓慢的不恰当的方式加以躲避。研究者得出结论,在第一阶段的实验过程中,当电击无法逃避时,这些动物已经认为没有什么能使它们的痛苦减轻。研究者把这种错误的知觉,称为习得性无助。到实验的第二阶段——逃避电击是可能的时候,这种错误知觉继续保留在实验中的狗的行为当中。

二维码 7-9
习得性
无助实验

在对有关人和动物的习得性无助做了进一步研究后,塞利格曼注意到这种现象与抑郁非常相似。他因此指出,如同习得性无助一样,抑郁是一种对难以避免的或者似乎难以避免的应激源的反应。通过告诉个体自己难以控制环境,这种反应逐渐损害了个体对环境的恰当反应。后来的研究指出,无助的动物所表现出的其他症状与人类抑郁症中所见的症状相似,如低水平的攻击、食欲减退、消瘦以及神经递质水平上的各种生理变化。在对发生于人类身上的习得性无助现象做出说明后,塞利格曼接着指出,习得性无助可能是人类某些类型的抑郁症的基础,即当人们觉得自己无法控制重要的生活事件时,抑郁就产生了。

(3)自我失败的归因-绝望无望理论。

艾布拉姆森等人提出的自我失败归因模式认为,那些显示出有自我服务偏向的人与抑郁的人倾向于采用一种相反的模式。就像具有低自尊情绪的人一样,抑郁的人倾向于把消极的生活事件总结为稳定、内在的原因(如他们自己的人格、能力的缺乏等),而把积极的生活事件归功于暂时的、外部的原因(如运气、正确的时间、处在正确的位置等)。人们对于重要的生活事件的归因影响抑郁的产生、严重性和持续时间的长短。

1989年,艾布拉姆森等人提出了抑郁的无望理论。这种新模型降低了归因在无助和抑郁形成中的作用,但也没有将它的作用消除。而且,艾布拉姆森等人将因果归因看作导致无助及由此带来的抑郁的几个重要因素之一。他们认为具有一种悲观的归因方式,连同一个或更多的消极生活事件还不足以导致抑郁症的产生,除非某人首先体验到了一种无望的状态。换言之,抑郁的某些形式被认为是由一种无望状态引起的,即一种对渴望的结果不会发生,而不渴望的结果将会发生的期待,以及个人对这种情境缺乏有效的反应。这种期待本身就是一种导致抑郁的充分条件,尽管这种知觉或许只是导致了抑郁的一种亚类型。

4. 抑郁青少年的家庭教育策略

(1)家长应学习科学的教育理念。

家长接受的有关家庭教育理念不一样对孩子的影响也会有所不同。家长应该积极地学习有效的教育方式,尊重孩子,多聆听孩子的心声,做到与孩子平等相待。家长可以主动从书本中、教育网站中、有优秀育儿经验的朋友身上学习如何科学地教育孩子;还可以与孩子的教师交流,获取孩子学习方面的需求;更可以与孩子开展平等的日常对话,了解孩子的内心想法以及主客观需要。

(2)提升家庭功能。

家庭功能与青少年积极发展之间存在密切联系。感知父母冲突会影响青少年对家庭和外界的积极认知,使其形成消极的应对方式,降低其情绪调节能力,甚至出现抑郁情绪,因此家长可以通过提升家庭功能有效地降低青少年抑郁的风险。而良好的家庭氛围与青少年积极发展多方面呈显著正相关,良好的家庭氛围有助于青少年形成积极发展特性。在家庭中,家长要控制自己的情绪,在孩子面前不要进行吵架或实施暴力行为,营造和谐友爱的家庭氛围。家长要注意维护自己情绪的稳定性,对青少年给予更多的鼓励和关爱,避免过多控制,以降低青少年抑郁情绪发生的可能性。

(3)采用积极的家庭教养方式。

家庭的情感温暖与理解可以给孩子创造一个安全、积极、健康的成长环境,让孩子感到关爱和支持,有助于其及时疏散不良情绪,发展积极情感,形成自我认同;相反,父母拒绝否认、严厉惩罚、过分干涉等不良的教养方式会使子女缺乏自信心,产生自卑心理,使他们压抑自己的情绪,不能及时疏散消极情绪,容易形成抑郁。因此,家长应该对青少年给予更多的关心和爱护、理解和支持,用严宽适度的科学教养方式促进孩子健康成长。

(三)情绪管理的家庭教育策略

1. 帮助孩子构建良好的人际关系系统

积极的人际交往能力能够促进青少年健康、快乐成长,因此,家长要帮助孩子端正交往心态,树立交往信心,掌握交往技巧,提高交往能力。

首先,和孩子建立良好的亲子关系。家长应该了解青少年时期孩子的心理与生理特点,理解他们的变化,尊重他们的意见,调整管教方法,提高其独立性。当然,青少年自己也应该理解父母,站在父母的立场去考虑问题,积极与父母沟通与交流,尽量避免冲突。

二维码 7-10
踢猫效应

知识贴士

建立良好亲子关系四部曲

(1)稳定情绪。

家长平稳的情绪是亲子进行正常交流和沟通的良好基础。不要把因工作压力和夫妻间的矛盾带来的情绪发泄到孩子身上,学会控制自己的情绪,更不要喜怒无常,随便对孩子发脾气。如果家长自身在情绪处理上有问题,要先解决好自身的情绪问题,之后鼓励孩子正确地释放情绪,表达自身的情感。

(2)澄清事实。

实际上,当孩子的情绪感受平稳时,他对自己的行为已经有一定的认知。接下来,家长需要帮助孩子理解事情的因果关系,理解他和周围世界的关系,引导孩子说出不良情绪产生的原因,一步步地引导孩子说出他对这件事情的看法。

(3)商量办法。

完整地倾听事件后,家长需要给予孩子一定的反馈,帮他理清自己的思路,同时启发他主动发现问题。在这个过程中,如果孩子已经想到了一些解决方法,家长要做的就是辅助他,在孩子需要帮助的时候不经意地给一些小提示,让他充分享受这个慢慢独立的过程,享受通过一次次的调整学会做最合适选择的过程,激发他的自信心和积极性。家长要帮孩子衡量、评价、分析各种办法的合理性,然后跟他一起商量选取最优的解决方案。在这个过程当中,请家长一定要注意自己的语气和语调,一定要用平时说话的语气,心平气和,切记不要用嘲讽、说教等语气,以免孩子出现"再也不跟你沟通"等回避消极行为。

(4)鼓励行动。

在孩子已经确定解决问题的方法后,家长应积极鼓励孩子按照自己的想法勇敢行动。心理学中的"期待效应"告诉我们,如果家长对孩子充满了希望,相信他能够不断超越自己,他就会按照家长期待的那样获得成功。因此,家长对孩子的期待和鼓励非常重要。家长应该在一个合理的范围内,对孩子充满期待,不断用鼓励、强化的方式去激励他,使孩子克服困难、勇往直前。

其次,与教师保持沟通,引导孩子和教师建立良好关系。教师是除了家长之外和青少年保持长久且密切关系的主要成年人。在青少年时期,学生的思维能力快速发展,对教师的态度也会有相应转变。对于该发展阶段的孩子,只有使其在感情上产生积极的触动,思想上得到启发与教育,才能够实现良好的教育效果。

2. 帮助孩子完善自我

我国青少年是中国特色社会主义事业接班人,担负着社会历史发展的重大责任,因此,必须提升青少年的综合素养,帮助其健康成长。

首先,帮助孩子多方面认识自己,特别是借助同伴和教师的评价让青少年对自己有合理的认识,了解自身存在的优点与不足,制订有针对性的计划来引导他们正确对待自我、完善自我。

其次,帮助孩子正确地认识挫折,使他们在日常学习与生活中磨炼自己的意志和心理承受能力,学会自我疏导,坚定自己的信念,抱着积极的态度,朝着自己的目标不断奋斗。

最后,鼓励孩子多参加社会生活锻炼,拓宽他们的眼界,开阔他们的心胸,使其培养积极向上的人生态度。

3. 协助孩子解决学习中存在的问题

首先,引导孩子掌握各种有效的学习途径。对于学习过程中存在的问题,家长要鼓励孩子采用求助和解决问题的积极应对方法,在必要时给予其及时引导和帮助,使孩子掌握各种学习技巧。

其次,引导孩子养成良好的学习习惯。家长要鼓励孩子制订学习目标和计划,在学习上做充足的准备,更好地、主动地学习功课,提升学习效率;还要提升孩子的自学能力、学习主动性,增强孩子学习的自信心和投入水平,激发孩子的学习兴趣;同时还要创建轻松、愉悦的家庭关系氛围,让孩子的思维处于最佳状态。

最后,多鼓励孩子,让孩子经常感受到成功的快乐。家长要引导孩子正确对自己遭遇的失败进行积极、有效、合理归因;平时多使用激励性语言,欣赏、引导、谅解和表扬孩子,使他们变得自信,从而轻松完成学习任务,提升综合素质。

三 性心理问题

(一)性心理与性心理健康的概念

性心理是关于性问题的心理活动,是主体有关性生理、性对象及两性关系等的反应,涉及对性的认识、性的情绪体验、对性行为的控制等与性有关的一切心理活动。世界卫生组织提出的性心理健康的概念为:通过丰富和完善人格、人际交往和爱情方式,达到性行为在肉体、感情、理智和社会诸方面的圆满和协调。

骆一(2005)认为青少年性心理健康主要包括以下三个方面:① 性认知,即对性相关知识的认知,它由生理知识和性知识两个维度构成;② 性价值观,即对性相关问题的较稳定的看法和态度,它由性观念和性态度两个维度构成;③ 性适应,即青少年能够很好地接纳性征的变化,能够按照社会道德文化规范调节和控制自身性行为和性欲望,它由社会适应、性控制力和自身适应三个维度构成。

(二)性心理发展的理论

1. 弗洛伊德发展阶段论

弗洛伊德将人的性心理发展划分为五个阶段。

(1)第一阶段:口腔期。

口腔期又称口欲期,一般指婴儿出生后0到18个月。在此期间,婴儿专注嘴里的东西。例如,以吮吸母乳来得到口唇的快感,或是拿到什么东西都咬。此时期婴儿的口腔活动若受到限制,可能会留下后遗性的不良影响。成人中所谓的"口腔性格",可能就是口腔期发展不顺利所致。在行为上表现为贪吃、酗酒、吸烟、咬指甲等,甚至在性格上悲观、依赖,都被认为是"口腔性格"的特征。

(2)第二阶段:肛门期。

2~3岁这一阶段,排泄机能成为婴儿性快感的主要目标,婴儿从排泄活动中得到极大的快乐。这一阶段的主要任务是训练孩子按时大小便,培养孩子的自我控制能力。自己掌握大小便,标志着孩子迈出了重要的一步:学会独立,发展自信,并知道何时应该"放弃"。肛门期一般出现在生命的第二年,动欲区在肛门区域。在这一时期,儿童必须学会控制生理排泄,使之符合社会的要求,也就是说,儿童必须形成卫生习惯。在肛门期,除粪块摩擦直肠和肛门黏膜产生快感之外,快感更来自对粪便的排出与克制。如果这一时期出现异常现象,可使人格朝着放纵、生活秩序混乱、不拘小节或循规蹈矩、谨小慎微、吝啬两个不同的方向发展,形成"肛门排泄型"或"肛门滞留型"人格。

(3)第三阶段:性器期。

性器期发生于3~6岁。这一时期,性器官成为最重要的动情区。这一阶段的后期,儿童将经历俄狄浦斯情结。处于这一阶段的儿童表现为对异性父母发生了性兴趣。他们会对性器官很好奇,也会发现触摸它会有奇怪的快感。另外,这阶段的男孩子和女孩子对彼此的身体都有着很强的好奇心;此时,我们该给孩子的帮助是,带他们了解身体结构与性别的不同,用健康、正面的态度来看待每个身体与每一种感觉,而不是以惊恐的神情、罪恶的想法来阻止孩子在成长中必然发生的行为,与此同时,让孩子多和异性家长在一起。在幼儿园,接触更多事物后,身体的部位就不会是他们唯一关心的事情了,他们的注意力会渐渐转移到其他地方。

(4)第四阶段:潜伏期。

潜伏期一般发生于5岁至青春期前。在这期间,孩子没有明显的性发展表现。这个阶段的特征是儿童失去对与性相关的活动的兴趣,而把他们的能量集中在其他的事情上,例如学校的课业、良好的习惯。这时期的孩子已经意识到男女间性别的差异,将自己局限在与自己同性的团体中,没有明显性发展的表现,故称为潜伏期。

(5)第五阶段:生殖期(成年期)。

在这个时期,个人的兴趣逐渐从自己的身体刺激的满足转变为异性关系的建立与满足,所以这个时期又称两性期。这时个体已从一个自私的、追求快感的孩子转变成具有异性爱权利的、社会化的成人。弗洛伊德认为这一时期的个体如果不能顺利发展,可能产生性犯罪、性倒错,甚至患精神病。

弗洛伊德认为成人人格的基本组成部分在前三个发展阶段已基本形成,所以儿童的早年环境、早期经历对其成年后的人格形成起着重要的作用,许多成人的变态心理、心理冲突都可追溯到早年期的创伤性经历和压抑的情结。

2.赫洛克青春期性心理发展阶段理论

美国心理学家赫洛克(Hurlock)将青春期的性心理发展分为四个阶段。

(1)第一阶段:疏远异性的性厌恶期(12~13岁)。

孩子进入青春期后,面临自己身体和心理的变化。对于这些未知的变化,他们会有不安和羞耻感,对恋爱会敬而远之,于是倾向于与同性同伴交往,与异性保持疏远、冷淡的关系。

(2)第二阶段:向往年长异性的牛犊恋期(14~16岁)。

随着性生理和性心理的发育,青少年除了对同伴关系的依恋以外,开始憧憬与异性的关系。这一时期里,青少年会像小牛恋母似的倾慕于所向往的年长异性的一举一动,他们对异性的爱慕是从比自己年长得多的异性开始的。也有些青少年开始感受到异性的吸引力,开始打扮自己,以博得异性的欢心。牛犊恋期的表现一般只是默默地向往,而不会爆发出来成为真正的追求和恋爱。

(3)第三阶段:接近异性的狂热期(17~19岁)。

这一时期一般只把年龄相当的异性作为向往的对象,在各种集体活动中,青少年会努力设法引起异性对自己的注意,尽量创造机会与自己中意的异性接近。但由于双方理想主义成分太高,以自我为中心的意识太强,相处过程中冲突较多,接近的对象也会经常变换。

(4)第四阶段:青春后期的浪漫恋爱期(20岁以后)。

浪漫恋爱期的显著标志是爱情集中于某一个异性,对其他异性的关心明显地减少了。这段时期,男女都喜欢与自己选择的对象在一起,如想方设法单独约会,不愿参加集体性的社会活动,经常陷入结婚的幻想中,得到独立感的满足。

(三)性心理健康的影响因素

1. 青少年自身特性

以往研究表明,青少年性心理健康水平与青少年的自身特性存在一定的关联。坎宁安(Cunningham)等在2002年研究发现,羞耻感水平较高的青少年比较倾向于较少地暴露自己的性行为,即很少公开谈论自己的性行为。斯库勒(Schooler)等人在2005年以199名在校女大学生为研究对象,在羞耻感和性行为决定的相关研究中提出,女性对自己的身体越满意,即身体羞耻感越少,就会有更多的性唤醒、更多的性经验以及更少的非安全性性行为。丰特斯(Fontes)在2007年的研究中发现,遭受过家庭成员性虐待的儿童显示出更多的羞耻感,继而影响其性心理健康的发展。在体型和性心理健康的关系研究中发现,不同的体型会给女性带来不同水平的羞耻感,进而影响其性心理健康水平。

2. 同伴群体

同伴群体会影响青少年的性心理健康。美国学者迪克莱门特(Diclement)在1991年考察了同伴性话题沟通、同伴行为规范对青少年性行为的影响;结果发现,同伴间沟通性话题的质量越高,发生性行为的概率越低;同伴行为越规范,青少年发生性行为的时间越会推迟。另外,刘薪(2012)发现中学生同伴间性话题的沟通水平越高,其性心理越健康。雷姆施密特(Remschmidt)在1998年指出,青春期中期青少年同伴依恋安全感越高,其性行为数量越少。郑伟东(2011)的研究也发现,同伴依恋关系与青少年的性心理健康存在显著的负相关。

3. 家庭教育

家庭是孩子成长的第一所学校,家庭教育对青少年的性心理健康发展起着不可忽视的作用。研究发现，亲子依恋关系影响着青少年的性心理健康状况，安全型依恋感低的高中生对于同学的性行为方式予以更多的理解，但这一类人群发生性行为的概率也更高。同时，青春期前期家长的教育策略对青少年性态度和性行为也存在影响，有效的教育策略可以推迟青少年的开始恋爱时间，并有效推迟青少年第一次发生性行为的时间。我国青少年青春期发育趋于提前化，若他们未能及时得到良好的性知识教育，将使其青春期的性生理成熟早于性心理成熟，可能导致青少年产生心理、情绪、认知等方面的问题，出现性行为提前、早孕现象增多、性疾病感染上升和吸毒等现象。家长与孩子在性问题方面的有效交流，也能够减少青春期性冒险行为的不良效果。另外，家长对待性教育的态度也会影响孩子的性心理健康，明智的家长了解性教育的必要性，会积极引导孩子接受性教育；而传统观念制约下的家长，往往选择逃避。家长要端正性心理健康态度，在合适的时机对孩子进行性健康教育，这样才能提高孩子的性心理健康水平。

（四）常见的性心理与行为问题

1. 性焦虑

青少年在进入青春期之后，对自己性生理的发育比较关注，希望自己的发育能够符合自己的愿望。但是，往往事实和愿望是有一段距离的，加上性知识的缺乏，有些青少年会产生自卑的心理，觉得自己不够漂亮、英俊、自己的生殖器官不够成熟、不够丰满等，并因此变得多愁善感，甚至引起多年后在性生活中出现性冷淡和性恐惧。在这一时期，给予青少年充分的性教育是十分重要的。同时，进入青春期后，一些孩子不能正确地面对性意识活动，出现性意识困扰，产生焦虑、急躁、心神不安、郁郁寡欢、自责懊悔等不良情绪。少部分孩子会出现注意力不集中、不敢与异性交往的现象，影响自己的学习和生活，严重的会导致心理障碍。青少年在一定年龄出现了第二性征，女孩有月经，男孩出现梦遗，进入青春期男女两性相互产生好奇、倾慕、吸引甚至爱恋，出现性幻想、性冲动，这些都是青春期心理的正常反应，并不是不纯洁、不道德或可耻的行为。家长应鼓励青春期的孩子多读一些相关的书籍，加强性知识的学习，同时多和自己要好的朋友交谈，从朋友那里获得青春期心理反应的应对策略和方法，让自己的不良情绪得以宣泄。

2. 遗精恐惧或初潮焦虑

进入青春期后，由于生理发育，男生会出现遗精现象，女生开始出现月经。突然出现的生理变化现象可能会使刚进入青春期的少男少女措手不及，感到恐惧或焦虑。

遗精是指在没有性交或手淫的情况下射精。遗精多发生于夜间睡眠中，这称为梦遗；而在清醒状态下的遗精，称为滑精。遗精是男性中学生常见的一种正常生理现象。男生到了青春发育期，睾丸不断分泌大量的雄激素，同时产生大量精子，精子与精浆共同组成精液,精液不断产生并积聚在输精管内。当精液达到一定饱和状态时,便会通过遗精的方式排出体外。中学生的初次遗精时间最早为 11 岁,多数在 13 岁以后出现。遗精是一种正常的生理现象,但是它的间隔日期没有一定的规律。男性中学生一个月遗精 7~8 次均属正常,而且这 7~8 次遗精的分布不均匀,也许连续几天每晚遗精,也许每周 1~2 次。遗精者对此既感到新奇、不可思议,又感到忧虑,忧虑遗精是否会大伤元气,于是整日忧心忡忡,闷闷不乐。

初潮又称为初经,是指第一次月经。初潮代表少女的身体正经历青春期的变化。出现初潮之前,女孩的乳房已经开始发育,身高突然增长,也有的已经长出了阴毛或腋毛。初潮通常在少女的胸部开始发育后两年出现。少女第一次来月经,是青春期到来的重要标志之一。初潮代表子宫内膜受到雌激素刺激而发育了,也代表从子宫到子宫颈到阴道的"通路"打开了。大多数女孩的初潮年龄为 12~16 岁。一般情况下,初潮是不排卵月经,初潮后数月至 1 年才有排卵。初潮来临时,有的少女会产生恐慌、紧张和害羞等消极的心理体验。少女对初潮越是了解得少,其焦虑程度也就越严重。对毫无精神准备的少女来讲,初潮是一种极大的心理冲击。有的甚至以泪洗面,惶惶不可终日。之后,有些女孩在月经前 7 天左右就会出现情绪不稳定和身体不适的感觉,在月经前 2~3 天最为严重,有人把这种状况称为"经前期紧张综合征",具体表现为精神疲倦、忧郁、烦躁、敏感等。因此,让女孩们提前学习相关知识,是非常必要的。

3. 早恋

早恋指的是青春期青少年建立恋爱关系,也被称为"青春期恋爱"。随着生理发育逐渐成熟和第二性征的出现,青少年的思想、情感等方面也在发生急剧变化,心理波动性大,很容易产生兴奋、冲动、神经过敏,也很容易受外界消极因素的影响出现心理上的"断乳"。同时,对爱的需求、渴望和好奇,与青少年特有求知欲的结合,使他们对性的信息比较敏感,对异性的注意也越来越强烈。在相互不断的交往和彼此好感的基础上,可能出现爱情的萌芽。一些新兴教育家、心理学家和学生认为"早恋"一词并不科学。因为青少年在青春期加速发育,第二性征出现后,逐渐性成熟,生理和心理都有成人化趋势,所以对异性产生好感或是发生恋爱行为是青春期的普遍情况,是生理与心理发育的必然结果,不应该用"早恋"这样带有主观感情的词汇来描述它。青春期阶段对异性产生爱慕感甚至好感都是正常的,但是要把握好分寸、不轻易越界。部分学者认为虽然早恋的发生难以避免,但是家长可以通过培养孩子适当的自控力,以及对这一阶段的青少年做出适当的疏导和帮助来帮助青少年减少不良情绪的影响。

(五)青少年性心理与行为问题的家庭教育策略

家庭性教育应为孩子提供良好的心理环境,根据孩子身体发育不同阶段的需求,帮助孩子树立正确的性意识,培养健全的性心理,获得科学的性知识。家庭性教育具有个别性和示范性等优势,它既是知识教育,也包含情感教育,是青少年建立积极性情感的教育。家长的行为对孩子的性态度起着潜移默化的影响,这种影响比理论性教育更深刻、更持久,也更有利于孩子健康的性观念的形成。性是个人成长过程中不可回避的内容,由家长向孩子谈性的问题是最自然、最合适的,家长还能依据子女的身心发展情况,从小开始,循序渐进地为孩子解答有关性的问题和提供性知识。家庭在性教育方面投入的时间和精力是最有成效的。对于家庭的性教育应做好以下几方面。

1. 家长应该树立正确的性教育观念

面对孩子出现的性觉醒、性罪错时,有些家长会意识到性教育的重要性,也觉得该承担起这个责任,但总是觉得难为情,面对孩子这方面的问题时不知所措,只产生精神上的恐慌与焦虑;有些家长虽然思想相对开放,当孩子遇到性行为问题需要家长解答时,他们却不知该从何说起,对于敏感的话题也是难以启齿;还有部分家长抱着顺其自然的态度,认为现在孩子还小,等孩子长大了,自然就什么都懂了。家长的这些错误观念,会影响孩子的性取向、性价值观,甚至导致懵懂的孩子出现性心理行为问题。家长应树立正确的性教育观念,在性教育这条路上,引导孩子走上正确的成长之路。家长可以通过多种渠道加强自身的性教育知识,彻底改变不正确的性教育观念,建立健康、科学、向上的正确性教育观念,做好孩子的性教育启蒙教师。要改变错误的性教育观念,家长必须端正性教育态度。正确的性教育要求家长具备以下三个特质:接纳孩子的性好奇;表达坦诚自然;以身作则。

2. 家长应提高自己的性知识水平

面对青春期孩子心理和生理发生的变化,部分家长也想参与孩子的性教育,了解孩子的想法,但是由于他们对性知识了解得不够,无法和孩子沟通、交流。有的家长怕给孩子传授错误的知识,所以交流时特意避开性行为问题,导致孩子只能靠其他途径寻求帮助,大部分同学都是借助互联网的帮助,而互联网上不少内容对孩子的成长是不利的。网络中有太多的诱惑,如果学生看一些不健康的网站及淫秽视频,会对其性心理性行为发展产生不良影响。家长可以通过书籍、网络等多种途径提高自身的性教育知识,根据青春期阶段孩子的性生理和心理发展特点,科学地向孩子灌输性教育,提高他们对社会不良信息的判断和抵制能力,使其能够预防和解决性困惑和性问题,建立健康的性观念。部分家长文化程度低、思想比较守旧,在学习性知识时,这些家长会比较吃力,但是为了孩子的健康成长,家长必须率先做出改变,首先,从思想上重视在性教育、性知识上对孩子的引导;其次,从行动上做出改变,充分利用相关资源提高自身的性知识水平,积极参加学校组织的家长讲座,主动与教师或者其他家长沟通、探讨、寻求帮助,力争做合格的家长。

3. 采取循序渐进、适宜、适度的家庭性教育方式

家长在对孩子进行性教育时,要根据孩子的年龄阶段和生理发育特点,选择不同的性知识,可以按阶段设立性教育目标。家长提前熟知本阶段的性教育内容,运用恰当的语言,使用不同的方式将相关知识传授给孩子。切忌操之过急,这样容易适得其反。

由于孩子是不同的个体,身体发育特征具有先后性和差异性,家庭教育不能一概而论,家长必须根据自己孩子的年龄和个体差异,选择恰当的内容,摸索出恰当的方式,对孩子因材施教,循序渐进,做到适度、适宜。

4.家长要注意与孩子的沟通工作

孩子进入青春期之后,各种问题可能暴露出来。家长一定要注意经常与孩子沟通,时刻关注孩子的言行。相关调查显示,家长与孩子的沟通越少,关系越疏远,矛盾就越多。很多家长忙于生计,每天与孩子的沟通仅限于"吃饭了吗","作业写完了吗",这样的沟通不仅没有实在的意义,而且会引起孩子的反感。家长在关心孩子生活、学习的同时,更要关心孩子身体和心理上的变化,要留意孩子生理和心理的需求。只有走进孩子心里,倾听孩子的心声,才会发现孩子身上存在的问题,才能解决问题。

在日常生活中,家长会觉得和孩子讨论性问题时很尴尬,很难为情,这种现象很正常,家长在进行性教育时要注意抓住合适的机会,用通俗易懂、幽默的语言与孩子沟通。家长可以每天给孩子渗透一点,慢慢地,孩子也习惯了,就愿意和家长分享自己的想法了。

同步案例7-4

奇怪的噩梦

晓强,一个14岁的男孩子,读初中二年级。晓强十分懂事,学习很用功,很讨母亲喜欢。在晓强读小学时,他的父母就离异了,晓强和母亲相依为命。母亲看得出来,缺少父亲的关爱,晓强显得格外敏感,常常感到自卑,在同学面前根本不谈自己的家庭。因此,母亲总是带着一股歉意来弥补晓强,对晓强加倍呵护,嘘寒问暖。晓强对母亲也很关心,无论母亲去哪儿,总要问个不停,就是母亲去市场单独买趟菜,他在家也坐立不安,唯恐母亲出意外。所以只要有可能,母子俩都是形影不离。

近来晓强平静的生活突然被一件"大事"给打破了。一天夜里,晓强遗精了。在这之前,谁也没有告诉晓强这是什么,该怎么办。但有一点晓强明白,这是男人的事,他不能告诉妈妈。可是遗精带来的恐惧却是晓强难以独自承受的。从那以后,晓强每天晚上都睡不着觉,他生怕自己因为遗精而死掉,白天上课无精打采,脸色苍白,记忆力锐减,学习成绩迅速下降。夜里,晓强常常从噩梦中惊醒,抽泣着喊道:"我不要死,不要死啊。"

【思考题】

1. 如何看待青春期遗精现象？
2. 家长在面对青春期孩子时，应该怎样对其进行性教育？

【分析】

当男孩成长到青春期的时候，就会经常无意地出现遗精的现象，这是一种正常的生理现象，并不会像案例中晓强所担心的那样因为遗精而导致死亡。

面对青春期孩子的性教育问题，家长首先要树立正确的性教育理念，提高自己的性知识水平，关注孩子的情绪变化，多与孩子进行沟通，让他们正确地认识成长过程中的生理变化，知道如何保护自己，能接纳自己的身体，正确处理成长中的情绪变化。

复习思考题

1. 什么是学习动机？学习动机有哪些种类？
2. 简述青少年学习动机的发展特点。
3. 简述自我意识的内涵及发展特点。
4. 简述柯尔伯格的道德发展理论。
5. 关于心理素质的形成有哪些观点？
6. 当孩子出现逆反心理时，家长应如何应对？

二维码 7-11
复习思考题答案

第八章

特殊儿童的家庭教育心理问题

第一节 精神发育迟滞儿童的家庭教育心理问题

引例

小贾,男,11岁,是新转来的三年级学生。他性格较为内向,上课时安静乖巧,一直表现出认真听讲的样子,但回答老师提出的问题时总是不知所云,学习成绩常年垫底。老师对其进行家访时了解到以下情况:小贾自幼就表现得不聪慧,行为方面,1岁多才能独坐,2岁多才能独站,3岁才学步;言语方面,2岁多才学会喊爸妈,6岁左右才能讲简单的句子,并进入学前班。他8岁时念一年级,勉强及格。念二年级时,留级一次后,语文、数学仍不及格,原来学校老师认为没法再教,但家长认为是原学校教学质量不好,于是转校。小贾放学回家后,能自觉地做家庭作业,但常常做不会做,有时要向弟弟请教。他平时在家中可帮妈妈做一些家务事,如扫地、洗碗,他劳动比较主动,也能吃苦。小贾在学校中与同学关系良好,很乐意帮别人做事,但也经常受到一些调皮男同学的欺负。

一 精神发育迟滞概述

1. 精神发育迟滞的概念

精神发育迟滞(mental retardation,MR)也被称为智力缺陷、智力低下,是一种异质性的精神疾病,主要特征是18岁以下儿童智力明显低于平均水平,患儿智商(intelligence quotient,IQ)位于均值的两个标准差以外,一般IQ低于70,或者发育商(development quotient,DQ)低于75,并伴有社会适应性行为显著缺陷。MR是世界范围内导致人类残疾最为重要的原因之一,它严重危害儿童身心健康,给社会和家庭带来沉重的负担。MR既是一个医学问题,也是一个社会问题,受到医生、家长、教师、社会工作者及其他相关人员的广泛关注。

世界卫生组织报道世界任何国家、任何民族的MR患病率均不低于1%。据此可以推算全世界有 3 亿多 MR 患者,只是不同的诊断标准导致其检出率的高低有所不同。20 世纪 70 年代以前,MR 仅根据发育商或智商高低的单一标准予以诊断,结果使流行病学调查的检出率偏高;20 世纪 70 年代以后采用智力功能损害和适应行为缺陷双重标准,使 MR 的诊断更趋合理。各国流行病学调查的 MR 患病率为 1‰~2‰。我国儿童 MR 患病率为 1.2%,其中城市为 0.7%,农村为 1.4%,边远山区和 MR 高发地区则更高。MR 患病率农村高于城市,这是由于农村医疗卫生条件较城市差,造成脑损害的因素较城市多;在偏僻落后地区近亲结婚者较多,造成不良遗传的机会较多,此外,还与农村经济文化相对落后有关。近年来 MR 的患病率有下降趋势,这主要与预防措施的加强、经济文化教育的发展以及医学科学的进步有关。

2. 精神发育迟滞的诊断

MR 的诊断标准有以下三条,三者缺一不可:① 智力水平比同龄正常儿童明显低下,发育商或智商低于人群均值 2 个标准差,一般为 IQ 低于 70;② 适应行为存在缺陷,低于社会所要求的标准;③ 起病在发育年龄阶段,即 18 岁以前。单有智力功能损害或单有适应行为缺陷都不能诊断为 MR。在 18 岁以后出现的智力损害不能称为 MR,而称为痴呆症。

MR 儿童的诊断主要依靠智力测验和适应行为评定的结果进行判定。智力测验实际上是一种心理测验,主要测验语言和推论能力,能最大限度地了解儿童智力潜在能力。智力测验分为婴幼儿时期使用的发育测验和大年龄阶段使用的智力测验两类;智力测验方法按精确程度分为筛查法和诊断法两种,相应的智力测验量表也分为筛查量表和诊断量表两种。MR 儿童的确定诊断应采用标准化的诊断性智力测验量表,0~3 岁儿童可采用盖塞尔发展量表(Gesell development schedules,GSCH),4~6 岁可采用韦氏学前儿童智力量表(Wechsler preschool and primary scale of intelligence,WPPSI),7~16 岁可采用韦氏儿童智力量表(Wechsler intelligence scale for children,WISC)。适应行为评定采用儿童适应行为量表,涉及大量日常生活最基本的内容,常常通过对经常接触儿童的人进行访问、调查,能较客观地反映儿童适应行为的现有水平。我国常用的儿童适应行为量表有两种:婴儿—初中学生社会生活能力量表,适用于 6 个月至 14 岁;儿童适应行为评定量表,适用于 3~12 岁儿童。

在 MR 临床诊断中,还要注意以下几个问题。① 不同种类智力测验的 DQ 或 IQ 临界值是有差别的,如盖塞尔发展量表的 DQ 临界值为 75,韦氏儿童智力量表的 IQ 临界值为 70,斯坦福-比奈智力量表的 IQ 临界值为 68 等;② 智力测验量表所测得的 IQ 值是估计值而非真正值,并且 IQ 值也不是固定不变的,因此智力测验的结果不能作为评价智力状态的唯一标准,只能作为全面评价的依据之一。MR 儿童经治疗后,IQ 会有所提高,但变动的范围是有限的,主要的变动是在社会适应能力方面。因此,MR 的发现并不意味着"一锤定音"而决定终身,应注重定期进行能力的评价,特别是经过干预后的变化。③ 儿童在出生后 6 个月内,除非有明显的发育异常,一般难以做出 MR 的诊断,常常要在儿童到达一定的运动发育和智能发育的界线时才被发现。④ 在临床实践中,轻度 MR 儿童往往是在上学后出现学习跟不上进度、学业成绩差时才被发现,应进一步通过智力测验和适应行为评定予以判定;而中度以上的 MR 儿童在学龄前期甚至婴幼儿期通过相应的临床表现即能加以判断,如婴幼儿表现为大运动、精细动作、语言和应人能力全面落后,进一步做智力测验和适应行为评定是为了了解其 MR 的程度。

通过智力测验和适应行为评定,MR 儿童可分为轻度、中度、重度和极重度四个等级(见表 8-1)。轻度 MR 相当于智龄 9~12 岁,可接受小学教育,生活可以自理。中度 MR 相当于智龄 6~9 岁,是可训练的,但很难达到小学一、二年级的学业水平,生活常需要帮助和督促。重度 MR 相当于智龄 3~6 岁,不能接受学校教育,生活不能自理。极重度 MR 相当于 3 岁以下的智龄,缺乏语言能力,终生需要监护。

在临床上,为了方便起见,常将中度、重度和极重度 MR 统称为重度 MR,其 IQ 在 50 以下,几乎都是由生物医学因素引起的,干预效果不明显。而轻度 MR 的 IQ 在 50~69,80%~90%是由社会心理文化因素引起,只有小部分是由生物医学因素引起,通过早期干预可使 IQ 提高,有些患儿可逐步回归正常人群之中。

表 8-1 精神发育迟滞儿童的程度分型

程度	IQ	标准差	接受教育能力	适应能力	构成比(%)
轻度	50~69	-2~-3	可教育	经教育可独立生活	75~80
中度	35~49	-3~-4	可训练	简单技能,半独立生活	12
重度	20~34	-4~-5	难以训练	自理有限,需监护	7~8
极重度	<20	-5 或更大	需全面照顾	不能自理,需监护	1~2

二 精神发育迟滞儿童的心理与行为特征

1. 智力结构受损

MR 患儿的总智商(FIQ)、语言智商(VIQ)及操作智商(PIQ)三者之间无显著性差异,但都低于正常儿童。这说明 MR 患儿的智力损害是多方面的,其中包括认识水平、言语功能、运动技巧等方面的缺陷,而不仅限于个别能力的不足,这可能是由大脑左右半球综合功能的缺陷导致的。但是也有研究者发现,MR 儿童的言语能力似乎较操作能力上的缺陷更为明显,这在女性 MR 患儿中尤为明显。言语量表涉及的 5 个分测验结果表明,MR 儿童这 5 个方面的智力损害均很严重,且损害水平是一致的,而在操作量表各分测验中,空间定位能力损害相对较轻。研究也发现有三分之一的轻度 MR 患儿在操作测验中,若将测试时限延长 10 秒或一倍,他们可以完成任务,这表明他们的操作能力在本质上是没有问题的,只是他们比正常儿童需要更多的时间来完成操作测验的学习。

2. 社会适应不良

MR 儿童不仅呈现全面的智力低下，而且存在明显的社会适应行为障碍。适应行为是指个人独立处理日常生活及承担达到他的年龄和文化条件所期望的行为。一项采用阿肯巴克儿童行为量表开展的研究表明，MR 儿童的社交能力总分及其三因子分均显著低于正常儿童；在行为问题方面，除个别因子外，MR 儿童各因子得分均明显高于正常儿童，并且伴随着年龄的增长，MR 儿童在社交能力与行为问题上与正常儿童的差异越来越显著。另一项儿童适应行为量表评定结果也表明，虽然 MR 儿童的适应行为评定成绩随年龄而增长，但其发展水平比同年龄正常儿童普遍较缓慢，MR 儿童在认知功能因子及其相关分量表行为技能上的缺陷更加明显，这反映了 MR 儿童突出的认知功能缺陷的特征。这可能表明 MR 儿童的行为问题是受其智力制约的。但也有研究者认为，是患儿的行为问题导致其学习动机受损和学习情境适应不良，进而影响其智力潜能的发挥。

3. 其他能力上的缺陷

MR 儿童判别知觉对象间的联系或特殊关系十分困难，这可能是由于其参与知觉分析的综合认知能力弱化。正是这种知觉的狭窄性，使得他们很难辨别知觉对象的微小区别，妨碍了他们寻找和利用各种判断线索的能力，以致做出许多错误的判断。关于 MR 儿童深度知觉的研究发现，MR 儿童的深度知觉辨别能力明显弱于正常儿童，对合理判断线索的有效利用能力也较差；MR 儿童的视知觉感受性缓慢、感觉范围狭窄且区分对象的能力薄弱；同时 MR 儿童在物体恒常性上的判断能力较差，说明他们在意图和行为上不成熟、僵硬、呆板。本德尔格式塔测验发现，MR 儿童在知觉上的错误类型主要为变形、不能整合、旋转和固着，这表明 MR 儿童存在视知觉缓慢、视觉运动不协调、任务视觉结构杂乱等认识能力上的缺陷，但这种知觉上的缺陷也可能是注意缺陷导致的，因为关于 MR 儿童注意力的研究表明，MR 儿童存在注意力上的障碍，注意稳定性差。

三 精神发育迟滞儿童的家庭教育策略

教育训练及护理对 MR 儿童来说具有重要的实际意义，这项工作涉及家庭、特殊教育学校、社会福利部门和专业康复医疗机构，是一项社会性的工作。目前国内设有专业康复医疗机构和特殊教育学校，可以在专业人员的指导下对孩子进行专门训练和教育，这无疑能在一定程度上减轻家庭的养育负担，但 MR 儿童长期的治疗、康复和照顾，仍需要家长承担大部分的养育责任。因此，家长掌握相应的 MR 儿童教育策略依然是非常必要的。

1. 重视早期训练

家长应了解正常儿童心理发展规律，对儿童的动作、行为、语言进行早期观察，及时判断孩子是不是与同龄儿童有较大的差异，如果发现有较大程度的落后情况，则须及时为孩子进行智力测验，知道孩子在哪方面落后，以及早进行训练，如翻身、爬行、坐立、行走、发音训练、认知活动训练等。需要帮助儿童去认识周围发生的事，提高其认识世界的积极性，还要多问一些"为什么？""这是什么？"，以激发他们去思考，长期坚持下来就能够提高他们的认识水平。

家长在对 MR 儿童开展早期教育时要注意符合其智力水平，不要过分求高、求快，不要用对正常儿童的期望来要求智力落后的孩子。同时无论孩子精神发育迟滞程度如何，都应当让他们有机会与正常儿童在一起活动，在共同的游戏活动中进行模仿和学习，这对孩子是极有帮助的。

2. 注意营养及生活护理

对某些遗传性代谢性疾病，可通过严格控制饮食防止或减轻症状。如患苯丙酮酸尿症的孩子（临床表现为生长发育迟缓、智力低下、精神神经症状），可以通过多摄入低苯丙氨酸食物（如大米、玉米、蔬菜、水果等），限制含丰富苯丙氨酸饮食摄入（如小麦、蛋类、肉、鱼、虾、乳品等）进行合理饮食治疗，在症状早期可使孩子生长发育趋于正常，并可使已有的病理变化消失。

为了保证 MR 儿童从饮食中获得足够营养，应为患儿创造良好的饮食环境，餐前使孩子情绪稳定，对生活自理差者要加强训练，必要时协助其进餐，以保证进食量的充足，防止发生营养不良；对不能控制食量的孩子要防止其暴食，以免发生消化不良；还要纠正个别孩子的偏食行为。

3. 培养生活自理能力

轻度 MR 儿童生活尚能自理，重度 MR 儿童生活自理则较为困难，他们理解能力差，常需要别人监护。但在孩子的生长发育期，他们的智力及其他精神活动也还在逐渐发展，所以对 MR 儿童进行教育、训练就非常重要。家长对孩子应耐心、坚持不懈地教育和训练，使他们逐渐适应周围环境，逐渐能安排好自己的日常生活。家长要训练、培养孩子平时生活中的一些必要的技能，如洗脸、洗澡、如厕、穿衣服、整理床铺、吃饭、洗碗、收拾餐具、扫地等。这不仅有助于减轻家庭的养育负担，而且对于孩子积极地适应社会生活有重要意义。

4. 训练劳动技能

精神发育迟滞儿童终将会长大，通过劳动技术教育和训练使他们能自食其力，将极大地减轻社会和家庭的负担。劳动技术教育必须适合孩子的智力水平和动作发展水平，注重现实性和适应性，重视安全教育以及个别差异性。家长可从自我生活服务劳动培养开始,如洗脸、穿衣、吃饭、扫地等,再逐渐开始社会生活服务劳动技术的培养。在实际的劳动中进行日常工具的性能和使用方法的教育,进而再过渡到职业技术教育,并根据孩子心理上、生理上和发育迟滞上的差异,进行针对性的职业技术教育和职业指导。

5. 重视品德教育

由于 MR 儿童认知水平低,对事物的分析能力差,常常不能预见自己的行为后果,应激反应强烈且应激处理能力较差,往往会出现一些不自觉或不符合社会要求的行为和活动,甚至可能导致犯罪行为。做好孩子的品德教育就要遵循普通学校品德教育的基本原则,做到尊重孩子与严格要求相结合,集体教育与个别教育相结合,同时还要注意孩子的生理、心理特点,充分了解孩子的缺陷,对不同情况进行不同处理,保护孩子的自尊心,把缺陷行为和不道德行为严格区别开来,对孩子尽量少批评、少惩罚,多给予表扬和鼓励。

6. 保持积极心态,做好心理建设工作

家长是 MR 儿童最坚定的支持者、保护者和利益代表者,孩子长期性治疗、康复和照顾,需要家长付出巨大的精力、体力和时间,极容易导致家长出现各种心理问题,影响其生活质量。而家长的心理状态直接影响着孩子的康复治疗及预后,因此家长保持健康、积极、良好的心理状况至关重要。MR 儿童的康复是一个漫长的过程,家庭成员承受着来自各方面的压力。家长应及时了解自身的心理状况,采取积极的措施,相互关心、提供支持、减轻心理压力,尽可能地保持乐观的心态;另外,家长应采取积极的应对方式对待孩子和康复治疗,更好地养育和治疗孩子。

第二节 学习障碍儿童的家庭教育心理问题

引例

小强,男,9岁,就读小学三年级。之前他的成绩一直在中游水平,但后来逐渐在学习上感到吃力,在课堂上无法集中注意力,经常做小动作、东张西望。晚上在家做作业时也心不在焉,拖拖拉拉,经常惹得家长生气,甚至坐在他旁边盯着他学习。家长认为他是"多动症",到医院检查后,服药4个月,没有效果后停药。现

> 在小强的学习成绩直线下降,是全年级的最后一名。小强自己也想把学习搞上去,无奈基础太差,怎么学也赶不上别的同学。有的同学甚至在背后说小强是"弱智",还有的同学到老师处告状,认为小强在上课时影响了他们学习。小强自己也认为,管住自己并且把学习搞好"比登天还难"。比如上课时,小强总想认真听讲,但不知怎么,就开始说话、做小动作,控制不住自己。他每天都下决心,刻苦学习提高成绩,但就是上课听不懂,作业总出错。现在是同学不愿和小强玩,母亲也不想跟小强说话,小强自己懊恼生气,也不写作业,混一天算一天。

一 学习障碍概述

1. 学习障碍的概念

学习障碍(learning disabilities,LD)是在世界范围内受广泛关注的儿童卫生问题之一。学习障碍儿童虽然具有正常的智力水平,但学业成绩明显低于其智力水平的预期成绩,并伴有较多的社会适应不良及情绪和行为问题。学习障碍制约了儿童的学业发展和健康成长,给学校和家庭带来了沉重负担,已成为国内外医学界、心理学界和教育学界等共同关注的重要研究领域。国外报道学习障碍的患病率为 $1.0\%\sim17.8\%$,其中学习障碍儿童男性多于女性($1.5:1\sim10:1$)。流行病学调查表明,我国小学生学习障碍的发生率为 $8.7\%\sim13.4\%$。

美国教育心理学家科克(S. Kirk)于 1962 年正式将学习障碍定义为一种发育障碍,即儿童在某种或某些过程中表现出的滞后发育或存在障碍,这些过程涉及听、说、读、写、算或其他方面。在此之后,各国学术界对学习障碍儿童的研究开始活跃,但受各国经济、政治、教育等各方面因素的影响,"学习障碍"的含义也有所不同。医学界主要采用了世界卫生组织和美国精神科学会的定义,认为学习障碍是一种特殊性发育障碍。心理学界认为学习障碍是一组异质性障碍的总称,表现为可能因中枢神经系统功能障碍引起的儿童在听、说、读、写、推理及计算能力的获得和应用方面出现明显困难。

目前,我国学术界对学习障碍儿童的界定还未统一。在我国教育学界,有研究者认为学习障碍儿童是指因各种原因导致学习成绩不好的落后学生。俞国良(1999)等人对"学习障碍"的判定给出了以下几点说明:① 学习障碍是一个具有集合性的复杂概念,包括学业、心理发展等诸方面的落后和困难,这是多种消极因素相互交织作用的状态;② 学习障碍儿童属于一个异质性很强的群体;③ 学习障碍儿童的状态是可以改善的,凭借适当的教育干预,其学习成绩可以有所提高,它与智力落后、感官损伤造成的学习问题有根本的区别;④ 学习障碍可以存在于各个年龄段,包括儿童和成人。

当跟正常人的差异达到一定程度时,就可以推断其为学习障碍。当今广泛运用于我国学习障碍领域的是不一致模型,主要是指学习障碍儿童的学业成绩与智力之间存在显著的差异性。不一致模型包括四种普遍使用的类型。

(1)年级水平不一致模型。

此年级水平不一致模型又称年级水平离差法,是指如果学生的实际所在年级与他的学业水平年级之间存在显著差异的话(一般是两个年级的标准),意味着这个儿童可能具有学习障碍。例如,如果一名四年级的小学生的数学成绩标准测验显示她只具有二年级的水平,那么该生可能具有数学方面的学习障碍。

(2)标准分数比较模型(又称标准分比较法、简单不一致模型)。

此模型着重考察智商分数与学业成绩测验分数之间的差异。该模型应用比较广泛,但也受到一些研究者的质疑,因为使用的智力测验量表不一致以及差异程度界定的不一致可能会导致诊断结果差异较大。

(3)回归不一致模型(又称回归程序法)。

回归不一致模型同样考察智力测验标准分与学业成绩之间的差异,但控制了两者之间的相关性。有学者认为这种方法完整地体现了差异模式的思想,是比较科学的。

(4)学业成绩标准模型。

该模型根据学生几门功课的成绩在所在年级中的位置来判断学生是否具有学习障碍,一般是低于一到两个标准差。该诊断模型也受到人们的质疑,因为没有统一规定到底是几个标准偏差,国内也缺乏一个统一的学业成就测试标准。美国研发了每个年级每门课程统一的课程测验标准,这样就可以实现区域协调,使得筛选出来的学习障碍儿童具有相同的标准,有助于研究和干预。但在我国情况却大相径庭,如某重点学校被诊断出患有学习障碍的学生,在普通学校里甚至可能被称为优秀学生。

除了诊断模型之外,许多特殊教育工作者还致力于学习困难的诊断量表的编制。如今常用的学习困难诊断量表有:国际疾病分类第10版(ICD-10)的学习困难诊断量表、美国缺陷儿童教育咨询委员会(NACHC1986)的学习困难诊断量表、学习能力障碍儿童筛选量表等。

学习障碍可具体分为听觉障碍、阅读障碍、书写障碍、言语障碍和数学障碍五类。

听觉障碍具体表现为在竞争环境下学习障碍儿童聆听目标句和目标数字的能力以及识别频率模式的能力都普遍低于正常儿童。

阅读障碍具体表现为学习障碍儿童在新词学习中的眼跳定位,利用学习次数来调节眼跳定位的能力上均表现出一定缺陷。

书写障碍具体表现为书写困难、书写混淆、过目即忘等。

言语障碍具体表现为言语异常、说话迟缓、语音意识不佳、听觉处理时间较长、快速自动化念名和字词寻找困难等。

数学障碍具体表现为数字感、算术事实和计算、数学推理等方面存在困难。

2. 学习障碍的原因

学习障碍的确切原因很难完全搞清楚,学习障碍儿童的个体特征的差异性是很大的。正如学习障碍有不同种类(如阅读障碍、语言障碍、数学障碍等),出现学习障碍的原因也有很多种。五个疑似致病因素包括大脑损伤、遗传、生化失调、环境及认知缺陷。

(1)大脑损伤或者脑功能失调。

所有的学习障碍儿童都有某些大脑损伤或中枢神经系统的损伤。这个说法在美国儿童健康和人类发展研究所(NICHD)对学习障碍的定义里可以找到渊源。该定义指出,学习障碍"被认为与中枢神经系统的功能失调有关"。在无法证明大脑损伤的情况下(事实上大多数学习障碍儿童属于这种情况),人们有时会用"轻微脑功能损伤"这个术语,医生尤其喜欢用这个术语。这种措辞通过指出儿童的脑功能不正常暗示儿童的大脑有损伤。

近年来,核磁共振成像(MRI)技术上的进步使得研究人员发现,在完成语言处理任务的时候,有阅读和语言障碍的个体在大脑的一些特定区域显示出和正常个体不同的活动模式。一些阅读障碍儿童的大脑结构和正常儿童的大脑结构有着轻微的差别。这些研究为我们了解诵读困难和其他特殊学习障碍的生理基础保留了希望。但是,正如里奥纳德(Leonard)在2001年所指出的,迄今为止,我们并不知道儿童的经验(如学习)是如何影响大脑的神经网络的,而且它在多大程度上影响着大脑的神经网络我们也不清楚。因此,我们并不知道对儿童的学习问题产生影响的、与学习障碍联系在一起的神经生理因素是否是缺乏环境刺激所导致的,或者是这两种因素共同作用的结果。然而,越来越多的证据表明,经过深入的阅读矫正教学的帮助,阅读困难儿童和正常儿童大脑活动方式之间的差异减小了。施威茨(Shaywitz)等人2004年的研究结果显示,一项以教授字母原则和口头阅读流畅性联系为核心的、平均历时105小时的个别辅导,不仅提高了儿童的阅读流畅性,而且促进了熟练阅读的神经系统的发展。

我们不要在理论上过分注重将学习障碍与大脑损伤和脑功能失调联系在一起,原因有两点:第一,不是所有的学习障碍儿童都有大脑损伤的临床症状,而且也不是所有大脑损伤的儿童都存在学习障碍;第二,如果假定儿童的学习问题是由脑功能失调所造成的,那么就可以为无效的治疗或康复手段找到借口。当一名被怀疑有大脑损伤的儿童经历学业失败的时候,我们可能立即假设是大脑损伤阻碍了他的学习,从而减少治疗或康复的努力,这将使得儿童得不到合适的教育,从而进一步加重其学业问题。

(2)遗传因素。

阅读障碍者的兄弟姐妹和子女比正常人更容易有阅读问题。越来越多的证据表明基因至少部分地解释了阅读困难的家族联系。卡顿(Cardon)1994年的研究发现了基因遗传导致语音缺陷的可能的染色体点的位置发生改变,而这种语音缺陷还可能会在日后导致儿童出现阅读方面的问题。

(3)生化失调。

有理论指出,是儿童身体内部的生化失调导致了学习障碍。例如,范戈尔德(Feingold)于1976年声称,儿童食用的许多食物中的人工色素和调味料会导致学习障碍和多动症。他推荐了一种治疗学习障碍的方法,即为儿童提供不含人工合成的色素和调味料的食物的饮食疗法。在一项关于特殊饮食疗法的研究综述中,施普林

(Spring)和桑多瓦尔(Sandoval)(1976)指出,支持范戈尔德的理论的科学证据寥寥无几。

也有人指出,学习障碍可能是由于儿童的血液无法合成足够的维生素而导致的。有些医生就采用大剂量服用维生素的疗法,即通过每天服用大量维生素来补充学习障碍儿童可能缺乏的维生素。但两项专门检测大剂量维生素的疗法对学习障碍和多动症儿童的效果的研究发现,大量服用维生素并不能提高儿童的学业表现。当前学习障碍领域中的大多数专家都不认为生化失调是导致儿童学习障碍的重要原因。

(4)环境因素。

尽管我们很难把环境因素看作形成学习障碍的主要原因,但是,环境因素尤其是儿童早期的贫困生活状况和拙劣的教学水平可能导致儿童的学习障碍。学习障碍在某些家庭中不断出现的趋势,显示出儿童早期发展阶段的环境影响与之后儿童在学校中的学业成就之间存在着相关性。追踪研究中可以找到这种相关性的证据。例如,哈特(Hart)和里斯利(Risley)1995年的研究发现,较少与父母进行交流的幼儿在进入学校前更容易表现出词汇、语言运用和智力发展方面的缺陷。

另外一个导致儿童出现学习障碍的环境因素是儿童所接受的教学质量。正如恩格尔曼(Engelmann)在1977年指出,大多数被贴上"学习障碍"标签的儿童之所以有障碍,并不是因为他们的感知神经突触或是记忆有问题,而是因为他们所接受的教学方式是非常不适当的。尽管拙劣的教学方式与学习障碍之间的真正关系并不是很清楚,但是已有大量证据显示,许多学生的学习问题可以通过接受直接的、强化的和系统的教学获得解决。当然,并不是所有学习障碍儿童的学业成就问题都是完全由不适当的教学方式导致的,但从教育角度来看,强化的、系统的教学方法应该是我们面对所有学习障碍儿童时的第一选择。

(5)认知缺陷。

随着认知心理学和神经心理学的发展,研究者逐渐转向从心理加工过程缺陷、信息加工的角度寻找学习障碍的成因。学习障碍的成因大致可以归纳为以下两种观点。

一种观点主张学习不良儿童在信息加工上并没有障碍,但在策略(计划加工)上存在缺陷。张雅明和俞国良(2007)使用结构访谈法对120名儿童(其中包括学习障碍儿童60名)的策略信念与策略理解水平进行了研究。研究结果证明学习不良儿童组与一般儿童组的差异更多地体现在对具体策略的元认知因果解释水平上,他们更多地持有较低水平的"信息获得"解释;而对照组儿童则更多地持有较高水平的"信息获得"解释,这种策略理解水平的差异可能是学习障碍儿童难以将新学到的策略主动应用到其他情境中的重要原因。贝莉(Bailey)等人在2002年通过比较外语学习困难生和优秀生的学习习惯,指出学习困难生在笔记中常有很多与所学知识无关或不重要的内容,学习困难生在计划策略上存在一定的问题。

另一种观点认为学习不良儿童在信息加工上存在着障碍,他们的学习困难是注意力缺陷、工作记忆容量不足以及学习加工过程中信息系统出现错误的编码、存储和提取等原因造成的。吴燕(2006)对学习困难儿童注意定向进行眼动研究,结果证明学习困难儿童的注意定向和相关认知加工能力与正常儿童有所差异。她对正常儿童和学习困难儿童的注意力品质进行对比实验,发现学习困难儿童在注意力分配上有明显的缺陷,在注意的广度上有偏低倾向。程灶火和龚耀先(1998)对学习困难儿童记忆特点进行了系统实验比较研究,发现学习困难儿童无论在长时记忆功能还是在短时记忆和工作记忆功能上,都存在不同程度的记忆缺陷。

二维码 8-1 关于学习障碍的思考

二 学习障碍儿童的心理与行为特征

学习障碍是一种内在障碍,学习障碍儿童早期的一些行为表现不易与儿童发展上的特征分开,如注意力不集中、活泼、好奇等。随着年龄的增长和学业困难的增加,儿童的学习困难和落后,容易被误认为是懒惰或不够聪明。因此,明确学习障碍儿童的特征对于区分和帮助学习障碍儿童具有重要意义,可以避免延误诊断的后果,让他们及时接受特殊的学校教育和家庭教育。

1. 学习障碍的主要特征

(1)注意困难。

学习障碍儿童在上课以及完成课后作业时很难集中注意力,他们很容易分心,注意力范围十分狭窄,注意力持续时间比较短,很难同时处理多个认知任务,还可能表现出多动或冲动行为。许多学习障碍的儿童往往也伴有注意力障碍(ADD)。

(2)自动化处理能力低下。

学习障碍儿童的信息自动化加工处理的能力比较差,他们即使多次面对相同的学习任务,也常常犯同样的错误。他们需要更多的时间来学习新知识,需要更多的实践练习来自动化新技能。自动化处理能力差使他们的认知资源经常处于不足的状态,不仅影响当前的问题解决,而且影响新知识的获取。

(3)学习动机不足。

在付出同样努力的情况下,学习障碍儿童的学业成绩往往不如正常儿童,他们很容易有挫败感,而且学习成绩不尽如人意往往掩盖了他们付出的努力,使他们没有得到家长和老师的理解甚至无缘无故被责备,他们逐渐失去了学习的信心和动力。

(4)不会使用学习策略。

学习障碍儿童不仅在学习的认知能力方面有缺陷,而且在学习中往往不会自我调节或者自我调节水平差,特别是在学习策略的运用方面。他们很少调整自己的学习行为,也不会使用元认知和时间管理技能,而是经常使用机械学习策略。他们很难掌握更复杂的学习策略,也没有选择性地使用学习策略的意识,甚至不愿使用学习策略。

(5)记忆功能受损。

不同类型的学习障碍者在特定的记忆处理区域可能表现出不同程度的损伤。不同性质的记忆功能缺陷(如语音记忆、视觉记忆和空间记忆,短时记忆、工作记忆和长期记忆,语义记忆、物体记忆和情景记忆等方面的缺陷)虽不是所有学习障碍者的特征,但可能与特定类型的学习障碍有关。另外,学习障碍的记忆功能缺陷也可以细化到记忆加工处理过程的特定阶段,如编码、记忆、复述和提取等。

(6)不适当的社会行为。

许多学习障碍者由于学习成绩差或自控能力差而自尊水平低下,感到自卑,不善于社交,很难交到朋友,在社会适应方面存在困难。除此之外,学习障碍者的认知功能缺陷也可能阻碍他们社会技能的发展。

(7)学习障碍的性别差异。

关于学习障碍是否存在性别差异这个问题,学术界一直存在争议。许多研究人员发现男孩比女孩有更高的学习障碍发生率。但这也可能是一种错觉,因为男孩的学习问题很容易被发现,而许多女孩有学习障碍却并没有被发现。有研究者认为,认知能力存在男女性别差异,认为男孩更擅长逻辑推理,女孩更擅长语言运用,但该观点并没得到有力支持。传统的智力测试,如韦氏儿童智力量表,也从未界定划分性别差异,并且韦氏儿童智力量表是不分性别的。也就是说,男女在智力的各个方面,包括语言和推理,没有什么不同。学习能力上的性别差异可能并不存在,教育工作者经常持有"男孩比女孩聪明"的成见,这种成见是不可靠的刻板效应。

2.学习障碍儿童在认知方面的缺陷

当学习障碍儿童被专门细分考察认知方面的缺陷时,他们又有以下表现。

(1)智力发展不均衡。

在韦氏儿童智力量表(第四版)中,学习障碍儿童的总智商处于正常水平,但明显低于正常儿童。尤其是工作记忆指数(WMI)和加工速度指数(PSI)两个子测验的得分明显低于普通儿童,而工作记忆指数(WMI)和加工速度指数(PSI)两个子测验共同构成认知效率指数(CPI)维度。一般能力指数(GAI)与认知效率指数的失衡是学习障碍的典型表现。

(2)阅读障碍儿童的继时性加工困难。

有两种认知过程对于人们获得阅读能力来说是必需的:一是那些促进特殊语音处理和一般印刷文本编码发展的认知过程,如同时处理和继时处理;二是那些成功调度语音编码和其他技能的认知过程,如注意力和计划。研究者还指出,典型的阅读障碍患者往往继时性加工能力很差,他们对输入信息的继时性加工处理得不好。在可能存在阅读障碍的阅读初学者中,继时性加工困难表现得最为典型。

(3)数学学习障碍儿童的同时性加工水平较低。

人们解决数学学习中的问题需要的许多技能相当大程度上依赖于同时性加工,例如对立体几何空间关系的理解、问题的心理表征的形成以及对特定问题的一般模式进行识别(例如距离、速度、时间)等。那些同时性加工水平较低的儿童,可能无法同时处理多种信息,所以容易导致数学学习障碍。

(4)工作记忆能力较差。

学习障碍儿童的语音处理缓慢,中央执行功能可能存在任务协调、抑制、注意力转移、记忆刷新和处理前摄抑制等方面的缺陷,这些都是工作记忆能力较差的表现。

三 学习障碍儿童的家庭教育策略

1. 改变不当的教育态度

首先,对孩子要有耐心。家长的耐心有利于开发学习障碍儿童的潜能,而家长的急躁可能会封起他们潜能的大门。其次,尽量少责备孩子。一般来说,表扬比惩罚的效果好。若孩子没有完成学习任务,可先细细询问其原因,也许没有完成作业的背后另有隐情,耐心追问有可能会发现孩子学习困难问题的根源。若孩子完成了任务,就要给予表扬或一定的奖励,比如夸奖他"今天真棒,作业这么快就做完了"。这样不但可以激发孩子的上进心,而且能激发其学习动机,当这种学习动机由外部转向内部的时候,孩子不再需要家长监督,自己就会好好学习。最后,重视孩子的身心发展。儿童正处在身心发展的重要时期,过多的学业任务会让孩子不堪重负,导致学习动机和学习投入水平下降。

2. 培养孩子的学习兴趣

兴趣是最好的老师,培养儿童对学习的兴趣至关重要。家长可以从以下几个方面培养孩子的学习兴趣。第一,对孩子的点滴进步都给予关注,并适当表扬,增强其学习的积极性。第二,通过课外阅读来增加其学习兴趣,拓宽儿童的视野,激发其探究世界的欲望和好奇心。第三,家长在周末或假期可带孩子去公园或动物园,或游览山水,拓展孩子的学习场所,增加其学习的机会,使孩子在这些活动中获得知识和乐趣,增加孩子的社会化程度和适应社会的能力。第四,多与孩子交流,让他意识到自己的收获。当孩子感觉到自己从学习与活动中收获了有价值的东西时,他就会拥有更大的学习动力和热情。家长如果可以经常就孩子所学的东西和他进行交流和探讨,可以使他感受到自己知识的增长。特别是当孩子掌握了一些家长不知道的知识时,他会有更大的成就感。这些成就感将使他对学习保持浓厚的兴趣并付出更多的努力。第五,让孩子在学习中发挥更多的主动性。处在学龄阶段的孩子通常把学习当作一种必须完成的任务,把学习过程当成一个被动完成任务的过程,没有自主性。家长应该在有限的范围内尽量让孩子拥有自主决策的权利,例如让他自己决定学习和娱乐的时间顺序安排,让他自己选择在某个时间段学习的内容等,这样可以让孩子在学习中发挥更多的主动性,激发他们学习的积极性。

3. 培养孩子的耐挫能力

不论是对孩子娇生惯养还是专制严厉，都有可能造成孩子抗挫折能力差，学习上稍遇困难就打退堂鼓。因此，家长首先要帮助孩子正确认识挫折。如通过给孩子讲英雄人物成功前的挫折，或爸爸妈妈小时候与目前工作和生活中遭遇挫折的故事，让孩子懂得生活中随时可能会遭遇挫折，只有勇敢地去克服困难，本领才会越来越大。其次要教会孩子正确对待挫折的方法。如自我鼓励——"这次虽然没考九十分，但比原来有进步了"；再如补偿法——"我跳舞不行，可画画不错，要努力画，争取参加书画比赛"。最后在日常生活中要有意识地设置一些困难或挑战，如让孩子自己整理凌乱的学习用品、铺床、清洗自己的衣服等，鼓励孩子自己的事情自己做，不会的事学着做，让孩子在这个过程中得到磨炼。这样可以培养孩子的勤奋习惯，以及在学习中遇到挫折时能够坚持学习。

4. 教给孩子一些有效的学习策略

家长都是经历过学生阶段的，应在自己能力范围内传授给孩子一些实用的自己当年的学习方法和心得，并训练孩子在学习过程中使用这些方法。学习障碍儿童的智力是正常的，他们很多时候是由于没有掌握有效的学习方法，或者使用的方法单一、不灵活。由于没有有效的学习策略，造成了学习障碍。如，孩子做作业很吃力，这时候家长如果越俎代庖，帮孩子做作业，是不可取的，而应该引导孩子如何思考以获得解题的方法。所以说方法是法宝，授人以鱼不如授人以渔。

5. 进行巩固训练，避免期望过高

如果孩子是因学习基础薄弱而产生学习困难，家长可以利用假期对孩子进行强化巩固训练。只有打好基础，孩子才可能在以后的学习中游刃有余。另外，家长对孩子的期望不要过高，在孩子考 58 分的时候就不要指望他下次考到 85 分，学习要踏踏实实、一步一步来，孩子不容易在短时间内有很大的跳跃式进步，尤其是对语文，更要注重平时的基础和积累。所以如果孩子这次考 58 分，就鼓励他下次先过及格关，以后在及格的基础上再多考几分，如此递增，孩子能够越考越好。名列前茅固然可喜，达不到的话家长也不要强求。

6. 接受家长教育

孩子要学习知识，家长也要学习如何教育孩子，跟孩子一起成长。没有人一开始就知道怎么做家长，怎么教育孩子。现在有一些"家长学校""家庭教育指导"致力于指导家长转变教育观念和方法、提高自身修养，以优化家庭教育，家长可以考虑参加这类的学习。家长要以合理有效的早期教育方式，对儿童施加影响，激发儿童潜在能力，培养儿童良好的习惯和性格，以及探究知识的兴趣与思维能力，防止儿童在学龄期出现学习困难现象。若儿童在学龄期出现学习困难现象，家长要及时给予家庭干预，转变家庭教育策略，帮助孩子早日走出困境，促进孩子身心健康发展。

第三节 注意缺陷多动障碍儿童的家庭教育心理问题

引例

小飞,男,5岁多,其典型症状是注意力不集中、好动、攻击别人。据幼儿园老师反映,小飞在课堂上表现任性,老师上课时,他会旁若无人地玩橡皮泥,而且,课堂上他从来不会端坐着,不是跪在地上,就是趴在桌子上,两只脚来回晃动。玩够了,他便会大声唱歌、嚷嚷,或者抓邻座小朋友的头发、身体等。对于老师的批评教育,他置之不理。有时,他还会和老师争吵,甚至曾用脚踢老师。户外活动时间,他会到处乱跑,老师根本制止不了。此外,小飞的攻击性很强,经常无故攻击班里的小朋友,而且下手不知轻重,所以小朋友都不敢和他交往。老师觉得小飞就像一个定时炸弹,随时都有爆炸的可能。老师多次把小飞的情况反馈给他的父母,可是他们也不知道小飞到底怎么了,更不知道该如何正确应对他的行为。

一、注意缺陷多动障碍概述

1. 注意缺陷多动障碍的概念

注意缺陷多动障碍(attention deficit hyperactivity disorder,ADHD),俗称多动症。注意缺陷多动障碍始于儿童期,是最常见的儿童时期起病的神经精神疾病之一,也是儿童发育行为门诊、儿童心理咨询门诊最常见的疾病之一,其主要表现为注意集中困难、注意力持续时间短暂、不分场合的过度活动、易激惹和冲动、坐立不安等,并常伴有认知障碍和学习困难等。

最早关于注意缺陷多动障碍的记录,是英国儿科医师乔治·史提尔(George Still)于1902年在伦敦皇家医学院做的三次讲座。他报告了一些有多动和注意力缺陷问题的个案,但认为这些儿童是存在道德控制缺陷,而非存在注意缺陷多动障碍。1917—1918年间,维也纳等地出现了脑炎的报道,大多数患者表现出易激惹、过度活跃、非自主运动、注意力不集中等后遗症。当时的研究者认为这类症状与脑损伤有关,故取名为"脑损伤综合征"。尽管"脑损伤"这一标签在20世纪五六十年代十分盛行,但是因为缺乏解剖学证据,不久之后就不再受到人们青睐了。

1968年,美国精神医学学会编写出版的《精神障碍诊断与统计手册(第二版)》(DSM-Ⅱ)根据对儿童行为的观察诊断,开始使用儿童多动症(hyperkinetic syndrome of childhood)这个名词。随后,戴克曼(Dykman)等人提出了注意障碍(attention disorder)这一说法,引入了"注意"方面的概念,这对后续研究中该症状的概念修改产生了很大的影响和启发。1979年,道格拉斯(Douglas)对之前的研究进行总结,结合临床案例观察,明确提出了"注意缺陷"这一概念。随后的《精神障碍诊断与统计手册(第三版)》(DSM-Ⅲ)将诊断名称改为注意力缺陷伴有多动症(ADHD)或者注意力缺陷不伴有多动症(ADD),从此之后,ADHD的名称被确定下来并且沿用至今。《精神障碍诊断与统计手册(第四版)》(DSM-Ⅳ),将第三版手册中对于ADHD仅仅8条的粗略描述,深入发展为一系列诊断性标准以及相关症状的详细描述,同时维持了ADHD的名称,并将其划分为以注意涣散为主的ADHD、以多动-冲动为主的ADHD和混合型的ADHD三种不同类型。

二维码8-2
DSM(Ⅳ)中
ADHD诊断标准

国外报道ADHD在学龄期儿童中的患病率是3%~10%,国内报道的患病率为1.5%~10%,其中男性儿童更为多见,在就诊人群中,男女之比高达9∶1,在流行病学调查中,男女之比大约是4∶1。ADHD不仅表现为儿童期的多动冲动、注意力缺陷,对患者学习、生活有明显影响,而且有些症状可以持续到成年,进而导致患者家庭关系不良、伙伴关系不良、社会地位低下,甚至违法犯罪等。第五版的《精神障碍诊断与统计手册》将该症状出现的年龄放宽到12岁,并且特别提出了成人ADHD的诊断标准,使对成人ADHD的诊断和治疗得到重视。另外,ADHD的共病现象明显,常合并有其他易发生于青少年期的神经精神疾病,如品行障碍、抽动症、学习困难、情绪障碍等,由此引发的社会心理问题已经引起社会和学者的广泛关注。

2. 注意缺陷多动障碍的成因

(1)遗传因素。

如果某儿童患有ADHD,则他的兄弟姐妹患有ADHD的概率约为32%;患ADHD成人的孩子有57%的概率存在该障碍;同卵双生子患病一致性显著高于异卵双生子;甚至很多双胞胎和家系研究验证 ADHD 高度遗传性的生物学基础。众多研究都表明该障碍会受到基因遗传因素的影响。

(2) 家庭因素。

家庭和环境的不良因素主要表现有：① 原生家庭中有亲人缺失的儿童群体，较易出现多动；② 父母的娇惯导致孩子的品行问题；③ 家长对儿童学习成绩和行为表现要求过于严格，甚至采取暴力方式进行管教；④ 家庭关系中不和谐，父母关系紧张，双方对孩子的教育态度和教养方式不一致，或者缺少对儿童的教育管理，都有可能使得 ADHD 儿童的症状加重。

(3) 学校因素。

与正常儿童相比，ADHD 儿童的社会适应能力显著低下，他们经常破坏班级或学校规则，这些儿童受到批评和惩罚的概率也就较高，学校不适当的教育方式可能会增加 ADHD 儿童焦虑情绪，进一步导致他们难以融入正常的班级学习活动。很多缺乏 ADHD 专业知识的教师不理解 ADHD 儿童行为表现的真正原因，误以为他们故意捣乱，是"坏孩子"，往往对他们产生偏见甚至厌弃，也会增加 ADHD 儿童行为问题的发生。甚至儿童所处的教室环境也会对他们有影响，如果教室环境里充斥着其他外界刺激，可能更容易分散他们的注意力，导致更严重的注意力障碍。再者，儿童正式入学之后，在学校环境的时间相对较多，学校因素对 ADHD 儿童病症发展和转归具有极为重要的影响。

(4) 其他因素。

研究发现锌、铅和铁元素与 ADHD 的发病有密切的联系。锌是代谢碳水化合物、蛋白质、核酸、脂肪酸的必要条件。已有研究证实锌不足与 ADHD 有关，适当补充锌元素可能有益于抑制 ADHD 的症状。柯迪（Rcddy）等人研究发现，高血铅患儿发生行为异常的风险是正常儿童的 2～3 倍。我国学者大量的研究也表明血铅浓度高是导致 ADHD 发生的危险因素。铁在神经发育与多巴胺合成中有重要作用，并且会间接影响人们的行为和认知功能，有研究发现缺铁与注意缺陷多动障碍是共病。

食品添加剂、色素和防腐剂也可能导致 ADHD 或者类似行为的增加，甚至也可能是一个风险因素。有研究表明，含有人工色素（如日落黄、柠檬黄、诱惑红）或苯甲酸钠防腐剂的饮食会导致儿童多动行为的增加。也有研究者对儿童的兴奋性和抑制性氨基酸水平进行测定，结果表明，ADHD 的发生与氨基酸的比例失调有关。

二 注意缺陷多动障碍儿童的心理与行为特征

1. 注意困难

"我的孩子写作业的时候拖拖拉拉，花很长的时间都写不完"，"孩子总是前一件事情还没有完成，就着急去做下一件事"……ADHD 儿童的父母和老师经常这样描述他们，这些与注意、专心有关。的确，ADHD 儿童没有办法和其他儿童一样持久地去做一件事情，尤其在面临重复、枯燥的任务时。比如抄写生字或者背诵课文的时候，ADHD 儿童总是显得很挣扎，难以顺利完成任务。研究显示，ADHD 儿童的注意力持续时间较短，要他们长时间地保持专注是很困难的。美国博林格林州立大学研究人员开展的一项研究表明，在看动物主题电影时，ADHD 儿童不看屏幕的时间是正常儿童的两倍。看完之后，在回答有关电影情节问题的表现里，ADHD 儿童的正确回答率显著低于正常儿童。因此，ADHD 儿童总是需要旁人的介入、指导，帮助组织他们的行为和延长其注意力的持续时间。

2. 冲动行为

ADHD 儿童总是很难耐心等待，在需要轮流排队时表现出更多的不耐烦，他们抑制行为或控制冲动的能力欠佳。在语言方面，他们总是会随口而出一些未经思考的话。当被问到如果有时间思考，还会不会那样说的时候，ADHD 儿童的回答往往是否定的。马克（Mark）博士曾针对 16 名 ADHD 儿童和 16 名正常儿童做过一个算数方面的研究，所有被试均被告知，在完成规定的几道数学计算题之后，就可以得到一个小玩具作为奖励，结果两组儿童能完成的题目数量一样多。之后让他们自主选择：要么做比较少的题目，并在做完之后立刻得到一个小玩具；要么做比较多的题目，并在两天之后得到一个大玩具。结果，大部分的 ADHD 儿童选择了做比较少的题目，而大部分的正常儿童选择了做比较多的题目。正是因为控制冲动能力相对较差，ADHD 儿童倾向于用最少的时间，花最小的力气去完成他们觉得枯燥的任务。

3. 动作过多

过多的动作（如爬上爬下、扭动不停、话太多）让 ADHD 儿童看起来总是慌张不安。朱迪思（Judith）及其同事的一项研究发现，让 ADHD 儿童和正常儿童都随身佩戴体动仪（一种记录活动量的电子仪器），在一个星期内观测被试每天的活动量。结果发现，ADHD 儿童在不同情境和不同时段中的活动量都远远高于正常儿童。早期研究也显示，在课桌上做心理测试时，ADHD 儿童局促的"蠕动"量是正常儿童的 4 倍。以上研究都明确地指出 ADHD 儿童的活动量在类似场合中总是比同龄儿童的活动量要高。但最让人困扰的是，他们的活动量和当时的活动情境总是不相符，例如从下课情境到上课情境的转化时，从高活动量的游戏情境到安静的午休情境的转化时，ADHD 儿童往往表现出巨大的困难，他们很难及时减少自己的活动量。

4. 难以遵守指示

ADHD 儿童受规则支配的行为（rule-governed behavior）表现不佳。在 ADHD 儿童与父母互动的研究中，研究者要求参加实验的每一对父母都在房间里和他们的孩子玩玩具，就像在家里一样。一段时间后，给父母一张清单。清单上列举了一些父母要求孩子做的事，比如把玩具收拾好或把凳子放在门后面。研究者从单面镜后观察并记录被试的亲子互动情形。结果表明 ADHD 儿童更难以听从父母的指示，尤其父母要求他们做某些事情的时候。正是因为难以遵守指示，旁人常常需要提醒 ADHD 儿童做他们该做的事情。高频率的提醒使得教导 ADHD 儿童的家长或教师感到挫折和生气，从而更容易将 ADHD 儿童形容为不成熟、缺乏自律、缺乏组织条理性、懒惰甚至逃避责任。

5. 表现不稳定

大部分 ADHD 儿童智力很正常甚至偏高，却难以拥有稳定的、该有的表现。有些时候，他们可以在没有外人的帮助下轻松地完成作业；有些时候，就算有人从旁指导、帮助和催促，他们也只能完成一点点。正是因为他们曾经可以不需要帮助而有良好表现，所以有人误认为他们没有什么问题或者障碍。ADHD 儿童的困难不在于没有能力做到，而在于无法像别人一样保持稳定的工作效率模式。为此，儿童脑神经医生马塞尔·金斯伯恩（Marcel Kingsbourne）甚至将 ADHD 称为变化性疾病。

三　注意缺陷多动障碍儿童的家庭教育策略

注意缺陷多动障碍发病原因较为复杂，对 ADHD 的长期治疗以精神类药物为主，药物能明显增强 ADHD 儿童的自我控制力，使其主动注意力提高、注意时间延长、减少多动和冲动等症状。但是，药物治疗也存在一些不足之处，比如治疗依从性差，药物滥用，药物种类有限等。近年来，随着对 ADHD 认识的逐步加深，研究者逐渐认识到精神、心理和环境因素也可能影响 ADHD。因此，除了药物治疗外，人们提倡配合运用行为治疗、认知治疗和家庭治疗等。ADHD 儿童的家长不仅是儿童的监护人，也是对其实施心理行为干预的主体。家庭因素在儿童 ADHD 的发生、发展及预后等方面都具有重要的作用。家长可以从下几个方面入手，预防或干预儿童的 ADHD。

1. 改变对 ADHD 的错误认识

ADHD 儿童由于无法控制自己的行为，通常会置教师和家长的命令于不顾，做出让教师和家长无法预测和理解的行为，因此，教师和家长会形成一种错误的认知，觉得孩子的行为是一种恶意的品行问题，是故意向教师、家长和权威挑战。事实上，ADHD 儿童虽然外表上是正常的，但是他们的许多行为是不正常的，这些不正常行为是由大脑执行功能缺陷引起的。ADHD 儿童所患的行为障碍就像他们心理上的"轮椅"，使他们无法以一种正常的方式运行，因此，父母对 ADHD 要有一个科学的认识，要知道 ADHD 不是儿童的恶意的品行问题，而是大脑里的神经传递素的不平衡导致的一种疾病。ADHD 也不是一个能很快治愈或者单靠说理和惩罚就能克服的心理问题，父母必须接受系统有效的训练来改进儿童的行为，这一过程可能是漫长的和反复的。父母要无条件地接纳 ADHD 儿童，不要把 ADHD 儿童和正常儿童比较，也不要对他们提出过高的要求和期望，对 ADHD 儿童表现出来的一些无伤大雅的行为不要太在意，更不要想当然地认为那是一种恶劣的、故意挑衅的行为，而把他们定位为坏孩子。

2. 改善教养方式，提供温暖和信任的家庭环境

家长教养方式作为心理和环境因素的重要构成部分，与 ADHD 有密切关系。有学者研究发现，ADHD 儿童的家长较正常儿童的家长缺乏情感上的温暖、理解、信任和鼓励，更倾向于用权威性处罚来教养孩子，常对他们进行严厉惩罚，没有耐心，在教育方式上过于强制；ADHD 儿童家庭的亲密度、情感表达、娱乐性都显著低于正常儿童家庭，家庭矛盾性显著高于正常儿童家庭。

因此，ADHD 儿童的家长一定要注意家庭教育方式，在教育 ADHD 儿童时，要多一些耐心和爱心；在孩子出现行为问题时，要冷静应对，不要动辄训斥和打骂孩子；平时要多花些时间与孩子进行沟通交流，有意识地陪孩子做一些游戏或运动，并在活动过程中给孩子一些有效的指导，以此来培养孩子的自控能力和自信心。同时家长要保持教养态度的一致性，即在面对孩子的行为问题时，父母要采取一致的、较为有效的理性的态度去面对，不能各执己见或前后要求不一。此外，家长也不可走向另外一个极端，因为同情孩子而替代孩子完成一些义务和责任，过度纵容孩子的一些行为，从而让孩子失去自己体验生活与承担责任的机会，这样会进一步增强 ADHD 儿童内心的无能感，降低他们的自信和自尊。

3. 正向强化儿童的积极行为

ADHD 儿童虽然在行为上会出现一系列让家长或教师颇为头疼的问题，但是在内心深处，他们与正常的孩子一样，都渴望能得到家长或教师的认可。家长的奖励或表扬能增强 ADHD 儿童的正向积极行为，减少他们的负向消极行为。来自强化依随范式研究结果表明，奖励和反应代价（剥夺或撤去作为偶联事件的正强化物）在 ADHD 和控制组的任务成绩和动机水平提升上都有积极的效果，但对 ADHD 组的提升比控制组的更大。无论是在奖励还是在反应代价条件下，ADHD 儿童的动机水平均得到了明显提高，且强化依随对 ADHD 儿童的动机水平也有较好的促进作用。

代币制和好行为记录本都是在家庭中实施正向行为强化法的有效手段。所谓代币制就是在目标行为出现时（如能够及时去做某件事而不抱怨），给予儿童一种"标记"或代币，代币可以是扑克牌、五角星、小纸花或空白记事本等。等代币积攒到一定数量时，可以让儿童用一定数量的代币换取自己喜欢的物品或特殊待遇，如一根棒棒糖、一场喜欢的电影或睡个懒觉等。采用代币制时，一方面，要对儿童出现的积极行为给予代币等形式的奖励；另一方面，对儿童出现的破坏性等消极行为应给予收回代币等形式的处罚。另外，用代币换取奖励有一个前提，就是儿童可以用自己赢得的 80% 的代币换取他们喜欢的玩具或食品，而保留 20% 的代币做长期的奖励。代币制的运用可以鼓励儿童服从一些命令、规则、纪律以及社会或幼儿园、学校对儿童日常行为的一些基本要求，也可以培养儿童学会等待、控制即时冲动的能力。

好行为记录本就是家长用一个记事本记录孩子所有好的行为(只要儿童没有表现出坏行为,就可以被记录为好的行为)。ADHD儿童的家长要用心观察孩子一天的表现,如果孩子能不需要父母督促而顺利地自己洗脸、刷牙、穿衣服,或者没有说脏话,家长就要用简短的词语记录下来,并不断在家中大声交流孩子的这些好行为,以便让孩子能够听到。晚上睡觉前,家长要再给孩子念一念记录本上的好行为,再一次让孩子意识到自己哪些行为是有益的,是可以让父母高兴的,从而强化ADHD儿童的积极行为。

第四节 自闭症儿童的家庭教育心理问题

引例

小明,男,7岁,有语言障碍,不主动与人交流,喜欢自言自语,别人问他问题时,他经常答非所问。小明在学校里也极不合群,喜欢自己一个人待着。他上课不听讲,沉浸在自己的世界里,从不主动参与课堂活动,偶尔对感兴趣的活动会在旁边观看一阵;下课后,要么独自一人在座位上发呆,要么独自一人在操场上玩耍,喜欢玩操场上的体育器材,并且样样拿手。他喜欢攀高,站在高高的运动器材或树上,丝毫没有恐惧感,且乐此不疲。他一听到音乐就手舞足蹈,虽然动作极不协调,但是他舞蹈时很快乐。他对新环境有恐惧感,对汽笛声尤其敏感,听到汽笛声会本能地捂住耳朵,且浑身战栗。

一 自闭症概述

1. 自闭症的概念

自闭症(autism),又称孤独症,是发生于儿童早期的一种涉及感知觉、情感、语言、思维和动作与行为等多方面的发育障碍,是广泛性发育障碍(pervasive developmental disorder,PDD)中最为常见和典型的一种。自闭症属于一种儿童的发育障碍。目前,学界认为自闭症是一种先天性的疾病,与后天无关。研究者认为自闭症并非心理情绪障碍类的疾病,而是因为脑中的知觉、信息处理机能出现了问题才发病的,或者将自闭症解释为细微脑损坏导致的感知觉刺激出现异常、语言中枢存在异常所导致的语言障碍等一类发展障碍。自闭症以不同程度的社会交往功能障碍、言语交流障碍、兴趣狭窄以及刻板固定的行为模式为主要特征,大约有70%的自闭症患儿合并有智力的损伤,同时在感知觉、情绪等方面也存在一些问题。患有自闭症的儿童一般会在两三岁时表现出初步的症状,随后其症状会渐渐加重,但不排除部分患儿在自闭症恶化前一段时间内有着正常或接近正常的早期发展阶段,之后患儿会出现一个或多个自闭症的特征,比如语言倒退、刻板行为等。

二维码 8-3
走进自闭症

知识贴士

"冰箱母亲"理论

20世纪初期,人们普遍认为大多数心理和精神问题都来自童年创伤,特别是父母带来的影响。在这样的背景下,"冰箱母亲"的理论学说(the refrigerator mother theory)应运而生,并广泛流行。该理论坚称:孩子的自闭症是母亲的过度冷漠造成的。该理论不仅扭曲了公众对自闭症的认识,也为自闭症患儿的家庭带来了严重的后果。自闭症儿童的母亲们默默背负像杀手一样冷漠无情的骂名,甚至还得忍受心爱的孩子被强行带走的痛苦。更为悲惨的是,那些被送进所谓"专业看护机构"的孩子也极少再回到社会,他们的命运不得而知。

1943年,美国霍布金斯医院的儿童精神病医生里昂·肯纳(Leo Kanner)通过对11名儿童的临床观察,发表了题为"情感交流的自闭性障碍"的论文。在论文里,他第一次提到了"早期婴儿自闭症"这个概念。这是世界上第一篇关于儿童自闭症案例的正式报告。肯纳医生对这群患者的特征描述如下:严重缺乏与他人的情感接触;怪异、重复的仪式性行为;沉默或语言显著异常;高水平的视觉感官——空间技巧或机械记忆能力与在其他方面的学习困难形成对比;聪明、机敏且具有吸引力的外貌表现。可惜的是,肯纳报道的这类患者仅被认为是儿童精神分裂症中一种,并未得到过多的重视与反响。

英国心理学家、英国自闭症协会创始人之一洛娜·温(Lorna Wing)生了一个患有自闭症的孩子,她并不认为自己是所谓的"冰箱母亲",更不相信自闭症是教养不当造成的。为了能给孩子提供更多的帮助,她开始四处搜寻资料。最终,

> 她发现了阿斯伯格于1944年发表的研究自闭症的论文。阿斯伯格并没有责怪孩子的父母,而是认为认知缺陷是由基因造成的。他认为自闭症的孩子和家庭需要大量社会支持和服务,并尽可能地发挥自闭症孩子的天赋。
>
> 　　洛娜·温读完这篇论文后十分激动,心想自己终于可以不必再接受骂名了。随后,她发现阿斯伯格一生发表了300多篇论文,其中提出了自闭症"疾病谱"的超前概念。可它们统统都被无情地埋没了,即便阿斯伯格去世后都无人知晓。论文里的许多言论也被研究者证实是正确且有效的。洛温·娜便开始大力推广这些理论,尤其指出自闭症与父母的养育态度并无关系。
>
> 　　1970年后,"冰箱母亲"病因假说被彻底推翻,相关研究陆续证明,自闭症并非心理疾病,也不是由家长的冷漠造成的,而是与生俱来的发育性障碍。20世纪80年代,关于自闭症的研究进入全新阶段。美国的《精神障碍诊断与统计手册(第三版)》(DSM-Ⅲ)首次将自闭症确立为一类独立的障碍,自闭症得到医学界的正式定义。

2. 儿童自闭的原因

虽然自闭症的概念已经得到学界和医学界广泛认可,但遗憾的是,直到现在,研究者都未完全清楚自闭症的病因。最开始人们认为,自闭症是患儿把内心封闭起来而导致的心理疾病,是父母教育无方,给孩子太多心理压力所导致的"自我封闭的症状"。甚至到了现在,一些没有深入了解过"自闭症"的人依然会对自闭症抱有这种观点。后来研究者们经过广泛调查研究后发现,自闭症的发病原因和父母的养育方式并无关系。

医学研究专家经过缜密的研究分析后,将容易导致自闭症的危险因素归纳为遗传、感染与免疫以及孕期理化因子刺激这三大重要原因。

近年来,认知神经科学的发展为我们认识自闭症提供了新的视角。研究显示,患儿脑部在早期阶段发展迅猛。自闭症儿童新生时大脑发育并无异常,但在2岁时大脑会快速发展,产生大量额叶细胞,4岁左右患儿的脑部发育水平会与青少年相同。额叶是人脑储存重要认知功能的部位,这使得部分家长误认为孩子拥有天赋和不凡的学习能力。但额叶细胞的迅速发育会侵占大脑空间,妨碍大脑的正常运转。过密的额叶细胞彼此连接并相互影响,逐步失去与大脑中其他细胞的连接,从而中断大脑信息传递。研究者认为这种额叶细胞的异常发育,是自闭症儿童注意力缺失和镜像系统功能丧失的主要原因。

自闭症儿童注意力缺失会引发各种奇异行为,常见症状包括行为上的持续性重复,刻板破坏性行为,无法认同身份转变,奖励认知体系失常,缺乏抽象概念理解以及安全意识减弱。镜像系统功能丧失表现为难以模仿他人行为,缺乏肢体交流和捕捉面部表情的能力，对于患者社会交往能力的发展产生严重阻碍。

自闭症作为人类的未解之谜，有人称儿童为"来自星星的孩子"，有人称他们为"孤独世界"。正因为没人能够进入、读懂他们的世界，所以自闭症的治愈更是难题，对自闭症儿童的治愈是一个艰难的旅程。

二 自闭症儿童的心理与行为特征

社会交往障碍是自闭症临床症状上的核心症状，具体表现在以下几点。

1. 缺乏眼对眼的对视

相关研究发现，患有自闭症的婴儿在 6 个月时仍然不能对眼睛注视发出注意定向，注意人的时间也比较少，也不能对自己的名字产生定向的反应。由于自闭症患儿在婴儿期对人脸缺乏兴趣，他们对表情的理解能力也非常有限，在社交情境中难以应对，不能建立和正常儿童一样的人际交往方式。自闭症儿童的社交障碍往往具体表现出如下特点：对家长缺乏依恋；对他人的呼唤不予理睬；对他人感情冷漠；不主动参加集体活动；在内心恐惧、害怕或有需求的时候也不会寻求身边人的帮助等。

2. 语言发展困难或语言交流的障碍

自闭症儿童与他人在语言上缺乏实际意义上的交流。具体表现为：自闭症儿童语言发育较迟缓甚至不发育，也有患儿一开始能够正常发育但会在一定时期出现发育退化；对语言的理解或运用能力不同程度地受损；语言形式及语言内容上出现异常，甚至只会"咿咿呀呀"或其他无实质性意义的表达；语言交流不主动；表达情绪时只会尖叫或喊叫；说话时缺少语调，也缺乏面部表情的配合；在模仿他人语言表达上表现较差。

3. 兴趣狭窄及刻板重复的行为方式

自闭症儿童常常对一些特殊的物品感兴趣，而对正常儿童喜欢的玩具或者物件不感兴趣。比如，瓶盖、塑料瓶等一些特殊的物品常常能引起自闭症儿童的兴趣；他们也可能长期只吃固定的几种食物，只认定某一种颜色等。有些儿童会重复某种行为，比如不停反复转圈，一直凝视自己的手等。

以上描述的是自闭症儿童的典型外化行为症状，是对自闭症儿童进行临床诊断的重要依据。部分研究者对自闭症儿童的心理特征进行了研究，认为自闭症儿童在感觉方面也有自己的一些特征，如只对光滑的物品感兴趣，不会角色扮演，不会想象性的游戏等。另外，也有许多自闭症儿童被称为"智障学者"，尽管他们在某些方面表现得较为智障，但可能在音乐、计算、机械记忆、背诵诗词等方面有超常表现。

三 自闭症儿童的家庭教育策略

在世界各国自闭症儿童教育的成功案例中，家长都发挥了不可低估的作用，有的时候家长的参与程度甚至能够决定自闭症儿童康复的效果。欧美一些国家在法律层面对家长参与儿童的特殊教育做出了相应的要求，以保障孩子的学习质量。这其中不仅要求家长将他们的孩子抚养至成年，并承担这期间的教育责任，还要求家长完全融入自闭症儿童的康复教育过程中，其中包括陪同自闭症儿童去学校或机构接受教育。正是自闭症儿童自身疾病的特殊性和长期性，使得家长成为自闭症儿童最有利的服务提供者，而且由于家长与自闭症儿童长期生活在一起，他们能最为直接和及时地看到自闭症儿童的学习和康复情况。如果家长拥有一定的教育专业知识和技能，就能更好地对自闭症儿童进行教育。

家庭治疗的环形思维认为家庭的互动是循环的因果关系。由于自闭症儿童的社交障碍以及交流障碍，我们很容易认为他们生活在自己的世界里，受他人影响较小。而实际上家庭成员之间的影响是双向的。例如，当自闭症儿童情绪行为失控时，很容易引发家长的负面情绪；而家长抑郁或焦虑时，孩子会出现更多问题，造成整个家庭关系的恶性循环。在帮助自闭症孩子康复的过程中，以下几点对于家庭来说非常关键。

1. 家长优先处理自己的情绪问题，注重自身心理健康

作为家庭教育者，家长心理健康水平对孩子有直接的影响。自闭症儿童的家长时常处于超负荷状态，很容易陷入焦虑和抑郁的漩涡。作为孩子的最后一道防线，家长要学会关爱自己，在出现情绪问题时主动寻求支持和理解。自闭症儿童虽然有社交障碍，但依旧能感知到家长的情绪。家长的正向情绪有助于自闭症儿童安全感的培养。

2. 构建良好的家庭氛围，注重家庭幸福

家庭幸福能给自闭症儿童带来正向滋养，自闭症儿童的成长需要家长给予大量的陪伴和支持。为了确保家庭生活质量，自闭症儿童家庭往往会寻找专业教育资源。但如今我国的自闭症康复资源依旧有很大的缺口，优质资源集中在发达城市。一些家长为了让孩子得到更好的专业治疗，选择离开家乡，带孩子到另一个城市求学。例如，夫妻中一人（多数是妈妈）辞职，全职带孩子去异地读书，家庭的重担则落在另一人身上。这样，自闭症儿童的家长在收入减少的情况下，还要面临巨大的教育成本和生活成本。自闭症儿童的康复历程非常漫长，尤其需要家庭成员相互鼓励和支持。

3. 家长要坚持学习和成长

家长只有主动学习专业知识，才能科学地认识自闭症，学习有效的干预方法。随着社会的进步，人们对自闭症的了解越来越多。不科学的认识和治疗方法会对孩子造

成极大的伤害。家长只有科学地认识自闭症,才能放下治愈自闭症的执念并接纳现实。家长需要识别良莠不齐的自闭症康复机构,避免孩子在康复的过程中受到二次伤害。此外,家长要学会有效的干预方法,在家庭生活中对孩子进行适当的干预。

4. 和孩子建立良好的依恋关系

家长不能将自己变成"训练师"的角色,否则容易将亲子关系带入等级模式。在等级模式中,仅有一种关系存在:一些人处于优势,一些人处于劣势,即支配-服从式或威胁-奖赏式。在这个模式下的亲子关系,家长处于掌控的地位,不利于孩子的康复。虽然自闭症儿童看起来生活在自己的世界里,但他们一样需要父母的无条件关注与全然接纳。在接纳孩子后,家长应该成为孩子的支持者。在孩子需要时提供支持,而不是对孩子进行训斥和惩罚。

二维码 8-4
自闭症 ABA
干预技巧

复习思考题

1. 精神发育迟滞的诊断标准是什么?
2. 精神发育迟滞与学习障碍的联系和区别是什么?
3. 学习障碍的主要成因有哪些?
4. 我国教育学界在判定学习障碍时常用的模型是什么?
5. 注意缺陷多动障碍的诊断亚型有哪些?
6. 请试着解释儿童自闭症的成因。
7. "冰箱母亲"理论是如何被研究者推翻的?

二维码 8-5
复习思考题答案

第九章

特殊家庭的教育心理问题

第一节 单亲家庭的教育心理问题

引例

小明,13岁,生活在一个离异的家庭。在他7岁时,父母的感情亮起了红灯,家庭矛盾与日俱增,父母经常争吵不休,甚至大打出手。在他9岁时,父母因感情完全破裂而离婚。父母离异后,小明与母亲生活在一起,母亲由于夫妻感情的破裂,十分伤感,加上忙于生计,缺乏对孩子的关爱与交流。小明逐渐变得自卑、苦闷。消极悲观的心理使小明对家庭无归属感,放学后不想回家,沉迷于游戏,经常逃课,学习成绩极差。由于缺乏家庭的温暖和家庭教育,小明在校变得自由散漫,不遵守纪律,对老师的批评教育有抵触情绪,与同学关系不融洽,我行我素,常常为了一点小事就与同学发生争吵。离异的家庭环境使小明心灵受到创伤,他脾气急躁,情绪易激动,言语粗鲁。

一、单亲家庭的教育存在的问题

单亲家庭对社会最大最直接的影响就是对孩子的影响。单亲家庭是指由父亲或母亲一方与未婚子女共同构成的家庭。一提到单亲家庭,很多人会下意识地将之等同于离异家庭。事实上,随着社会结构的多元化,社会模式的不断改变,单亲家庭不仅仅是由离异产生的,也有因未婚、丧偶、分居等情况而产生。由于单亲家庭的原因不同及个人自身的内外资源差别,个人对单亲的适应度也不同。单亲家庭的形式自古就有,欧美国家最早提出单亲家庭的概念。

根据不同的类型,单亲家庭可以分为离异型单亲家庭、丧偶型单亲家庭、分居型单亲家庭和未婚型单亲家庭。

1. 离异型单亲家庭

它是夫妻双方通过法律的程序解除一段婚姻关系,由父亲或者母亲单独和未成年子女共同生活的家庭类型。在离婚相对便捷、方便和无限制的一些国家,离异型单亲家庭成为最常见的单亲家庭类型。

2. 丧偶型单亲家庭

它是家庭中的配偶死亡，留下另一方和未成年子女共同生活的家庭类型。在 20 世纪 60 年代之前的西方国家，由丧偶而造成的单亲家庭是单亲家庭的主要类型。

3. 分居型单亲家庭

它是法律上仍然存在婚姻关系，但分开居住的家庭类型。这种家庭的夫妻虽然保留夫妻关系，但并不一起生活。也有的时候，丈夫和妻子仍然住在同一个家中，但彼此有空间，各不相干。在分居期间，未成年子女与父母中的一方生活在一起。

4. 未婚型单亲家庭

未婚男女在法律程序上尚未成为夫妻就生活在一起，所生的子女与他们的父亲或母亲一方一起生活，这种家庭称为未婚单亲家庭。这种单亲家庭类型往往是由未婚母亲和非婚生子女一起生活。

近些年，离婚率快速增长，离异型单亲家庭的比例逐渐上升，由此引发了一系列问题，如单亲父/母的心理情况、生存现状、生活环境以及单亲家庭子女的心理变化及教育等。

二 单亲家庭对孩子心理与行为发展的影响

多样化的社会单亲家庭已成为不可忽视的家庭类型之一。由于生活在一个不完整的家庭中，一些单亲家庭的孩子会产生有异于常人的心理与行为问题，形成某些性格缺陷。如部分单亲家庭孩子常出现孤独、自卑、惶恐不安、焦虑等负性的心理特征。多种情绪交织、相互影响的心理特征往往会伴随一些厌学、自闭、叛逆等不良的行为倾向。这些负性的心理与行为倾向最终可能引发学习和人际交往方面的一系列问题，表现为学习投入不够、社会化水平下降等，严重影响孩子的身心健康。单亲家庭长大的孩子常见的心理与行为问题表现为以下几个方面。

1. 自卑、退缩

父母离异对孩子的伤害是非常大的。从以前完整、快乐的家庭生活，到如今单亲家庭的变化，孩子的心理肯定会有一定的落差。在这个过程中，孩子如果没有得到及时引导，缺乏一定的社会支持，觉得自己的家庭跟其他孩子的家庭不一样，就很容易产生自卑心理。此外，一些单亲家庭的孩子做事缺乏信心，积极性和进取心不强；觉得自己处处、事事不如别人；在集体活动中，常常默默地退到后面，担任跟从者的角色，不轻易发表言论，更不敢承担责任。

2. 自闭

孩子成长的道路上，需要父亲与母亲的共同呵护，当某一天这种生活发生了变化，一些孩子会认为离开的父亲或母亲不爱自己了。同时，世俗对单亲家庭的偏见会使一些人对单亲家庭的孩子指指点点，会让孩子认为自己是不受欢迎的，从而封闭自己的内心，沉浸在自己的世界中，久而久之，容易形成自闭的心理。

3. 焦虑

一些父母离异的时候，往往伴有激烈的争吵，这容易引发孩子的焦虑情绪。有些父母在互相埋怨对方的时候，很多时候把孩子当成出气筒。长此以往，孩子对于人际交往缺乏信心，就会产生焦虑心理，在他人面前容易不安、紧张、敏感。

4. 自责、抑郁

不少父母离异之前会无休止地争吵，这导致孩子长期生活在抑郁的环境之中。这种负性环境容易导致孩子情绪低落，甚至自责，他们越发失望或以沉默来应对生活中的人和事，并喜欢把所有不好的事情归咎于自身，认为一切都是由自己引起的。他们常常感觉自己很可怜，不被爱，是个多余的人。这样的孩子在和同伴相处的过程中，会刻意保持一定的距离，不愿敞开心扉，长期生活在自己的世界中，容易产生抑郁心理，并常常过低地评价自己的行为。

5. 逆反

一些单亲家庭的孩子非常敏感，觉得自己处处跟别人不一样。同伴的议论会让孩子产生愤怒、敌对的情绪，不容易信任他人。孩子希望得到别人的关注，所以部分单亲家庭的孩子就很容易做出一些极端的事情以达到让人关注的目的，通常表现为跟老师或家长对着干、一意孤行。对家庭、学习逐渐产生厌恶情绪。在学校的表现通常不会很好，不能很好地遵守学校的规章制度。迟到、早退，甚至逃课，逆反心理不断加剧，随心所欲，严重的还会危害社会。

6. 怨恨、妒忌

与父母离异前相比，孩子会觉得物质、精神方面的享受落差大了，特别是跟其他孩子比较差别更大。如果此时没有正确的引导教育，孩子就很容易形成怨恨、妒忌别人的心理。一些孩子对待事情很冷漠，他们认为既然别人不关心自己，自然也就没必要去关心他人，因此，他们对集体事情不积极参与，缺乏热情。个别孩子甚至会故意破坏公共财物。在看到别人拥有某样东西时，不管是不是自己需要的，他们都觉得自己也应该拥有，少数孩子还易发生偷盗等行为。

三 单亲家庭教育的调适策略

1. 重视家庭教育,树立健康理念

为了帮助单亲家庭孩子健康成长,家长应该反思自己不良的教育行为,树立正确的价值理念,在孩子的成长阶段,正确对待孩子面临的主体性问题。在学习和生活方面,家长要以积极乐观、健康融洽的教育理念,引导孩子养成积极健康的性格。由于家庭的破裂,父母的爱随着一方的离开而有所缺失,部分单亲家庭的家长可能无法控制自己的不良情绪,并把这种不良情绪传递给自己的孩子,他们对自己的孩子要么期望过高,时时刻刻紧盯,毫不松懈,严重束缚孩子;要么放任自流,不管不顾,不闻不问,教育太过宽松,使孩子变得自由散漫;要么过分溺爱与保护,导致孩子什么也不会,自理能力差。面对这些情况,家长要调整教育子女的观念。家长应该尊重孩子,充分尊重他们的个性、兴趣和行为,成为具有敏锐洞察力和引导力的教育引导者,充分发挥家庭教育的积极作用,实现教育理念的全面深化。

2. 树立亲情观念,传达爱的信息

单亲家庭的家长尤其需要关注孩子的成长,要利用多种形式,向孩子表达爱意。尤其要通过一些生活细节,多关心和鼓励孩子,使他们能够感受到来自家长的关心和爱护。单亲家庭的家长需要打破和孩子疏离、冷漠的情感状态,借助多种方式,传递自己的情感;要在适当的时候,给孩子拥抱或亲吻,多鼓励和赞扬孩子,通过肢体语言的表达,使孩子感受到亲情血缘的幸福。当然,家长首先要在繁重的经济社会压力之间寻求心理平衡,自己成为一个正直善良的人,树立积极阳光的家长形象,进一步加强对孩子的家庭教育。另外,家长不应向孩子宣泄沮丧、愤怒、自责、怨恨等负面情绪,而是要多向孩子传达乐观、友善、宽容等积极情绪,确保孩子能够感受到积极的情感教育和思想教育,增强孩子的自我意识,帮助他们树立正确的人生观、价值观和世界观。

3. 加强社会干预,建立家长培训平台

为了从根本上优化单亲家庭儿童的教育水平,政府需要从社会角度高度关注单亲家庭子女的教育问题。政府可以凝聚学校教育和家庭教育的发展合力,通过围绕单亲家庭子女开展有针对性的心理教育活动、组织学校进行传统文化教育、实施家庭教育干预等方式,为单亲家庭营造良好的社会环境,为家长搭建一个开放的学习交流平台,实现对家庭教育的全面塑造。其中搭建学习交流平台,可以进一步提升家校合作效果,构建科学的教育平台,增强单亲家庭家长的责任心、理解力。从管理的角度来看,教育部门也要借助开放的教育举措,设立良好的家长管理章程,普及现代化的教学理念和互动式亲子教育培训模式,让孩子能够在积极向上的生活理念中受到感染,同时

以适当的家庭活动模式,对孩子进行美育教学和德育教学。总之,要确保社会干预融入家庭教育中,为家庭教育提供一定的空间,鼓励家长对孩子实施温和的教育方式,对孩子形成积极的影响,将单亲家庭对孩子的负面影响降到最低。

4.家校协同,深化激励教育成效

家长要和学校保持良性沟通,积极发挥学校教育的独特优势。教师对单亲家庭的孩子要给予更多的关注,尤其是引导单亲家庭孩子换位思考,提高孩子对不同角色的感知程度。学校要充分发挥自己的教育管理优势,帮助家长、教师实施科学的教育方法,提供各种心理援助资源,进一步提升单亲家庭儿童的心理素质。学校通过多元化的形式,帮助孩子构建良好的社会支持系统,养成健康的性格和心态。除此之外,教师还可以通过榜样教学法,根据单亲家庭孩子的自身特点,引导他们实施"典型榜样激励",使孩子能够摆脱不好的交际圈,结交更多正能量的伙伴,增多有益的学习活动。

同步案例9-1

小红的苦恼

小红,大一新生,女,担任团支书、辅导员助理等职务。她生活在单亲家庭,跟着母亲生活。他们一家有四个孩子,经济困难。小红平时表现优秀,性格开朗大方,能够正视自己及家庭所面临的困难,积极向上;同时她待人亲切、工作积极主动、细心负责,在班级中很有威信。可是大一下学期,小红变得容易烦躁,出现失眠、食欲差、记忆力下降、健忘等症状。她课余时间不再进行集体活动,经常一个人待在宿舍。据了解,小红的姐姐已经工作,一个妹妹去年考上大学,还有一个妹妹正在上中学,家庭经济困难。母亲和四个孩子关系融洽、相依为命,四个孩子也非常积极上进,对待母亲也非常孝敬,希望通过自己的努力可以减轻母亲的负担,使一家人过上好日子。但是在母亲和子女之间存在着一个大家都不愿意,也不知道怎么去面对的问题——母亲再婚。只要有人给母亲介绍对象,小红就会特别反感,在对待母亲的态度上也非常不理智,不愿和母亲交流,也不愿回家。

【思考题】

1.分析小红出现一系列不良反应的原因。
2.小红的心理冲突表现在哪些方面?
3.我们可以运用哪些方法去帮助小红?

【分析】

小红出现一系列不良反应的原因是近期有人给母亲介绍了一个对象,但条件一般,这就更加加重了她的反感情绪和心理压力。但根本原因是家庭不完整对她造成的影响。

小红的心理冲突表现在以下几个方面。

(1)父母离异后,小红曾经恨过父亲一段时间,但是随着年龄的增长,这种恨意逐渐消失,父亲回来找自己并和母亲和好的愿望越来越强烈。

(2)小红不希望母亲重组家庭,不希望一个"外人"进入自己的家庭,这会让她感到很不适应。

(3)小红知道自己家庭条件不是很好,妈妈不太可能会遇到条件很好的人,但是又不想妈妈太委屈自己,以防发生第二次婚姻危机,所以她会对妈妈的相亲对象特别挑剔。

(4)小红希望妈妈幸福,但是自己的现实感受是不希望妈妈再婚,这又让她觉得自己很自私。这些心理冲突夹杂在一起,使她产生了巨大的心理压力。

调适方法有以下几种。

(1)首先积极关注、尊重小红的人格,并给予充分肯定,让她通过尽情倾诉打开一个宣泄口,把心中的苦闷、矛盾、恐惧与自责都表达出来,缓解对应的心理压力。

(2)运用"共情"对小红的遭遇表示认同和理解,并帮助她意识到自己遇到难以解决的问题时向他人求助是完全合理的。设身处地感受小红内心的痛苦,增强小红对自己的认同感,与她进行有效沟通,降低她的孤独感和不良情绪,并帮助其认识到缓解情绪及解决问题的办法。

(3)改变小红不合理的情绪认知。帮助她认识到当前家庭中的问题不是她一个人造成的,希望父亲回来和母亲和好的愿望、感觉自己自私的自责情绪、认为母亲再婚自己就失去家庭、失去母爱的想法是不合理的,同时也是可以改变的。

(4)小红的母亲应多了解孩子的心理状态和不良情绪,建议母亲主动与小红沟通、交流构建良好的亲子关系系统。

二维码 9-1
合理情绪疗法

第二节 重组家庭的教育心理问题

引例

小 C 是一名高一学生,他来自一个重组家庭,父母在他 5 岁的时候离异了。当初他的监护权归父亲,可是父亲长期酗酒无法照顾他的生活,在他读小学三年级的时候,母亲将他接到自己的身边,将全部的爱投注在他一个人身上,悉心照顾着他的生活和学习。在小 C 读五年级的时候,继父闯进了他们的生活,从此,在小 C 看来原本母亲是这个世界上最爱他的人,现在变了。母亲与小 C 现在沟通的机会很少,周末回到家,小 C 通常都是将自己一个人关在房间。他总在想:"妈妈现在做什么事情,都不会叫我了,以前我们经常一起逛街,一起购物。现在妈妈有时也会叫我一起去,但三个人走在一起很别扭,而且我感到她根本不希望我跟他们去,说实在话,我也不想去,我都这么大了,老跟着妈妈也不好。"小 C 在原来的学校曾经与教导主任发生过激烈的争执,据现在的班主任反映,小 C 是一个特别容易愤怒、冲动的学生,会因为很小的事情与周围同学发生冲突,甚至打架,对老师也常表现出敌意和仇恨。

一 重组家庭的教育存在的问题

近年来,随着社会的不断发展,人们对婚姻的观念也发生了很大的转变。在婚姻关系中,人们不再受传统思想的束缚,转而选择更加自由、更加高品质的婚姻生活,这就使很多存在问题的家庭走向解体。自 20 世纪 80 年代以来,我国离婚率逐年走高,随之而来的是,重组家庭的比例也不断增多,并逐渐成为一种普遍的社会现象。

重组家庭又称再婚家庭,指夫妻双方至少有一方有过婚姻经历后又重新组建在一起的家庭。重组家庭与初婚家庭相比在结构上更具有特殊性与复杂性。除了要经营夫妻关系外,还要处理好继父母与继子女的关系或者平衡好亲子女和继子女的关系。在重组家庭中,父母如果不能很好地适应角色的转变,忽略亲子关系的重要性,不仅会影响家庭成员的关系,还会对孩子的身心发展产生不良的影响。这些影响会导致孩子对亲子关系的抗拒、行为偏差和心理上的叛逆,进而影响孩子的生活与学习。

二维码 9-2
母亲-继父家庭和
父亲-继母家庭

重组家庭最显著的特点是家庭成员关系、人际关系比较复杂。相对来说,家庭成员也比较敏感。一般来说,生活在这样的家庭中的孩子与双亲中的一方无血缘关系,对继母或者继父存在排斥心理。假如其有血缘关系一方的亲属再施加一些传统的关于继父或继母的恶形象影响,那么这种特殊的家庭结构就很容易对孩子的教育产生一系列消极影响。重组家庭孩子的教育确实存在诸多棘手的难题,学校、社会、家庭必须高度重视,共同关心重组家庭子女的教育问题,寻找有效的教育策略,确保重组家庭的子女形成健全的人格,幸福健康地成长。

二 重组家庭对孩子成长的心理影响

家庭的变故打破了孩子对幸福家庭的原有认知,孩子在短时间内很难接受自己家庭的变动,这时脆弱的情感和内心的自卑感,会使其形成自我保护的心态,亲社会行为较少。重组家庭中的孩子多数都会介意自身家庭的特殊性,他们普遍存在逆反心理,这严重影响孩子与外界的正常交往。他们在长期的高度自我情绪中形成了敏感多疑的心理状态,表现出谨言慎行的行为特点。一些孩子潜意识里会认为自己是家庭变动的受害者,会选择削弱对其他人包括家人的信任度,以一些极端性行为警示他人,为自己提供安全感。

重组家庭孩子心理问题具体表现在以下几点。

1. 个性自卑,自我认知障碍

个性自卑容易导致孩子出现自我认知障碍。孩子自卑,就会怯于与人交流,不能客观地认识和评价自己,出现自我认知偏差。他们会执着于自己的不足,无法认清自己的优点,常常觉得自己一无是处;做一件事时只要出了一点错误,他们就会全面否定自己,觉得自己什么都不会,什么都做不好;常常觉得自己在家里可有可无,在学校也没人在意,很容易把自己边缘化,严重影响人际交往。个性自卑以及自我认知障碍制约着孩子各方面的发展。

2. 行为退缩,害怕失败

家庭情况的不同会使部分重组家庭子女感觉自己不如别人,自我感觉低人一等。与人交往过程中,他们总是约束自己的言行举止,不敢表达自己的思想和感情;总是尽量逃避他人的视线,害怕成为他人谈论的焦点,更害怕由于失误受到别人的嘲笑。这种心理也会反映在学习上,他们害怕试错,因为他们害怕失败,害怕被人嘲笑。他们认为做简单的事情是不容易出错的,所以也不愿尝试复杂和困难的新事物,这会严重影响其各方面能力的发展。

3. 情绪抑郁,敏感多疑

一些重组家庭的孩子经历了一些平常家庭的孩子体会不到的痛苦,如原生家庭父母的争吵打闹、父爱或母爱的缺失、原生家庭的破灭以及重组家庭不幸福等。他们会毫无征兆地陷入情绪抑郁的状态,常常沉默寡言。部分重组家庭的孩子敏感和多疑的心理特征与正常家庭的孩子相比更突出一些。他们对于别人的评价十分在意,非正面评价在他们看来就是一种负面评价。他们非常反感父母当着其他人的面给自己纠错,哪怕仅仅是一种提醒,他们认为这是对自己能力的质疑。他们经常会怀疑他人小声议论是在说与自己有关的话题或者在说自己的坏话等。

4. 逆反,伴有攻击行为

部分重组家庭的孩子感到心情低落或不愿意做某件事的时候,不能或是不敢跟父母清楚地表达自己的想法,还可能会用偏激的方式对周围人或物宣泄自己的情绪。一些重组家庭中的孩子具有逆反心理,对继父或继母甚至老师的言行容易产生抵触情绪和对抗行为,他们不愿服从继父或继母的管教,有的孩子甚至有报复心理。他们表达这种情绪的方式就是言语的反抗或是攻击行为,久而久之就会发展成对身边众多事物的不满和挑剔,这不利于他们的人际交往和心理健康发展。

5. 以消极的心态面对生活和学习

在生活中,一些重组家庭的孩子常常会觉得自己不受重视,于是认为自己不管做什么,做得怎样都无所谓,这时候父母不理解或是一味地批评指责只会让孩子陷入"破罐子破摔"的境地。在学习上,有的孩子缺乏内在的学习动力;有的孩子可能为了使继父或继母在学习上表扬自己,对自己寄予期望而努力学习;有的孩子则认为学习非常无趣,成绩不好还会被继父或继母批评,不明白学习的意义是什么,抱着无所谓的态度,学习成绩自然难以提升。

6. 倾向于埋怨他人和外部条件

部分重组家庭的孩子在犯错时会倾向于指责他人,为自己的行为开脱,让别人为自己的过错承担后果。特别是在父母对其进行教育时,稍有不慎,就可能面临他们的质问,有些孩子很容易将自己犯错的原因归结于父母的监管不到位或是没有给予足够支持,亲子关系也因此变得敏感、小心翼翼。同伴关系出现矛盾时,一些重组家庭的孩子容易把矛盾的起因归结到他人身上,久而久之,可能会导致同伴关系的疏远。

三 重组家庭教育的调适策略

1. 陪伴孩子,加强情感交流

与普通家庭相比,重组家庭的孩子经历了原生家庭的破裂、新的家庭重组,以及陌生人闯入生活等不同的体验。他们得到的爱发生了变化,心理容易受到创伤。如果在重组家庭中,继父或继母不对继子女投入感情或是感情投入不足,不与孩子进行充分的感情交流和互动,那么双方的情感就会更加疏离,关系更加敏感脆弱,也更会导致继父或继母在对孩子进行教育时缺乏说服力。因此,继父或继母应该引导孩子正视现实,让孩子了解原生家庭破裂的真相,得到孩子的理解。同时,继父或继母应该和孩子多互动和交流,多陪伴孩子、了解孩子,教育时宽严适度,让孩子慢慢接受自己,接受新的家庭,让孩子觉得自己与普通家庭的孩子是不一样,但能得到同样的爱和照顾。在和孩子建立良好关系的阶段,继父或继母不能盲目顺从和讨好孩子,不能盲目满足孩子的物质需求。对孩子来说,更重要的是情感上的沟通,而不是物质上的满足。

2. 和孩子平等对话,不要一味批评指责

尊重是教育的最高原则,没有尊重就不可能实现真正的教育。在重组家庭中,继父或继母更需要和孩子平等对话,多听孩子的意见,尊重孩子的权利,不要给孩子下定义,更不要轻易评价孩子。当孩子犯错时,不能一味批评指责,要站在孩子的角度去看待问题,孩子犯错有可能因为他不知道这样是错的,家长应该晓之以理,动之以情,通过耐心沟通告诉孩子怎样做会更好。只有和孩子平等对话,建立良好的感情,教育孩子时才更有发言权。

3. 尽量公平对待亲子和继子

继父或继母还要做到公平地对待双方的孩子,不要偏袒自己的亲生子女,也不要偏袒继子或继女。在一些重组家庭里,男女双方各带一个孩子,组成四口之家。这样的家庭在处理子女教育问题时面对的情况更为复杂。如果继父或继母偏袒亲生子女,忽略继子女,就容易导致孩子间的敌视,造成家庭冲突,严重时甚至可能酿成家庭悲剧;如果继父或继母故意偏袒继子女,也会造成亲子与继子女之间的矛盾。如果继父或继母为了避免家庭矛盾,各自教育和照顾自己的孩子,互不干涉,虽然表面上有利于

避免由于情感倾斜引发的家庭矛盾,但实际上容易导致家庭成员之间情感疏离,从而引发更大的家庭矛盾。所以,继父或继母要做到公平地对待双方的孩子,不要偏袒自己的亲生子女或继子女,不管是物质还是情感,都尽量公平分配,并且教育孩子们互相照顾、互相包容,创造更多机会让孩子们共同活动。

4. 理解和欣赏孩子

理解是不加评判地体会孩子内心真正的想法,欣赏是一种信任和肯定,也是一种激励和引导,促使孩子健康地成长和进步。家长只有理解和欣赏孩子才能走入孩子的内心世界,架起双方沟通的桥梁。特别是在重组家庭中,继父或继母更要懂得欣赏继子女,多发现孩子的亮点,肯定孩子,不要总是挑剔孩子或给孩子过高的要求,或以"都是为了你好"的名义去绑架孩子,给孩子施加压力。一旦有太大压力,孩子就会认为继父或继母是在为难自己,造成不必要的误会和曲解。

5. 言传身教,树立榜样

家庭教育主要是通过父母的言传身教来影响孩子,使孩子在耳濡目染中学会生存技能、发展个性。孩子待人接物和发泄情绪的方式其实也是家长的缩影,当孩子犯错或者有极端行为时,不能盲目地严厉批评孩子,更不能动手打孩子,这会加重孩子的叛逆程度。在重组家庭中,继子女在意继父或继母的看法,想得到继父或继母的关注,就更容易倾向于模仿继父或继母的行为,所以继父或继母责任重大,要言传身教为孩子树立榜样。

6. 家长目标一致,形成教育合力

不同的家庭有不同的教育理念。在重组家庭中,可能会发生多种教育观念冲突碰撞的情况。如对孩子爱的方式不一致,对孩子表达情感的方式不一致,父母对待不同孩子的教育态度不一致等。在这种情况下,家长都要积极参与家庭教育,形成合力,共同养育子女,这样才能使家庭教育发挥最大的作用。另外,家长应该多学习心理学的相关知识,预防孩子的心理问题,并掌握和理解孩子生活和学习中的心理状况和行为,减轻重组家庭的不利因素带给孩子的消极影响,帮助孩子成为一个积极乐观、充满正能量的人。

第三节　领养家庭的教育心理问题

引例

15年前的一天，L女士有事外出，发现路边一个破包裹里传出断断续续的婴儿哭声。该女婴是一对打工夫妇所生，因为想要男孩，将她送了人。由于该女孩身患顽疾短时间难以治愈，增加了养父母的经济负担，让他们觉得力不从心，不久之后，可怜的女婴又被二次抛弃。L女士于心不忍，觉得女婴和她有缘，一狠心就抱回家领养了她，家人对此也表示了理解和支持。他们一边在家里养着女婴为她治疗，一边寻找她的家人。女婴给家里带来欢声笑语的同时，也带来了日夜的辛劳。为了女婴，L女士几年没睡过一个安稳觉，有时晚上睡觉都没脱衣服。其他家人对女孩也是宠爱有加，甚至可以说是溺爱。但是，当女孩到了15岁时，每天都和L女士对着干，不爱学习，不讲卫生，偷着买手机，偷着上网，还结交一些特殊的朋友，跟着他们离家出走。两个月前，女孩听到她不是亲生的谣言，于是开始我行我素、飞扬跋扈，好像全世界的人都对不起她。女孩动不动就要死要活，说L女士一家对她好是虚情假意。对此，L女士一家都忍着，哄着，为了让女孩静下心来学习，没有将她的真实身世告诉她。他们尽量满足女孩的物质需求，为她买好吃的、衣服等。但女孩没有丝毫改变，在出去玩被阻拦时，她又踢又抓，还恶狠狠地说恨死L女士了，最后甩门而去。L女士认为女孩年龄还太小，担心告诉她真相后，她会承受不了，可能会离家出走，流落街头，甚至走上邪路。那样的话，L女士会良心不安。

一　领养家庭的教育存在的问题

领养是使出生于不同家庭或家族的人在现家庭或家族获得一种等同于血缘关系的父母子女关系，而他与原出生家庭或家族的关系则全部或部分终止。把别人的子女通过法律程序提交申请，经过批准后，领养作为自己的孩子，这种行为称作领养行为。

通常领养家庭中的家长缺少管教孩子的经验技巧。对孩子要么过于溺爱,导致孩子难以养成良好的行为习惯;要么不闻不问,难以建立正常的亲子关系。一些养父母在领养孩子后虽然能为其提供物质上的帮助,但由于种种原因不善于和孩子沟通,对孩子缺少精神上的关心和爱护。缺少和谐、融洽的亲子关系,导致孩子心理社会功能不良。

二 领养家庭对孩子成长的心理影响

(一)被领养孩子的心理问题

被领养孩子因其特殊的家庭结构,心理特点与正常孩子不同。具体表现在以下几个方面。

1. 存在无助感

这些孩子通常是在较小的时候被领养的,很难完整表达自己的复杂感受,他们一方面需要养父母的更多关注,会去讨好养父母;另一方面担心养父母会像亲生父母一样,忽视或者遗弃他们,因此又会不断试探养父母的底线。这会影响被领养孩子与领养家庭的联结过程,领养会提醒他们所经历的丧失,使他们的安全感被破坏,对他人很难产生信任感,包括养父母。

2. 形成不安全的依恋模式

被领养孩子一般都经历过很长时间的早期不良养育体验,因而难以在后来的领养过程中建立安全依恋模式。如果孩子在领养之前很少得到恰当的回应,没有发展出情绪调节的能力,他们在被领养后就不知道该如何处理愤怒、怨恨、无力、无助、被抛弃感等情绪。同时,种种不安和考量可能会影响养父母的领养决心,研究表明被领养儿童寻找稳定领养家庭的过程会有所波动,一般会变动两到三次,如果养父母发现与孩子无法相处而将其送回去,会进一步加剧被领养孩子的不安全依恋程度。

3. 情绪行为问题较严重

被领养孩子为了保护自己,可能压抑情绪,将自己隐藏起来,缺少与外界的联系,这直接阻碍了他们寻求帮助,因此容易产生情绪与行为问题。如果养父母对此不够敏感,孩子可能会出现更严重的情绪行为问题。早期有明显逆境遭遇的被领养孩子的情绪与行为问题会更严重,包括极度焦虑、抑郁、对分离的恐慌、易激惹、缺乏冲动控制能力、边缘化的同伴关系、攻击性、依恋困难等。在孤儿院或者寄养机构中很难发展出较好的依恋模式,如果被领养的孩子在其中生活过几个月或者一年左右,其外显行为问题会更突出。

4. 身份认同程度低

身份认同是个体对自我身份的确认和对其归属群体的认知,以及对所伴随的情感体验及行为模式进行整合的心理历程。由于和养父母没有血缘关系,被领养孩子想要知道自己的亲生父母是谁、自己被领养的原因等,他们在整个成长过程中可能都会存在身份感混乱和不确定感。

(二) 影响领养孩子心理问题的因素

1. 安置点的稳定性

安置点的稳定性对领养孩子尤为重要,经历过安置点中断的孩子大多有行为和情绪问题,且难与养父母建立良好的依恋关系。相关研究显示,经历过安置失败的寄养儿童相比一次性安置成功的寄养儿童,出现问题行为的概率会增加 36%～63%。一项研究通过对比经历多次安置点中断的领养儿童、没有经历安置点中断的领养儿童,以及普通儿童,发现经历多次安置点中断的领养儿童的抑制控制能力(与行为控制有关)较弱,反抗行为多于其他两组儿童,而没有经历安置点中断的领养儿童在抑制控制能力和反抗行为方面均与普通儿童无差异。相对寄养家庭、机构寄养等其他安置方式而言,领养家庭是较为稳定的,因为大部分养父母获得了法律赋予的权利和义务,可以对领养孩子做到"视如己出",全心地抚养他们。

2. 养父母的支持与高水平的母性敏感度

二维码 9-3
依恋关系的
建立

在安定的家庭环境中,依恋关系的建立是养父母影响领养孩子各方面发展的基础。婴儿的安全依恋和养父母持久的母性敏感度可以预测孩子高水平的社会和认知发展。多兹尔(Dozier)等于 1992 年在对婴儿与抚养者依恋关系的研究中发现,相对普通儿童,领养儿童同抚养者建立紊乱型依恋的比例更大,而紊乱型依恋的发生同抚养者的非自主心理状态密切相关。朱佛尔(Juffer)等在研究中也发现,即使亲子间无相似特征,婴儿的紊乱型依恋也与不易抚养型气质无关。在两组寄养儿童的对比研究中,有足够抚养者支持的寄养儿童产生安全依恋的比例增加,趋避型依恋比例降低,而无特别照顾组的寄养儿童与抚养者的依恋关系没有变化。同时,母性敏感度可以影响领养孩子的气质,如在童年中期高水平的母性敏感度可以缓解领养孩子在青少年时期的不易抚养型气质,从而影响领养孩子的社会性发展。

3. 养父母对领养孩子与家庭成员之间的差别知觉

养父母对领养孩子与家庭成员之间的差别知觉是影响领养孩子心理发展的重要方面。这种差别知觉主要分为三类：反对差异型、接受差异型和坚持差异型。过分强调与领养孩子之间的差异（即坚持差异型）和反对这种区别（即反对差异型）都会导致家庭问题和领养孩子的低自尊，从而影响孩子的认同发展。当然，反对差异型和接受差异型并不是截然分开的，一般前者出现在领养孩子的婴儿期和童年早期，随着领养孩子的认知发展及探寻血缘行为的出现，接受差异型将占据主导地位。坚持差异型并不常见，它与持久的高水平的家庭压力有关。这类养父母将差异视为家庭生活的焦点，把领养孩子的行为和情绪问题都归因于"不良血统"，使领养孩子感觉到家庭的排斥，不利于孩子的健康发展。

三 领养家庭教育的策略

1. 政府责任

调查发现，对于领养家庭养育孩子的成本来说，国家的补助费用可以说是杯水车薪，此外，领养登记机关的工作并不能得到良好的监督。因此政府应该对这一群体给予关注和支持，这一方面有助于减轻领养家庭经济压力，另一方面能够保证孩子权益受到侵犯时及时介入和救助。

2. 社会力量介入

目前，社会对这一群体的关注程度较低。领养孩子需要社会的认可和支持，需要来自社会的包容和关爱。

（1）社会服务机构须筛选符合领养条件的家庭并跟进后续领养过程，对领养家庭进行培训。

（2）社会工作者介入领养评估与回访工作。

（3）社会心理咨询机构应该根据家庭需要提供定期咨询和建议，帮助领养儿童融入社会，帮助领养人确定正确、合适的角色定位。

（4）福利院要做好回访工作，保障弃婴、弃童的最大利益，加强送养工作的事后监督，关心送养弃婴、弃童的成长状况。

3. 养父母接受亲职培训

养父母可以参与针对领养家庭的培训，向专业人员学习育儿经验。他们主要学习以下内容。

（1）给孩子一个适应期，增加与孩子亲密接触的机会。

(2)帮助领养孩子从周围环境学习,帮助他融入家庭。
(3)鼓励家庭其他成员多与领养孩子互动。
(4)学习心理学的方法和技术,让孩子感受到自我价值。
(5)树立正确的教育观、儿童观,调整教育方法。
(6)学习成功的教育经验,引导领养孩子学习,促进领养孩子身心健康发展。

第四节 留守儿童的家庭教育心理问题

引例

刘海燕同学上课不够专心,学习和思想状况一般,成天少言寡语,目光忧郁,心事重重,但却尊师敬长,有较强的集体荣誉感。她学习缺乏主动性,能完成作业,但不刻苦,缺乏毅力,没有钻研精神。她性格倔强、固执,与人相处或办事常不计后果,缺乏自制力,责任感淡薄、处事情绪化,易冲动,有逆反心理,且虚荣心较强。她生活自理、自主能力较差,有依赖和惰性心理,聪明但不爱多动脑。在她读三年级的时候,父母想要个儿子,生了二胎,结果还是个女儿,之后父母回家的时候更少了,祖父母要带两个孩子,负担更重了。刘海燕父母在她6岁时就外出打工,刘海燕由祖父母带大,父母只有在过年时才回家,祖父母年事已高,没有文化,只能管好三顿饭。

一、留守儿童的教育存在的问题

留守儿童是指因父母双方或一方外出务工而被迫留在家乡,无法和父母居住在一起的未成年人。随着我国经济的快速发展,很多农村青壮年进入城市务工,但由于城市房价、物价、学籍等一系列问题,他们不得不将未成年子女留在家乡,导致留守儿童大量出现,这样的家庭被称为留守家庭。

留守儿童教育的失调是相对于有父母在家,能够正常接受亲子教育的孩子而言的。父母外出使留守家庭儿童的受教育功能不同程度地弱化或受损,表现在以下两方面:一是家庭教育数量的弱化,父母缺位对家庭教育造成的影响不仅表现为施教者人数的减少,而且表现为施教时间的缩短;二是家庭教育质量的下降,完整的家庭教育应是协调一致的父母双亲教育,留守家庭结构的变化直接导致家庭教育质量的下降。留守儿童的教育质量下降集中体现在以下方面。

1. 单亲留守家庭容易导致留守儿童教养失衡

在我国农村,父母一方外出打工现象普遍存在。单亲留守家庭由于一方家长长期缺位,另一方除了要承担所有的家务和农活外,还要独自承担教育子女的责任与义务,既当爹又当妈,他们常感身心疲惫,力不从心。虽然部分在外的父母会隔三差五打电话联系,但因其对孩子的情况了解有限,电话教育收效甚微。对于留守儿童来说,由于单亲家长无力管教,一方面孩子在学习上缺少辅导和监督;另一方面孩子品行上的一些不良行为也无法及时得到矫正。

2. 隔代监护往往产生重养轻教

留守家庭一般是由爷爷奶奶或外公外婆来照顾留守儿童。从短期来看,这似乎解决了外出父母的后顾之忧,提高了家庭的经济收益,但是从长期来看,这种现象不利于孩子的身心发展。老年人的体力较差,且语言沟通容易有障碍;老年人和孩子的价值观差异大,管教方式与父母也存在差异,易产生代沟;老年人对留守儿童的文化刺激较弱,对孩子溺爱有余、严格不足……这些缺陷决定了隔代留守教育只能是亲子教育的补充,而不能完全替代亲子教育。

3. 亲朋监护易带来管教上的两难

部分父母外出后把孩子寄养在教师、亲朋或邻居家中,委托其代为监管,并支付一定的报酬。在寄养家庭中,由于孩子不是自己亲生的,碍于亲朋关系的敏感性,加之监护人有自己的儿女,自身也比较繁忙,一方面,监护人不自觉会对寄养的孩子有所忽视,使其难以产生归属感,而有"寄人篱下"的感觉;另一方面,监护人对这些孩子也是想管又不敢管。因此,寄养家庭的监护人往往给予这些孩子更多的是吃饱、穿暖的表层关怀,很难涉及孩子的人格、心理健康方面的教育。

4. 自我监护处于家庭教育真空状态

自我监护所占比例较少,主要是一些父母外出后找不到合适的监护人,而让孩子自己独自生活的一口之家。这种现象主要发生在处于初中或高中阶段的年龄稍大的孩子身上。虽然自我监护可以锻炼孩子的独立自理能力,但是这些孩子毕竟还处于他律阶段,自控能力、自管能力、辨别是非能力等都不强。由未成年人自己监护自己,实为一种监护缺失的状态。与生活在单亲家庭、隔代家庭和寄养家庭的留守孩子相比,自我监护的单身孩子所处的教育环境最差,主要表现在以下几点:一是孩子健康安全得不到保障;二是生活负担偏重;三是由于无人监督和辅导,孩子在学习上处于一种放任自流的状态;四是父母出于亏欠,总是在物质方面尽量补偿孩子,容易使他们受不良行为的诱惑;五是缺少亲情温暖,孩子容易产生心理问题。

二 留守家庭对孩子成长的心理影响

研究显示,非留守儿童总体心理健康水平要明显高于留守儿童心理健康水平。孩子的情绪源于对亲情的需要,缺少情感关爱尤其是父母情感关爱是影响孩子心理健康成长的重要因素。我国农村留守儿童的监护人多数为祖父母或亲戚,其年龄普遍偏大、受教育程度偏低,缺乏与留守儿童之间正常的沟通与交流,进而加重了留守儿童的心理问题。

1. 性格自卑内向

留守儿童在成长过程中缺乏与父母的情感沟通与心理交流,日常生活中的情绪问题容易受到忽视,遇到困难和挫折时找不到坚强的依靠。他们中很大一部分逐渐对周边环境产生不安全与不信任感,导致心理变得脆弱、敏感,逐渐变得不爱说话,产生自卑心理,甚至在与人交往时缺乏勇气,出现较严重的人际交往问题。

2. 易产生焦虑等负性情绪

父母常年不在身边,留守儿童很难与父母产生安全的依恋关系,因此很多人会产生焦虑情绪。此外,有些孩子认为父母外出打工很辛苦,如果自己学习成绩不好,会对不起在外打拼的父母,由此产生自责情绪。研究发现,留守儿童比非留守儿童有更高的焦虑和冲动倾向;且与父母分离时的年龄越小,焦虑程度越高。

3. 叛逆、厌学心理

由于隔代抚养,一些留守儿童在成长过程中出现的问题难以得到及时纠正。祖辈在教育孩子时,往往容易采取溺爱或片面的惩罚方式,不能使孩子意识到自身行为的不当。严格的惩罚手段会损害孩子的自尊心,从而使其产生强烈的叛逆心理,滋生厌学情绪,在学校表现出各种违纪行为,如迟到早退、逃课、破坏公物、不听从老师管理等。

三 留守家庭教育的应对策略

1. 家庭方面

家长要重视与孩子的有效沟通与交流,保持良好的亲子关系,如时刻关注孩子的情绪变化,定期跟孩子通电话或视频,询问孩子近期的生活与学习情况,多了解孩子的心理变化。在与孩子沟通过程中,家长要有足够的耐心,了解孩子真正的需求,并尽可能地多鼓励孩子,使孩子建立自信心;同时注意与孩子平等对话,不要居高临下地责备或训斥,也可以适当和孩子谈谈自己平时的工作与生活状况,让孩子体会到父母工作的不易;另外,家长要加强和老师的沟通,多方面了解孩子在校表现和学习情况,对于孩子的积极表现及时给予鼓励,对孩子有待提高的方面委婉地提出期望和建议。家长要通过家校合作,运用科学合理的方法,应对孩子出现的问题,全力配合学校教育,助力孩子健康成长。

2. 学校方面

留守儿童大部分时间都是在学校度过的,因此学校的环境与教育方式对这些孩子的成长有着重要影响。首先,学校要加强留守儿童的心理健康教育工作,多关注留守儿童的情绪变化,给他们提供一些专业的指导,教他们正确对待自己的情绪。其次,学校可以通过开展心理健康周、开辟心理健康讲堂、设立心理咨询邮箱等方式,普及心理健康知识,为留守儿童答疑解难。最后,学校可以建立心理档案,全面、动态了解留守儿童的心理健康状况,对出现心理问题的孩子进行有针对性的辅导,为其提供专业的帮助与支持。

3. 社会方面

社会要为留守儿童创设健康积极的成长环境。政府应安排专项资金投入学校心理健康教育工作;教育管理部门应配备专业师资力量,加强乡村教师的心理健康知识与技能培训;民政部门应与学校联合,为生活困难的留守儿童提供精准生活帮扶;文化、妇联、文明办等部门应调动可利用的积极力量,建立关爱留守儿童心理援助工程,设置留守儿童心理援助热线,还可以利用大众传媒的力量,吸引人们的关注,为广大留守儿童发声,让社会听到他们的声音,也让孩子们感受到整个社会对他们的关爱与鼓励。总之,保证留守儿童的心理健康,促进留守儿童形成良好的心理素质,提升其身心健康水平,让孩子健康成长,需要家庭、学校和社会齐心合力,拧成一股绳,实现多方资源的整合。

第五节　隔代家庭教育心理问题

引例

纬纬今年5岁了,上幼儿园中班,他的父母都在外企工作,经常要加班,根本没有时间照顾他。从出生到现在,纬纬都是由爷爷奶奶带着,爷爷奶奶很宠孩子,纬纬在家里想要什么就给什么,非常任性。每次父母评孩子,爷爷奶奶总会上前一把抱起孩子说:"孩子还小,他想要什么就给吧,我们又不是给不起。"父母很担心孩子的教育问题,对上一辈的教育观念也不是很赞同,也因此和他们也发生过争执,弄得彼此都不愉快。

一、隔代教育的含义与类型

隔代教育一般是指祖辈家长对孙辈进行照看和抚养的一种教育方式。根据隔代教育产生的背景原因和教育方式,可以将其分为两种类型。

1. 完全隔代教育

这种隔代教育方式普遍存在于我国农村,是一种传统意义上的隔代教育。祖辈家长与孙辈生活在一起并负责孙辈的教育与生活。随着社会经济的发展,一些年轻家长因为外出工作,或者因为离婚把孩子的教育、生活等责任推给了爷爷奶奶或外公外婆,这些祖辈家长成为全面照顾第三代的"现代父母"。在这种教育方式下,孩子的父母难得与孩子相处,很少尽到对孩子的教育和教养责任。

2. 联合教育

联合教育也称不完全式隔代教育,意为祖辈家长与孩子父母共同养育孩子,共同对孩子施加影响。目前我国已经进入老龄社会,社会结构发生了很大的变化,三代同堂的家庭组织形式比较常见。另外,由于生活节奏日益加快,在职场打拼的年轻父母工作压力加大,白天无暇照顾孩子,通常日常生活主要由祖辈家长负责,父母与孩子相处时间大多是在下班后或者晚上。相较完全隔代教育,联合教育中父母参与孩子教育的机会多一些,亲子之间的互动也多一些,因此亲子之间的感情也深厚一些。

二 隔代家庭对孩子成长的心理影响

作为一种客观存在的家庭教育方式,隔代教育存在一定的局限性。对孩子的个性等心理特征的发展有着较大的影响。

1. 隔代教育对孩子成长的积极影响

(1)祖辈家长有充裕的时间和精力,愿意花时间与孩子在一起生活,而且能够耐心地倾听孩子的叙述。

(2)祖辈家长具有抚养和教育孩子的实践经验,对孩子在不同的年龄容易出现什么问题、应该怎样处理,他们比孩子的父母知道得多。

(3)祖辈家长在长期的社会实践中积累了丰富的社会阅历和人生感悟,具有有效处理孩子教育问题的有利条件。

2. 隔代教育对孩子成长的消极影响

老人的价值观念、生活方式、知识结构、教育方式与现代社会或多或少会有差别,而且老人在生理与心理上必然也带有老年人的特点,因此隔代教育对孩子的个性发展难免会有一些负面的影响,并诱发一些心理行为问题。

一般说来,隔代教育的负面效果及其对孩子成长的消极影响主要表现在以下几个方面。

(1)过分的溺爱和迁就容易使孩子产生"自我中心"意识。

老人对孩子的溺爱几乎是所有祖辈的通病,祖父母的角色会让他们对孩子的错误过分宽容。在教养孩子的过程中,老一辈的教育方法缺少科学引导,过分溺爱孩子,容易陷于无原则的溺爱、迁就和过分的保护之中,也就容易使孩子产生"自我中心"意识,容易造成孩子自私、任性等不良个性。过多的宠爱、娇纵,或是放任不管,形成了"小皇帝"或"小公主"。他们对孙辈的溺爱和护短使孩子很难接受父母的严格要求和批评,还容易形成与父母的感情隔阂和情绪对立,使正常和必要的教育难以进行。

(2)过分保护遏制了孩子的独立能力和自信心的发展。

在祖父母庇护下成长的孩子容易出现两个极端:一是极端胆小怕事、不合群、寡言少语、应变能力差、性格内向;另一个极端是专横跋扈、难以管理,在家里是个小霸王,到了外面却毫无独立能力,碰到问题,只知道躲到大人的身后寻找保护,生活自理能力低。

(3) 传统教育思想的束缚影响了孩子创造性思维的发展。

在抚养教育孙辈的观念上,祖辈与父辈之间存在着差异。祖辈的教育方式多源于自身的经验,其价值观念、生活方式、知识结构、教育方式等往往跟不上信息社会的进步。他们观念比较陈旧,与社会的联系开始减少,知识面相对狭窄,不容易接受新鲜事物,对科学的育儿观念也不够了解,仍沿用老观念要求孩子、教育孩子,无形中增加了孩子接受新思想、新知识的难度,他们对于孩子的破坏行为、尝试行为等一切具有冒险和创新性的探究行为总是急着加以阻止,这在某种程度上遏制了孩子的独立能力和自信心的发展,使孩子缺乏开创性精神和发散性思维。

(4) 造成孩子与父母的感情隔阂。

隔代教育容易导致亲子隔阂,不利于父母与孩子感情的培养。儿童时期是教育的最好时期,也是孩子与父母培养感情的最佳时期。孩子从小就被父母"甩"给祖父母,这在孩子幼小的心灵中或多或少会投下一片"被抛弃"的阴影,而且平时和祖父母生活在一起,孩子已经习惯了受到祖护和迁就,因此当父母看到孩子的缺点和不足而对其提出严格的要求时,孩子更难以接受,以致形成亲子之间的感情隔阂和对立情绪,使正常和必要的教育难以进行,再加上父母严格要求或惩罚孩子时,祖父母往往会出面干预,更使得年轻父母无法及时矫正子女的缺点,这既影响孩子的身心健康发展,也容易导致家庭关系失和。

(5) 不利于孩子的身心发展。

许多老人身体不好、精力不济,又怕孩子独自出去受到伤害,因此要求孩子较多时间待在家里。孩子缺少足够的运动,身体机能得不到锻炼,会影响孩子的身体发育。一项调查发现,在"您是否鼓励孩子在户外奔跑、跳跃、尽情玩耍"的问题上,祖辈与父辈的答案差异极大,经常鼓励的祖辈只有12%,而父辈却有55%。

另外,长期待在家里,缺乏必要的人际交往,孩子也容易产生自卑厌学、人际交往恐惧等心理障碍,这会给他们的身心发育、人际交往以及将来的自我实现带来很大的阻力和影响。"看管式"的教育方式易导致孩子的主动交往意识弱。研究表明,隔代抚养家庭中孩子主动找小朋友玩耍的比例只有9%,非隔代抚养家庭的孩子这个比例则达24%。儿童时期是孩子求知欲强、体力和脑力活动充沛的关键时期,这个阶段需要给他们合理的智力刺激和运动量。如果把孩子封闭在小环境内,不爱活动的习惯和生活方式对孩子的成长显然是不利的。

三 隔代家庭教育的调适策略

1. 树立父母教育在家庭教育中的主体地位

父母对子女的关心和教育,是任何人都替代不了的。即使在隔代教育的家庭中,父母也不能因为外在因素,而忽视与子女的情感交流与对话,放松对子女的家庭教育,应树立对子女的责任意识,确定家庭教育的主体地位,不可将教育子女的责任转移到祖辈家长身上。父母要清楚地认识到,隔代教育在家庭教育中只是补偿性、协助性的亲子互动,应处于次要地位,父母对子女的教育应处于主导地位。

2. 祖辈家长做好协助父母教育的角色定位

要充分把握好祖辈家长在隔代教育中的位置。首先,在教育理念上,应当以父母的教育理念为主,充分发挥父母在孩子教育中的主观能动性,祖辈家长不应过多干涉,更不能过分溺爱孩子。其次,在教育方式上,祖辈家长应起到良好的补充作用。年轻父母在对待孩子的教育问题上,因生活经验不足,难免有疑惑或失误,这时祖辈家长应运用自身的生活经验和育儿经验,帮助父母弥补其不足之处,促进家庭教育更加完善,促进孩子的良好发展。再次,在教育过程上,祖辈家长应起到监督作用。祖辈家长应关注年轻父母的教育动态,在家庭教育中督促年轻父母不因工作或其他因素而放松对孩子的教养义务。最后,在教育管理上,祖辈家长要和父母协调配合,形成家庭教育的合力。

3. 学校担负起培养学生成长成才的重要职责

学校是孩子接受教育的重要场所,也是隔代教育中孩子成长和发展的重要阵地。学校为学生成长提供了排除不良干扰的生活空间,承担着重要的教育使命和教育任务,起着塑造学生良好德行的重要作用,是学生健康成长和向上发展的关键领地。首先,学校要认识到加强对隔代教育孩子进行道德教育的必要性、重要性和特殊性。其次,学校要完善课程设置,增进对隔代教育孩子的教育。最后,教师团队应该不断提升知识储备、了解更多更好的教学管理方式和教学体系,将自身所学更好地传递给孩子。

4. 发挥社会力量,为隔代教育营造良好的社会氛围

在社会层面,政府和社会大众在改善隔代教育与社会化过程中,发挥着重要作用,要营造积极健康的社会环境和氛围,促进孩子的健康成长与发展。首先,政府及相关部门要积极完善和落实相应的法律法规和政策,做好社会治安工作,加强社会保障和社会服务体系建设,缓解社会冲突,化解社会矛盾,形成良好的社会风尚,为隔代教育孩子提供良好的社会成长环境。其次,社会和政府要加大在隔代教育方面的资源投入和支持力度,积极鼓励、支持和引导社会大众对隔代孩子的教育和社会化服务体系进行探索。最后,社会大众要发挥宣传作用,为隔代教育营造良好的社会氛围。在正确引导和规范传播媒介的基础上,通过电视、广播、网络等方式,加强对隔代教育的宣传力度,形成能够被大众理解和接受的社会价值和社会规范,为隔代教育的祖辈提供切实可行的指导,形成家庭、学校和社会的共同作用。

5. 强化对家庭教育的理论指导,发挥家庭、社会和学校教育的协同作用

家庭教育是整个教育工作的重要组成部分,但它固有的局限性又难以依靠自身来克服。家庭教育是建立在亲子的血缘关系和感情基础之上,教育中家长容易感情用

事,表现为教育态度和行为方式的不理智,如溺爱、放任、简单粗暴。同时,家长在教育理念、内容、目的、方法等方面不免盲目与滞后,对家庭、学校、社会在孩子成长中的作用、地位、角色在认识上难免出现偏差。家庭教育应该拥有更为先进的理念、正确的目标、丰富的内容、恰当的方法和良好的效果,更有力地协调和配合学校教育和社会教育,以高质量、全方位的教育促成孩子的全面进步。

知识贴士

代际联合教养

随着城市生活压力不断加大、双职工家庭日益增多,越来越多的祖辈家长帮子女照料孙辈,使代际联合教养逐渐成为现代城市家庭中的主流教养方式。一项在我国北京、广州等六大城市的调查显示,祖辈家长参与养育孩子的比例接近80%。随着三孩生育政策的实施,城市家庭中让祖辈家长来帮忙带娃的代际联合教养现象会更为普遍。

代际联合教养是指祖辈家长和父母以分工投入的形式联合教养孩子,也就是说,除了父母自己承担养育孩子的责任,祖辈家长也参与到孩子的抚养中,为孙辈的成长付出时间和精力。

值得注意的是,代际联合教养与隔代教养不同。代际联合教养强调祖辈家长只是部分参与到家庭分工中,和父母一同抚养孩子;隔代教养强调孩子的照料主要由祖辈家长负责,即使父母和祖辈家长同住,祖辈家长仍承担了大部分的教养责任,留守儿童就是一种比较极端的隔代教养形式。

在代际联合教养的过程中,深受传统育儿思想影响的祖辈家长往往根据原有的育儿经验对婴幼儿实施教育,而父母则易于接受最新的教育理念,按照现代社会对婴幼儿的发展要求进行教育。不同的教育价值观念必然导致不同的教育行为,因此,家庭教育过程中极易产生冲突。但一项科学研究表明,代际联合教养家庭中的孩子,与父母自己抚养的孩子相比,在社会适应能力上并没有显著的差别。具体来说,在这两种抚养背景下,孩子在情绪状态、活跃程度和社会行为表现上并没有多大的差异,孩子可以很好地适应社会,谋求健康成长,因而我们不能武断地认为让祖辈家长来带娃就是不好的。在代际联合教养家庭中,祖辈家长与父母通常有明确的任务分工:祖辈家长更多地照管孩子的生活起居,父母更多地负责孩子的休闲娱乐和成长教育。

第六节　流动儿童家庭教育心理问题

一　流动儿童的教育存在的问题

流动儿童是指流动人口中 0~14 周岁、跟随父母离开户籍登记地到其他地方生活学习的儿童。《流动儿童蓝皮书：中国流动儿童教育发展报告(2016)》指出，截至 2015 年 10 月 1 日，我国流动人口总量已达 2.47 亿，即每 6 个人中就有 1 个处于"流动"之中。多数流动儿童的父母工作、生活环境不稳定，家庭条件一般，父母陪伴孩子的时间有限，这些都对流动家庭儿童的教育有很大影响。虽然部分流动儿童可顺利入读公立学校，但他们有时候会受到本地同学的歧视，遭受不公平待遇，如学习以及生活方面被边缘化。作为城市的流入群体又是未成年人，流动儿童在城市中处于较为弱势的地位。在适应城市生活中，他们可能由于文化差异、生活习惯的不同，产生孤独感和失落感，从而出现一些心理问题。而流动儿童的家长一般自身文化教育程度并不高，未形成较为完善的教育意识，在教育理念上存在诸多不足；同时多数家长缺少应有的能力和耐心，也并未意识到家庭在培养孩子的道德品质、身心健康等方面的重要性。

由于缺乏引导和平等的资源或平台，多数流动儿童在城市融入过程中陷入困境。部分流动儿童因此自我管理与控制能力差、兴趣爱好得不到满足、与父母疏于交流或没有有效的沟通方式、在校园受到排斥等。总结起来，流动儿童家庭教育存在的问题主要有以下几点。

1. 流动儿童家庭教育时间不足

流动儿童的家庭教育时间相比普通家庭来说明显不足。大多数流动儿童的家长没有固定的工作和收入，工作时间和工作方式都不稳定，这导致他们无法保证足够的家庭教育时间。

2. 流动儿童的家长对子女的学习过程参与度低

调查发现，流动儿童的家长对于其子女的学习过程参与度低，主要是因为流动儿童的家长文化程度有限，在对子女进行课后辅导等问题上心有余而力不足。

3. 流动儿童的家庭教育方式缺乏科学性

流动儿童的家庭教育方式上偏向两个极端。一是倾向于专制严厉型的教育方式。

这部分家长坚信"棍棒底下出孝子",对子女有着过高的教育期望,而没有遵循子女的成长规律。如果子女的成绩有退步或者不理想时,他们常常是以责骂的方式来进行管教。长期受到家长责骂和打击的流动儿童也会逐渐变得脆弱、胆小,缺乏自信心甚至可能会自我放弃。二是过分溺爱的教育方式。这部分家长的共同点是子女并非从出生起就与父母居住在流入地,而是在到了上小学的年龄或者已经在老家读过几年小学后又被父母接到身边,使子女完成了一个由留守儿童到流动儿童的转变。这些家长可能是出于之前对孩子缺乏陪伴的愧疚,把孩子接到身边后便过分溺爱子女,即使在孩子犯错时也缺乏相应的管教。

4. 流动儿童家庭教育目的功利化

在一些流动家庭中,教育目的表现出明显的功利化色彩,表现在对孩子的教育更多的是注重"智力教育",对流动儿童的心理健康等方面的教育有所缺失。不少流动儿童的家长都持有"唯分数论",认为孩子把书读好,改变命运才是最重要的。家长不断向孩子灌输"只有把书读好将来才会有一个好工作,有了好工作之后才能够赚更多的钱"的理念,将教育当作改善家庭生活环境的一种手段。

二 流动家庭对孩子成长的心理影响

流动儿童正处于身心发育和接受教育的重要时期,这些儿童从农村来到城市,他们不仅必须学会应对成长的压力,而且要适应新的学校、家庭和社会环境带来的挑战。当他们适应不良时,就会出现各种心理问题。

1. 孤独感强

流动儿童普遍存在自卑、焦虑心理。当交朋友存在困难时,就会陷入孤独中,甚至在学校中变成一个孤独的群体。有调查显示,40%的流动儿童感到"我没有什么好朋友""与新朋友在一起时不好意思接近"。还有研究显示,公立学校中的住宿儿童孤独感最强,其次是公立学校中的流动儿童。

2. 歧视知觉强

流动儿童从相对落后地区进入发展地区,生活环境发生了变化,一些城市里的孩子或者同情他们,或者歧视他们,这些反应都会影响流动儿童的心理。一般流动儿童受到比城市儿童和留守儿童更多的歧视和排斥,人际关系变得敏感。调查发现,有近25%流动儿童认为他们受到城市人的不平等对待。这种歧视可能来自同学、教师、城市居民以及制度等各个方面。

3. 身份认同感混乱

根据埃里克森的理论，流动儿童所处年龄阶段的发展任务正好是达成自我同一性、防止角色混乱。但是周围环境的陌生感和违和感使儿童长期处于缺乏安全感的状态，他们缺乏积极的生活态度，产生对个人身份认同的危机，造成社会角色混乱。有研究者认为，儿童出生便被赋予"农民"和"市民"身份的差异，流动儿童生活在城市，认为自己是城市人，而社会和普通百姓将他们定义为农村人，所以流动儿童往往对自己的身份感到很矛盾，感受到自己是边缘人，缺乏对自己身份的认同。

三 流动家庭教育的调适策略

1. 培养积极的家庭教育方式，为流动儿童创造良好的生活环境

作为孩子首次接触的教育者，家长的教育理念和教育方式将会在很大程度上对孩子的人格产生影响，因此，要想引导流动儿童处于良好的心理健康状态，就必须对其家庭教养方式及模式进行规范。流动家庭中的父母应该花更多的时间陪伴孩子，帮助孩子接触和适应新环境，使其与周围的同伴建立友好关系，体验到家长的关爱和家的温暖，提升安全感和幸福感。同时，流动儿童的父母应努力提高自身的积极心理素质，并通过日常的相处逐渐影响孩子，使孩子形成积极的心理品质，培养积极的亲子关系，建立积极的家庭教育方式，充分发挥家庭教育功能，为孩子创造良好的生活环境。

2. 建构积极心理健康教育体系，培养流动儿童积极人格品质

首先，相关教育机构和教育部门要积极发挥自身的引导和管理作用，密切关注流动儿童心理健康教育体系的建构进程。其次，学校要充分发挥自身的引导和监督管理功能，有针对性地开展积极的心理健康校本课程，重点挖掘流动儿童的积极心理潜能，使其可以从内部产生积极情绪来对抗相应的心理问题。最后，学校要提升教师心理健康教育培训力度，使教师在面对流动儿童时能够做到一视同仁，不偏不倚，避免其因教师的差别对待产生心理落差，同时有意识地激发流动儿童的积极体验，帮助流动儿童早日融入班集体。

3. 与学校保持联系，为流动儿童营造积极的学习环境

教育效果的实现不仅需要学校的付出，也需要家庭的配合，因此家庭和学校在流动儿童的心理健康教育方面要统一思想、统一方法、统一愿望，家长与老师要建立平等、和谐、信任的伙伴关系，根据儿童自身的特点，为儿童协商制订个性化的成长方案，调动他们生活和学习的积极性，帮助他们养成积极健全的人格。家长要与老师进行沟

通,要给予流动儿童尊重、理解、鼓励、认可和赏识,为他们提供良好的心理发展平台,营造积极的学习环境。

4. 积极参与社区活动,为流动儿童创造良好的人际环境

社区是流动儿童产生社会交往和社会行为的重要场所,对流动儿童的成长有着较大的影响。家长应积极参与社区的各项活动,与社区工作人员保持联系,了解流动人员、流动儿童享受应有待遇的政策,主动向社区报备家庭相关情况,在遇到困难时,能够第一时间找到社区工作人员寻求帮助;鼓励孩子建立良好的同伴关系并积极参加社区的家庭活动,增进与其他家庭的交流互动,减少流动家庭融入的阻力,为流动儿童创造良好的人际环境。

复习思考题

1. 简述单亲家庭的类型。
2. 简述单亲家庭对孩子成长的心理影响。
3. 如何理解单亲家庭子女的逆反心理?
4. 简述单亲家庭的家庭教育策略。
5. 简述重组家庭对孩子成长的心理影响。
6. 简述重组家庭的教育策略。
7. 简述领养家庭对孩子的心理影响。
8. 简述领养父母如何进行亲职培训。
9. 简述留守家庭教育的弊端。
10. 简述留守儿童可能会出现哪些心理问题。
11. 简述隔代教育的类型。
12. 简述隔代教育对孩子成长的不良影响。
13. 简述流动儿童家庭教育心理问题。

二维码 9-4
复习思考题答案

参 考 文 献

[1]郭本禹.西方心理学史[M].3版.北京:人民卫生出版社,2019.
[2]林崇德.发展心理学[M].3版.北京:人民教育出版社,2018.
[3]缪建东.家庭教育[M].北京:北京师范大学出版社,2015.
[4]苏彦捷.发展心理学[M].北京:高等教育出版社,2012.
[5]桑标.当代儿童发展心理学[M].上海:上海教育出版社,2003.
[6]陶行知.陶行知文集[M].南京:江苏教育出版社,2008.
[7]心理学名词审定委员会.心理学名词[M].2版.北京:科学出版社,2014.
[8]朱智贤.儿童心理学[M].5版.北京:人民教育出版社,2009.
[9]程灶火,龚耀先.学习障碍儿童记忆的比较研究:Ⅱ.学习障碍儿童的长时记忆功能[J].中国临床心理学杂志,1998(4):216-221.
[10]曹馨月.家庭教育中学前儿童发展心理学的应用分析[J].才智,2020(3):41.
[11]曹中保.论霍妮的心理学思想及其对家庭教育的启示[J].教育现代化,2018(22):254-255.
[12]曹枫林,覃倩,余昆容,等.儿童焦虑障碍症状与父母养育方式的关系[J].中国临床心理学杂志,2006(6):599-601.
[13]丁绪芳.200例儿童咬指甲症心理治疗与分析[J].江苏预防医学,2005(2):49-51.
[14]杜亚松.儿童孤独症与精神分裂症的鉴别诊断[J].中国儿童保健杂志,2012(4):292-293+296.
[15]杜燕红.儿童认知发展研究新进展[J].天中学刊,2005(6):114-117.
[16]韩佩轩,胡建平,郭燕.皮亚杰认知发展理论对幼儿动作发展教育的启示[J].四川体育科学,2020(4):47-51.
[17]郝红英.埃里克森人格发展理论对家庭人格教育的启示[J].阴山学刊(社会科学版),2008(4):122-125.
[18]洪德厚.3—14岁儿童记忆发展的某些特点[J].心理科学通讯,1984(2):20-22+44+67.

[19]洪显利,冉瑞兵.班杜拉观察学习理论对家庭教育的意义[J].宁波大学学报(教育科学版),2000(5):15-18.

[20]黄碧玲.了解儿童认知发展,陪伴儿童健康成长——基于皮亚杰认知发展阶段理论的家庭教育[J].现代职业教育,2017(15):60-61.

[21]霍利婷.阿德勒个体心理学对家庭教育的启示[J].基础教育,2008(8):60-62.

[22]蒋长好,邹泓.依恋研究述要[J].安徽教育学院学报,2002(5):90-92.

[23]姜企华.积极心理学让家庭教育指导回归本源[J].上海教育,2016(Z1):98-99.

[24]李旭东,黄悦勤.感觉统合失调的研究进展[J].中华儿科杂志,2001(9):573-575.

[25]梁焕萍,刘娜.学习障碍儿童的干预训练[J].中国临床康复,2006(26):107-109.

[26]凌辉,夏羽,张建人,等.自我概念的结构与发展[J].中国临床心理学杂志,2016(2):363-367+337.

[27]陆爱萍.促进幼儿形成良好行为习惯的五种强化策略[J].上海教育科研,2007(3):85-86.

[28]刘霜.积极心理学视角下对中职生家庭教育的思考[J].现代职业教育,2020(12):76-77.

[29]刘金花,张文娴,唐人洁.婴儿自我认知发生的研究[J].心理科学,1993(6):37-40.

[30]李炳南.论心理素质形成和发展的机制[J].大庆师范学院学报,2010(1):25-28.

[31]骆一,戴冰,张惠.关于宽恕的人格因素的初步探讨[J].四川教育学院学报,2005(1):16-18.

[32]刘薪.浅论中学生同伴沟通中的自我表露[J].佳木斯教育学院学报,2012(1):173.

[33]倪连晶,王利平.家庭教育中学前儿童发展心理学的应用分析[J].教师博览(科研版),2019(2):84-86.

[34]钱含芬,张履祥,李山川.小学儿童短时记忆发展特点的初步研究[J].心理科学通讯,1989(1):14-18+66-67.

[35]乔冰冰.霍妮的社会文化神经症理论对家庭教育的启示[J].湖北函授大学学报,2018(4):122-123+126.

[36]孙圣涛,卢家楣.自我意识及其研究概述[J].心理学探新,2000(1):17-22.

[37]唐槐,王宁,陈明霞.小学生心理健康状况与家庭环境关系的调查报告[J].教育科学论坛,2021(23):51-54.

[38]田澜.小学生学习习惯问卷的编制[J].心理学探新,2010(5):89-94.

[39]王萍.积极心理学理论对学前儿童家庭教育的启示[J].中国校外教育,2017(22):12+18.

[40]武丹凤.家庭教育视角下学前儿童发展心理学应用与实践研究[J].知识经济,2018(4):130+132.

[41]王小玲.浅谈创伤心理学视野中家庭对儿童的教育[J].佳木斯教育学院学报,2011(1):252.

[42]王美萍,张文新.COMT基因rs6267多态性与青少年攻击行为的关系:性别与负性生活事件的调节作用[J].心理学报,2010(11):1073-1081.

[43]王韶怡,李淑宇.基于磁共振成像的ADHD脑沟形态学研究[J].北京生物医学工程,2016(3):221-225+266.

[44]肖梅.怎样矫正孩子吮手指的习惯[J].家庭教育,1998(6):18-19.

[45]徐延卿,常彦梅.大学生的焦虑情绪与认知[J].石油教育,2007(4):49-51.

[46]辛自强,俞国良.学习不良的界定与操作化定义[J].心理科学进展,1999(2):52-57.

[47]杨汉麟.试论约翰·华生对心理学的贡献及教育思想——以《行为主义的儿童教育》为中心的考察[J].中国教育科学,2017(04):167-181+166+188.

[48]尤娜,杨广学.自闭症诊断与干预研究综述[J].中国特殊教育,2006(7):26-31.

[49]于海琴,周宗奎.儿童的两种亲密人际关系:亲子依恋与友谊[J].心理科学,2004(1):143-144.

[50]殷颗文,贾林祥.从积极心理学看家庭教育中的问题与变革[J].教育导刊(下半月),2013(2):86-88.

[51]阴国恩,沈德立.中国儿童注意的发展[J].天津师大学报(社会科学版),1989(5):26-33+18.

[52]张书雯.弗洛依德的精神分析学说及其对儿童教育的启示[J].文学教育(中),2010(1):51-52.

[53]张文新,王益文,鞠玉翠,等.儿童欺负行为的类型及其相关因素[J].心理发展与教育,2001(1):12-17.

[54]张雅明,俞国良.学习不良儿童的策略信念与理解水平[J].心理科学,2007(1):52-55.

[55]《中华儿科杂志》编辑委员会.儿童注意缺陷多动障碍诊疗建议[J].中华儿科杂志,2006(10):758-759.

[56]周姝琼.蒙台梭利幼儿教育思想及其对当代家庭教育的启示[J].四川职业技术学院学报,2011(5):64-65.

[57]张芸芸.积极心理学对家庭教育的启示[J].网络财富,2009(9):27-28.

[58]张仁俊,朱曼殊.婴儿的语音发展——一例个案的分析[J].心理科学通讯,1987(5):9-13+66.

[59]邹泓.同伴关系的发展功能及影响因素[J].心理发展与教育,1998(2):39-44.

[60]郑伟东.亲子依恋与学业成就关系研究综述[J].中国电力教育(上),2011(13):167-168.

[61]黄志敏.小班幼儿新入园分离焦虑研究[D].桂林:广西师范大学,2007.

[62]黄硕.幼儿颜色经验对短时记忆容量的影响[D].开封:河南大学,2011.

[63]李沿颖.1～3岁婴儿气质结构及其发展特点[D].大连:辽宁师范大学,2011.

[64]吴燕.学习障碍儿童外显视空间注意转移的眼动研究[D].金华:浙江师范大学,2006.

[65]杨静.蒙台梭利教育法在家庭教育中的运用研究[D].石家庄:河北师范大学,2016.

[66]杨芸.阿德勒的家庭教育观及当代价值[D].长沙:湖南师范大学,2015.

[67]张富洪.6-8岁儿童的同伴关系及社会技能训练研究[D].重庆:西南师范大学,2005.

[68]新华社.习近平:在会见第一届全国文明家庭代表时的讲话[EB/OL].(2016-12-12)[2022-4-21].https://www.chinanews.com.cn/gn/2016/12-15/8095432.shtml.

[69]中国基础教育质量监测协同创新中心.《全国家庭教育状况调查报告(2018)》权威发布[EB/OL].(2018-09-26)[2022-4-21].http://news.bnu.edu.cn/zx/ttgz/104333.htm.

[70]Bates E,Camaioni L. The acquisition of performatives prior to speech[J]. Merrill-Palmer Quarterly,1975(3):205-226.

[71]Bornstein M H, Arterberry M E, Mash C. Long-Term Memory for an Emotional Interpersonal Interaction Occurring at 5 Months of Age[J]. Infancy,2005(3):407-416

[72]Darling N,Steinberg L. Parenting style as context: An integrative model[M]. Washington,DC: American Psychiatric Association,1993.

[73]Dondi M, Simion F, Caltran G. Can newborns discriminate between their own cry and the cry of another newborn infant? [J]. Developmental Psychology,1999(2): 418-426.

[74]Fantz R L. A method for studying early visual development[J]. Perceptual and Motor Skills, 1956, 6(1): 13-15.

[75] Gradin M, Eriksson M, Holmqvist G, et al. Pain reduction at venipuncture in newborns: oral glucose compared with local anesthetic cream[J]. Pediatrics, 2002, 110(6): 1053-1057.

[76]Hertenstein M J ,Campos J J. The retention effects of an adult's emotional displays on infant behavior[M]. Birmingham:Blackwell Publishing,2001.

[77] Lewis M, Brooks-Gunn J. Toward a theory of social cognition: The development of self[J]. New directions for child and adolescent development, 1979, 1979(4): 1-20.

[78] Morris A S, Silk J S, Steinberg L, et al. The role of the family context in the development of emotion regulation[J]. Social development, 2007, 16(2): 361-388.

[79] Porter R H, Makin J W, Davis L B, et al. An assessment of the salient olfactory environment of formula-fed infants[J]. Physiology & Behavior, 1991(5): 907-911.

[80] Rogoff B, Mistry, J. The social and functional context of children's remembering[M]// R. Fivush & J. A. Hudson (Eds.), Knowing and remembering in young children, Cambridge: Cambridge University Press, 1990.

[81] Saffran J R, Werker J F, Werner L A. The infant's auditory world: hearing, speech, and the beginnings of language[M]. New York: John Wiley & Sons, Inc., 2007.

[82] Steinberg L, Bornstein M H, Vandell D L. Life-span development: infancy through adulthood[M]. Stamford: Cengage Learning, 2010.

[83] Steiner J E. Human facial expressions in response to taste and smell stimulation[J]. Advances in Child Development & Behavior, 1979(13): 257.

[84] Yee N Y, Sulaiman W S W. Resilience as mediator in the relationship between family functioning and depression among adolescents from single parent families[J]. Akademika, 2017, 87(1): 111-122.

[85] Zimmerman F J, Christakis D A. Children's television viewing and cognitive outcomes: a longitudinal analysis of national data[J]. Arch Pediatr Adolesc Med. 2005(7): 619-625.

与本书配套的二维码资源使用说明

  本书部分课程及与纸质教材配套数字资源以二维码链接的形式呈现。利用手机微信扫码成功后提示微信登录,授权后进入注册页面,填写注册信息。按照提示输入手机号码,点击获取手机验证码,稍等片刻就会收到4位数的验证码短信,在提示位置输入验证码成功,再设置密码,选择相应专业,点击"立即注册",注册成功(若手机已经注册,则在"注册"页面底部选择"已有账号? 立即登录",进入"账号绑定"页面,直接输入手机号和密码登录)。接着提示输入学习码,需刮开教材封面防伪涂层,输入13位学习码(正版图书拥有的一次性使用学习码),输入正确后提示绑定成功,即可查看二维码数字资源。手机第一次登录查看资源成功以后,再次使用二维码资源时,在微信端扫码即可登录进入查看。